U0462022

中国特色出版管理体制研究

Research on Chinese Publishing Management System

周蔚华 等◎著

中国人民大学出版社
·北京·

本书出版受教育部人文社会科学重点研究基地
中国人民大学新闻与社会发展研究中心资助

本书系国家社会科学基金重点项目
“新中国70年来我国出版业管理体制改革的演进研究”
（19AXW002）成果

总　序

2022年4月25日，习近平总书记来到中国人民大学考察调研时指出，加快构建中国特色哲学社会科学，归根结底是建构中国自主的知识体系。没有知识体系这个内涵，三大体系就如无本之木。习总书记的这一重要论述，为中国特色新闻传播学学科体系、学术体系、话语体系建设指明了方向。当前，面向新时代的使命任务、面向新媒体的变革、面向全球化背景下人类文明交往的新形势，新闻传播学科面临转型升级的迫切要求，需要在回答中国之问、世界之问、人民之问、时代之问中实现学科的系统性重组与结构性再造，新闻传播学的知识体系也需要以此来锚定坐标、厘清内涵外延。

中国人民大学新闻学院是中国共产党亲手创办的第一所高等新闻教育机构，是新闻传播学科“双一流”建设单位，主动布局和积极开展自主知识体系建设是我们应有的使命担当。为此，学院开展了“中国新闻传播学自主知识体系建设工程”重大攻关行动，组建了十六个科研创新团队，以有组织科研的形式开展专项工作，寄望以此产生一批重大基础性、原创性系列成果，这些成果将在中国人民大学出版社的支持下陆续出版。

中国新闻传播学自主知识体系建设，首先要解决这一体系的逻辑性问题。这需要回到学科发展的历史纵深处，从元问题出发，厘清基本逻辑。在过去的一百多年中，报纸、杂志、广播、电视、通讯社等风起云涌，推动了以大众传播为主体的职业新闻传播事业的迅猛发展。这种实践层面的动向也必然会反映到理论层面，催生和促进新闻传播学的发展。如果从1918年北京大学新闻学研究会成立算起，新闻学在中国的发展逾百年，传播学全面进入中国学界的视野已超过四十年，从1997年正式成为一级学科，新闻传播学在我国的发展则有二十多年。在长期的发展过程中，新闻传播学形成了以史、论、业务三大板块为支柱的知识图谱，并在各专门领域垂直深耕，形成了蔚为壮观的学科阵列。应该说，已有的发展为构建中国新闻传播学自主知识体系提供了良好的基础，但离自主知识体系的要求尚存在不小的差距。主要表现在：长期跑马圈地扩张而以添砖加瓦方式累积形成的知识碎片如何成为有逻辑的知识图谱？主要面向大众传播而形成的知识概念何以适应新媒体时代传媒业结构性变革的新要求？多源流汇聚、面向多学科开放而形成的知识框架如何彰显本学科的主体性？马克思主义新闻观作为“中国特色”的灵魂如何全面融通进入知识体系？这些问题的解决必须超越各种表层因素，从元问题出发并以其作为逻辑起点展开整个知识体系的构建。新闻传播学的一个重要特质就是关注“对话与沟通”及由此对“共识与秩序”的促成，进而推进人类文明和文化的理解与融合。在今天的社会语境下，对于新闻传播学的这一本质意义的认识是重建学科逻辑的关键。在当今的新兴技术革命中，新闻活动从职业语境走向社会化语境，立足于职业新闻活动的新闻学也必须实现根本性转换，将目光投向更广阔的人类传播实践，将新闻学建立在作为人之存在方式、与人之生活世界紧密相连的“新闻”基础之上，建立在新闻、人、事实和生活世界之间相互交错的深厚土壤中。

中国新闻传播学自主知识体系建设，必须要处理好中国特色与世界普遍意义的关系问题。中国的历史、中国的新闻传播实践赋予知识概念以特殊含义，如何将这种“中国特色”阐述清楚，是新闻传播学理论首先要解决的问题。“中国特色”强调对中国问题、中国历史传统和现实特征的观照，但这绝不是自我封闭的目光向内，而是要处理好中国经验与世界理论的关系。建构自主的知识体系应该是一个对话的过程。马克思主义基本原理同中国具体实际相结合、同中华优秀传统文化相结合的过程，是吸收、转化、融入的过程，从学术上讲，实际上是马克思主义与中国传统对话、与中国现实对话的过程。建构自主的知识体系应该关切、关怀人类共同的问题和命运，这就要以产出中国知识、提供全球方案、彰显世界意义为目的，在古今中西的十字路口展开对照和对话。换言之，我们构建自主的知识体系不是自说自话，而是要通过知识创新彰显中国贡献，使中国的新闻传播学屹立于世界学术之林，这是一个艰难而复杂的进程。如果以此为目标做战术层面进一步细分的话，自主知识体系的构建大体可以分为三个向度：

其一，能够与世界同行开展实质有效的深层对话。

这部分主要是指那些具有特别鲜明的中国特色、短期内难以达成共识的内容，比如中国新闻学，从概念到理论逻辑均与西方学术话语有着较大的差异和分歧。对于这部分内容，我们至少在短期内可以以能够开展实质有效的对话为目标，不一定能够达成共识，但至少应努力做到和而不同。这需要我们首先建立一套系统的、在学术上能够逻辑自洽的中国新闻学理论体系。作为中国新闻学的灵魂，马克思主义新闻观不能成为被表面尊崇实则割裂的“特区”“飞地”，而应“脱虚向实”，真正贯穿本学科的知识图谱。这就需要将马列关于新闻传播的经典论述与中国共产党从其领导下的百年新闻事业中不断总结提炼的新闻理论相结合，与中国历史传统特别是优秀传统文化相结合。当前，特别要立足于马克思主义新闻观与新时代中国新闻传播事业，加强对习近平文化思想、习近平关于新闻舆论工作重要论述的系统性理论阐释，全面梳理互联网环境下新闻实践的基本理念、原则、方式方法，充实和完善新闻学的本体论、认识论、方法论，构建较为系统完整的知识地图。这既是中国新闻学理论链条的最新一环，也将实现理论创新的层级跨越。

其二，能够与世界同行开展实质有效的交流合作。

这部分主要是指那些与西方学术话语有相通之处、面临共同的问题和挑战的内容，比如一直面临着基础理论创新乏力的传播学，我们可以在实质有效的合作交流中共同发展，做出中国贡献，形成中国学派。要实现这一愿景，中国的传播学必须坚持问题导向，立足中国现实问题，开展基础理论研究和应用对策研究：一方面，扎根中国大地，形成具有中国特色、世界意义的原创性理论；另一方面，面向中国实践，形成一套有解释力的观念体系。从国家加强国际传播能力建设的重大使命任务出发，当前尤其要加强国际传播基础理论建设，尽快构建中国的国际传播理论体系，推动与国际同行的学术交流和对话，加强国际学术话语权。

其三，能够为世界同行做出实质有效的独特贡献。

这部分主要是指那些新兴领域或者中国具有独特资源的领域，我们与世界同行基本处于同一起跑线，甚至有些还有一定的先发可能，要把握历史主动、抓住难得的机遇期。当前中国社会正处于转型期，呈现出大量西方社会较少见到的现象，这给中国新闻传播学研究在理论建构上做出世界贡献提供了机会。同时，要利用好中国在新媒体方面的技术优势和实践优势，提早布局、快速产生重大成果，为未来传播的新时代实现中国新闻传播学科建设的“弯道超车”创造条件。比如，目前各种人工智能技术已被广泛运用到新闻领域乃至整个传媒产业，带来了智媒化发展的大趋向，我们需要通过跨学科的视野梳理智能传播的基本架构以及知识体系，并在此基础上深入探究智能传播中的焦点问题：智能化媒体应用趋势、规律与影响，人工智能时代的算法，智能环境中的人与人机关系等。

自主知识体系建设是新闻传播学科在新的历史阶段开展“双一流”建设的重要历史机遇。如果说第一轮“双一流”建设是在筑基与蓄力，那么从第二轮“双一流”建设开始，我们的重要任务就是真正开启面向全球场域、建设世界一流，全面提升学科的国际对话能力，实现从一般性国际交往到知识创造、从理论互动到以学科的力量介入全球行动、从场景型合作到平台构建的“转向和超越”。在走出建设中国特色、世界一流大学新路的过程中，自主知识体系建设将起到至关重要的赋能作用，通过知识创新实现中国经验与世界贡献的有机融通，为中国的新闻传播学科屹立于世界学术之林夯实基础。这当然不是一所学院所能胜任的事情，需要整个学科共同体的努力。2023 年 11 月 4 日，中国人民大学新闻学院联合国内四十多所兄弟高校新闻传播学院共同发起成立“中国新闻传播学自主知识体系联盟”并发布倡议，希望以学科的集体力量和智慧推进这一重大行动，我们有理由期待未来更多高质量相关成果的推出。

新时代给新闻传播学科的发展赋予了无限动能与想象空间，这是我们的幸运，也是我们的责任。我们坚信，中国新闻传播学自主知识体系构建要锚定的基点，在于“以中国为根本，以世界为面向”，要充分了解、辩证看待世界，在广泛吸收人类文明优秀成果的基础上，回到本学科、本领域事业发展的历史和现状，回到中国的历史和优秀文化传统，以中国问题、中国现实为观照来构建自主知识体系，为推动中国更好地走向世界服务，为构建人类命运共同体做出贡献。

是为序。

2023 年 11 月 16 日

于中国人民大学明德新闻楼

目 录

第一章 导 论

第二章 新中国出版管理体制演变的历史过程

第三章 全面加强党对出版工作的领导

第四章　不断改革和完善出版行政管理体制

第五章　从自在到自觉的出版公共服务

第六章　出版管理体系中的社会监督

第七章　出版行业从他律到自律

第八章 出版单位的内部管理

第九章 世界主要发达国家的出版管理体制

第十章 构建中国特色社会主义出版管理新体制

第一章 导 论

高度重视出版及出版管理工作是中国共产党的一贯传统。中国出版业取得巨大进步和非凡成就，与党和国家的出版管理体制的不断改革和完善有着密切的关系。党的十九届五中全会明确提出，到2035年我国要建成文化强国。与此相适应，在出版业上，我国也要从出版大国迈向出版强国，这就需要不断深化出版管理体制改革，使“四梁八柱”性质的基础性制度进一步完善，推进出版业治理体系和治理能力现代化。因此，对新中国成立以来70年的出版管理体制演变与改革历程进行系统研究，总结出版管理体制改革的轨迹、特征以及内在逻辑，不仅具有重大的理论创新意义，也对出版管理体制的进一步改革和发展具有现实的指导和借鉴意义。

第一节　研究内容和意义

一、研究内容

从研究内容看，“中国特色出版管理体制研究”主要结合我国出版管理体制确立、演进、改革和发展历程，总结出中国出版管理体制的构成及其特殊性，这种特殊性就是中国特色的出版管理体制，它是中国特色社会主义文化事业和文化产业管理的有机组成部分。中国特色出版管理体制研究包含六个重要的关键词：新中国，70 年来，出版管理体制，中国特色，改革，演进。

关键词“新中国”：是空间界定，是指中华人民共和国社会主义出版管理体制的管理范围，不包括中国香港、澳门和台湾地区。

关键词“70 年来”：是时间界定，是指从 1949 年 10 月 1 日中华人民共和国宣告成立到 2019 年年底这 70 年左右的时间跨度。

关键词“出版管理体制”：管理体制是指管理系统的结构和组成方式，即以什么样的组织形式进行管理以及用什么样的管理方法达到管理的目的。出版管理体制就是出版业管理系统的结构和组成方式，即以什么样的组织形式和方式、手段等对出版业进行管理。

关键词“中国特色”：以往的出版管理体制研究大多集中于行政管理体制以及微观的出版社内部管理体制这两个方面，这当然是极其重要的两个方面。但由于出版具有鲜明的意识形态属性，中国出版管理体制与西方出版管理体制有着本质的不同，因此，仅仅从行政管理体制和微观内部管理体制这两个方面不足以概括出版管理体制的全貌，它往往忽视了我国出版管理体制特有的并且最具有独特优势的方面，即党的领导，这是新中国出版管理体制中最核心的要素，也是出版管理体制改革所要坚持的中心内容。党的领导是出版管理体制的灵魂，出版管理体制如果缺失了这个方面就是缺失了灵魂，就会走上邪路。从毛泽东到习近平，一代又一代中国共产党的领袖都强调“党政军民学，东西南北中，党是领导一切的”这一根本原则。因此，本研究自始至终将党的领导作为出版管理体制的核心。与此同时，本研究将行业自律、社会监督这两个在过去的出版管理体制研究中没有被充分关注的方面也作为出版管理体制不可或缺的重要内容加以研究和分析，由此形成了“党的领导-行政管理-行业自律-出版单位内部管理-社会监督”五个子系统共同发挥作用的中国特色出版管理体系，这也是本研究的基本分析框架。同时，本研究还对不同管理系统所涉及的多个层面（观念、机制、机构、手段等）进行分类研究，探讨其发展变化的特点与规律。除对这五个子系统进行分析之外，出版管理体制研究还应该包括如何处理党和政府与企业和市场的关系、如何处理中央与地方的关系、如何批判地借鉴国外出版发达国家的管理经验等等。

关键词“改革”：改革是对不适应生产力发展的生产关系、上层建筑等进行局部或根本性调整。我国的出版管理体制是一种新生事物，在长期的出版实践中不断探索和逐步完善，这其中就涉及出版管理体制的改革问题。中国共产党人的一个鲜明特点就是能够根据时代的发展不断进行自我革新、自我完善、自我革命。新中国成立后，我国的出版管理体制的调整和改革一直在进行，无论是党对出版业的管理方式，还是出版行政管理体制及机构、出版业自身的管理体制、社会监督机制以及行业自律等等都经历了多次变化，一直处于不断调整和改革的过程中，从而不断地适应我国的宏观管理体制的改革和发展需要，特别是适应出版生产力发展的要求。改革开放后，我国不断加快出版管理体制改革的步伐，出版业出台了若干次重大改革举措，不断地调整出版生产关系和上层建筑，以适应出版生产力发展的要求，解放和发展出版生产力，服务于党和国家的中心工作，服务于党和国家的大局，服务于建设社会主义文化强国这一宏伟目标。改革是出版业前进和发展的不竭动力。

关键词“演进”：就是演变和发展过程，也就是说，研究新中国的出版管理体制不能只是从静态的角度考虑，而要根据不同时期出版业的内外部环境变化以及出版生产力的发展变化去动态地分析出版管理体制改革的动态发展变化过程、原因、特点和结果等，从中找出其内在的发展变化特点和规律性，为当下以及今后的出版管理体制及其改革提供经验借鉴，从而更好地推动出版业的发展和繁荣。

上述六个关键词就是本论著所要研究的主体内容或主要研究对象。

二、研究意义

关于出版管理体制改革的研究价值，涉及对中国特色出版及其本质的认识。长期以来，对出版概念及其本质的认识有一些误区。这里首先对这些误区加以辨析，然后我们再来讨论本研究的价值。

（一）对出版概念及出版本质的再认识

1. 对出版概念的再认识

要搞清出版管理，首先要对出版概念及其本质有个清晰的认识。对出版概念的探讨历来是出版研究的核心问题和热点话题，相关文献不胜枚举，对出版概念的定义角度也五花八门。南京大学杨海平教授等在“基于媒介角度的出版定义发展变化”一表中按照时间顺序列举了 22 种出版定义（见表 1－1），这是一项十分有意义的工作，给我们研究出版概念提供了便捷的途径。但表里的列举不可能面面俱到，还有很多重要遗漏。比如作为国家新闻出版署核心教材的由袁亮主编的《出版学概论》对出版的定义："编辑和复制作品向公众传播。"[①] 比如肖东发教授等在《中国出版通史：先秦两汉卷》中所下的定义："所谓'出版'，就是将知识、思想或其他信息产品经过加工以后，以手抄、印刷或其他方式复制在一定物质载体上，并通过出售或其他途径向公众传播的活动。"[②] 比如王勇安教授等提出的"出版是通过复制行为进行规制化知识信息生产的社会活动"[③]。再比如王关义教授等在《出版管理概论》中所下的定义："出版是一种人类活动，涉及活动主体、活动对象、活动过程、活动结果及其传播。出版的本质概念可以概括为如下公式：出版＝内容的生产＋传播＋服务。"[④] 等等。

表 1-1 基于媒介角度的出版定义发展变化

出处	定义	媒介
《出版条例》日本·1887 年	凡以机械、化学或任何其他方法印刷之文书图画予以发售或者散布者。	文书图画
《世界图书百科全书》美国·1976 年	出版就是把富有想象力的人们创作的、经过编辑选择加工的，并由印刷厂印刷的文字和图片公之于众。	文字和图片
《辞海》1980 年	把著作物编印成为图书报刊的工作……现代出版工作泛指出版、印刷、发行三方面的工作。也专指报刊图书编辑部门的工作（包括组稿、审稿、编辑加工、出版设计和校对等各项工作）。	图书报刊
《出版词典》美国·1982 年	制作印刷型或电子媒介作品，并提供给公众的过程。	印刷型或电子媒介

① 袁亮．出版学概论［M］．沈阳：辽宁教育出版社，1997：103.

② 肖东发，等．中国出版通史：先秦两汉卷［M］．北京：中国书籍出版社，2008：前言 7.

③ 王勇安，成云．融合出版环境下对"出版"概念表述的再思考［J］．出版发行研究，2017（1）：13-17.

④ 王关义，等．出版管理概论［M］．北京：高等教育出版社，2019：7.

续表

出处	定义	媒介
《新闻学简明词典》1984 年	把著作物编印成为图书报刊的工作。	图书报刊
《外国出版史》英国・1988 年	出版是一项涉及印刷品的选择、编辑和销售的活动。	印刷品
《牛津英语大词典》1989 年	发行或向公众提供用抄写、印刷或任何其他方法复制的书籍、地图、照片、歌篇或其他作品。	书籍、地图、照片、歌篇或其他作品
《中国百科大辞典》1990 年	指用印刷或其他方法把著作物复制成图书报刊、音像制品等，并在社会上广为传播。	图书报刊、音像制品
《明确“出版”概念加强出版学研究》林穗芳・1990 年	选择文字、图像或者音响等方面的作品或资料进行加工，用印刷、电子或其他复制技术制作成为书籍、报纸、杂志、图片、缩微制品、音像制品或机读件等以供出售、传播。	书籍、报纸、杂志、图片、缩微制品、音像制品或机读件
《图书发行词典》1992 年	通过出版生产的手段，把著作物编印成图书、期刊、杂志等印刷品，经过发行渠道，把这些精神产品推向社会，供应读者。	图书、期刊、杂志
《出版学概论》彭建炎・1992 年	出版是选择、整理著作物，通过一定生产方式将其复制在特定载体上，并以出版物的形态向社会传播的一系列行为。	特定载体
《传播媒体学概念（下）》陈培根（韩国）・1993 年	出版是著者、出版者把知识、信息、思想感情、文化等精神内容，利用文字、图等记号整理之后，通过图书或图书印刷媒体，向接收者即读者传达、传授，充实他们的精神世界，以追求利润为其代价的文化、经济性的传播媒体行为。	图书或图书印刷媒体
《许力以出版文集》许力以・1993 年	出版是通过一定的物质载体，将著作制作成各种形式的出版物，以传播科学文化和与人进行思想交流的一种活动。	物质载体

续表

出处	定义	媒介
《编辑、出版与编辑学、出版学》王振锋·1995年	出版是以精神符号的储载和传播为主要特征的物质载体制作。	物质载体
《社会主义出版事业的性质和党的出版方针》高明光·1998年	出版是一种组织选择稿件，经过编辑加工，制作成原版或母版，然后以一定的物质载体复制成多份，在社会上传播的社会活动。	物质载体
《出版学导论》罗紫初·1999年	出版就是将经过加工提炼的知识信息产品，通过某种方式大量复制在一定的物质载体上，并进行广泛传播的过程。	物质载体
《现代汉语词典》2002年	把书刊、图画、音像制品等编印出来，向公众发行。	书刊、图画、音像制品
《英汉双解出版印刷词典》(第2版) 2002年	拥有一份文件（如目标、书、杂志、报纸），并将其书写印刷，然后销售或分发给公众。	目录、书、杂志、报纸
《第11届国际出版学研讨会主要学术观点介绍》顺井良介·2005年	出版是通过书籍、杂志等印刷品及CD-Rom、DVD、网上杂志等电子化形态，对信息进行复制、传播、销售的行为。	书籍、杂志等印刷品及CD-Rom、DVD、网上杂志
《现代出版学》师曾志·2006年	出版是将文字、图画、声音、图像、数字或符号等信息知识记录在一定介质上，并进行复制、向公众传播的行为。	介质
《牛津高阶英汉双解词典》(第8版) 2014年	生产图书、期刊、光盘等，在报刊、互联网上向公众发行或者发表作品或者公布政府信息。	图书、期刊、光盘、报刊、互联网
《出版概念的生成、演进、挑战与再认知：基于概念史视角的考论》吴赟、闫薇·2018年	出版是一种将不同主体创造的知识加以组织、加工、建构，并发布在公共载体上的社会互动行为。	公共载体

资料来源：杨海平，杨晓新，白雪．出版概念与媒介嬗变研究［J］．中国出版，2021（18）：12-17.

上述出版定义具有以下特点：一是部分出版定义包括了编辑这一要素，但也有很多定义没有包含编辑，有的甚至直接否认编辑是出版的本质属性（比如王勇安等）；二是都包含复制这一要素，早期的定义将印刷作为核心要素，后来的定义将印刷扩展到包含了其他方式的复制；三是都包含“公之于众”的社会传播行为，有的直接用“传播”这一概念，有的用发行、分发、公布、销售等；四是很多概念直接把出版物类型纳入出版物定义之中，比如将图书、期刊、图画、音像制品甚至报纸等作为出版定义的一部分。

在这些出版定义中，我们发现了一个共同的问题，即大多数出版定义缺少出版主体，而离开出版主体谈出版是无法自圆其说的。因此，这里我们试图给出版下一个定义：出版是具有一定资质的主体（出版机构及出版工作者）按照一定规制对个体性精神成果（包括信息、知识等出版客体即作品）进行选择、优化并通过相应的物质载体进行社会化传播的文化活动。

这个定义包含了以下几层含义：第一，出版活动的本质体现为一种精神性劳动，所要传播的内容也是精神性的，因此它是一种文化活动；第二，个体的精神成果在这里不会自动传播，需要通过物质载体来实现；第三，它包含了出版主体和出版客体这两个最基本要素；第四，只有符合社会规制、经过社会化审核的才可以传播；第五，出版主体代表社会公共利益行使了是否宜于社会化的审核职能，具体方式是选择、优化。

2. 对出版本质的再认识

从出版的定义我们可以看出，出版是一种文化传播活动，但不是什么样的内容都可以传播，对于个体（这里既包括个人也包括组织）的精神成果（出版客体）能否向社会传播而形成社会化精神成果有一系列制度性约束，不仅要从是否符合主流价值观、是否有利于社会稳定、是否有悖于公共利益、是否符合法律和道德规范等方面进行评判，还需要从知识性、科学性和规范性等方面加以评判、选择和优化，而做这些判断不是依据个体精神成果的创造者的自主判断和决定（因此，著作者不是出版主体），而是需要一个中介进行审核把关，充当“把关人”或者“守门人”，这就是出版机构及其从业者，即出版主体。它们在出版过程中代表社会公共利益行使自身职能，这种职能不是自封的，而是政府或者公共部门赋予它们的。一旦它们没有尽到这种职责，那么首先受到惩处的不是精神成果的创造者，而是出版机构及其从业者。这种情况不仅在中国是这样，在国外也是如此。所谓出版自由，主要是创作者的自由，而对于出版主体（出版机构及其从业者）则有一系列规制和要求，比如即使在西方，对于颠覆政府的出版物、对于淫秽出版物、对于种族歧视出版物、对于性别歧视出版物等，政府也会采取事后追责、严加惩处的举措。

英国出版研究者迈克尔·巴斯卡尔提出，“出版的本质在于内容审核和推广。出版就是一个筛选的过程”[①]，这一观点是很有见地的。但它并没有说明为什么审核是出版的本质。我们需要在此基础上对这个问题进一步追问：为什么要审核？它要解决的是什么问题？只有这样，才能更加透彻地理解出版的本质。

马克思高度重视精神生产的作用，把它看作人类社会与物质生产、人自身的再生产相并列的一种重要生产方式。马克思主义认为精神生产也有自身的特点，比如创造性、自主性、独立性等，它构成了社会上层建筑的重要内容。按照历史唯物主义观点，精神生产相对于物质生产具有独立性，但它却是由物质生产方式所决定的，因此，一定的精神生产方式必然受到当时的社会生产关系的制约和决定。马克思在批评施托尔希时曾明确指出：“因为施托尔希不是历史地考察物质生产本身，他把物质生产当作一般的物质财富的生产来考察，而不是当作这种生产的一定的、历史地发展的和特殊的形式来考察，所以他就失去了理解的基础，而只有在这种基

① 巴斯卡尔．内容之王：出版业的颠覆与重生［M］．赵丹，梁嘉馨，译．北京：机械工业出版社，2017.

础上，才能够既理解统治阶级的意识形态组成部分，也理解一定社会形态下自由的精神生产。”[①] 因此，必须把精神生产放到一定的社会形态下去思考，个人的精神自由需要受到社会生产力发展水平以及社会生产关系的支配和决定。按照马克思主义的基本观点，个人的精神创造自由具有个体性、特殊性，它必然要受到生产力发展水平、社会生产关系的支配，同时还要受到占统治地位的社会意识形态的制约。对于个体的精神成果（作品）而言，它能否社会化、如何社会化、社会化的程度如何，不是由精神产品的创作者自由决定的，而是需要由一个代表社会的机构来行使这种权利（同时也是一种权力）。那么，由谁来代表社会进行品鉴、评判、优化和选择呢？这就是出版主体，即出版机构及其工作者。

为什么出版主体能够代表社会对个体的精神成果进行评判和选择呢？这是因为：第一，出版主体首先获得了社会的承认，它们的权利是社会所赋予的。在我国，出版主体是由国家有关管理部门加以严格审批的，它们在某种意义上代表国家对将要出版的内容进行审核把关；在西方国家，出版主体需要注册登记，出版物通过国际统一编码（书号、刊号、网络注册号等）加以确认和辨识，它们的出版资质也是受到社会认可的。第二，出版主体作为专门机构和专业人员具备这种把关和审核能力，否则没有一个著作者愿意将自己的精神成果交给它们出版。第三，出版主体需要根据社会化的规制对个体精神成果的内容加以审核、把关，要确保所传播给社会的内容不损害国家及公共利益。第四，个体的精神成果一经出版，既表明了它获得了社会化的权利，出版主体也有义务尽可能地扩大它的社会化范围，从而最大限度地满足社会的需要。

上述四个方面都表明，在出版过程中，存在着出版主体与出版客体之

---

① 马克思，恩格斯．马克思恩格斯全集：第 26 卷：第 1 册 [M]．北京：人民出版社，1972：296.

间的矛盾。这种矛盾表现在两个方面：一方面，出版主体与出版客体二者之间是统一的，它们统一于将出版客体（个体的精神成果）通过社会化的方式发挥传递信息、传播知识、教化育人、传承历史、价值认同乃至塑造信仰等功能的过程中，它们共同服务于社会、服务于出版产品的消费者（读者或用户），它们的目标以及所要实现的功能是一致的。另一方面，出版主体与出版客体之间又存在着对立性，它们分别是矛盾的两方，一方代表创作者个体，另一方代表社会。如果个体性的精神成果（出版客体）不适合社会化，出版主体就会在审核环节将它拒绝，它就无法成为出版物而获得社会化的合法权利。即使出版主体认为出版客体适合进行社会化，出版主体也还要依据社会规制对出版客体进行加工、优化，排除不适合社会化的内容，对不合社会规制的内容和不合技术标准的形式进行优化，使其符合社会化的标准或达到可以社会化的要求。出版的整个过程就是出版主体对出版客体能否社会化进行判断以及使出版客体更好地社会化的矛盾运动过程：对个体精神成果加以选择的过程是能否社会化的过程；而审核、编辑加工、设计制作、传播载体的选择、传播渠道的选择及宣传营销、市场反馈等是更好地社会化的过程。正是在这个矛盾运动中，出版的价值才得以体现：如果二者没有统一性，那么出版主体将无法获得出版客体，出版业将无法存在；如果没有矛盾性，出版主体就不能通过选择、优化等方式使出版客体得以社会化传播，出版业就没有存在的必要性。

那么，出版主体与出版客体的矛盾如何解决？这就要求出版主体从纷繁复杂的个体化精神产品中选择那些优质的、适宜传播的出版客体，并对出版客体从内容、形式到传播方式等各个方面进行优化，通过对出版客体提高内容和形式质量、增强传播效果，从而更好地满足社会对于高质量精神产品的需求。解决出版主客体之间矛盾的过程，也是解决我国当前所面临的主要矛盾（即人民日益增长的美好生活需要和不平衡不充分的发展之间的矛盾）的一项重要工作，这就内在地将出版的功能和使命与解决我国社会主要矛盾问题紧密结合为一体，同时也与我国新的发展理念和高质量发展目标高度吻合。

出版的本质就是出版主体处理精神产品（出版客体）的个体化生产与它的社会化传播之间的矛盾，出版的主要任务是出版主体将个性化的出版客体更好地社会化。出版的这一本质规定首先较好地说明了出版业为什么要坚持将社会效益放在首位，并在此基础上实现两个效益的统一：社会效益代表的是社会公共利益，出版客体具有个体性，它要进行社会化传播，就必须遵守社会规制，符合社会公共利益，从这个意义上说，出版业具有很强的外部性、公益性，属于准公共物品，这一本质特性决定了出版业必须将社会效益放在首位；而如果出版主体忽视出版的社会效益，单纯追求经济效益（或经济利益），把出版主体的个体利益凌驾于社会公共利益之上，那它就丧失了社会所赋予它的权利，没有履行社会公共利益代表的职责，丧失了出版主体应有的责任。但如果仅仅有社会效益而没有经济效益，或者说出版物不能创造经济价值，出版主体就失去了生存能力，因而同样也失去了存在的根基，对于这一点，早在 20 世纪 40 年代初邹韬奋就做出了精辟的论述，他说："我们的事业性和商业性是要兼顾而不应该是对立的。……倘若因为顾到事业性而在经济上作无限的牺牲，其势不至使店整个经济破产不止，实际上便要使店无法生存，所谓皮之不存，毛将焉附，机构消灭，事业又何从支持，发展更谈不到了。在另一方面，如果因为顾到商业性而对于文化食粮的内容不加注意，那也是自杀政策，事业必然要一天天衰落，商业也将随之而衰落，所谓两败俱伤。……这两个方面是应该相辅相成的，不应该对立起来的。"① 因此，出版的这一本质规定

① 邹韬奋．韬奋 我的出版主张［M］．南宁：广西教育出版社，1999：207.

构成了出版学的“元问题”，也是需要出版管理的根本原因和基本依据。

3. 出版管理从本质上说就是用规制化方式处理出版主客体矛盾运动的过程

既然出版的本质是出版主体处理精神产品（出版客体）的个体化生产与它的社会化传播之间的矛盾，那么围绕出版主体将个性化精神产品（出版客体）向社会化转化的运行过程或者两者之间的矛盾运动过程，就是出版管理的过程。出版的运行环境是国家既定的社会制度，出版必须服从和服务于所在国家的相关出版法律规范和出版伦理；政府需要依法对出版主体、出版内容、出版流程和出版物的传播加以规范和管理，对违反社会规制（包括相关法律规定）的出版行为进行必要的惩处；社会组织（行业协会）以及媒体、消费者等代表社会对出版活动中有利于社会规制的行为加以鼓励，对违反社会规制的行为加以监督和批评、谴责等；出版主体按照出版单位的性质及运作规范，通过各种规章制度加以规范，在政治性、思想性、科学性、规范性等方面加以把关，对个性化的出版客体加以优选、优化，使之宜于传播，能够成为社会化产品；等等。以上这些都是出版管理所要达到的目标和所要完成的基本任务。管理层面的过程就是以社会化为尺度和标准对出版客体进行规范和监督的过程。因此，出版管理的过程恰恰是最能够体现出版本质的过程，是出版存在的依据所在，不然每个人都可以随意传播自己的作品，出版也就没有单独存在的价值了。

（二）中国特色出版管理体制研究的重要价值

中国特色出版管理体制研究，既是一个重大的理论问题，具有重要的学术价值，也是决定出版业改革和发展方向的具有全局意义的重大实践问题。

1. 学术价值

中国特色出版管理体制历来是出版理论界关注的核心问题之一。在中国特色社会主义条件下，构建一个什么样的出版管理体制决定了出版业发展的方向；出版管理体制的内在要素及其逻辑体系的构成以及各要素的功能，是出版理论必须关注和加以解决的重大问题。在出版管理中如何处理党政关系、政府与市场的关系、政府与企业的关系、事业与产业的关系、出版业的意识形态属性与产业属性的关系、宏观管理与微观管理的关系、外在约束与行业自律的关系等等，是出版研究中绕不开的重大理论问题，对这些问题的科学分析和合理解决有助于深化理论界对什么是出版、出版的本质、出版的价值等基本理论问题的认识，也是构建中国特色的出版学所必须首先面对的基础性问题。本论著将出版管理体制放在我国意识形态工作全局及其大系统中加以考察分析，从而揭示其演进脉络“是什么”、演进原因“为什么”，以及当下“如何做”。为此，本论著将为出版学理论体系研究和出版管理体制改革研究提供新的研究框架与视角，推进我国出版学学科建设和出版管理体制改革研究的深度，弥补既有研究缺乏理论深度的不足，拓展学界对新中国成立 70 年来出版管理体制改革的知识地图。

2. 应用价值

随着新闻出版业务管理由党和政府双重管理（宣传部和政府管理部门）转到党的管理部门（宣传部）统一管理，党在出版管理中的作用将愈加突出，出版的意识形态属性也将更加强化。本研究将有助于出版管理机构总结历史上的经验和教训，认清出版管理体制改革中的难点、问题及其解决之道，继续深化出版行政管理体制改革，推进行业治理体系和治理能力现代化，提升新时期党对出版业管理的科学性，使“四梁八柱”更加稳固，进而实现从出版大国向出版强国迈进。

第二节　中国特色出版管理体制研究综述

在以往的出版研究中，学界对出版管理体制进行了大量的研究，也取得了很多重要成果，这里主要从演进历史、宏观管理、中观管理、微观管理、西方发达国家管理模式借鉴等方面对已有研究成果进行文献综述。

一、出版管理体制演进历史

综观已有文献，学者们对新中国成立 70 年来的出版管理体制演变进行研究的角度不尽相同，表述也各有特色，但对于这 70 年的历史分期以及每个阶段所取得的成绩已基本达成共识。

研究者多以党的四次会议——1978 年党的十一届三中全会、1992 年党的十四大、2002 年党的十六大和 2012 年党的十八大为重要节点对新中国成立 70 年来的出版管理体制演变进行划分。

（一）从新中国成立到改革开放前（1949—1978）

这段时间被称为"社会主义出版体制的确立和出版管理体制的奠定时期"①、"图书出版新体制的确立与图书出版业恢复发展时期"②、"出版业格局的初步构建时期"③、"探索起步阶段"④、"我国出版管理体制奠定期"⑤。出版管理体制改革方面的成就，学界认为主要体现在"打造国营出版体系""建构机制鲜明的出版管理格局""确定出版社的企业属性"等

---

① 孙俊青，刘永俊．新中国 70 年出版管理体制的演进与改革启示［J］．北京联合大学学报（人文社会科学版），2019，17（3）：29-36，90.

② 周蔚华，梁雪云．新中国 70 年图书出版：历史进程、主要成就和经验［J］．现代出版，2019（5）：5-18.

③ 王欢妮．新中国成立 70 年来我国出版产业政策的发展与变迁［J］．编辑之友，2019（9）：26-32，39.

④ 张美娟，黄靖，李孟．壮丽 70 年：中国出版经济体制改革及其政策研究［J］．出版科学，2019，27（6）：63-68.

⑤ 赵玉山．改革开放以来我国出版业体制改革的路径与经验［J］．出版广角，2018（17）：6-10.

方面[①]，研究者尤其指出了这一时期对出版体制和管理体制的架构和奠基作用，在“文化大革命”前的17年中，出版体制改革所确立的中国出版业的基本方针、重要原则、重要法规和制度等，仍对我们有重要的启示和指导作用[②]。

这一阶段，中国出版业在探索中前行，挫折和教训与之并存，“文化大革命”十年被称为“出版业管理的失序时期”[③]，出版管理机构陷入瘫痪，出版业发展基本处于停滞状态。

（二）从改革开放到党的十四大召开之前（1978—1992）

党的十一届三中全会做出了改革开放的重大战略决策，中国出版业也迎来了发展与繁荣的春天。学界对这一时期有不同的称谓，分别有“改革开放以来出版管理体制改革的探索时期”[④]、“从高度集中的计划经济体制向社会主义市场经济体制的过渡时期”[⑤]、“对出版业放权让利的尝试时期”[⑥] 等不同的说法。改革开放后，从“文化大革命”阴影中走出来的中国出版业总结教训，奋力前行，“探索”“尝试”“调整”“过渡”等成为这个阶段的关键词。这一阶段的出版管理体制改革在出版社管理体制和发行体制等方面获得重要突破，在出版社性质方面确立了“事业单位，企业化管理”的管理体制，发行体制改革迈出了较大步伐，先后经历了从“一主三多一少”（即以新华书店为主体，多种经济成分、多条流通渠道、多种

---

① 王欢妮．新中国成立70年来我国出版产业政策的发展与变迁［J］．编辑之友，2019（9）：26-32，39．

② 周蔚华，梁雪云．新中国70年图书出版：历史进程、主要成就和经验［J］．现代出版，2019（5）：5-18．

③ 孙俊青，刘永俊．新中国70年出版管理体制的演进与改革启示［J］．北京联合大学学报（人文社会科学版），2019，17（3）：29-36，90．

④ 同③．

⑤ 同②．

⑥ 同①．

购销形式、少流转环节）到“三放一联”（即放权承包，搞活国营书店；放开批发渠道，搞活图书市场；放开购销形式和发行折扣，搞活购销机制；推行横向经济联合）的图书发行体制改革的探索。由此，出版业迈出商业化发展的步伐。①

（三）从党的十四大到党的十六大（1992—2002）

1992年，党的十四大明确社会主义市场经济体制的改革目标。中国出版业积极适应和融入社会主义市场经济新体制的建立过程，加快从高度集中的计划经济向社会主义市场经济转移。这一时期被称为“以优化结构、调整布局、提高质量为目标的出版阶段性转移时期”②、“对出版业经济权利规范的探索时期”③、“结构优化阶段”④ 等。这一阶段的出版管理体制改革围绕市场化和产业化展开，出版业的经济功能和产业功能逐渐被政府重视，政府通过政策、制度等行政手段优化结构、调整布局、对国有出版单位的市场主体身份进行培育。但这一阶段的产业政策仍具有明显的行政计划色彩。⑤

（四）从党的十六大到党的十八大（2002—2012）

有学者认为，出版业“真正有意义的转变发生在中共十六大以后”⑥。党的十六大报告把文化建设和文化体制改革作为一项重要的战略任务，并

---

① 刘大年．新中国出版产业政策演变的逻辑特点［J］．现代出版，2015（2）：17－20.

② 周蔚华，梁雪云．新中国70年图书出版：历史进程、主要成就和经验［J］．现代出版，2019（5）：5－18.

③ 王欢妮．新中国成立70年来我国出版产业政策的发展与变迁［J］．编辑之友，2019（9）：26－32，39.

④ 张美娟，黄靖，李孟．壮丽70年：中国出版经济体制改革及其政策研究［J］．出版科学，2019，27（6）：63－68.

⑤ 同①.

⑥ 同①.

提出了分类改革的思路，由此，以转企改制为主要标志的出版体制改革全面展开。这一阶段被不同的学者分别称为“深化改革阶段”①、“对出版业资源的整合分配阶段”②、“确立新体制时期”③ 等。这一阶段，我国出版业以“政企分开、政事分开、政资分开、管办分离”拉开了体制改革的序幕④，以转企改制为突破口促进出版资源的优化重组，并尝试对接资本市场。政府部门通过经济、法律、行政等手段实现职能转变，最大限度地发挥市场在资源配置中的基础性作用。

（五）从党的十八大至今（2012—　）

2012 年党的十八大明确提出“建设社会主义文化强国”的目标，以“增强文化整体实力和竞争力”为着力点的文化体制改革成为“五位一体”全方位改革的重要内容。出版业改革也向纵深推进。这一阶段被称为“出版转型与媒介融合发展时期”⑤、“转型升级阶段”⑥，转型升级、融合发展成为这一阶段出版改革的主旋律。其改革目标主要为推进行业治理体系和治理能力现代化、实现出版业的“双效统一”、深化供给侧结构改革、实现出版融合发展、以制度创新为核心全面深化改革⑦。这一阶段，党对出版的管理进一步加强，党的十八届三中全会提出，要“建立党委和政府监管国有文化资产的管理机构”，同时，将“管资产与管人、管事相结合”

---

① 张美娟，黄靖，李孟．壮丽 70 年：中国出版经济体制改革及其政策研究［J］．出版科学，2019，27（6）：63－68.

② 王欢妮．新中国成立 70 年来我国出版产业政策的发展与变迁［J］．编辑之友，2019（9）：26－32，39.

③ 周蔚华，梁雪云．新中国 70 年图书出版：历史进程、主要成就和经验［J］．现代出版，2019（5）：5－18.

④ 刘大年．新中国出版产业政策演变的逻辑特点［J］．现代出版，2015（2）：17－20.

⑤ 同③.

⑥ 同①.

⑦ 朱伟峰．新闻出版体制改革 40 年［J］．中国出版，2018（20）：12－18.

发展为“管人管事管资产管导向相统一”[①]。加强党对出版的全面领导成为改革的重要内容，在2018年国家机构改革中，国家新闻出版广电总局的新闻出版管理职责被划入了中共中央宣传部。

综观已有文献，学者们对新中国成立70年来出版管理体制演变的研究成果，使我们能从整体上对70年来发展的历史进程、产业政策、总体特征、主要成就、逻辑特点等有所了解。但已有文献也存在一定的不足：一是进行系统研究的文献数量较少，通过知网检索可见，仅有上面引用的五六篇文献，而多数文献集中于对改革开放40多年来我国出版业发展情况的研究。二是已有文献对于70年来出版管理体制演变的原因分析和理论依据略显不足，尽管也有文献运用新制度经济学的相关理论[②]、生产力与生产关系的辩证统一理论[③]进行分析，但大多数文献仍然停留在事实描述层面，即针对重要节点事件进行描述，并将其作为改革推进的原因。

二、出版宏观管理

出版宏观管理最能体现中国出版管理体制的特点，在很多方面体现了我国的管理特色和制度优势。宏观管理主要包括党的领导、行政管理、出版公共服务等方面，下面分别针对以上三个方面进行综述和评析。

（一）党的领导

党自成立之日起便高度重视出版工作，不管是在革命战争时期还是在

---

① 莫林虎．新中国成立70周年中国出版经济体制建立与改革、成就与展望［J］．编辑之友，2019（9）：33－39.

② 张美娟，黄靖，李孟．壮丽70年：中国出版经济体制改革及其政策研究［J］．出版科学，2019，27（6）：63－68.

③ 郝振省．出版改革的本质论与方法论［J］．出版发行研究，2019（1）：1.

和平发展时期，党的领导对出版业的发展都起到至关重要的作用，也是出版宏观管理的重要内容。从已有文献来看，学者们对此问题的探讨主要以新中国成立为重要节点，对不同时期党的领导所发挥的作用和具有的特点等方面进行研究。

1. 新中国成立之前（1921—1949）

这一时期，出版管理的典型特点是党直接领导出版业，出版服务于革命斗争的需要。在特殊的革命战争年代，党直接领导下的出版管理机构频繁变动，出版政策和出版制度也不够健全和完善，但其所积累的经验对新中国成立后出版管理体制的重建和改革起到重要的奠基作用，这也是学者们研究的主要内容。综观已有文献，这一时期党直接领导下的出版管理体制呈现出以下特点和作用。

一是确立了出版管理的党性原则。“党管意识形态、党管宣传思想工作是中国的国情和传统优势。”[①] 不管是在中央苏区时期还是在延安时期，党性原则都是出版管理体制的核心和灵魂。党性原则要求出版工作必须服从党的领导，宣传党的路线方针政策，与党的工作重心保持一致[②]。这是在革命战争年代保证党的领导力和战斗力的重要思想基础，也成为新中国成立后出版管理改革实践中必须坚持的重要原则。

二是中共中央宣传部的功能不断强化，地位不断提升。新中国成立之前，党对出版业的领导主要分为“上海时期”“中央苏区时期”和“延安时期”三个阶段[③]。在这些时期，出版管理机构频繁变动，很多管理机制和管理政策有待健全和完善，但中共中央宣传部在出版管理体制中的功能

---

① 侯天保．中国共产党指令型出版管理体制的起源与成长（1921—1949）：基因·萌芽·雏形［J］．出版科学，2018，26（4）：109－115．

② 刘苏华．试论延安时期中共出版工作的历史作用与贡献［J］．中共党史研究，2013（11）：65－75．

③ 同①．

不断强化，地位不断提升。中央苏区时期，党在《中共中央关于苏区宣传鼓动工作的决议》中提出："苏区内各中央局必须要有健全的宣传部，领导苏区内一切宣传鼓动工作。"① 延安时期，为了配合党开展宣传工作的需要，中共中央多次强调："凡关于国民教育、党内教育、文化工作、群众鼓动、对敌伪宣传、出版发行、通讯广播等工作均应受宣传部的直接领导。"② 由此可见，中共中央宣传部在出版管理体制中的领导地位和作用被不断强化和明确，这也为其在新中国成立后新体制中的重要地位打下了基础。

三是出版管理呈现出高度集中统一的状态。有学者将此时期中国共产党的出版管理体制称为"指令型出版管理体制"，意在说明这种领导体制呈现出"统一、集中、高效"的管理特点③。尤其是在延安时期，这种高度的"组织传播"模式得以加强，主要体现为出版所有权、出版思想、传播内容等方面的高度集中统一④。

这种通过指令来配置资源的管理模式，由当时的经济、政治、社会等特定历史条件所决定，但对新中国的出版管理体制有很大的影响。这种模式在使出版管理高效运作的同时，也带来了效率不高、不重视发挥市场的作用等不利影响。

四是党政合一成为出版管理的重要特点。有学者指出，出版体制与社会发展之间是一种互动关系⑤，在中国特定的社会、政治、经济、历史等

---

① 中共中央宣传部办公厅，中央档案馆编研部．中国共产党宣传工作文献选编：1915—1937［M］．北京：学习出版社，1996：993－994.

② 同①257－258.

③ 侯天保．中国共产党指令型出版管理体制的起源与成长（1921—1949）：基因·萌芽·雏形［J］．出版科学，2018，26（4）：109－115.

④ 杨军．试论延安时期中国共产党的出版体制［J］．现代传播（中国传媒大学学报），2011（11）：147－148.

⑤ 同④.

条件下形成的出版管理体制必然具有自身的特色。对新中国成立前党对出版管理的领导的研究，为中国特色出版管理体制的形成提供了历史的渊源，以党政合一或党政双重性最为典型。

中央苏区时期实行党政军高度合一的政权形态，其在出版管理领域的体现就是党领导下的出版管理机构的双重职能——行政管理部门和意识形态管理部门①。这种管理上的双重性也是新闻出版管理部门与其他管理部门的不同之处②。即便是在新中国成立前后的过渡时期（1949 年 2—11 月），党政合一的管理体制依然发挥着重要作用，当时负责出版管理工作的出版委员会（全称为“中共中央宣传部出版委员会”），由中共中央宣传部直接领导，对新中国出版体系的建立，发挥了承上启下的重要作用③。

2. 新中国成立至今（1949— ）

新中国成立 70 年来，尤其是改革开放以后，中国出版业有了突飞猛进的发展，正在努力实现从出版大国向出版强国的迈进，这些成绩的取得与出版管理体制改革密不可分。

伴随着新中国的成立，出版管理的机构、规章制度、政策法规等逐渐步入正轨，党政合一的管理模式逐渐得以改变，在相当长的时间范围内（从 1949 年中央人民政府新闻总署成立到 2018 年国家新闻出版广电总局并入中共中央宣传部），“党”“政”之间有了较为清晰的分工：党负责意识形态管理和方针、政策的制定，政府负责配合制定相关出版管理政策并在行业实践中落实和实施党的各项方针政策。

在这段时间内，党的领导发挥了“顶层设计”的职能，使中国出版管

---

① 侯天保. 中国共产党指令型出版管理体制的起源与成长（1921—1949）：基因·萌芽·雏形［J］. 出版科学，2018，26（4）：109-115.

② 帅雨发. 中央苏区新闻出版工作的启示与思考［J］. 出版发行研究，1999（10）：64-67.

③ 武斌. 建国前后党的出版管理机构：出版委员会：上［J］. 出版发行研究，2012（12）：92-94.

理体制改革不断向纵深推进。如前文“演进历史”部分所述，出版管理体制的每次变革都与党在特定历史时期的会议精神、会议决定密切相关，在一定程度上，后者是前者的直接原因，前者是对后者部署的具体落实，或者说是后者在出版领域的具体体现。在党的十一届三中全会上，党中央做出了改革开放的重大决定，使在“文化大革命”十年中被破坏的出版生产力逐渐得以恢复；党的十四大的召开，确立了社会主义市场经济体制，出版业开启了市场化和产业化进程；党的十六大的召开，厘清了公益性出版事业与经营性出版产业的区别，更是使出版管理体制开启了真正意义上的改革，出版业进入转企改制、深化改革阶段；党的十八大的召开，从党和国家政策层面，将“文化强国”提到前所未有的高度，出版管理体制改革随之进入转型升级和融合发展阶段。由此可见，在新中国成立之后相当长的时间范围内，对新闻出版的行业管理交由政府机构负责，但党的领导依然发挥着方向性、引领性的作用。

综观已有文献，关于出版宏观管理中党的领导的研究，呈现出以下特点：一是针对某一时期、某一管理机构、某一出版机构等的“点状研究”较多，但贯穿 70 年的“线状研究”、涉及出版管理各个方面的“面状研究”略显不足。二是关于党的领导所形成的具有中国特色的管理体制的事实描述和史料挖掘较为丰富，但关于管理体制从党政合一到党政分离再到党政合一的原因分析较为欠缺。

（二）行政管理

综观已有文献，对出版行政管理的研究主要集中于以下几个方面。

1. 从出版管理机构沿革的角度

关于出版管理机构沿革的研究，主要出现于三类论著中：一是有关中国出版史研究的著作，将新中国成立以来我国出版管理机构的沿革作为整个出版史研究的重要组成部分。二是有关改革开放 40 多年我国出版管理体制改革的相关论著，将我国出版管理机构沿革作为恢复和健全出版行政管理的重要内容。三是以我国新闻出版管理机构沿革为主题的论文，将出版管理机构沿革作为媒体管理机构演进的线索之一，进行发展脉络梳理。从已有的研究成果来看，学者们对新中国成立以来我国出版管理机构沿革变化的历程进行了较为详细的描述，包括机构起止时间、机构名称、机构归属、机构级别等信息，但不足之处在于，对出版管理机构沿革变化的内在逻辑和规律分析较少，尤其对于"党"和"政府"两个管理主体之间关系的研究还有诸多不足。

2. 从出版管理制度的角度

研究者对出版宏观管理的各项制度（出版审批制、主管主办制、印刷复制和发行许可制、重大选题备案制度、书号刊号版号的管理制度、出版专业技术人员职业资格制度、出版单位年检制度、职业准入和岗位准入制度、特殊管理股制度等）进行梳理总结，对现行出版管理制度的利弊进行分析，并提出对策建议。尤其是对我国现行的出版审批制、主管主办制、书号刊号版号的管理制度等具有中国特色的出版管理制度研究较多。近些年来，伴随着出版管理体制改革的深化和推进，出版业市场化进程不断加快，关于在出版产业中实施特殊管理股制度的研究成为热点之一。学者们就出版产业实施特殊管理股制度的缘起、影响、实施路径、困境、发展建议、国际模式等方面展开多维度的研究。综观已有文献，还有以下不足：一是缺乏对各项管理制度之间的内在联系和逻辑关系的系统研究；二是研究的深度还有待提升；三是对近年来的管理制度研究较为薄弱。

3. 从出版业的双重属性角度

研究者以对出版业的属性认知为切入点。伴随着业界和管理者对出版业属性认知的逐渐清晰和不断深化，出版管理体制也发生了相应变化：从新中国成立初期的企业单位、事业化管理到改革开放后的事业单位、企业化管理，再到文化体制改革过程中根据商品属性和公共物品属性区分出版单位性质，将主要承担公共物品属性的出版单位保留事业单位性质，其他出版单位一律转企改制，并推动集团化发展等。在对出版业的双重属性有了明确认定之后，关于如何实现经济效益与社会效益的“双效统一”也成为学者们的研究热点之一。综观已有文献，学者们对出版业属性认知的变化带来的宏观和微观的出版管理体制变化，进行了较为清晰的勾勒和总结，对于当前阶段急需解决的问题也多有关注。但已有文献也存在一定的不足：对出版业的复杂性考虑不够；已有研究成果多数是针对图书出版而展开的，难以涵盖“大出版”背景下的多种媒介形态，尤其是对学术期刊这一特殊群体的基础性研究更为缺乏；等等。

4. 从政府职能转变的角度

政府职能转变与出版单位转企改制密切相关，此类研究多以出版单位转企改制为切入点进行探讨，主要针对政府从直接管理到间接管理，从微观管理到宏观调控，从单一的行政管理到行政、法律、经济等多种手段并用，从办文化到管文化，以及政事分开、政企分开、政资分开和管办分离等方面开展研究。综观已有文献，一是对出版管理中诸如法律、经济等多种手段应用的现状、问题及对策进行了研究；二是从理论层面对政府职能转变的原因、途径、方法等进行了较为全面的探析。但已有研究也存在一些不足，集中体现为对“中国特色”的研究较为单薄。比如，新一轮政府机构改革将出版管理职能划入中共中央宣传部，这使得党的管理和政府管理内化为一体，那么在这种具有“中国特色”的管理体制下，政府职能转变的内涵、途径、方法等是否也要有相应的变化？这种党政一体化的管理模式与新中国成立之前的党政一体化管理模式的区别在哪里？在这种“一体化”的模式下，如何更好地进行出版管理制度安排？这些问题都需要进一步的研究。

（三）出版公共服务

社会主义市场经济体制充分发挥了市场在出版资源配置中的基础性作用，但是单纯依靠市场的调节，难以满足人民群众日益增长的精神文化（包括出版）需要，因此，需要构建与出版业发展相适应的出版公共服务体系以弥补市场失灵所带来的缺陷，这也是政府职能转变的重要体现。综观已有文献，对出版公共服务的研究主要集中于以下几个方面。

1. 对出版公共服务内涵与外延的界定

综观已有文献，学者们对出版公共服务内涵的界定，虽在文字表述上有一些差别，但主要观点基本一致，他们分别从出版公共服务的实施主体、社会参与程度、服务形式、服务性质、服务目标、呈现形式等方面对出版公共服务的内涵进行了界定①。整体来看，出版公共服务呈现出以下特点：一是以政府为主导；二是社会广泛参与；三是形式多样、服务多元；四是具有公益性质；五是以社会效益为首要目标，保障人民群众的文化权益；六是以出版产品和服务为呈现形式；等等。

此外，关于出版公共服务的外延，整体来看，学者们主要从生产、提供、流通、消费等各个方面进行界定。具体来看，主要涵盖以下几个方面：政策法规、行业标准的制定；公共基础设施的建设；公共财政资金的支持；市场行为的规范；生产供给体系、出版人才队伍、评估监督体系的

① 周蔚华认为，出版公共服务是与出版产业相对应、以政府为主导、政府和其他社会主体共同参与、以社会效益为首要目标、具有公益性质（非排他性和非竞争性）的出版产品和服务。

吴淑芬、张养志认为，出版产业的政府公共服务体系是由政府主导、社会参与，以公共财政为主、其他社会资本为辅，以公共出版机构为主、其他出版机构和社会组织为辅，为全体国民提供普及文化知识，传播先进文化，提供精神产品，满足人民群众文化需求，保障人民群众文化权益的各种公益性文化产品和服务的总和。

向仕富认为，出版公共文化服务体系是以政府为主体，相关企业、社会组织和自然人积极参与，使公民享受文化成果、参与文化活动、开展文化创造的权利得以保障、落实的公益性服务机构和文化服务的总和。

保障；等等。

2. 对出版公共服务模式的研究

有学者将国外出版公共服务模式分为三种：一是日本、法国等的“中央集权”或“政府主导”模式；二是美国、加拿大等的“市场分散”或“民间主导”模式；三是以英国为代表的政府与民间共建的“分权化”模式。

国内关于出版公共服务模式的研究大多在借鉴国外模式的基础上，结合中国国情，提出对策和建议。仇英义认为，可以重点借鉴英国等发达国家的经验，逐步建立起政府主导、社会参与、主体多元的公共服务体系。向仕富认为国外的建设模式在我国可能会出现“水土不服”的现象，因此提出了“政府主导，民间协调”的出版公共文化服务体系模式。整体来看，学者们的观点以政府和社会力量进行合作为主流。有学者还专门就出版公共服务 PPP 模式的利益相关方的价值诉求和利益平衡进行了探讨。

3. 对出版公共服务体系建设成就的研究

有学者认为，从新中国成立到改革开放前，所有的出版活动都具有公共服务性质，但那时并没有关于公共服务的理念和认识。直到改革开放以后，伴随着社会主义市场经济体制的建立，才逐步开始了自在、自为、自觉三个阶段的探索。因此，学者们对出版公共服务实践和业绩的研究也主要集中于改革开放 40 多年、新中国成立 70 年来出版业发展的纪念性文章中。经过新中国成立 70 年尤其是改革开放 40 多年的探索，我国出版业公共服务当前在法律法规和行业标准，服务理念和自觉意识，领导体制、协调机制和工作运行机制，投入和保障机制，现代公共服务体系（覆盖城乡、便捷高效、保基本、促公平）等方面都取得了巨大成就。

4. 对出版公共服务评价指标体系的研究

评价标准、指标体系是实现出版公共服务可持续发展的长效保障机制之一，这是学者们研究的关注焦点之一，同时也是难点之一。有学者提出从服务规模与水平、运作机制、产品与服务创新、品牌力与影响力、社会满意度 5 个维度进行指标体系构建；有学者建议按照“投入、产出、效益、管理”的基本思路来设计评价指标体系；还有学者建议根据“公共服务投入与发展规模、体制机制与行政服务、公益信息资源生成与供给发布、服务条件与设施、服务内容与能力、服务满意度、协作协调与资源共享、建设工程与获奖”等 8 个一级指标进行指标体系构建。

综观已有文献，学者们对出版公共服务进行了较为全面的研究，但还存在一些不足和缺陷：一是研究的力度略显不足。虽然有大量文章针对公共文化服务建设进行研究，但关于作为公共文化服务重要组成部分的出版公共服务的研究文献数量有限。二是已有研究成果的理论支撑不足。尽管有学者从公共财政、新公共管理、公众需求差异性、公民文化权利、转变政府职能等方面为出版公共服务研究提供了注解和视角，但普遍理论支撑不够，研究深度有待提升。三是关于评价指标体系的研究成为难点之一。到目前为止仍未形成一套科学、客观、能够得到一致认可的评价指标体系。四是研究的系统性不足。通过知网检索可以看到，在目前的研究成果中，能对新中国成立 70 年来出版公共服务进行系统研究的仅有极个别文章。

三、出版中观管理：行业自律

出版中观管理体现了社会对出版业的管理与监督，它主要包括行业自律和社会监督两个方面。行业自律是出版管理不可或缺的重要内容，可以把它看成出版中观管理手段，指的是出版行业协会通过制定自律规则或自律公约，约束和监督会员的行为，防范和惩戒会员的违规行为。在世界范围内，行业自律主要通过行业协会等社会组织来实现，因此，关于出版行业自律研究的文献也主要集中于对出版行业协会的研究。社会监督包括了媒体的监督、社会各界的监督以及消费者的监督等。

（一）我国出版行业协会的必要性研究

学者们的研究多以对出版行业自律的必要性和重要性的认识为基础，认为出版行业协会是市场经济发展的内在需要，是政府职能转变和机构改革的需要，是适应加入世界贸易组织（WTO）新形势的需要，是出版产业发展的需要，是抑制恶性竞争、建立良好市场秩序的需要，等等。

（二）我国出版行业协会发展特点与成就的研究

改革开放以后，我国的出版行业协会从无到有、由小到大，几乎覆盖了整个出版行业，整体呈现出权威性、广泛性、开放性、自律性的特点。有学者总结了改革开放 40 多年来我国出版行业组织的发展成就："二政府"转向自主独立的行业管理者，从简单、综合、低效转向复杂、细化、高效，服务趋于多元化，活动趋于国际化。

（三）我国出版行业协会存在问题的研究

伴随着改革开放和市场经济的发展，我国的出版行业协会虽然获得了长足发展，但总体来看，与西方发达国家还有较大的差距，还存在较多的问题，这也是学者们探讨的焦点之一。有学者认为，行业社会组织存在的问题集中体现在以下方面：一是受主管部门影响，存在行政化现象，行业协会的职能尚未充分发挥；二是行业协会的内部体制机制不够健全，如行政式、垄断式的领导机制依然存在，内部机构设置不尽合理，组织涣散；

三是缺乏良好的外部发展环境，如法律地位不明确、约束机制不健全；四是资金短缺、人员老化；五是自身运作模式单一，在提供行业服务方面发挥作用有限；六是国际交流与合作能力有限。此外，有学者还将我国出版行业协会职能发挥的表现概括为“理论研讨多，市场对策少；行规行约多，落实监督少；依靠政府工作多，服务会员工作少；业内评奖多，业外宣传少”。

（四）我国出版行业协会的发展建议研究

根据我国出版行业协会的特点以及对国外发展模式的借鉴，学者们也提出了相应的对策建议，主要集中于以下几个方面：一是让行政权力退出行业自治领域，政府的角色应从直接管理转变为加强监督；二是正确处理国家权力与行业协会之间的关系，建立行政监管和行业自律的互补机制和互动机制；三是进行行业协会内部的体制机制改革，制定规范、科学的决策机制，提高组织运作效率；四是营造良好的外部发展环境，如纳入市场体系建设、建立健全行业自律机制、制定行业协会行为准则；五是强化和完善自身职能建设，挖掘会员需求，从“二政府”转变为会员利益的真正代表者；六是发展非国有书业建设，解决好“民资”和“国资”在行业协会内部的协调问题；七是进行中外交流和合作，走向国际化；等等。

行业自律是出版管理不可或缺的重要内容，已有文献对改革开放以来我国出版行业协会发展取得的成绩、存在的问题和解决对策等方面进行了研究，但同时也存在一定的不足：一是从文献数量来看，研究还较为薄弱。在中国知网以“行业自律”“行业组织”“行业协会”为篇名关键词对中文文献进行搜索，共搜到 18 043 篇文献；但若以“出版 行业自律”“出版 行业组织”“出版 行业协会”为篇名关键词对中文文献进行搜索，则仅能搜到 63 篇文献，且发表年度多集中于 2005—2008 年。二是历史性的、系统性的研究相对薄弱。虽然也有一些学者在相关文献中进行了一些史实性质的描述，但其系统性和深入性明显不足。此外，还有学者将改革开放以来北京地区出版行业协会的发展分为三个阶段——奠基时期（1979—1991）、规范发展时期（1992—2001）、全面发展时期（2002—　），该研究虽然具有一定的系统性和代表性，但毕竟只是针对北京地区的一个区域性研究，局限性明显存在。三是实证研究明显不足。在已有文献中，仅有《会员眼中协会组织的作用——对出版行业协会会员的调查报告》等少数文献采用实证研究的方法，大多数是就事论事的研究性成果。

在现有的出版中观管理的研究中，对其另一个方面即社会监督的研究远远不够。研究者大都只着眼于媒体出版评论方面的研究，对舆论监督、社会各界的监督及消费者的监督等方面的研究则较为薄弱。

四、出版微观管理：出版单位的内部管理

出版单位通过各种规章制度进行内部管理是出版社核心竞争力的重要组成部分，是出版社迎接挑战的制胜之道。出版微观管理大致分为：质量管理、发行管理、印刷管理、人力资源和财务管理等。

（一）质量管理

出版物质量是出版单位生存和发展的生命线，出版管理改革过程中的“阶段性转移”和“高质量发展”战略均是为了实现出版物质量的提升，从而保障出版物的社会效益。当前，出版社内部加强质量管理的基本制度主要包括选题策划制度和选题论证制度、三级审稿制度和责任编辑制度、责任校对制度和“三校一读”制度、成品审查制度。已有文献也主要针对这几个方面展开，研究内容主要包括制度实施的必要性和重要性、制度成因和历史回顾、理论依据和相关规定、现实困境和突破、对策和建议。

（二）发行管理

关于出版发行体制的研究，多数出现在关于出版宏观管理的文献中，对出版发行体制改革的历程及其业绩进行了系统的梳理，但对作为微观层面的出版单位发行管理制度的研究文献，数量并不多。现有文献主要集中于以下方面：一是国有出版单位如何与民营书商合作，搞活发行；二是电商环境下出版单位如何通过新技术手段进行发行；三是如何从出版物发行角度推动供给侧结构改革；等等。近年来，由于直播带货等新型发行方式兴起，也有一些研究图书直播营销的文献。

（三）印刷管理

现有文献中对出版单位内部印刷管理制度进行研究的较少，所见文献中，只有兰月在其硕士论文《出版社内部管理制度研究》中提出应建立健全印刷目标管理责任制、印刷管理提前介入制和印刷质量监督制度等。除此之外，对出版单位印刷管理的研究多集中于数字印刷、按需印刷等，但这些文献主要是从印刷技术角度展开研究的，较少涉及印刷管理的内容。

（四）人力资源和财务管理

出版单位人力资源管理主要包括用人制度（岗位聘用制度、公开招考制度、专业技术职称评定和聘用等）、分配激励制度、考核制度等方面。对这些问题的研究主要集中于对出版单位转企改制进行研究的文献中。此类文献多将创新人力资源管理制度作为出版单位转企改制的重要内容进行研究，多与现代企业制度、公司制和股份制改造相关联。出版单位财务管理主要包括预算管理、成本管理、涉税改革等方面，也是作为出版单位转企改制的重要内容被研究者们关注，成为建立现代企业制度、进行公司制和股份制改造的重要方面。

综观已有文献，对出版单位内部管理流程（编印发）的研究较多，尤其是与转企改制和媒介融合相关的内容，研究成果较为丰富。但与此同时，已有研究还存在一些不足：一是缺乏新中国成立以来的较为全面系统的研究；二是研究时间多集中于出版单位转企改制前后，近些年的最新研究成果较少；三是对于出版单位微观管理制度的形成原因和演化逻辑缺乏深入探究；四是实证研究较少。

五、发达国家出版管理

改革开放打开了中国的国门，使出版业也获得了与世界联通的渠道。对发达国家出版管理的研究，将对我国出版管理的优化和完善起到一定的参考借鉴作用。已有文献主要针对美、英、法、德、加、日等发达国家的出版管理历史和现状展开研究，研究成果主要集中于出版管理的宏观、中观和微观三个层面以及对我国的借鉴意义等方面。

（一）国家行政管理

已有文献对发达国家行政管理的研究，主要针对其管理演变历史、管理机构和职能、管理手段等方面展开。

发达国家出版管理体制的演变，整体来说经历了由“预防制”到“追惩制”的一个长期历史过程。出版管理机构设置有两种情况：其一为政府不单设专门的出版管理机构，或是由政府的不同部门依其各自职能进行管理，或是交由行业组织管理；其二是政府设有专门的出版管理机构。在管理手段方面，发达国家在宏观上主要采用行政、法律、经济等手段，以法律和经济手段较为突出。针对以上不同方面，在《西方六国出版科学管理研究》[①] 一书中，作者分别就美、英、法、德、加、日六国出版管理的情况进行了较为详细的介绍。

（二）行业协会管理

西方国家的出版行业协会起步较早、模式较为成熟，在行业发展过程中切实发挥了中介作用，因此，我国学者也多有关注，将其作为加强我国出版行业自律的“他山之石”。已有文献的研究较多针对行业协会的产生背景、机构类型、组织运作、机构职能等方面展开，且多以中外比较的形式呈现。

一是产生背景方面。国外行业协会由市场内生而来，中国行业协会由行政权力让渡而来。二是机构类型方面。国外出版行业协会以出版商协会和书商协会为主导，以其他多种类及多层次的协会组织为辅助；中国的出版行业协会包括中国出版工作者协会、中国书刊发行业协会、中国编辑学会、中国期刊协会等。三是组织运作方面。国外行业协会是非营利性公司，独立于政府，采取类似于企业的运作机制；中国行业协会是非营利性社团组织，一定程度上是政府的延续，在领导者、经费等方面受政府控制较多。四是机构职能方面。促销服务、评优服务、培训服务、外事服务、信息服务等是中外出版行业协会共同的职能，但除此之外，国外出版行业协会在行业规范的制定、企业与政府之间的沟通、行业公平竞争的维护等方面的作用也较为突出，这些都成为中国出版行业协会可以借鉴之处。

（三）出版单位管理

关于出版单位微观管理，已有文献主要针对出版单位内部编辑出版流

---

① 魏玉山，杨贵山．西方六国出版管理研究［M］．北京：中国书籍出版社，1995.

程、经营管理模式、集团化运作等方面展开研究。在研究国别上，以针对美英两国的研究文献居多；在出版类型上，以针对大学出版社和专业出版社的研究文献居多。

关于出版社内部编辑出版流程的研究，已有文献基本涵盖了与编辑、出版、印刷相关的多个环节，对编辑策划、编辑组稿、编辑校对、编辑管理制度、图书定价、稿酬制度、发行模式、发行制度、数字发行、绿色印刷、按需印刷、传统印刷等方面均有研究。关于出版社内部经营管理模式的研究，已有文献主要针对数字化背景下的营销转型、多元化经营、内部组织结构和经营管理体制等方面展开。关于集团化运作，已有文献主要针对出版社之间的兼并重组、集团化运作的内部组织架构和管理体制等方面展开。

关于国外出版管理研究的文献，基本涵盖了宏观、中观、微观等各个层面，这些研究对于中国出版业认识世界、了解世界，开展国际交流与合作发挥了积极的作用。但不足之处在于：一是已有文献较多地集中于对欧美国家发展情况的介绍和引进，对于其他国家的出版管理研究相对薄弱；二是对将“国际模式”与“中国特色”有机结合的探索还略显不足，对中外差异原因的分析也有所欠缺；三是对近些年国外出版管理的变化或动态关注不够。

综上所述，当前出版理论界对出版管理体制的各个主要方面都有所涉及，但缺乏系统性的综合性研究，对很多问题的研究还流于表面，缺乏深入分析。本研究力图克服这些缺点，弥补这些方面的不足，对出版管理体制从纵向的历时性（时间延续）和横向的系统性（空间延展）两个方面进行深入、系统的分析研究。

第三节　研究的逻辑结构和研究方法

根据上述研究对象，本研究在充分借鉴已有研究成果的基础上，力求运用科学的研究方法使该研究有所突破，由此形成了自己的研究逻辑结构框架。

一、研究的内在逻辑结构

根据上述研究内容界定，本研究以习近平新时代中国特色社会主义思想为指导，结合学习习近平总书记近年来关于新闻出版的相关重要论述的体会和认识，以“党的领导-行政管理-行业自律-出版单位内部管理-社会监督”这一具有中国特色的出版管理体系为研究对象，以社会发展变化特别是出版管理体制改革的演进和发展历程为纵线，以出版管理的观念、制度、机构和手段等四个层面为横线，以国际模式为参考借鉴，纵横结合，经纬交叉，中外对比，全方位、多视角地对新中国成立 70 年来的出版管理体制改革进行综合性的系统分析。

上述五个方面并不是彼此独立、平行分布、可等量齐观的，它们之间有着内在的逻辑关系。

中国共产党的领导是全面的领导，是一种统领一切的宏观管理，是中国特色出版管理的灵魂，也是最能体现出版管理中国特色的鲜明特点：行政管理必须体现党的意志，执行党的决策，将中国共产党的各项路线、方针、政策在出版领域中不折不扣地贯彻执行，对于违反党的路线、方针、政策的出版行为给予惩处；行业社会组织所进行的行业自律要全面加强党的领导，通过党建引领和行业自律来执行党和政府对行业的要求，行业自律的各项要求都要体现党的意志，贯彻党的出版方针政策；出版单位的内部管理要把党的领导贯彻到各个方面、各个环节，以确保党的出版方针政策能够在出版行为中得到有效贯彻落实；社会监督同样离不开党的领导，无论是媒体、社会团体还是公民个人，都必须坚持党的领导这个最重要的原则，对违反党的出版方针政策的行为行使监督权利，保障出版业坚持正确的舆论导向，为社会释放正能量。

行政管理是运用国家权力对出版事务进行管理的一种活动，由于它代表国家权力并以国家权力为基础，因此具有一定的强制性和政策性，能够代表国家制定相关管理法规和政策并加以监督执行；又由于它是公共利益的代表，因此政府的很多行为具有公共服务性质；与此同时，行政管理要履行阶级统治的政治职能，在社会主义中国，它就必须在党的领导下从事管理，将党的各项重大决策通过行政手段来贯彻落实和不折不扣地实施；对于其他几个方面的出版管理，它则代表国家权力行使管理职能，出版行业自律和社会监督、各个出版单位除了要坚持党的领导外，也要直接或间接接受政府的行政管理。

出版行业自律属于社会管理范畴，它是为了维护出版行业成员的共同利益、保障出版行业的持续健康发展，通过行业公约或者公契而对行业自律成员单位行使的具有约束力的行为规范管理。我国的行业管理主要通过各类出版行业协会来实施。行业协会首先要在内部治理结构中体现党对协会的领导，同时要贯彻党和政府的各项出版要求，受行政管理部门的委托参与某些行业标准、发展规划的制定，进行行业培训，通过行业研究和智库咨询为政府决策提供智力支持等；行业自律所制定的相关章程、公约等行业规范对那些会员单位（出版单位）具有约束力；行业协会本身属于监督的一部分，但又是通过行业自我监督来实现的，而媒体、其他社会团体及消费者个人，则属于另一种形式的社会管理和社会监督。

出版单位内部管理属于出版单位的微观管理，它既包括刚性的各项规章制度管理，也包括柔性的组织文化建设等；既包括战略管理、品牌管理等整体层面的管理，也包括选题管理、编辑流程管理、设计及制作管理、宣传营销管理、物流管理、财务管理、人力资源管理、信息资源管理、版权管理等运作层面的管理，它是保障出版单位顺畅运行的根本，也是其他各项管理能够落地的关键。

出版社会监督是由公民、法人、其他社会组织，对出版单位及其工作人员的出版行为和实施效果的监督。出版社会监督具有监督主体、客体、内容、范围和影响上的广泛性和普遍性，监督方式和途径上的灵活多样等特点。出版社会监督包括公民（通常是消费者）监督、社会团体监督和舆论监督等形式。出版社会监督要有利于加强党的领导，有利于党和国家关于出版的各项政策、方针及法律法规得到切实的落实和实施，并对危害党的领导、危害社会主义制度、危害社会公共利益的出版行为行使监督权利。

在上述五个方面中，党的领导和行政管理是自上而下的纵向管理，是出版管理体系中的经线，行业自律和社会监督表现为出版的横向管理，是出版管理体系中的纬线，出版单位内部管理是出版管理的一个个结点，出版管理的纵横交错和经纬连接通过这一个个结点来形成出版管理网络，由此而形成了多元共建共治共享的现代社会治理体系。

根据上述研究内在逻辑结构框架，本研究的第一部分内容从对出版概念和出版本质的再认识入手，说明出版管理体制对于出版研究的特殊意义。在此基础上，对新中国出版管理体制进行系统性回顾，分析新中国成立 70 年来我国出版管理体制的历史背景、演进过程和不同时期的不同特点，从中可以一览新中国出版管理体制改革的全貌以及基本脉络。这一部分主要回答“为什么”的问题。

第二部分是本研究的主体内容，分别从宏观、中观、微观三个层面介绍和分析新中国出版管理体制的主要内容及其演进过程。本研究突破过去长期以来将宏观管理研究主要放在行政管理这一方面的局限，进一步将宏观管理细分为三个方面，即党的领导、行政管理和出版公共服务；中观管理研究主要介绍和分析了行业自律和社会监督，对有中国特色的行业协会管理和媒体监督等社会监督进行了分析；微观管理研究主要研究了出版主体即出版单位根据国家宏观要求而进行的内部管理。

第三部分对国外的出版管理体制进行介绍，并把我国出版管理体制与国外出版管理体制进行比较分析。第二、第三部分主要回答“是什么”的问题。

第四部分也即最后一部分是以习近平新时代中国特色社会主义思想为指导，结合学习习近平关于新闻舆论以及出版工作的相关重要论述，根据我党进入第二个百年所提出的建设出版强国的宏伟目标，提出建立中国特色出版管理新体制的若干思考和建议。这部分主要回答“怎么办”的问题。

本研究的具体研究框架如图 1-1 所示。

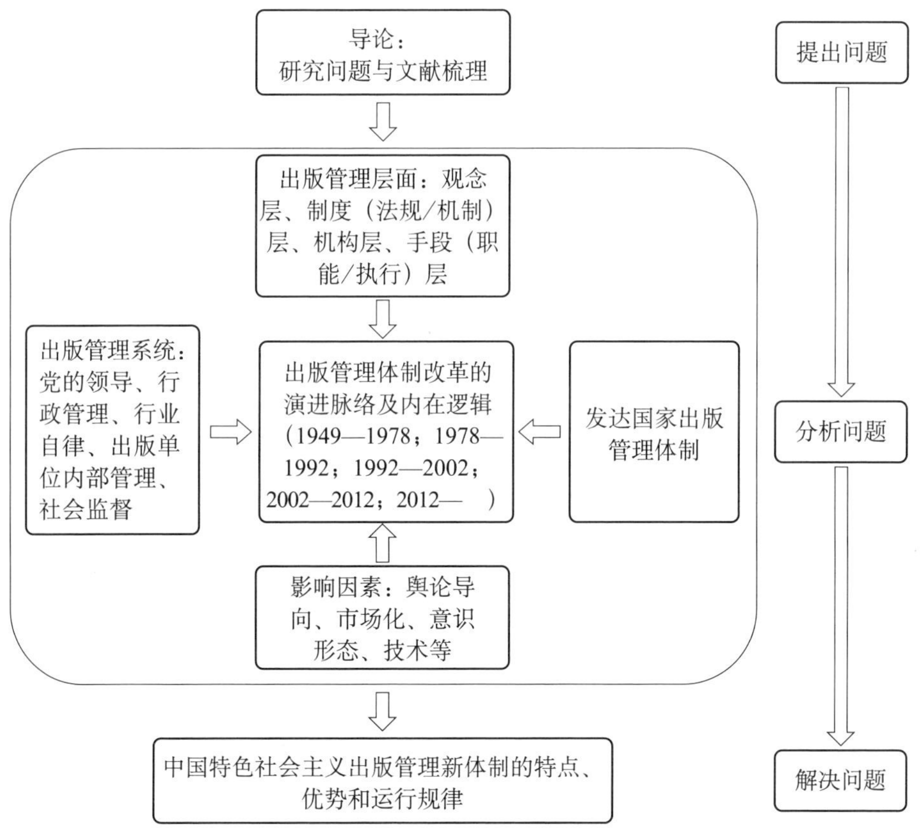

图 1-1　新中国成立 70 年来出版管理体制改革演进研究框架

二、研究方法

本研究将以马克思主义的世界观和方法论为指导，将生产力与生产关系、经济基础与上层建筑的辩证关系作为推动出版管理体制变革的内在逻辑，具体采用以下研究方法。

一是案例研究法。本研究将对新中国成立以来具有代表性的出版机构、出版物、出版人进行案例研究，通过案例来探求影响出版管理体制发展和变迁的种种因素。

二是比较分析法。一方面，进行纵向比较分析。新中国成立 70 年来的出版管理体制变迁经历了不同的历史阶段，本研究拟对每个阶段的特点和规律进行比较分析。另一方面，进行横向比较分析。本研究拟通过中外分析对比，吸取国际先进经验和方法，为我所用。

本研究的根本目的在于，不忘本来、吸收外来、面向未来，在推进出版理论研究的同时，为出版体制的改革、创新和完善提供借鉴。

第二章　新中国出版管理体制演变的历史过程

我国的出版活动大致上溯到 3 000 多年前的殷商时期。《尚书》有“惟殷先人，有册有典”之说，反映了商代已有以传播为目的、记载夏殷鼎革史实的编连在一起的简册。自从有了出版活动，就必然相伴着对这些活动的管理。但在古代，政府对出版业的管理存在较大随意性，没有形成专门的法律条文予以保护，对于触犯统治阶级利益的出版行为，则大多采取“禁书毁版”等严酷手段。晚清以降，随着西方近代出版观念的传入和新式出版业的发展，开始有了对出版业进行管理的专项法规。新中国成立以后，逐步形成党委领导、政府管理、行业自律、社会监督、企事业单位依法运营的出版管理体制。这一具有中国特色的出版管理体制的逐步建立和完善，为出版业提供了有序的发展环境。

第一节　新中国出版管理体制形成的历史条件

出版具有鲜明的意识形态属性，新中国出版管理体制作为中国共产党领导下的社会主义政治体制的重要组成部分，与党的发展历程、我国现行社会制度和基本国情紧密相关，随着社会发展不断改革和完善。

一、思想和理论基础

制度的建构以一定的思想观念为基础，是对思想观念的外化和实践。新中国出版管理体制的建构，首先要以马克思主义指导地位的确立为基础，其次要以为人民服务、为社会主义服务为基本宗旨，再次要把出版放在党和国家工作大局中统筹考虑，最后要有利于出版工作的长远发展及职能的发挥。随着中国共产党对马克思主义的认识不断深化，为新中国出版管理体制提供了理论支撑。

中国共产党是以马克思主义为指导思想的政党，从诞生之日起就确立了实现共产主义的奋斗目标。1917 年俄国十月革命的胜利，推动了马克思主义在中国的迅速传播，以李大钊、陈独秀等为代表的中国先进知识分子一方面积极宣介马克思主义，另一方面开始“用无产阶级的宇宙观作为观察国家命运的工具，重新考虑自己的问题”①。陈独秀创办的《新青年》杂志，从第四卷第一号（1918 年 1 月）起，由陈独秀、钱玄同、高一涵、李大钊、胡适、沈尹默等 6 人轮流主编。次年，李大钊主编的第六卷第五号的《新青年》推出了“马克思主义研究专号”，其中涉及唯物史观的文章有顾兆熊（即顾孟余）的《马克思学说》、李大钊的《我的马克思主义观》（分上、下篇，下篇于第六号刊出）、凌霜（即黄文山）的《马克思学说的批评》、陈启修的《马克思的唯物史观与贞操问题》、河上肇的《马克思的唯物史观》[渊泉（即陈博贤）译，转载自《晨报》]。此后，《新青

① 毛泽东．毛泽东选集：第 4 卷 [M]. 北京：人民出版社，1991：1471.

年》杂志又先后刊登了李大钊的《由经济上解释中国近代思想变动的原因》(第七卷第二号)、《唯物史观在现代史学上的价值》(第八卷第四号),以及蔡和森和陈独秀关于马克思学说与中国无产阶级的“通信”(第九卷第二号)、陈独秀的《马克思学说》、河上肇的《俄罗斯革命和唯物史观》(渊泉译)等文章,就如何理解和运用唯物史观等问题展开了讨论。《新青年》杂志的这一系列文章,较为系统地阐明了马克思主义唯物史观的基本原理,提倡以唯物史观为理论工具,考察中国社会现状、指导历史研究,在思想界和知识分子中产生了巨大影响。1920 年 8 月,陈望道翻译的《共产党宣言》全译本出版。1921 年 7 月,中共一大发出《中国共产党中央局通告》,明确提出宣传马克思主义和共产主义的任务。1927 年,大革命的失败使中国共产党进一步认识到理论武装对于中国革命运动的重要性。1928 年 7 月,中共六届一中全会通过《宣传工作的目前任务》,突出强调了发行“马克思主义、列宁主义领袖的重要著作”的迫切性①。1929 年 6 月,中共六届中央执委会二次会议提出《宣传工作决议案》,进一步强调了党必须有计划地加强马克思列宁主义的理论教育,翻译介绍马克思列宁主义的论著,同时要求党的各级机关报必须经常介绍马克思列宁主义的理论,并指导在实际问题中如何应用马克思列宁主义。1938 年,毛泽东在中共六届六中全会中首次提出“马克思主义中国化”命题,此后,学习和研究马克思主义,将马克思主义普遍原理与中国革命实际相结合,逐渐成为全党的自觉②,并在这一过程中形成了毛泽东思想这一马克思主义中国化的重要理论成果。

新中国成立后,以马克思主义和毛泽东思想为指导,党和国家各项制

① 中共中央文献研究室,中央档案馆. 建党以来重要文献选编(一九二一—一九四九):第 5 册[M]. 北京:中央文献出版社,2011:489.

② 蒯大申,饶先来. 新中国文化管理体制研究[M]. 上海:上海人民出版社,2015:31.

度逐步确立。在改革开放和社会主义现代化建设时期，形成了包括邓小平理论、“三个代表”重要思想和科学发展观等重大战略思想在内的中国特色社会主义理论体系，实现了马克思主义中国化的第二次飞跃。党的十八大以来，以习近平为核心的党中央坚持和发展马克思主义，提出了一系列具有开创性意义的新理念、新思想、新战略，形成了习近平新时代中国特色社会主义思想。习近平新时代中国特色社会主义思想是当代中国马克思主义、21 世纪马克思主义，是中华文化和中国精神的时代精华，实现了马克思主义中国化、时代化的新的飞跃。这些理论既一脉相承又不断发展，共同构成了我国出版工作的指导思想和行动指南。

其一，出版是党的重要思想武器和政治阵地。马克思和恩格斯认为，“党需要的首先是一个政治性机关报”①，他们把党报党刊视为“能够以同等的武器同自己的敌人作斗争的第一个阵地”②，其任务首先是“论证、阐发和捍卫党的要求”，同时“批驳和推翻敌对党提出的各种要求和论断”③。在马克思、恩格斯看来，发展和壮大党的组织、宣传自己的纲领和主张、与党内外群众保持密切联系、同自己的敌人开展斗争，都离不开党报党刊这个思想武器和政治阵地。他们在党报活动实践中，尤其注重表达和捍卫无产阶级利益，遵守和阐述党的纲领和策略原则，坚决按照党的精神开展报刊编辑工作。列宁在 1901 年为《火星报》写的社论中，概括了党报具有的宣传、鼓动、组织等功能，指出报纸的作用“并不只限于传播思想”，还有“进行政治教育和争取政治上的同盟者”，“不仅是集体的宣传员和集体的鼓动员，而且是集体的组织者”④。1905 年，《新生活报》发表列宁撰写的《党的组织和党的出版物》一文，明确提出“党的出版

---

① 马克思，恩格斯．马克思恩格斯全集：第 34 卷［M］．北京：人民出版社，1972：360.
② 马克思，恩格斯．马克思恩格斯全集：第 39 卷［M］．北京：人民出版社，1974：336.
③ 马克思，恩格斯．马克思恩格斯选集：第 1 卷［M］．北京：人民出版社，1995：199.
④ 列宁．列宁全集：第 5 卷［M］．北京：人民出版社，2013：8.

物”这一概念，要求“出版社和发行所、书店和阅览室、图书馆和各种书报营业所，都应当成为党的机构”①，党报是否坚持党性原则，主要看其是否符合党纲、党章和党的策略决议，以及党的工作经验等②。毛泽东在深刻领会马克思、恩格斯、列宁等关于党的报刊的理论的基础上，提出“在阶级消灭之前，不管通讯社或报纸的新闻，都有阶级性”③。为了指导《解放日报》改版，他要求全党认真学习列宁和联共（布）关于报刊的论述，要求各级党的领导机关“利用报纸做为自己组织和领导工作的极为重要的工具”④，加强对党报工作的领导，帮助党报工作人员增强责任感，真正按党的意志办报。

其二，出版工作应坚持党性原则。中国共产党早期领导人高度重视出版工作，在1920年中国共产党成立之前，各地共产主义小组即编辑出版书刊，宣传马克思主义。1921年7月，中共一大通过的《中国共产党第一个决议》规定：(一)“一切书籍、日报、标语和传单的出版工作，均应受中央执行委员会或临时中央执行委员会的监督”；(二)“不论中央或地方出版的一切出版物，其出版工作均应受党员的领导”；(三)“任何出版物，无论是中央的或地方的，均不得刊登违背党的原则、政策和决议的文章”⑤。中国共产党加入共产国际后，接受第三国际的加入条件：“一切定期的或其他的报纸与出版物”均须完全服从党中央，“无论他是合法的或违法的，决不许出版机关任意自主，以致引出违反本党的政策”⑥。党的这两个早期文件，明确提出出版工作必须服从党的绝对领导，明确要求党

① 列宁．列宁全集：第12卷［M］．北京：人民出版社，2017：93-94.

② 本书编写组．习近平新闻思想讲义［M］．北京：人民出版社，学习出版社，2018：10.

③ 中共中央文献研究室．毛泽东文集：第7卷［M］．北京：人民出版社，1999：263.

④ 毛泽东．毛泽东选集：第4卷［M］．北京：人民出版社，1991：1286.

⑤ 中央档案馆．中共中央文件选集（一九二一—一九二五）：第1册［M］．北京：中共中央党校出版社，1989：6-7.

⑥ 同⑤68.

的出版物必须与党的政策主张保持高度一致，确立了出版工作的党性原则。这一原则，在此后的革命进程中得到了强化。1941 年 6 月，中共中央宣传部在《关于党的宣传鼓动工作提纲》中将报纸、刊物、书籍定位为“党的宣传鼓动工作最锐利的武器”，提出“党应当充分的善于利用这些武器”，把办报、办刊、出版书籍作为“党的宣传鼓动工作中的最重要的任务”[①]。同年 7 月，中共中央政治局通过了《中共中央关于增强党性的决定》，将“党性”作为一个关键词高规格地写入中共中央政治局决议，推动以延安为中心的各抗日根据地的出版活动在党中央统一领导下开展起来。由此，出版党报党刊以及马列著作、党的政策文件、历史文献、领导人著作等成为根据地出版工作的首要任务，表现出鲜明的党性特征。

其三，出版工作必须以人民为中心。马克思、恩格斯在创办《新莱茵报》时，将其定位为“人民精神的千呼万应的喉舌”[②]。他们非常重视工人群众的信任与支持，吸引其直接参加报刊工作以直接表达自己的思想和利益。他们主编的《新莱茵报》十分注意在工人群众中选拔和培养通讯员撰写稿件，并尽可能在党报党刊上发表工人群众的来信来稿。[③] 这一由马克思、恩格斯提出并实践的无产阶级党报理论中的群众办报思想，通过各国共产党得到了很好的弘扬。列宁在《苏维埃政权的当前任务》中提出党的报刊应成为“社会主义建设的工具”[④]。中国共产党自诞生之日起，就极为重视发动群众、动员群众、组织群众的问题，并把出版看作唤起民众、动员民众的重要载体。1929 年，毛泽东明确指出，红军宣传工作的

---

① 中央档案馆．中共中央文件选集（一九四一——一九四二）：第 13 册［M］．北京：中共中央党校出版社，1991：136.

② 马克思，恩格斯．马克思恩格斯全集：第 6 卷［M］．北京：人民出版社，1961：275.

③ 本书编写组．习近平新闻思想讲义［M］．北京：人民出版社，学习出版社，2018：6.

④ 列宁．列宁全集：第 34 卷［M］．北京：人民出版社，2017：172.

任务就是“扩大政治影响争取广大群众”[①]。1940 年，毛泽东发表《新民主主义论》一文，明确新民主主义的文化是民族的科学的大众的文化[②]。结合中国国情和中国共产党领导中国革命和建设的实践，毛泽东对党报党刊的性质和功能做出了新的理论概括和阐释，把马克思主义经典作家的党报党刊理论发展到一个新的高度。他指出，报纸的作用和力量在于“能使党的纲领路线，方针政策，工作任务和工作方法，最迅速最广泛地同群众见面”，通过报纸加强党和群众的联系，以“教育群众，让群众知道自己的利益，自己的任务，和党的方针政策”[③]。与此同时，毛泽东还要求党报贯彻群众路线。他指出，办报“不但是办的人的责任，也是看的人的责任。看的人提出意见，写短信短文寄去，表示欢喜什么，不欢喜什么”[④]，报纸才能发挥作用。“我们的报纸也要靠大家来办，靠全体人民群众来办，靠全党来办，而不能只靠少数人关起门来办。”[⑤] 由此看来，优质的出版产品不论是普及的还是提高的，都要以人民群众为主要对象，适应和满足他们的需要，吸引和引导他们阅读，才能发挥阵地作用，发挥社会效益；出版物在服务人民群众的同时，也要接受人民群众的检验，让人民群众参与其中。这些既是毛泽东为出版工作确定的基本原则，也是马克思主义出版理论的重要内容。

以党性原则和人民立场为基本特征的马克思主义新闻出版理论，作为新中国出版工作的基本方针，对后来党的出版政策制定和工作实践都产生了深远影响。

---

① 中共中央文献研究室．毛泽东文集：第 1 卷［M］．北京：人民出版社，1993：96.
② 中共中央文献研究室．毛泽东文集：第 7 卷［M］．北京：人民出版社，1999：708.
③ 毛泽东．毛泽东选集：第 4 卷［M］．北京：人民出版社，1991：1318－1319.
④ 毛泽东．毛泽东选集：第 2 卷［M］．北京：人民出版社，1991：728.
⑤ 同③1319.

二、组织和制度渊源

1921年9月，中共中央负责宣传工作的李达在上海组建人民出版社，这是党成立之后设立的第一家出版机构。1924年5月，中共中央在上海召开扩大执行委员会会议，通过了《党内组织及宣传教育问题议决案》，决定在中共中央和党的各级委员会设立宣传部，职责是“在党报上加重党内教育的工作，并且指导马克思主义研究会”。同时，决定成立中央机关报编辑委员会，“指导并训练政治及策略问题的全党思想”[①]，这是中国共产党成立后第一个负责党报工作的机构。这次会议之后，在中共中央宣传部之下，还成立了我党历史上第一次以“出版”命名的机构——中共中央出版部[②]，专门负责党的出版发行工作。此后，随着政治环境变化和革命形势发展，党内负责出版工作的机构建制和名称几经变化，其中中央发行部、中共中央编译委员会与中共中央编辑委员会、中共中央出版发行部、中央出版局等曾作为独立机构存在[③]，职能分工逐步细化。

1927年大革命失败后，中共中央在汉口召开的八七会议，要求中央临时政治局“按期出版秘密的党的政治机关报”，设立党报委员会；同时在政治局之下“设一特别的出版委员会，专掌传播党的机关报及中央一切宣传品的责任”[④]。为落实八七会议精神，政治局常委会下设了宣传部、

① 中央档案馆．中共中央文件选集（一九二一—一九二五）：第1册［M］．北京：中共中央党校出版社，1989：245－246.

② 刘苏华．中共一大至三大时期中央出版组织机构考释［J］．湖南师范大学社会科学学报，2008（3）：134－139.

③ 刘苏华．四大至五大时期中共中央出版组织机构考察［J］．长沙理工大学学报（社会科学版），2012，27（5）：106－110.

④ 中央档案馆．中共中央文件选集（一九二七）：第3册［M］．北京：中共中央党校出版社，1983：302.

党报（《布尔什维克》）编辑委员会、中央出版局等机构，还决定成立中央出版委员会，主要负责对党的机关报和党报的管理。1928 年中共六大确定中共中央宣传部和中央党报委员会均为政治局直属机构，对政治局常委负责[①]。1929 年 6 月，中共六届二中全会通过的《宣传工作决议案》，对中央党报委员会和中共中央宣传部的职能做了明确分工，中央党报委员会管理理论刊物《布尔什维克》，机关报《红旗》《上海报》及中央出版部；中共中央宣传部下设出版科、编辑委员会和文化工作委员会[②]等，其中出版科的职责是“管理公开发行，出版的事务”，编辑委员会以“有计划地编辑一切宣传教育的丛书、小册子等”[③] 为主，文化工作委员会也兼有编辑、公开发行各种刊物、书籍的职能。

1931 年年初，中共中央决定成立中共苏区中央局，并通过《中共中央关于苏区宣传鼓动工作的决议》《关于建立全国书籍刊物发行工作的决议案》，要求苏区各中央局健全宣传部，并在力量扩大时把党报与政府机关报分开，“建立出版部，专司印刷与发行的工作”[④]。同年 11 月，中华苏维埃共和国临时中央政府在江西瑞金成立，下设中央出版局、中央印刷局、中央总发行部和教育部编审委员会，这一党政军高度合一的军事化政权形态的出版管理系统，为根据地出版事业的发展提供了有力保障，也为延安时期乃至新中国成立后的出版管理体制打下了基础[⑤]。

---

① 中共中央组织部，中共中央党史研究室，中央档案馆．中国共产党组织史资料：第 2 卷上［M］．北京：中共党史出版社，2000：73.

② 中央档案馆．中共中央文件选集（一九二九）：第 5 册［M］．北京：中共中央党校出版社，1990：272－274.

③ 中国社会科学院新闻研究所．中国共产党新闻工作文件汇编：上［M］．北京：新华出版社，1980：60.

④ 中共中央宣传部办公厅，中央档案馆编研部．中国共产党宣传工作文献选编（1915—1937）［M］．北京：学习出版社，1996：993－994.

⑤ 侯天保．中国共产党指令型出版管理体制的起源与成长（1921—1949）：基因·萌芽·雏形［J］．出版科学，2018，26（4）：109－115.

1937年1月，党中央从保安迁至延安，延安成为中国人民革命斗争的指导中心和总后方。为宣传马列主义理论和党的方针政策，中共中央重建中央党报委员会，下设出版发行科、材料科等，负责中央机关刊物《解放》周刊的编辑出版，以及新华社、《新中华报》和中央印刷厂的管理，对外则以新华书局（后改为新华书店）的名义发行马列著作和革命书刊，为动员和团结全国人民夺取抗日战争和解放战争的胜利做出了不可磨灭的贡献①。1939年3月，以中央党报委员会出版发行科为基础，成立中央发行部，后改为中共中央出版发行部，下设出版处、印刷处、发行处等。1941年5月，中共中央做出“一切对外宣传工作的领导，应统一于宣传部”的决定②，进一步明确和强化了中共中央宣传部的出版管理职能。同年12月，中共中央出版发行部改组为中央出版局。次年4月，中共中央书记处发布的《关于统一延安出版工作的通知》进一步明确由中央出版局统一指导、计划、组织延安的出版发行工作，中共中央宣传部负责审查出版发行情况。③ 据此，党对中央出版局与中共中央宣传部及各有关部门职责分工和协调机制做出调整，通过出版机构内部的逐级审批和外部的相应审查制度，实现了对延安及各根据地出版工作的统一集中管理。

抗日战争取得胜利后，1946年1月，中央出版局并入中共中央宣传部出版科，后者沿用解放社或新华书店名义出版图书，用中共中央宣传部发行科名义向各级党委发行图书，同时接管了原中央出版局管辖的中央印刷厂，形成了出版工作由中共中央宣传部集中领导、统一指导、计划组织并

---

① 赵生明．新中国出版发行事业的摇篮：延安时期新华书店史略［M］．西安：太白文艺出版社，2017：1.

② 中共中央宣传部办公厅，中央档案馆编研部．中国共产党宣传工作文献选编（1915—1937）［M］．北京：学习出版社，1996：236.

③ 中央档案馆．中共中央文件选集（一九四一——一九四二）：第13册［M］．北京：中共中央党校出版社，1991：370.

负责统一审查的体制。1948 年 11 月，中共中央宣传部重新设立出版组。同年，中共中央出台《关于宣传工作中请示与报告制度的规定》，要求各级党委及其负责人在新的和特别重要的宣传问题上应向中央和上级党委请示，各地以党及党的负责同志名义出版的书籍杂志，在出版前需分别送交党的有关部门审查，并需送中共中央宣传部两份[①]，这也为后来实行的重大选题备案和图书样本缴送制度奠定了基础。

为加强对书报刊编印发各环节的领导，1938 年 1 月，中共中央决定，中央党报委员会主持编印的书籍和刊物一律以解放社名义出版，新华书店负责总经销。1939 年 9 月，单独建制的新华书店迁移新址并扩大营业，成为直属于中共中央出版发行部发行处的经营实体。1940 年起，敌后根据地在晋西北的兴县、晋西南的黎城等相继成立新华书店分店，延安的新华书店改为新华书店总店。中央出版局成立后，新华书店总店直接由中央出版局领导。至中央机关离开陕北前，新华书店克服重重困难，自制油墨纸张、自办印刷厂、编印书刊，形成编印发一体化的经营体制，在各根据地或解放区设立总分店、分店、支店、分销处等，同时与国统区的生活、读书、新知三家革命进步书店及在西安、重庆、桂林等地的书业建立业务联系，逐步形成全国性的书刊发行网，为新中国书刊出版发行事业打下了基础。[②]

总的来说，新民主主义革命时期中国共产党领导的出版事业作为配合武装斗争的重要战线，在血与火的洗礼中从无到有、从小到大，逐步形成了以党委宣传部为统筹枢纽的出版管理体制和运行机制。特别是在延安时期，初步建成了自给自足的出版印刷体系，建立起延安与各根据地相连接的新华书店发行网点，培养了一批骨干人才，为新中国出版管理体制提供

---

① 中共中央宣传部办公厅，中央档案馆编研部．中国共产党宣传工作文献选编（1915—1937）[M]．北京：学习出版社，1996：698 - 700.

② 侯天保．中国共产党指令型出版管理体制的起源与成长（1921—1949）：基因・萌芽・雏形[J]．出版科学，2018，26（4）：109 - 115.

了基本架构。其中所积淀的出版传统资源、出版管理思想、出版管理原则等，成为当代中国出版业继承的重要历史遗产。

三、社会历史条件

在领导中国革命的伟大进程中，中国共产党以马克思主义为指导，从中国国情出发，深入地研究中国革命的特点和规律，创造性地提出新民主主义理论。1939 年年底至 1940 年年初，毛泽东先后发表《中国革命和中国共产党》《新民主主义论》，对新民主主义革命理论进行了比较完整的论述，并在中共七大报告中进一步加以系统阐述。新中国成立初期，我国进入"社会主义体系的和逐步过渡到社会主义社会去的过渡性质的社会"①，这一新民主主义社会的经济、政治和文化秩序、结构以及中国共产党的政策方针，均带有很大的变动性和过渡性。此后建立的社会主义制度，作为我国历史上最伟大、最深刻的社会变革，为今后中国一切进步和发展奠定了基础②。

（一）以人民代表大会制度为基础的国家体制的确立

1949 年 3 月，中共七届二中全会在西柏坡召开，批准了召开新的政治协商会议和成立民主联合政府的建议，明确了新民主主义共和国的新中国的成立方略。当年 9 月，中国人民政治协商会议第一届全体会议审议通过了《中国人民政治协商会议组织法》《中国人民政治协商会议共同纲领》《中华人民共和国中央人民政府组织法》等三个历史性文件。《中国人民政治协商会议组织法》规定，人民政协是中国共产党领导的人民民主统一战线的组

---

① 中共中央党史研究室．中国共产党历史：第 2 卷：上册［M］．北京：中共党史出版社，2011：185.

② 同①366.

织形式；《中国人民政治协商会议共同纲领》明确规定了中华人民共和国的国体和政体，以及国家政权机关、军事制度、经济、文教、民族、外交等基本政策，具有临时宪法的性质；《中华人民共和国中央人民政府组织法》规定，中华人民共和国政府是基于民主集中原则的人民代表大会制的政府，选举中央人民政府委员会并付之以行使国家权力的职权，此外规定了政府机构的职权范围、活动方式及构成原则。1954 年 9 月，第一届全国人民代表大会第一次会议审议通过《中华人民共和国宪法》，这是新中国第一部社会主义类型的宪法。它承继并完成了《中国人民政治协商会议共同纲领》的新中国成立这一目标，集中体现了社会主义原则与人民民主原则，规定了人民实现权利的各种形式和具体保障制度，在人民代表大会制度这一根本制度基础上确立了行政制度、司法制度、军事制度、国家元首制度等，形成了新中国国家体制的基本框架，建立起系统完整的国家政权体系。

（二）党的一元化领导体制的确立

中华人民共和国成立后，明确其政权性质为工人阶级（经过共产党）领导的、以工农联盟为基础的人民民主专政国家。新民主主义社会向社会主义社会过渡时期，围绕如何正确地领导国家政权的问题，中国共产党逐步构建了在国家事务中实行党的一元化领导体制的基本格局。

早在民主革命时期，中共中央政治局就出台了《中共中央关于统一抗日根据地党的领导及调整各组织间关系的决定》，要求“每个根据地有一个统一的领导一切的党的委员会”。该决定还规定：中央代表机关（中央局、分局）和各级党委为各地区最高领导机关，同级政府的党团、军队的军政委员会、政治部及民众团体的党团及党员均须无条件地执行其做出的决议、决定、指示。[①]

---

① 中共中央文献研究室，中央档案馆．建党以来重要文献选编（一九二一—一九四九）：第 19 册［M］．北京：中央文献出版社，2011：423.

新中国成立初期，国内外复杂的政治环境和恢复经济等各项任务对加强集中统一领导提出了新的要求，抗日战争时期形成的党的一元化领导方式因而延续下来[①]，被运用于国家社会政治事务的领导和管理，具体化为一系列领导制度。一是党委制和党组制。中央人民政府和国家机关均成立党的委员会，中央人民政府所属各部、委、院、署等由担任负责工作的共产党员组成党组，归党中央直接领导，以保证中央决策的贯彻实行。二是党委领导下的行政首长负责制。新中国成立后，在国营企业实行党委领导下的厂长负责制，并逐步推广至文教科研单位，党委领导下的行政首长负责制成为一项普遍实行的制度。三是党管干部的制度。1953 年，中共中央出台《关于加强干部管理工作的决定》，确立了干部管理工作由中央及各级党委统一领导、中央及各级党委组织部统一管理的分部分级管理制度。所谓分部，就是中央和各级党委的各工作部门与中央和各级政府机关的职能部门对应，如文教工作干部由党委宣传部负责管理；所谓分级，就是担负全国各方面重要职务的干部由中央管理，其他干部由中央局、分局和各级党委按分工管理。[②] 四是分口领导和双重领导方式。对地方政权建设，按性质把政府工作划分为若干口，由属级党委的常务委员（后设分管书记）分工负责领导。对中央国家机关分设在地方的下属机关、企事业单位，采取双重领导方式——在接受其中央主管部门领导的同时，还要接受所在地党委及人民政府领导[③]。

综上所述，我国在建立和巩固人民民主专政国家政权过程中，确立了党领导国家事务的一系列原则、方式、制度及组织结构系统，形成了党和国家领导体制的基本格局，实现了由新民主主义向社会主义的顺利过渡。

---

① 中共中央党史研究室．中国共产党历史：第 2 卷：上册［M］．北京：中共党史出版社，2011：185.

② 中央档案馆，中共中央文献研究室．中共中央文件选集（1949 年 10 月—1966 年 5 月）：第 14 册［M］．北京：人民出版社，2013：267 - 270.

③ 庞松，韩钢．党和国家领导体制的历史考察与改革展望［J］．中国社会科学，1987（6）：3 - 22.

(三) 过渡时期总路线和计划经济体制的形成

新中国成立后，在完成民主革命遗留任务的同时，通过没收官僚资本，确立了社会主义性质的国营经济的领导地位，同时逐步将资本主义纳入国家资本主义轨道，并有计划地鼓励、支持和引导个体农民走上互助合作的道路。到 1952 年 9 月，国营经济的比重为 67.3%，取得压倒性优势[①]，具备了向社会主义过渡的基础和条件，社会主义改造被提上议事日程。1953 年，中国共产党制定了以“一化三改造”为主要内容的过渡时期总路线，围绕过渡时期总路线和“一五”计划的基本任务，大力发展工业，特别是重工业；改造农业，发展农业生产合作社；改造手工业，引导手工业走合作化道路；改造资本主义工商业，使其走向社会主义。随着社会主义改造的基本完成和“一五”计划的提前实现，我国逐步确立了高度集中的计划经济体制。在苏联模式的影响下，人们普遍将对国民经济运行的统一调控，即所谓的“计划经济”作为社会主义经济的基本特征。计划经济体制运行的时期是无法跨越的历史阶段，具有其存在的历史合理性，而这一经济体制的局限性以及它的严重缺陷，是在此后相当长的一段时间里才逐渐显露的，并逐渐为人们所认识[②]。

第二节　新中国出版管理体制的初步构建（1949—1954）

新中国成立之初，为改变当时出版事业混乱和散漫的无政府状态，党中央通过一系列措施加强党对出版工作的领导，构建起与当时国情相适应的出版管理新体制，很快使全国出版工作从无组织走向有组织、从无计划

① 逄先知，金冲及．毛泽东传（1949—1976）[M]．北京：中央文献出版社，2003：240.

② 章百家，朱丹．新中国缘何搞计划经济 [J]．党史文苑，2016（11）：4-7.

走向有计划、从无序走向有序，为新中国出版事业的发展奠定了坚实的基础，并对未来的出版管理体制产生了长远而深刻的影响。

一、党政关系体制的建构

加强党的一元化领导是我们党在长期奋斗过程中形成的重要经验，它具体体现在 1942 年中共中央政治局发布的一项重要规定中：“党是无产阶级的先锋队和无产阶级组织的最高形式，他应该领导一切其他组织，如军队、政府与民众团体。”① 新中国成立后，党的一元化领导体制得到了更加全面的推行，在中央层面，党的中央委员会领导党和国家的各项工作，在政府各部门，设立由担任负责工作的共产党员组成的党组，以保证党中央的一切有关政府工作的决定的贯彻执行。

在以党组制及党委制为主要特征的党的一元化领导体制下，党对出版工作的领导首先体现在党委及党的宣传部门对出版工作的领导、管理和监督上。1949 年 12 月，中共中央发布《关于中央政府成立后党的宣传部门工作问题的指示》，明确宣传部应摆脱行政事业，集中注意于党内外的思想斗争、党的宣传鼓动工作的领导和党的文化教育政策的制定②。1951 年 2 月，中共中央发布《关于健全各级党委宣传机构和加强党的宣传教育工作的指示》，要求各级党委宣传机构加强和统一党对思想工作的领导，进一步明确党的宣传部门的职务范围和工作内容，其中各级宣传部门应设立书刊出版处或报纸出版科，承担政策性和地方性方针的制定及监督实施、

① 中共中央文献研究室，中央档案馆．建党以来重要文献选编（一九二一—一九四九）：第 19 册［M］．北京：中央文献出版社，2011：423.

② 中国出版科学研究所，中央档案馆．中华人民共和国出版史料：1［M］．北京：中国书籍出版社，1995：594－595.

出版物内容检查、出版工作计划指导、书评领导等任务[①]。1951 年 8 月，胡乔木在第一届全国出版行政会议报告中强调党委在思想和政治方面应负最大的责任，强调党的宣传机关在出版计划、内容审查、工作制度、干部培养等方面应担负起管理、领导和监督的责任，以改变当下出版工作的混乱状态[②]。1953 年 11 月，中共中央发布《关于加强干部管理工作的决定》，作为实行党与政府对口设部的开端，这一文件要求逐步建立在中央和各级党委的组织部统一管理下中央及各级党委的各部分管干部的制度，其中包括出版在内的文教工作干部由党委宣传部负责管理[③]。据此，1954 年 4 月，中共中央宣传部发布《党的各级宣传部管理文教干部的实施方案（草案）》，要求逐步将全国文教干部的管理工作由党的各级组织部移交给党的各级宣传部，由党的各级宣传部挑选、提拔、配备、教育、培养、训练干部并监督检查同级文教机关和团体中的干部工作[④]。从上述内容来看，新中国成立初期党的宣传部门逐渐摆脱新中国成立之前主管出版业务的状态，其工作转变为政治、思想和组织方面的领导、管理和监督。

党对出版工作的领导其次体现为在行政部门设立党组对出版行政工作进行领导和监督，以及重大问题通过党组系统向党委请示报告。1949 年 9 月 27 日，中国人民政治协商会议第一届全体会议通过《中华人民共和国中央人民政府组织法》，规定政务院是国家政务的最高执行机关，下设文化教育委员会，在党（通过政府党组）的领导下负起管理全国文化教育行

---

① 中央档案馆，中共中央文献研究室．中共中央文件选集（1949 年 10 月—1966 年 5 月）：第 5 册［M］．北京：人民出版社，2013：197 - 201.

② 中国出版科学研究所，中央档案馆．中华人民共和国出版史料：3［M］．北京：中国书籍出版社，1996：258 - 260.

③ 中央档案馆，中共中央文献研究室．中共中央文件选集（1949 年 10 月—1966 年 5 月）：第 14 册［M］．北京：人民出版社，2013：267.

④ 中央档案馆，中共中央文献研究室．中共中央文件选集（1949 年 10 月—1966 年 5 月）：第 16 册［M］．北京：人民出版社，2013：86 - 87.

政的任务。1949 年 11 月 1 日，受政务院领导、文化教育委员会指导的中央人民政府出版总署宣告成立。中央人民政府出版总署在党（通过中央人民政府出版总署党组）的领导下负责管理全国的出版事业，中央有关出版工作的指示和决定，须中央人民政府出版总署党组统一认识，然后具体贯彻执行。在全国大规模的有计划的经济建设和文化建设展开后，客观形势要求必须由中央实施高度集中的组织和管理。1953 年 3 月，中共中央发布《关于加强中央人民政府系统各部门向中央请示报告制度及加强中央对于政府工作领导的决定（草案）》，规定政府工作中一切主要的和重要的方针、政策、计划和重大事项均须“事先请示中央，并经过中央讨论和决定或批准以后，始得执行”，而政府部门对中央的决议和指示的执行情况及工作中的重大问题均须“定期地和及时地向中央报告或请示”①。同时，撤销“政务院党组干事会”，政务院各委的党组组织和直属政务院的其他部门直接受中共中央领导。因此，涉及出版方面的重大事项或重大决定，中央人民政府出版总署执行请示报告制度，通过党组系统向党中央请示报告。同年 5 月，中央人民政府出版总署副署长陈克寒在出版建设计划会议上就中央人民政府出版总署过去曾存在下命令和发指示不事先请示中央的现象等问题，要求“各级出版行政机关和出版发行单位，必须坚决地依靠和服从中共各级党委的领导，经常地报告和请示工作，取得党的政治上的指导和监督”②。

新中国成立后，延续革命时期党的一元化领导体制，由党领导全国的出版事业，其中党委和党的宣传部门负责政治、思想和组织层面的领导、管理和监督。此外，党的领导通过出版行政机关中的党组发挥作用来实现，党组统一领导所在部门的党员，贯彻执行党委的各项政策、决议和指

① 中央档案馆，中共中央文献研究室．中共中央文件选集（1949 年 10 月—1966 年 5 月）：第 11 册［M］．北京：人民出版社，2013：290.

② 中国出版科学研究所，中央档案馆．中华人民共和国出版史料：5［M］．北京：中国书籍出版社，1999：211.

示，并通过党组主动向党委请示和报告工作，特别是方针性和政治性的问题，推动出版工作成为党的事业。

二、中央与地方关系的建构

新中国成立初期，从中央到地方的出版行政管理体系逐步建立健全，以强化出版行政管理机构的统一领导。新中国成立之初，设立大行政区作为政权过渡时期特殊的行政区划形态。中央人民政府出版总署和中央人民政府新闻总署要求大行政区设立新闻出版局或分设新闻与出版两局，重要省市设立新闻出版处，一般省市必要时设立新闻出版室[①]。1952 年，中央人民政府新闻总署被撤销后，各地新闻行政机关和出版行政机关均合并设立新闻出版行政机关，不再分设。1952 年年底，中央人民政府决定将原大行政区人民政府或军政委员会改为行政委员会，由地方最高政权机关兼中央代表机关改为单纯的中央政府代表机关，中央人民政府出版总署进而推动各大区新闻出版局改为中央建制，作为中央人民政府出版总署在各大区设立的新闻出版行政管理机构。[②] 然而，这一规定的弊端在于地方出版行政机关的工作本可以在请示地方党委或宣传部后及时处理，却必须上报到中央人民政府出版总署，导致工作效率低下。1953 年 10 月，政务院发布命令纠正这一规定，将在各大区设立的新闻出版局（处）的领导关系改为大区行政委员会领导，并受大区行政委员会文化教育委员会指导[③]。进入大规模

---

① 中国出版科学研究所，中央档案馆．中华人民共和国出版史料：2 [M]．北京：中国书籍出版社，1996：270.

② 中国出版科学研究所，中央档案馆．中华人民共和国出版史料：4 [M]．北京：中国书籍出版社，1998：342.

③ 中国出版科学研究所，中央档案馆．中华人民共和国出版史料：5 [M]．北京：中国书籍出版社，1999：578.

的计划经济建设时期后，需要加强中央统一集中领导，1954 年中央做出撤销大区党政机构，合并部分省、市建制的决定。为加强中央对出版行政和业务统一集中的管理和领导，中央人民政府出版总署撤销大区出版行政机构，将原属大区管理的出版事业分别上交中央或下交省市接办。①

新中国成立初期，中央和地方行政权力配置参照革命时期的制度实践经验并借鉴苏联模式，形成高度集中统一的中央政权，在巩固中央统一领导的前提下，给予地方一定程度的独立性。因此，中央出版行政机关和地方出版行政机关在职责权限划分上，趋于在向中央集中的同时，积极探索地方适度分权以调动地方的主动性和积极性。中央人民政府出版总署成立之初的主要业务包括建立及经营国家出版、印刷、发行事业，掌理国家出版物的编辑、翻译及审定工作，联系或指导全国各方面的编译出版工作，调整公营、公私合营及私营出版事业的相互关系。② 可以看出，当时中央人民政府出版总署的工作实际上以自行进行从编写一直到发行的全部业务为主体，而非着重实行对全国公私营出版事业的领导。地方出版行政机关则不负担具体的业务工作，主要承担传达和执行政策法令，处理出版事业机关的登记事宜，对出版、发行和印刷机构进行调查统计，处理出版用纸的补贴分配事宜，保障出版合法权益及取缔有害书籍，组织报刊书籍的批评介绍工作，协助审查当地新华书店出版书稿，事后审查及抽查当地出版或发售书刊等行政管理工作。③ 1951 年，政务院通过《关于调整机构紧缩编制的决定（草案）》，各地纷纷裁撤出版行政机关或将工作移转给当地文化教育委员会或文化事业管理处办理，地方新闻出版行政工作因而被削

① 中国出版科学研究所，中央档案馆．中华人民共和国出版史料：6［M］．北京：中国书籍出版社，1999：352.

② 中国出版科学研究所，中央档案馆．中华人民共和国出版史料：2［M］．北京：中国书籍出版社，1996：21.

③ 同②271.

弱，中央人民政府出版总署进而向文化教育委员会请示报告，要求充实地方出版行政机关以加强对地方出版事业的管理，强调地方出版行政机关应主要负责公私营出版印刷发行企业的领导管理、纸张器材的供应、期刊的调整及登记核准、书刊进出口的统制等行政业务。[①]

新中国成立初期所形成的从中央到地方的一整套出版行政管理体系，为发展人民出版事业提供了有力的组织保障。但在中央高度集权的行政管理体制下，产生了“强中央、弱地方”的中央与地方关系格局，也造成了出版行政管理工作上中央与地方关系的失调，中央统管过多过细，管了一些不该管的具体业务工作，在调整机构和人事时对地方出版行政机关的机构设置、人员配备、职能行使方面也加以削弱，因此地方行政管理较为松弛薄弱。出版系统也积极向中央请示报告，在争取向地方放权以提高工作效率、调动积极性方面做出了一定的努力。

三、政（党）企关系的建构

新中国成立初期，由于实行高度集中的经济管理体制，企业并不被当作独立的商品生产者和经营者，而往往被当作政府部门的行政附属物。在经营管理方面，政府成立管理部门，将国营企业的生产经营活动置于政府的直接管理之下。因此，中央人民政府出版总署和各级出版行政机关直接管理全国国营、地方国营和公私合营出版、印刷和发行企业的经营。如人民出版社、新华印刷厂总管理处和新华书店总店等国营出版、印刷和发行企业作为中央人民政府出版总署的直属企业，直接受中央人民政府出版总署领导，新华书店的各地分支机构，统一由新华书店总店管理，同时接受

---

① 中国出版科学研究所，中央档案馆．中华人民共和国出版史料：4［M］．北京：中国书籍出版社，1998：45－46.

当地出版行政机关的领导。地方人民出版社和地方印刷厂均受地方出版行政机关领导，但须同时分别接受人民出版社及新华印刷厂总管理处的领导或指导。此外，伴随着出版专业分工的发展，我国出版事业开始按照有主管的思路进行建设与管理。1950 年 10 月，政务院发布《关于改进和发展全国出版事业的指示》，要求“公私营的专业性的出版社应尽可能在出版总署的协助下与有关的政府部门或人民团体建立固定的联系”①。1952 年 4 月，中央人民政府出版总署党组在提交给文委的报告中强调，中央人民政府出版总署所属公营出版社均须有双重领导，除取得中央人民政府出版总署之领导外，必须分别紧紧地依靠各主管部门的领导②。因此，除中央人民政府出版总署外，公营出版社通常都有一个政府业务部门作为管理单位，如人民教育出版社由教育部领导、人民文学出版社和人民美术出版社由文化部领导。在企业经营的管理内容方面，1954 年 8 月，中共中央宣传部出台了统一和加强国营、地方国营、公私合营出版社的规定，明确了省（市）以上党委所直接领导的出版社的企业经营，包括出版计划、印刷生产、基本建设、劳动工资、财务收支、物资供应、印刷成品的出售价格等由中央人民政府出版总署和省（市）地方行政机关的新闻出版处（局）统一管理。对于各级国家行政机关业务部门所办的出版企业的管理，除财务计划和基本建设原则上由业务部门直接管理并受出版行政机关监督外，其他方面也适用上述规定，由出版行政机关统一管理。③

---

① 中国出版科学研究所，中央档案馆．中华人民共和国出版史料：2 [M]．北京：中国书籍出版社，1996：643.

② 中国出版科学研究所，中央档案馆．中华人民共和国出版史料：4 [M]．北京：中国书籍出版社，1998：35.

③ 中国出版科学研究所，中央档案馆．中华人民共和国出版史料：6 [M]．北京：中国书籍出版社，1999：436－437.

由于我国传统企业体制中政企不分，虽然中央人民政府出版总署将出版、印刷和发行单位定性为企业，明确要实行企业化经营，但是这里所指的“企业化”不同于现代意义上的建立“适应市场经济要求，产权清晰、权责明确、政企分开、管理科学的现代企业制度”[①]，而是指出版企业健全管理制度，推行经济核算，贯彻政治与经济结合的思想，在保证完成国家计划的同时，降低产品成本，提高企业利润，达到厉行节约和积累资金的目的。黄洛峰在1949年10月的全国新华书店出版工作会议第十六次大会上提出企业化问题，指出企业化不是单纯地追求“实物保本”，而在于以科学化的管理方法经营企业，以精密的核算制度核算成本，以组织化的积极精神不断扩大再生产[②]，强调应从加强经济核算和明确定价标准、制定新的会计制度、取消供给制、实行薪金制四个方面加强企业化[③]。1952年10月，胡愈之在第二届全国出版行政会议上强调，“许多企业单位至今存在着供给制思想”而“未考虑到应该对国家担负什么财政义务”，要求“省市以上的新闻、出版、发行、印刷单位，应一律实行严格的经济核算制度。如因国家需要或客观条件限制，而非亏损不可者，也应制定预算，由国家有计划地补贴”[④]。1954年8月，《中宣部关于统一和加强国营、地方国营、公私合营报社、杂志社、出版社企业管理的指示》明确规定加强企业经营管理的目的在于，在“保证出版单位完成政治任务”的同时，“使企业尽可能为国家节省和积累建设的资金”[⑤]。

---

① 中共中央文献研究室．十四大以来重要文献选编：上［M］．北京：人民出版社，1996：520.

② 中国出版科学研究所，中央档案馆．中华人民共和国出版史料：1［M］．北京：中国书籍出版社，1995：292.

③ 同②433－434.

④ 中国出版科学研究所，中央档案馆．中华人民共和国出版史料：4［M］．北京：中国书籍出版社，1998：287.

⑤ 中国出版科学研究所，中央档案馆．中华人民共和国出版史料：6［M］．北京：中国书籍出版社，1999：437.

在处理党企关系方面，同党对整个出版事业的领导相统一，各级党委并不包揽和干预企业的经营和决策行为，对出版企业的具体管理仅负有政治上、思想上和组织上的领导责任，这一责任集中体现为在编辑业务（包括编辑计划、编辑方针、编辑内容、文稿审核等）和干部工作等方面的领导，坚持党对选题和内容的政治政策把关和思想价值把关以确保正确的政治导向和价值取向，坚持党管干部以充分发挥企业党组织的政治核心作用和党员的模范带头作用。1951 年 8 月，胡乔木在第一届全国出版行政会议上指出，各地出版社的"出版物应不应该出""质量好不好""出版计划适不适当"这些问题是"各地党中央局宣传部不能不负责"的，同时"党也要负责领导教育和培养出版工作的干部的工作"①。1954 年 8 月，中共中央宣传部出台统一和加强国营、地方国营、公私合营出版社的规定，明确国营、地方国营和公私合营出版社中的编辑业务和干部工作由各级党委直接领导②。在当时的实际工作中，普遍存在地方党委对出版企业的领导较为薄弱的情况，或者偶尔管一管，或者若出版社不问党委就不管，而山东分局对于山东人民出版社的领导方法较为成功，被中央人民政府出版总署作为地方党委领导出版社的典型案例向全国推广。山东分局的具体领导方法为：(1) 帮助出版社及时了解党委意图、党的各项方针政策和各时期的工作部署；(2) 研究出版社方针、任务，审核出版选题计划，对选题计划进行修改和补充；(3) 经常审查稿件，有重点地组织与推动作者写稿，政治经济类书稿大部分送审，文教、文艺书稿部分送审，特别重要书稿由部长亲自审批；(4) 有系统地检查出版社已出版的书籍，并督促开展在报刊上的书刊评论工作；(5) 宣传部报刊处经常参加出版社的编委会，了解

---

① 中国出版科学研究所，中央档案馆．中华人民共和国出版史料：3 [M]. 北京：中国书籍出版社，1996：258-260.

② 中国出版科学研究所，中央档案馆．中华人民共和国出版史料：6 [M]. 北京：中国书籍出版社，1999：437.

情况，指导工作。根据山东分局的做法，中央人民政府出版总署明确地方党委对出版社的领导应抓住选题计划、组稿和与作家关系、出版社的政治思想领导方法三个基本环节。①

新中国成立初期，在国有国营、政企不分、以行政计划管理为特征的政企关系下，由各级出版行政机关行使对国营、地方国营和公私合营出版企业的所有权和经营权，这种直接管理体现在决定出版企业的生产经营、工资分配、基本建设、财务收支等各个方面。同时，贯彻企业化经营原则，实行经济核算制度以督促企业改善经营管理，尽力提高生产中的经济效益，竭力节省国家建设的资金。各级党委则不干预具体的企业经营，而是对编辑业务和干部工作进行直接领导以保证出版在思想上、政治上和组织上的高度统一。

四、行业内部分工合作关系的建构

中国人民政治协商会议第一届全体会议于 1949 年 9 月通过的《中国人民政治协商会议共同纲领》规定，“使各种社会经济成分在国营经济领导之下，分工合作，各得其所，以促进整个社会经济的发展”②。在共同纲领精神的引领下，“分工合作、各得其所”亦成为新中国成立初期克服我国出版事业的落后性、盲目性和无政府状态的总方针和总办法。所谓分工合作，首先是产业链上出版、印刷、发行三大环节的分工合作，其次是处在产业链上游的出版社的专业分工。

---

① 中国出版科学研究所，中央档案馆．中华人民共和国出版史料：6 [M]．北京：中国书籍出版社，1999：581 - 582.

② 中共中央文献研究，中央档案馆．建党以来重要文献选编（一九二一——一九四九）：第 26 册 [M]．北京：中央文献出版社，2011：763.

（一）出版产业链三大环节的分工合作

在革命战争时期，出版事业的落后性使其形成了出版、印刷、发行三位一体的格局，即出版、印刷、发行一揽子的经营方式，造成了责任不分、盲目生产、资源浪费等现象。新中国成立后，为消灭出版事业的落后性和盲目性，使国家出版业进步，中央人民政府出版总署确定首先从国营企业做起，实行出版、印刷和发行专业分工的原则和方向，分别成立独立的出版、印刷和发行企业，奠定了我国出版事业的基本格局。

1950 年 4 月，新华书店总管理处成立，成为受中央人民政府出版总署直接领导的企业机构，并在新华书店总管理处和各总分店分别设出版、发行和厂务三大专业化单元。1950 年 9 月，第一届全国出版会议制定了出版、印刷与发行分工的具体实施方案，并于当年 10 月发布《出版总署关于国营书刊出版印刷发行企业分工专业化与调整公私关系的决定》。决定指出，国营书刊出版印刷发行企业应首先实行分工与专业化，全国各级新华书店兼营出版印刷业务者划分为三个独立的企业单位，即出版企业、印刷企业和发行企业。根据此决定，新华书店取消出版和印刷的业务，改组为专营书刊发行的企业机构；全国各级新华书店原有的编辑和出版机构改组为中央和地方人民出版社；原新华书店总管理处所属京津两地印刷厂行单独成为一个企业单位，设新华印刷厂总管理处予以管理，其他各地新华书店所属印刷厂行分立为独立企业单位。[①] 人民出版社、新华书店总店、新华印刷厂总管理处先后成立，向出版、印刷、发行的专业化迈出了关键性的一步。胡乔木指出，出版、印刷、发行分工后，三者之间是“亲兄弟、明算账”的关系。“明算账”即每一单位都有其企业独立性，必须

① 中国出版科学研究所，中央档案馆．中华人民共和国出版史料：2［M］．北京：中国书籍出版社，1996：654－655.

遵守严格的科学管理和经济核算的要求；“亲兄弟”则要求三大单元紧密配合并互相照顾，根据统一的领导机关的全盘计划制订自己的计划并订立合同关系，为发展人民出版事业而努力。[①]

（二）上游出版社的专业分工

中央人民政府出版总署在实行出版、印刷和发行分工的同时，在出版社内部也进行了严格的出版专业分工，根据读者对象或专业性质设立中央一级的专业出版社，形成条块分割的格局。1950 年 10 月 28 日，政务院的《关于改进和发展全国出版事业的指示》明确规定，“专营出版工作的出版社，首先是公营出版社，应当按出版物的性质逐步实行大致的分工。……以克服出版工作中的盲目竞争和重复浪费和质量低劣现象”[②]。因此，中央人民政府出版总署开始创建或同有关行政部门联合组建若干专业出版社。1951 年 10 月，《中共中央宣传部关于出版工作向中共中央的报告及毛泽东的批示》指出，“全国出版业在中央方面现已建立了人民、人民教育、人民文学、人民美术、科学技术、青年、工人等 7 个出版社”，而“历史较长、规模较大的商务、中华、开明等私营出版业和公私合营的三联书店，大体上走上了专业分工的道路”[③]。1952 年 7 月，为进一步明确各公营出版社的专业分工，中央人民政府出版总署制定《出版总署关于中央一级各出版社的专业分工及其领导关系的规定（草案）》，对公营的人民出版社、人民教育出版社、人民文学出版社、人民美术出版社、外文出版社、重工业出版社、燃料工业出版社、人民铁道出版社、中国工人出版

① 中国出版科学研究所，中央档案馆．中华人民共和国出版史料：2［M］．北京：中国书籍出版社，1996：491－492.

② 同①643.

③ 中国出版科学研究所，中央档案馆．中华人民共和国出版史料：3［M］．北京：中国书籍出版社，1996：349.

社、青年出版社，公私合营的世界知识出版社，私营的商务印书馆编审部和中华书局编辑所的专业分工进行了明确界定①。同年 9 月，中央人民政府出版总署颁布《全国出版建设五年计划大纲》，计划五年内逐步分别建立财经、通俗读物、医药卫生、辞书、农业、科学、古籍等 15～20 家专业出版社②。截至 1955 年 3 月，我国陆续建立中央一级的国营和公私合营出版社共 32 家③。

除中央一级出版社的专业分工外，中央出版社与地方出版社的分工合作也是这一时期出版行业内部分工合作关系建构的重点。新中国成立初期，根据文委关于文教工作“为无产阶级政治服务、为生产服务、为工农兵服务”的总方针，中共中央宣传部提出地方出版社应贯彻执行“通俗化、地方化、群众化”的方针，规定地方出版社主要为地方服务。1952 年，第二届全国出版行政会议讨论了国营和地方国营出版社的分工和调整问题，明确了国营出版社应出版全国通行的一般书籍，而地方国营出版社应出版解决当地群众思想问题，介绍当地先进人物、先进经验，指导当地工农群众的生产、工作、学习的通俗读物。④ 1954 年 12 月，中共中央宣传部发布《关于地方出版社工作的指示（草案）》，进一步明确地方出版社的出版范围包括：结合当地工作的实际情况，出版关于宣传党和国家各项政策和工农业生产经验及科学技术的书籍；出版关于当地革命历史、革命人物、经济地理、名胜古迹，以及民间流行或经过加工的歌曲、戏剧、舞蹈、美术等的书籍；出版关于马克思列宁主义、党史、革命运动史的通俗

---

① 中国出版科学研究所，中央档案馆．中华人民共和国出版史料：4［M］．北京：中国书籍出版社，1998：95－100.

② 同①442.

③ 中国出版科学研究所，中央档案馆．中华人民共和国出版史料：7［M］．北京：中国书籍出版社，2001：141.

④ 同①319.

性书籍；出版适合广大工农群众阅读的文艺书籍和适合少年儿童阅读的少儿书籍；视当地情况出版符合中小学和业余学校教师和学生要求的参考书籍；出版适合文化水平较高的读者阅读的文艺著作和理论著作[①]。

在公营和私营出版业的分工方面，新中国成立初期为重点发展国营出版力量，积极而稳步地对私营出版业进行社会主义改造，使出版事业逐步地由国家掌握；着重限制私营出版业的出版范围，以便将其纳入公营出版业的轨道。1952 年 8 月，政务院颁发《管理书刊出版业印刷业发行业暂行条例》，规定各级人民政府法令文件之出版权属于各级人民出版社及其授权之出版社，其他出版业不得编印或翻印[②]。1953 年 5 月，中共中央宣传部和中央人民政府出版总署对中央文件予以明确界定，规定由中央人民出版社随时印行活页文选，并视需要及时编印成书，严格禁止私营出版社将中央文件编印成书，如有发现，即予取缔[③]。后中央人民政府出版总署进一步做出规定：除各级人民出版社及其授权之出版社外，其他出版社不得出版对政府的政策法令、指示文件做问答、解释的出版物，如有违反，予以行政上的取缔。为纠正私营出版社在教学用书上的投机取巧行为，1954 年 7 月，教育部、中央人民政府出版总署做出指示，要求中学、中等师范学校、小学、幼儿园的课本、教材一律由国家指定的出版社出版，其他出版社不得出版[④]；根据上述课本和教材编写的教学参考书，职工业余学校课本、教材，各种扫盲识字课本、教材，工农兵妇女课本、教材及教学参考书，原则上应由国营出版社出版，个别有条件的公私合营出版社

---

① 中国出版科学研究所，中央档案馆．中华人民共和国出版史料：6 [M]．北京：中国书籍出版社，1999：584－586.

② 中国出版科学研究所，中央档案馆．中华人民共和国出版史料：3 [M]．北京：中国书籍出版社，1996：434.

③ 中国出版科学研究所，中央档案馆．中华人民共和国出版史料：5 [M]．北京：中国书籍出版社，1999：300－301.

④ 同①363.

亦可出版①。其他关系重大的书籍，如字典、地图、儿童读物、外国书籍的翻译版等，亦规定只准国营出版社、公私合营出版社和经国家委托的私营出版社出版。除此之外，为壮大国营出版业的力量，限制私营出版业的发展，中央人民政府出版总署于 1954 年规定，各地机关、团体、学校、国营企业所有需要公开出版、发行的书稿，原则上应尽先交给国营、地方国营、公私合营的出版社出版，不应径交私营出版社出版；只有上述出版社不能接受或暂时无力接受出版的书籍，才可由行政机关代为介绍较为严肃的私营出版社出版。②

新中国成立初期出版行业内部分工合作关系的建构，形成了全国规模的比较完整的出版、印刷、发行体系，建立了三大环节独立经营、垂直领导的基础；依靠行政力量划分中央出版社的专业分工以及所形成的条块分割的格局，成为我国出版事业长期遵循的基本原则；确定了地方出版社“通俗化、地方化、群众化”的经营方针，规定了地方出版社的图书出版范围；对私营出版社的出版范围做出了种种限制，最终实现了私营出版社的全面国营化。以上种种举措重新确立了新中国的出版框架，定位了新中国的出版方向，沿着分工合作和专业化的道路带动出版事业迈上了新台阶，奠定了发展社会主义出版事业的基础。

五、出版企业内部管理体制的建构

新中国成立之初，各地公营出版社机构不健全，缺少甚至没有较为严格的管理制度，以致出版物质量往往很低，甚至出现严重的政治性和思想

---

① 中国出版科学研究所，中央档案馆．中华人民共和国出版史料：6［M］．北京：中国书籍出版社，1999：548.

② 同①233－234.

性错误。中央人民政府出版总署敦促作为“国家首要出版机关”的人民出版社尽快建立严格的管理制度和合理的内部组织结构，成为全国出版界的模范并逐步地向其他出版社推广。

编辑工作制度是保证出版行为规范化的关键，其建立为编辑行为提供最基本的行为规范和原则。1951年9月召开的全国出版行政会议做出一切出版社必须建立编辑机构的决定，要求中央和大行政区的出版社的编辑部应逐步建立专业编辑室或科并对编辑工作制度做出严格的规定，强调在编辑制度建立的问题上，人民出版社应作为全国出版界的模范①。根据全国出版行政会议的要求，人民出版社制定《书籍编审出版工作程序暂行规定》，要求一切稿件至少须经过“三审四校”，即编辑初审、主任编辑复审、总编辑终审，四次校对（其中送作者校对一次），每一步骤完成时所有的负责人员必须在签字单上签字②。1952年9月8日，中央人民政府出版总署在全国推广人民出版社编辑制度建设的经验，颁布《关于公营出版社编辑机构及工作制度的规定》，规定要求：公营出版社必须设立以总编辑为首的、包括若干编辑人员的编辑部，并在总编辑领导下组成编委会，主要职责为审查重要书稿、讨论编辑方针和选题计划；采用书稿应实行编辑初审、主任编辑复审、总编辑终审和社长批准的编辑制度，特别重要的书稿须经专家审查和编委会讨论，并经上级领导机关批准；书稿至少须经四次校对，其中一次由著作人自校，清样付印前须经社长和总编辑检查批准；编辑过程中的每一步骤完成时有关负责人都须签字；等等③。这一规定成为国家出版管理部门发布的第一份关于审次和校次的制度方案，并由

---

① 中国出版科学研究所，中央档案馆．中华人民共和国出版史料：3［M］．北京：中国书籍出版社，1996：351-352.

② 陈鹏鸣．人民出版社与“三审三校”制度的建立与完善［J］．中国编辑，2021（12）：87-91.

③ 中国出版科学研究所，中央档案馆．中华人民共和国出版史料：4［M］．北京：中国书籍出版社，1998：200-201.

出版管理部门推广至全国，经过不断的修订，已成为我国出版事业长期坚持的基本制度和工作标准。

出版内部治理机制是明确责任配置、协调权力运作的治理体制。新中国成立初期，人民出版社实行社长负责制，由社长全面领导出版社的编辑工作和经营管理工作，社务委员会则为议事机构，由社长主持。1950 年 10 月，《出版总署关于国营书刊出版印刷发行企业分工专业化与调整公私关系的决定》规定，成立后的人民出版社应设社长、副社长及社务委员，组织社务委员会，社长及主要负责人由中央人民政府出版总署选派①。1953 年，中央人民政府出版总署批准试行《人民出版社组织条例》，设立社长一人，主持社务并兼任总编辑职务；设副社长若干，协助社长工作；设副总编辑若干或由副社长兼任，协助总编辑工作；正副社长定期召集社务会议，并邀请党、团、工会负责人或指定其他有关人员列席②。

新中国成立初期，出版、印刷、发行的分工以及出版专业化的推行，为出版企业内部组织机构的设置奠定了架构基础，经由三大环节的专业分工，出版企业专做出版工作，承担的是生产任务，因此形成以编辑室或编辑部为中心的机构设置。人民出版社成立之初，组建起由正、副总编辑领导的总编室以及两个图书编辑室和两个期刊编辑室。1953 年，中央人民政府出版总署批准试行《人民出版社组织条例》，根据人民出版社编辑出版政治及社会科学范围内书籍的任务，设立五大图书编辑室掌管该社出版物的编辑工作，并围绕编辑工作和任务设立办公室、资料室、出版部、计划财务室和行政处等开展业务性工作③。这种以编辑室（部）为中心的内

① 中国出版科学研究所，中央档案馆．中华人民共和国出版史料：2 [M]．北京：中国书籍出版社，1996：655.

② 中国出版科学研究所，中央档案馆．中华人民共和国出版史料：5 [M]．北京：中国书籍出版社，1999：290-292.

③ 同②.

部组织结构，突出了编辑工作在整个出版工作中的核心地位，为出版界所长期坚持。

1951 年 8 月，胡乔木在第一届全国出版行政会议上明确“人民出版社……就要树立起自己的标准，打起人民出版社的旗帜，要求所有其他的出版社朝着人民出版社的方向前进”①。因此，以人民出版社内部管理体制为模范带动全局，形成了有利于人民出版事业发展的内部运行机制，在每个环节都建立有效的对接，确保了出版工作行之有效地运转，有力地规范并提升了出版物的内容导向与编校质量，其中“三审三校”制度和以编辑室（部）为中心的组织结构时至今日仍是做好出版工作的基础。

六、社会监督机制的建构

社会监督机制作为社会力量对出版单位及其工作人员的出版行为和实施效果进行监督的机制，是保障和管理出版工作的重要组成部分和有效途径，通常包括出版行业协会监督、其他社会团体监督、读者监督和舆论监督等方面。新中国成立初期，以读者来信（读者监督）和图书评论（舆论监督）为主的监督方式，对繁荣当时的出版事业发挥了有力的社会评价和监督作用。

读者来信对于密切与读者的联系、倾听读者的呼声与意见，以便纠正错误、改正工作起到了积极作用。如上海作为出版连环图画的大本营，在收获一定成绩的同时，对其的改造呼声日渐强烈，各地读者提出不少意见，包括题材范围狭小、主题思想不明、历史题材编写错误、画面单调、文字不够通俗、文字说明过长等缺陷，据此，上海出版主管机关制定《调

---

① 中国出版科学研究所，中央档案馆．中华人民共和国出版史料：3［M］．北京：中国书籍出版社，1996：254.

整上海连环图画出版工作的草案》，规范连环图画的读者对象、编绘方针、表现方式、内容取材等，并要求成立编辑部、定期举办学研班等以开展改进工作[①]。在《北京》一书于1953年由华东人民出版社出版后，北京市新闻出版处收到了许多读者对该书的意见，指出该书对北京的建设计划和目前情况做了许多歪曲的、不负责任的论述，根据读者所反映的意见，中央人民政府出版总署做出将该书停售、在经全面修订前不得再版的处理决定[②]。除出版单位直接接收包含读者投诉和意见的来信外，与舆论监督相结合如由报刊刊发读者来信也是一种重要的监督方式。1952年8月，《人民日报》连续两次发表读者来信综述和读者来信简评，要求图书发行机构改进邮购代办工作，这是党报第一次以集中刊登的形式反映广大读者对新华社发行工作的意见。针对广大读者提出的批评与意见，新华书店要求全店工作人员认真学习《人民日报》所刊载来信，对内部工作展开检查并进行检讨，力求改进发行工作中的缺点。[③]

书评工作的目标是帮助读者选择书刊、提高出版物的质量和加强对出版物的批评指导，出版机构对照检查以采纳其中合理的意见并改善工作。新中国成立初期，由各级党委宣传部负责推动与检查书评工作。1951年，中共中央发布《关于健全各级党委宣传机构和加强党的宣传教育工作的指示》，明确党的各级宣传部门在书刊出版方面的一项重要任务就是“领导书评工作”[④]。而中央人民政府出版总署则负责“协助有关党政领导机关

① 中国出版科学研究所，中央档案馆．中华人民共和国出版史料：5 [M]. 北京：中国书籍出版社，1999：171-179.

② 中国出版科学研究所，中央档案馆．中华人民共和国出版史料：6 [M]. 北京：中国书籍出版社，1999：357-358.

③ 中国出版科学研究所，中央档案馆．中华人民共和国出版史料：4 [M]. 北京：中国书籍出版社，1998：254-261.

④ 中央档案馆，中共中央文献研究室．中共中央文件选集（1949年10月—1966年5月）：第5册 [M]. 北京：人民出版社，2013：200.

有重点地审读新出版的图书，并组织图书评介工作”[①]。1950 年 4 月，《人民日报》率先开辟副刊《图书评论》，并指出“出版界的批评风气逐渐展开了……批评与自我批评是推进工作最有力的武器，希望每一个关心文化建设的人和广大的读者，都热烈地来参加出版界的批评工作”[②]。同年 9 月，出版组副组长傅彬然在全国出版会议分组会议上指出，“《人民日报》图书评论副刊，自从印行单行本以后，在各种副刊中，销数始终占着第一位，足见大家对书评工作的重视”，其进一步强调“我们从来亦没有像现在这样重视读书界的和社会的舆论，舆论也从来没有这样高的威信和这样大的威力。一经舆论批评，我们一般都能够以自我批评精神来向社会作负责任的答复，并切实改进工作”[③]。1951 年 3 月，中央人民政府新闻总署和中央人民政府出版总署联合发布《关于全国报纸期刊均应建立书报评论工作的指示》，指出书报评论是一项具有重要政治意义的工作，要求全国各种报刊应根据具体的需要和可能，增设定期的或不定期的书报评论（或图书评论、出版评论、报纸述评等）一栏或一种专刊，刊载有关出版物的评论和消息，而且报纸、期刊上对出版物的评论，应当是帮助广大的读者、作者、编辑、出版者、发行者的严肃而与人为善的益友[④]。1954 年 7 月，中共中央宣传部发出《关于加强报纸杂志上的图书评论的指示》，规定中央及省市的报纸及各部门的机关杂志应落实图书评论工作，积极组织科学机关、高等学校教研室、文艺团体及其他机关中的作者参加写作，尽

① 中国出版科学研究所，中央档案馆．中华人民共和国出版史料：5 [M]. 北京：中国书籍出版社，1999：352.

② 中国出版科学研究所，中央档案馆．中华人民共和国出版史料：2 [M]. 北京：中国书籍出版社，1996：373.

③ 同②540.

④ 中国社会科学院新闻研究所．中国共产党新闻工作文件汇编：上 [M]. 北京：新华出版社，1980：193 - 194.

可能使图书评论栏成为报纸杂志的经常内容①。新中国成立初期，除《人民日报》外，《光明日报》的“图书评论”、《大公报》的“读书与出版”、《长江日报》的“书刊评介”与《文汇报》的书评专刊等在加强对出版物的批评指导方面做出过比较系统的努力，此外《中国青年》《人民教育》《翻译通报》《人民文学》《文艺报》等均不定期刊出书评文章，对扭转这一时期出版物的混乱状态起到了净化作用②。

除上述之外，中国出版工作者协会作为出版单位和出版工作者自愿结合的群众性专业团体，其主要任务之一是组织出版单位探讨出版业务，交流改革经验，沟通出版信息，向有关行政管理部门提出意见和建议，成为行业自律的枢纽式社会组织。

新中国成立以后，进入由新民主主义向社会主义过渡的时期，出版管理体制构建的方向为消灭出版行为的盲目性、落后性和无政府状态，在统一领导与管理下改进与发展人民的出版事业。1950 年 9 月，叶圣陶在第一届全国出版会议上致开幕辞时指出，“出版工作是文化事业，同时又是工商事业”③，明确提出出版事业兼具“文化事业”和“经济（工商）事业”两重属性，出版事业的方向和性质决定了新中国成立初期出版管理体制的建构与实施。新中国成立初期，在党政关系体制方面，全国出版事业坚持以党组制及党委制为主要特征的党的一元化领导体制；在中央与地方关系方面，在“强中央、弱地方”的格局下探索中央集中统一领导和地方适度分权；在政（党）企关系方面，推行党政系统对国营和公私合营出版企业的领导分工，由政府直接管理出版企业的生产经营活动并推动其走向

① 中国社会科学院新闻研究所．中国共产党新闻工作文件汇编：上［M］．北京：新华出版社，1980：338－339.

② 宋应离．新中国成立初期的图书评论［J］．中国出版，2010（5）：59－62.

③ 中国出版科学研究所，中央档案馆．中华人民共和国出版史料：2［M］．北京：中国书籍出版社，1996：506.

企业化经营，由党委负责出版企业的编辑业务和干部工作；在行业内部分工合作关系方面，实行产业链中出版、印刷和发行三大环节的分工合作，以及处在上游的出版企业的专业分工；在出版企业内部管理体制方面，以人民出版社建立的内部管理机制为模范向其他出版社推广；在社会监督机制方面，形成以读者来信为主的读者监督和以图书评论为主的舆论监督两种主要方式。新中国成立初期构建了计划经济条件下我国出版管理体制的基本框架，这一适应新民主主义向社会主义过渡要求的出版管理体制，为推动新中国成立初期人民出版事业的快速发展奠定了坚实基础，形成了中国特色出版管理体制的基本框架，其中，党的一元化领导、中央与地方关系、专业分工、内部管理体制以及社会监督等方面的基本原则至今仍然发挥着重要作用，对当今出版管理体制的形成、改革和完善产生了重大而深远的影响。

第三节　出版管理体制的确立与曲折发展

一、调整与确立（1954—1966）

在 1954 年第一届全国人民代表大会后，新的中国政权组织形式和各级政权机关基本建立，并从 1954 年年底开始，用一年多时间对各级政府机构进行了较大规模的调整，出版管理机构及管理方式也得到了相应的调整。

（一）出版管理机构的调整

1954 年 11 月，根据《中华人民共和国国务院组织法》，撤销中央人民政府出版总署，在文化部内设出版事业管理局，作为文化部指导、管理全国出版事业的职能机构，承担管理全国出版工作的职责。至于地方出版行政管理机构，1954 年 6 月，根据中央人民政府决定，各大行政区撤销，其出版行政机构也相应撤销。在文化部设置出版事业管理局后，各省、自治区、直辖市的出版行政管理工作也是在文化厅（局）下设置出版事业管理处，仅上海市因工作需要于 1957 年 7 月将出版事业管理处改组为上海市出版局[①]。

（二）私营出版业社会主义改造的完成

新中国成立初期，出版业中存在着多种经济成分。中央人民政府出版总署在不断加强和壮大国营出版、印刷、发行业的同时，通过调整公私关系，对私营出版业进行调整和初步改造。1951 年 10 月，中共中央宣传部向中共中央报告对私营出版业缺乏严格的管理和指导以致大部分私营出版业从事投机的问题，明确对于真正愿意为人民出版事业而努力的私营企业务必于 5 年内将其大部分改为公私合营，对于投机出版企业应逐步肃清[②]。中央人民政府出版总署草拟《管理书刊出版业印刷业发行业暂行条例》并于 1952 年 8 月对外公布，通知各地出版行政机关办理公营、公私合营和私营企业的申请核准营业登记工作，对从事投机的、没有出版力量的、出版有害书籍的私营出版社加以整顿和取缔，从而限制了私营出版业在数量上的发展。从 1953 年起，中央人民政府出版总署将工作重点放在整顿、巩固和改进国营企业，重点发展国营出版企业力量，有计划、有步骤地进行对私营企业的社会主义改造之上，使出版事业逐步地由国家掌握。截至 1953 年年底，我国共有国营出版社 54 家，公私合营出版社 7 家，在淘汰

① 方厚枢，魏玉山．中国出版通史：中华人民共和国卷［M］．北京：中国书籍出版社，2008：31－32.

② 中国出版科学研究所，中央档案馆．中华人民共和国出版史料：3［M］．北京：中国书籍出版社，1996：352.

66家投机出版社后，私营出版社剩余290家。1954年，中央人民政府出版总署针对整顿和改造私营出版业提出了具体的方针、步骤和方法，要求对私营出版业积极而稳妥地进行整顿和改造并预期在第一个五年计划期内完成。截至1954年年底，全国共有国营出版社54家，公私合营出版社16家，私营出版社经过整顿和改造后剩余97家。[①] 1955年，我国采取联营、合并、淘汰等方法改造了70余家私营出版社。截至1956年，对全国私营出版业的社会主义改造基本完成。

（三）出版工作计划化与出版事业中长期规划的编制

从1953年起，中国进入大规模的有计划的社会主义建设时期，1955年制定通过了《中华人民共和国第一届全国人民代表大会第二次会议关于发展国民经济的第一个五年计划的决议》。为了在出版领域贯彻落实这一规划，中央人民政府出版总署研究制定了《全国出版事业五年建设计划大纲（草案）》，推动出版业走上计划化的道路。1955年，文化部制定《出版事业十五年远景计划（1953—1967）》，其中提到的基本任务包括大力发展国营出版事业和改造私营出版事业，出版马列经典著作、科技书刊、文艺书刊及通俗读物，提高出版物思想政治水平和科学技术水平，合理规划印刷厂的分布并发展生产力，扩充全国城乡图书发行网和发行量，发展少数民族出版事业，等等。[②] 1957年，我国出版事业全面实现了经1956年调整过的第一个五年计划发展目标，此外，该计划草案对三个五年计划的任务均列出了具体指标，但因为后来“左”倾思想的严重干扰，计划中的许多目标未能实现。

---

① 中国出版科学研究所，中央档案馆．中华人民共和国出版史料：7［M］．北京：中国书籍出版社，2001：2-4.

② 同①384-394.

（四）出版法规和图书制度的健全

为了进一步规范出版物管理，1955 年一届全国人大常委会第二十三次会议通过了《关于处理违法的图书杂志的决定》，规定图书杂志存在反对人民民主政权、违反政府现行政策和法律法令、煽动民族和种族歧视和压迫、破坏国内团结等六种情形的，做停止发行、停止出卖、停止出租或没收处理[①]。同年 7 月，国务院发布的《关于处理反动的、淫秽的、荒诞的书刊图画的指示》规定，根据不同的毒害程度，处理反动的、淫秽的、荒诞的书刊图画应采取查禁、收换、保留等不同的办法。同时，国务院还批准了《管理书刊租赁业暂行办法》，规定书刊租赁业核准营业等事项，以保障有益书刊图画的流通。[②] 并且，从 1955 年 8 月开始，在全国范围内开展处理反动、淫秽、荒诞书刊图画的行动，这是新中国成立后首次开展的大规模净化出版物的市场行动，对广大读者特别是青少年和儿童的身心健康起到了保护作用。这一时期颁布的部分法规，奠定了新中国图书制度的基础，至今仍然在发挥效力。中央人民政府出版总署于 1954 年 4 月修订的《关于图书版本记录的规定》，规定了书籍、图片版本记录的 10 项项目；文化部于 1955 年发布的《关于书籍、杂志使用字体的原则规定》《关于汉文书籍、杂志横排的原则规定》对书籍排印正文和杂志使用的字体、字号做了具体规定，要求各出版社、杂志社自 1956 年起新发排的汉文书籍，除影印古籍以及少数有特殊原因不能或不宜横排者外，一律采用横排。与此同时，稿酬制度进一步加以完善，1958 年文化部发布《关于文学和社会科学书籍稿酬的暂行规定（草案）》，取消印数定额，采取“基本

① 全国人大常委会法制工作委员会研究室．中华人民共和国经济法律法规全书：第 8 册［M］. 北京：中国民主法制出版社，2000：4941－4942.

② 中国出版科学研究所，中央档案馆．中华人民共和国出版史料：7［M］. 北京：中国书籍出版社，2001：199－206.

稿酬”（按字数与质量）加“印数稿酬”的办法，重版书按照累计印数支付印数稿酬。1964 年，文化部改革稿酬制度，废除印数稿酬，只按字数一次付酬，再版不再付酬[①]。

（五）出版事业在曲折中发展

1956 年对生产资料私有制的社会主义改造基本完成后，我国进入全面建设社会主义阶段。1957 年以后，出版事业受到“反右”扩大化、“大跃进”、“反右倾”等政治运动影响，在发展中出现了不少曲折。1957 年，中央发起整风运动，出版系统的一批干部和专业人员在这次运动中被错划为“右派分子”。1958 年，全国进入“大跃进”时期，出版系统片面追求数字指标，盲目要求快速出书，浮夸风气盛行，不顾纸张等出版物质的生产能力，忽视出版物质量，许多书籍粗制滥造，有些还出现了严重的政治错误，妨碍了出版事业的正常发展。1959 年 3 月，中共中央发出《关于报刊书籍出版发行工作几个问题的通知》，强调“一切出版物的出版和发行，必须有目的、有计划地进行，必须首先注意质量，考虑它的实际效果，决不要为出版而出版，为发行而发行”[②]。1960 年，根据中央的“调整、巩固、充实、提高”方针，中共中央宣传部和文化部对出版工作进行了全面整顿。一是为提高书籍质量和促进出版事业发展，通过撤销、合并等方式，将 42 家中央一级出版社缩减一半左右，人员精减一半以上，明确了各社任务和分工，纯洁了编辑队伍；二是集中力量对图书质量进行检查，对有内容错误的图书分类做出处理。1961 年，文化部党组报送《关于提高书籍质量、改进出版工作的意见（修改稿）》给中共中央宣传部，提出制

① 中国出版科学研究所，中央档案馆．中华人民共和国出版史料：13［M］．北京：中国书籍出版社，2009：247.

② 中国出版科学研究所，中央档案馆．中华人民共和国出版史料：10［M］．北京：中国书籍出版社，2005：50.

订长远选题规划和年度选题计划、坚持书稿编辑审校制度、坚持定期检查书籍质量、提高编辑人员水平、加强对全国出版社统一管理等保证和提高出版物质量的改进措施①。1962 年，在总结多年经验的基础上，文化部出版事业管理局制定了《出版社工作条例试行草案（第一次稿）》，从十个方面（出版社方针任务，图书质量和数量，出版规划和计划，编辑、校印、发行、宣介和经营管理工作，干部工作和党的领导，等等）对出版社工作进行了全面系统的制度设计。从 1957 年起，出版管理机构对中央一级专业出版社进行了多次调整。到 1965 年年底，全国共有出版社 87 家（中央出版社 38 家，地方出版社 49 家）②。

在调整出版机构和整顿出版队伍的基础上，国家从 1963 年开始有步骤地对新华书店从总店到基层书店进行整顿。当年 9 月，文化部颁发《新华书店县店工作条例（试行草案）》，作为新华书店工作的一项重要基本建设，该条例总结了新华书店总店多年来的发行工作经验，以及“大跃进”高指标、浮夸风等教训，对于加强省级书店对基层书店的领导和管理、推动基层书店特别是县书店改进工作、提高发行工作质量起到了积极作用③。

二、失序与曲折（1966—1976）

1966 年 5 月至 1976 年 10 月的“文化大革命”十年，是我国的社会主

---

① 中国出版科学研究所，中央档案馆．中华人民共和国出版史料：11［M］．北京：中国书籍出版社，2007：45－61.

② 方厚枢，魏玉山．中国出版通史：中华人民共和国卷［M］．北京：中国书籍出版社，2008：39－40.

③ 中国出版科学研究所，中央档案馆．中华人民共和国出版史料：12［M］．北京：中国书籍出版社，2009：312.

义事业遭受挫折和损失的十年，出版作为文化事业的重要组成部分，不可避免地成为重灾区。

（一）出版管理机构的变化

1966 年 5 月 16 日，中共中央政治局扩大会议通过《中国共产党中央委员会通知》，“文化大革命”全面发动。当年 8 月，文化部出版事业管理局及所属单位的出版业务基本停顿，只有毛泽东著作、毛泽东像的出版发行工作持续开展。自 1967 年 1 月开始，全国掀起全面夺权的风潮，文化部机关被“造反派”群众组织夺权，包括出版事业管理局在内的各部门工作陷入瘫痪[①]。“文化大革命”期间，全国出版管理机构先后有“毛主席著作出版办公室”“国务院出版口”“国家出版事业管理局”三个部门。

毛主席著作出版办公室成立于 1967 年 5 月，虽不是国家编制系列内的管理部门，但在一个短时期内“代行原出版局的职权”，下设秘书、印制、物资三个组。这个临时性机构的主要职能是：完成《毛泽东选集》一至四卷的出版任务；编制《毛泽东选集》第五、六卷的印制计划和进行物资准备；制订毛泽东著作、毛泽东像的年度出版计划，经中央批准后下达，并检查各地执行情况；与中央有关部委会商出版物资生产计划的制订和向全国分配供应工作；办理毛泽东著作新版本、毛泽东新摄影像向中央报批和布置印制工作；汇总毛泽东著作、毛泽东像全国出版统计；负责全国其他图书及课本、报纸、期刊出版用纸及印刷机械等物资的申报、分配、管理工作[②]。

1970 年 5 月，国务院批准成立“出版口领导小组”，毛主席著作出版办公室随后被并入出版口。国务院出版口设政治部、出版发行部、印刷部

---

① 中国新闻出版研究院．中华人民共和国出版史料：14［M］．北京：中国书籍出版社，2013：449－450.

② 方厚枢．当代中国出版史上特殊的一页：“文化大革命”期间“毛主席著作出版办公室”始末记略//叶再生．出版史研究：第 3 辑［M］．北京：中国书籍出版社，1995：120－121.

和办公室、计财室，此后又将出版发行部分开，成立出版部、发行部，承担原文化部出版事业管理局的职责。1973 年 9 月，国务院出版口改为国家出版事业管理局，直属国务院领导，各省（区、市）也相继成立了出版局，全国出版行政管理系统逐步恢复。

（二）出版工作的停滞和重启

“文化大革命”开始后，许多出版社被合并或撤销。到 1970 年年底，全国出版社从“文化大革命”前的 87 家减至 53 家，总从业人数相当于“文化大革命”前的 46.3%，编辑人员相当于“文化大革命”前的 29.6%①。出版的大部分图书被停止出售、禁止借阅甚至焚毁。据统计，1966 年至 1970 年，除毛泽东著作、少量马列著作及中小学课本外，一般书籍出版量锐减，学术著作、文艺创作和科技专著更是屈指可数②。

1970 年国务院出版口领导小组成立后，立即恢复出版工作，迅速启动《新华字典》编写工作。1971 年 3 月，国务院出版口组织召开全国出版工作座谈会，周恩来总理亲自听汇报，征求对出版工作的意见，研究制订 1971 年出版计划。③ 4 月 12 日，周恩来总理接见了座谈会领导小组成员，就批判出版界的极左思潮问题发表了意见。之后，被中断的“二十四史”点校工作得以重启，出版口还组织力量收集、翻译、出版世界各国历史书籍，有计划地编译出版中外地理书，选编出版“农村版图书”，有选择地影印一批古籍并重印《红楼梦》研究著作及参考资料，研究制定图书定价试行标准。1972 年，国务院出版口讨论通过了中央出版单位出版的部分图书分区协作印制办法，还恢复了对全国各种出版物出版情况的统计

---

① 中国新闻出版研究院．中华人民共和国出版史料：14 [M]. 北京：中国书籍出版社，2013：41.

② 方厚枢．中国出版史话 [M]. 北京：东方出版社，1996：238.

③ 同①39 - 40.

报表，以期实现统计资料的完整性。国家出版事业管理局于1973年成立后，开始着手制定《1974—1975年印刷技术改造规划》，1975年推出《国家出版局关于出版事业十年规划的初步设想（草稿）》《一九七五年至一九八五年中外语文词典编写出版规划（草案）》等，启动《辞源》修订以及《汉语大词典》编写出版等重大出版工程。这一系列的调整和整顿，为出版界带来了一线生机。

三、拨乱反正（1976—1978）

1976年10月，"四人帮"覆灭，"文化大革命"结束，我国的社会秩序得以恢复，党和国家的各项事业开始走上健康发展的轨道，在"文化大革命"时期受到严重摧残的出版事业也开始进行拨乱反正，逐步走向正规。

（一）完善机构，解放思想

党中央管理出版的机构主要是中共中央宣传部。1977年11月，中共中央宣传部重新成立，恢复了中共中央宣传部出版局的建制，而政府系统早在1973年就成立了国家出版事业管理局，各省、自治区、直辖市也相继成立了出版局，全国出版行政管理系统得以重建。

1977年12月，国家出版事业管理局在北京召开了全国出版工作座谈会，会上批判了"四人帮"的"黑线专政"论，推翻了"四人帮"强加在出版界的"两个估计"（即认为"文化大革命"之前17年的出版工作是"反革命专政"，"出版队伍基本上是资产阶级的"），摆脱了束缚在出版业和出版工作者身上的精神枷锁，为进一步拨乱反正、解放思想提供了前提条件。

（二）加强出版规划，规范出版管理

1977 年的全国出版工作座谈会还讨论了出版工作的路线、方针、政策，提出了 1978—1980 年出版计划和 1978—1985 年出版规划设想。1978 年 7 月，国务院批转了国家出版事业管理局《关于加强和改进出版工作的报告》，该报告提出了这一时期出版工作的基本任务是要完整地、准确地宣传马克思列宁主义、毛泽东思想的科学体系，坚持出版为无产阶级政治服务、为工农兵服务的方向，坚持百花齐放、百家争鸣的方针，坚持古为今用、洋为中用和推陈出新的方针，坚持群众路线，正确贯彻知识分子政策，建设一支又红又专的编辑出版队伍，等等。报告还对当时出版的具体任务做出了部署：增加图书品种，缩短出版周期，尽快改变印刷技术落后、印刷力量不足和经营管理不善的状况，整顿和加强图书发行工作。报告还对充分发挥中央和地方两个积极性、加强图书出版的管理以及出版社的领导体制（党委领导下的社长、总编辑分工负责制）提出了具体要求，对于出版业的恢复和规范管理起到了积极推动作用。

（三）加强教材建设，规范教材出版管理

1977 年 12 月，教育部和国家出版事业管理局联合召开了全国教材出版发行工作会议。随后不久，国务院批转了教育部《关于高等学校教材编审出版工作的请示报告》，同时出台了《关于高等学校教材编审出版工作若干问题的暂行规定》，提出要在 1980 年之前编审出版一套质量较高的通用教材，以及相当数量的教学参考书、工具书，1985 年以前编审几套适应各种办学形式和要求，具有不同风格和特色，反映国内外先进科学技术水平的社会主义新教材。上述文件还对教材建设的编审、出版及管理等进行了明确分工。

(四) 加强辞书、科技图书等重要类别的出版工作

1978年，国家出版事业管理局会同有关部门出台了《关于加快和改进词典编写出版工作的请示报告》《关于大力加强科技图书出版工作的报告》《关于加强少年儿童读物出版工作的报告》《关于编辑出版〈中国大百科全书〉的请示报告和补充报告》等相关出版管理文件，对辞书、科技图书、儿童读物等重要类别出版物做出部署和规定，有力地促进了出版事业的恢复和发展。

除此之外，1977年9月，国务院批准了国家出版事业管理局上报的《关于新闻出版稿酬及补贴试行办法的请示报告》，从1977年10月1日起开始实施，从而恢复了取消多年的稿酬制度，这在当时也是一个重要的突破。

第四节　出版管理体制的重构（1978—1992）

党的十一届三中全会后，在党中央、国务院领导下，出版业逐步形成多种媒体综合经营，编、印、发与教育科研、对外贸易等全产业链协调发展的格局。随着国家行政管理体制改革的不断深化，我国逐步形成党委领导、政府管理的党政齐抓共管体系和中央、省区市、地、县四级行政管理网络。

一、出版管理机构的不断完善与加强

1982年国务院机构改革，国家出版事业管理局划归文化部，在文化部设出版事业管理局。1985年7月，经国务院批准，文化部设立国家版权局，专门负责版权相关法律法规的起草，指导全国的版权管理工作，文

化部出版事业管理局改为国家出版局，与国家版权局合署办公。1986 年 10 月，国家出版局恢复为国务院直属机构。1987 年 1 月，撤销国家出版局，成立新闻出版署（国家版权局），为国务院直属机构，同时增加管理全国新闻事业的职能，包括起草新闻出版法律法规、制定新闻出版管理方针政策、编制新闻出版事业发展规划、管理图书发行及书刊印刷与物资供应、新闻出版对外交流合作等。[①] 1988 年 12 月，国家机构编制委员会下发新闻出版署"三定方案"，将音像出版物的制作、出版、发行的归口管理工作也交由新闻出版署负责。到 1988 年年底，全国所有省区市均设立新闻出版局（江西省为出版事业管理局）[②]，中央和省级新闻出版管理体系得以基本建立。其中，省一级主要负责宣传执行党和国家关于出版工作的政策法令，并对所属出版单位的执行情况进行督促与检查，制定本地区发展规划，根据国家出版法规制定实施细则，管理本地区出版、印刷、发行工作，会同相关部门管理图书市场，等等。国家教委（教育部）和军委总政治部等所属出版社较多的系统，也建立了出版管理机构，作为所属出版社的主管部门，受托管理该地区、该系统出版社的人财物及日常工作。

二、出版管理制度的建立与完善

我国在从国家出版局到新闻出版署的机构调整过程中，逐步理顺并加强了对图书、报纸、期刊、音像制品等出版物的统一归口管理，制定和发布了一系列出版法规，建立了出版单位审批和主管主办等出版业宏观管理基本制度。

---

① 新闻出版署办公室．新闻出版工作文件选编（1986—1987）[M]．北京：中国 ISBN 中心，1988：508-509.

② 《当代中国》丛书编辑部．当代中国的出版事业：中 [M]．北京：当代中国出版社，1993：502.

1978年，国务院批转国家计委的报告，规定凡出版全国性的社会科学、文艺、体育以及工、青、妇等群众教育期刊，须经中共中央宣传部批准；全国性自然科学和医药卫生期刊的出版，须经国家科委批准；地方性期刊的出版审批由各省（区、市）党委负责[①]。同年10月，中共中央宣传部发出通知，规定凡中央有关部门和国务院有关部委及其所属单位出版社会科学、文艺、体育以及工、青、妇等群众教育领域的全国性刊物，由中央有关部门和国务院有关部委负责审批。继期刊创办的审批权下放给中央各部委和省区市党委之后，建立图书出版社也不再需要由国家出版事业管理局同意、向中共中央宣传部备案[②]，出版单位数量迅速增加。1982年，中共中央宣传部发出《关于改变期刊审批办法的通知》，将有关期刊创办的审批权上收，规定中央、国务院各部委和全国性群众团体及其所属单位创办的哲学社会类期刊报文化部审批，自然科学类期刊报国家科委审批，解放军系统新办期刊由总政治部审批，而且所有新办期刊均须向中共中央宣传部备案[③]。同年10月，文化部发布《审批期刊实施办法》，首次提出把有上级主管部门作为创办期刊应当具备的基本条件，并规定对期刊办刊方针的贯彻、对思想内容的审查和对刊物的行政领导，"均由期刊的上级主管部门负责"[④]。1984年，中共中央宣传部对期刊审批办法再做调整，将全国各地新创办的哲学社会科学和文学选刊（包括文摘刊物）的审批权上收，统一由文化部出版事业管理局审批[⑤]。1986年，国家出版局将新办出版社的审批权上收，并对出版社的主管和主办单位做出进一步规定，要求

① 中国新闻出版研究院．中华人民共和国出版史料：15［M］．北京：中国书籍出版社，2013：350.

② 国家出版局办公室．出版工作文件选编（1976.10—1980.12）［M］．北京：中国ISBN中心，1981：229-230，164.

③ 国家出版局办公室．出版工作文件选编（1981—1983）［M］．北京：中国ISBN中心，1984：415-416.

④ 同③.

⑤ 国家出版局办公室．出版工作文件选编（1984—1985）［M］．北京：中国ISBN中心，1986：250.

“主办出版社的单位必须是党政机关和全民所有制的企事业单位”。另外，建立中央一级出版社，应由部委或相当于部委一级的单位申请，所办的出版社须有主管部委的负责人直接领导；地方出版社“须有省、自治区、直辖市主管厅、局的负责人直接领导”[①]。出版单位审批制度和主管主办制度由此设立，被作为出版管理的基本制度并在实践中发挥了应有作用。

三、出版重大方针的确立和出版体制改革的探索

党的十一届三中全会以来，出版工作从“以阶级斗争为纲”的束缚中彻底解放出来，贯彻党的解放思想、实事求是的方针，逐步走向复苏和繁荣。1982 年 2 月，中共中央书记处召开会议，专题讨论了党的十一届三中全会以来的出版工作。1983 年 6 月，中共中央、国务院印发《关于加强出版工作的决定》。这是新中国成立以来出版领域第一个以党中央和国务院名义做出的决定，指明了我国出版工作的性质、方针和任务，提出了出版物具有精神产品和商品两重性以及正确处理社会效益与经济效益关系的重要性，对编辑、印刷、发行以及出版管理改革做出了具体部署[②]。以中共中央文件的形式对出版领域的重大原则做出科学阐述和明确规定，这在中国共产党的历史上还是第一次，对我国出版业的繁荣发展具有里程碑式的指导意义。

第一，决定深刻阐明了出版工作的地位和作用。决定明确指出“出版事业的发展，既是社会主义精神文明建设的重要方面，又是物质文明建设的组成部分和重要条件”，出版物的质量和数量“直接反映着并影响着我国的经济、政治、文化和教育的发展水平”。基于对出版业在我国社会主

① 中华人民共和国新闻出版署政策法规司．中华人民共和国现行新闻出版法规汇编（1949—1990）[M]．北京：人民出版社，1991：197.

② 中共中央、国务院关于加强出版工作的决定 [J]．出版工作，1983（6）：3 - 13.

义现代化建设全局中的地位和作用的科学把握，决定做出了“社会主义现代化建设的新形势，把出版工作推到我党我国历史上前所未有的重要地位”[①] 这一科学判断。

第二，明确了出版工作的社会主义性质。决定提出，我国出版事业是党领导的社会主义事业的重要组成部分，揭示了出版作为宣传教育和科学文化工作的属性。决定首次论述了出版工作和出版物具有的精神产品和商品的双重属性，反映了新时期对出版工作的新认识，为在市场经济条件下做好出版工作提供了正确的指导思想[②]。

第三，明确了我国出版事业的方针和任务。决定重新确立了出版工作要为社会主义服务、为人民服务的方针，部署了宣传马列主义、毛泽东思想，传播科学文化技术知识和成果，丰富人民的精神生活三项基本任务，以使出版工作从“以阶级斗争为纲”的束缚中彻底解放出来，逐步走向复苏和繁荣[③]。

第四，实行优惠的出版经济政策。决定规定在全国文化出版系统实行利改税政策，将税率从55%减至35%，税后利润全部留给出版系统用于发展出版事业。这一政策延续至现在，为发展出版事业提供了有力支持。

第五，提出出版改革的原则和要求。决定指出，出版事业的发展应发扬改革精神，创立新章法，解放生产力，“促进编辑、印刷、发行的能力较快增长并协调发展”，以使“出版事业出现更大的繁荣”[④]。针对“现有体制与出版事业的发展很不适应”的问题，决定从加强出版队伍建设、改变印刷发行落后现状、加强出版工作领导等方面提出改革要求[⑤]。

按照决定的要求，这一时期出版界借鉴经济体制改革的成功经验，采

---

① 中共中央、国务院关于加强出版工作的决定［J］. 出版工作，1983（6）：3－13.

② 宋木文. 亲历出版30年：新时期出版纪事与思考：上卷［M］. 北京：商务印书馆，2007：143.

③ 同②89.

④ 同①.

⑤ 同①.

取一系列改革措施，着重解决统得过死和吃大锅饭等体制弊端。

一是发行领域率先实行以开放搞活为目标的改革。1982 年，文化部发布的《关于图书发行体制改革工作的通知》提出，在全国组成以国营新华书店为主体，多种经济成分、多条流通渠道、多种购销形式、少流转环节的“一主三多一少”图书发行网。1988 年，中共中央宣传部、新闻出版署发布的《关于当前图书发行体制改革的若干意见》进一步提出“三放一联”的改革思路：放权承包，搞活国营书店；放开批发渠道，搞活图书市场；放开购销形式和发行折扣，搞活购销机制；推行横向经济联合，发展各种出版发行企业群体和企业集团。经过一系列发行体制方面的改革举措，发行领域在图书购销形式、产销形式、所有制形式等方面取得了显著成效。

二是推动出版单位由生产导向型向市场导向型转变。20 世纪 50 年代，通过对私营出版业实行社会主义改造，出版社被全部纳入国有经济，按照专业分工原则，成为单纯的生产型企业。1983 年《关于加强出版工作的决定》颁布后，文化部出版事业管理局根据“事业单位，企业化管理”的原则，推动出版社面向市场的体制转轨，其内部管理制度也逐步转变为社长负责制。1984 年 6 月，文化部在哈尔滨召开全国地方出版工作会议，首次提出“适当扩大出版单位的自主权”，使之“由单纯的生产型逐步转变为生产经营型”①。1988 年 5 月，中共中央宣传部、新闻出版署颁布《关于当前出版社改革的若干意见》及《出版社改革试行办法》，对出版社内部机制改革提出了原则性意见：第一，以社长负责制逐步取代党委领导下的社长、总编辑分工负责制，社长作为法人代表，全面领导出版社的编辑和经营管理工作，发挥党组织的监督保证作用②。第二，试行和

① 中国出版工作者协会．中国出版年鉴（1985）[M]．北京：商务印书馆，1985：355－356.

② 中国出版工作者协会，中国出版科学研究所．中国出版年鉴（1989）[M]．北京：中国书籍出版社，1991：37.

完善出版社内部承包责任制，鼓励有条件的出版社试行向国家（上级主管机关）承包的经营责任制。第三，实行按劳分配制度，克服平均主义。在这一政策的执行过程中，一些出版社把利润指标分解到人，片面追求经济效益，造成编校质量严重下降。为此，1992 年 1 月召开的全国新闻出版局长会议要求“编辑室和编辑个人不要搞承包”，许多出版单位随之将承包制改为目标责任制。面对当时出现的出版能力较弱而市场需求强烈的突出问题，1985 年 6 月，文化部做出专门规定，把自费出版作为一条补充出书渠道，书稿限于非营利性学术著作，出版社可根据情况收取适当管理费，各省区市可指定一家出版社试办自费出版。与此同时，湖北、辽宁等地的部分科研单位与出版社合作，通过协议自筹出版经费，使用某一出版社书号出书，并承担编辑、印刷、发行等任务。这种方式被称为协作出版或合作出版，得到了有关部门的肯定，并且有关部门就协作出版的对象和内容做出了具体规定。但因在政策执行过程中出现了一些问题，新闻出版署于 1993 年 11 月做出暂停协作出版的规定。

三是调整地方出版社经营方针。在出版业的社会主义改造完成以后，地方出版社按照“通俗化、地方化、群众化”经营方针，主要为各地方服务。党的十一届三中全会以后，为解放地方出版生产力，满足读者需求，1979 年 12 月在长沙召开的全国出版工作会议，对地方出版社的经营方针做出调整，提出“立足本地，面向全国”的发展方向。对地方出版社经营方针的调整，打破了长期以来对地方出版社发展的束缚和限制，从各地人民出版社陆续分出教育、科技、少儿、文艺等各个门类的多家专业出版社，有的成长为具有全国性影响的地方出版社，其实力可与中央一级出版单位媲美[①]。

---

① 袁亮．新时期指导出版工作的重要纲领：《中共中央、国务院关于加强出版工作的决定》出台前后［J］．出版广角，1999（10）：142－145.

四、出版法制化管理的加强

“文化大革命”期间，出版法制遭到空前破坏。在改革开放初期的一段时间内，出版业没有专门的法律法规，有关出版方面的规定性文件主要是部门规章，出版行政部门主要依据相关的政策文件进行管理。1982 年 12 月，第五届全国人民代表大会第五次会议通过《中华人民共和国宪法》，其第二十二条、第四十七条规定：“国家发展为人民服务、为社会主义服务的文学艺术事业、新闻广播电视事业、出版发行事业、图书馆博物馆文化馆和其他文化事业，开展群众性的文化活动”；“中华人民共和国公民有进行科学研究、文学艺术创作和其他文化活动的自由。国家对于从事教育、科学、技术、文学、艺术和其他文化事业的公民的有益于人民的创造性工作，给予鼓励和帮助”。这就对出版的基本原则做出了规定，为出版法制建设提供了宪法依据。

遵循宪法原则，国务院相继颁布了一系列出版行政法规和规范性文件，如 1980 年的《国务院批转国家出版局等单位关于制止滥编滥印书刊和加强出版管理工作的报告的通知》，1981 年的《国务院批转国家民委、国家出版局关于大力加强少数民族文字图书出版工作的报告的通知》，1983 年的《关于加强出版工作的决定》，1985 年的《关于严禁淫秽物品的规定》《文化部关于不得擅自建立分社或变相分社机构的通知》《国家出版局关于严格控制描写犯罪内容的文学作品出版的通知》，1990 年的《法规汇编编辑出版管理规定》，等等。这些行政法规和规范性文件对图书出版工作起到了规范和指导作用，为促进图书出版事业健康发展提供了保障。

党的十三届四中全会之后，根据党中央和国务院开展书报刊和音像出版监管工作的部署，新闻出版署重点整顿、清理书报刊和音像市场，并在这一过程中压缩、整顿报刊和出版社，以保证出版事业健康发展。1989年9月和10月，中共中央办公厅、国务院办公厅分别发出《关于整顿、清理书报刊和音像市场，严厉打击犯罪活动的通知》《关于压缩整顿报刊和出版社的通知》，全面开展整顿、清理书报刊及音像市场工作，并从1990年1月起对照办出版社的“六条标准”，对全国出版社开展重新登记注册工作，并重新核定全国出版社的专业分工和出书范围，对地方出版社的出版范围做出统一规定。此次工作成为新中国成立以来最大规模的出版社重新登记注册工作。在新闻出版行政管理部门核准后重新登记注册的出版社共492家，此外，12家停办，11家被撤销，8家停止使用副牌，4家合并。

与此同时，还有一批出版行政管理制度和规章性文件相继出台，如国家出版事业管理局制定的《出版工作暂行条例》（1980年），文化部发布的《关于纠正文学类作品重复出版问题的通知》（1983年）、《书籍稿酬试行规定》（1984年），国家出版局出台的《关于审批新建出版社的条件的通知》（1986年）、《关于报社出版社应按专业分工出书的意见》（1986年），新闻出版署发布的《关于报刊名称重复应予更名的通知》（1987年），新闻出版署与公安部、国家工商行政管理局、文化部、轻工业部联合发布的《印刷行业管理暂行办法》（1988年），新闻出版署发布的《期刊管理暂行规定》（1988年）、《关于加强对报纸、期刊、图书审读工作的通知》（1988年）、《关于加强集体、个体、私营书店（摊）管理的暂行规定》（1989年）、《关于严禁以书号出刊的通知》（1989年）、《关于不得出版宣扬愚昧迷信的图书的通知》（1989年）、《关于严肃查处利用小报传播虚假、荒诞信息的通知》（1990年），等等。这些规定，对出版行业法制化建设起到了推动作用。

改革开放初期，出版业发展与满足社会需求之间存在不相适应的问题，导致了滥编滥印书刊、非法出版猖獗的现象。与此同时，随着新的出版社纷纷建立，图书品种和数量逐年大幅增长，但编辑队伍青黄不接，面对新时代科学技术迅速发展所带来的挑战和经济利益的诱惑，一些出版社片面追求利润，无视出版法规而滥编滥印图书和期刊，直接危害青少年的身心健康。1985年，文化部、财政部、工商行政管理局联合印发《文化部、财政部、工商行政管理局关于印发文化部〈关于利用经济制裁手段加强出版管理的请示〉的通知》，部署打击非法出版的一系列活动。从1986年至1989年，国家新闻出版行政部门与其他有关部门先后七次发出通知，严禁违背四项基本原则，严禁政治方向有严重错误，禁止宣扬资产阶级自由化思想的书刊在社会上流传，禁止淫秽色情出版物、宣扬封建迷信凶杀暴力的出版物，并规定了取缔出版物的认定标准，同时对出版社和书刊市场进行了必要的整顿，开展了打击非法出版、整顿出版秩序的专项行动。1989年8月，中央专门成立全国“扫黄打非”工作小组，办公室设在新闻出版署，职责是拟订出版物市场“扫黄打非”方针、政策和计划，参与起草关于出版物市场监管的法律法规并组织实施，对出版物市场进行监管。此后，新闻出版署对图书及报刊出版进行全面清理整顿，对全国出版社开展重新注册登记；查禁买卖书号，对书号使用实行宏观调控；整顿图书音像市场，推行批发进场、零售归市制度。这些工作举措，把加强日常监管与开展集中整治结合起来，逐步形成长效工作机制，切实规范了出版市场秩序，保障了出版物市场的健康有序发展。

五、出版社会组织的健全

自党的十一届三中全会以来，出版业蓬勃发展，推动了行业社会组织的建设。1979年12月，中国出版工作者协会成立，这是新中国成立以来出版业的第一个行业组织。此后，中国印刷技术协会（1980年）、中国版权研究会（1990年成立，2002年更名为中国版权协会）、中国书刊发行业协会（1991年）、中国期刊协会（1992年）、中国音像协会（1994年成立，2013年更名为中国音像与数字出版协会）等相继成立。1996年前后，新闻出版署主管的全国性行业协会增至44家，但各个协会的发展并不平衡。2000年前后，按照“减少口子、压缩数量、增强主干、理顺关系、规范活动、发挥作用、服务大局”的原则，新闻出版署对原有新闻出版社团的结构进行了较大调整，保留了中国出版工作者协会等8家社团，明确以中国出版工作者协会为主干，中国编辑学会、中国期刊协会、中国书刊发行业协会、中国音像协会、中国印刷技术协会等社团都以团体会员身份加入中国出版工作者协会，从而将图书、期刊、音像、印刷、发行和出版学术研究等专业社团连接成一个有机整体，展现出大出版的格局。与之相适应，各省区市也陆续设立出版工作者协会。2011年4月，经中华人民共和国民政部批准，中国出版工作者协会更名为中国出版协会，下设25个专业委员会。中国出版协会主要进行出版队伍的教育与培训，制定《中国出版工作者职业道德准则》，加强职业道德建设，促进行业自律；从1987年开始每两年评选一次“韬奋出版奖”，作为中国出版界个人奖中的最高荣誉奖；此外，还评选“中华优秀出版物奖”并开展多种形式的学术研讨活动。由此，出版行业管理组织逐渐涵盖了所有主要出版领域，各个省区市也都设立了相应的省级协会，形成了一个从中央到地方的行业社会管理系统，在推动出版业行业自律以及出版业的改革发展、人才培养和理论建设方面发挥着重要的作用。

第五节　社会主义市场经济体制下的出版管理体制（1992—2002）

由于历史原因，“文化大革命”以后组建的地方出版管理机构，除了北京、上海等地外，大多数地方出版局都曾与出版总社或地方人民出版社一个机构两块牌子，既从事出版管理，也负责出版经营，属于事业编制。党的十四大以后，我国逐步确立社会主义市场经济体制，转变政府职能、政企分开成为实行体制改革的一项重要措施。一些地区开始对局社编制和机构进行调整，将新闻出版局纳入政府序列，脱离事业编制，这一举措为后续出版集团成立、新闻出版局同出版社分开奠定了基础。与此同时，政府积极推行出版管理和经营体制改革，着力增强出版单位面向市场自主经营的能力。“九五”期间，出版系统实施“不均衡发展”战略，开展出版集团试点工作。发行体制改革也进入培育和规范全国统一、活跃、有序的大市场的阶段。出版单位以提高质量为中心的多样化的目标责任制得以普遍建立。

一、《出版管理条例》与出版管理法制化

随着我国社会主义市场经济体制和依法治国战略的实施，这一阶段我国的出版法制建设取得了突破性进展。1991 年 6 月 1 日，《中华人民共和国著作权法》施行。从 1992 年起，我国先后加入了《保护文学艺术作品伯尔尼公约》《世界版权公约》和《保护录音制品制作者防止未经许可复制其录音制品公约》，加强了知识产权保护。此后，国务院先后颁布实施了《出版管理条例》《印刷业管理条例》等几个出版领域效力最高的行政法规。在出版物管理方面，国务院、新闻出版署制定了《音像制品管理条例》《音像制品出版管理办法》《音像制品进口管理办法》《音像制品复制管理办法》《电子出版物管理规定》。在出版发行、市场管理和行政执法方面，新闻出版署和有关市场管理部门出台了《图书总发行管理的暂行规定》《出版物市场管理暂行规定》《出版管理行政处罚实施办法》《新闻出版行政执法证管理办法》。这些规章和政策性文件，在产品形态上涵盖了

图书、期刊、电子出版物、音像出版物等不同出版物形式，在产业链条上涵盖了出版、复制和发行以及行政管理等各个环节，基本形成了一个覆盖全面的出版法律体系，为我国出版业行政管理的依法办事提供了法律依据。

在这些出版法规中，具有里程碑意义的是《出版管理条例》的颁布实施。《出版管理条例》于 1997 年 1 月由国务院以行政法规形式颁布，同年 2 月 1 日起实施。这是确立我国出版管理体制的最高级别的法规，把新中国成立以来诸多出版管理方面的实践探索上升为国家法规，规定了出版活动和出版管理的基本原则和制度。

2001 年中国加入 WTO 前后，对以上行政法规与规章适时进行了修订。2001 年 8 月 2 日，修改后的《印刷业管理条例》经国务院第 43 次常务会议通过并自公布之日起施行；同年 12 月，国务院公布了新修订的《音像制品管理条例》《出版管理条例》并自 2002 年 2 月 1 日起施行。此外，《计算机软件保护条例》《互联网出版管理暂行规定》于 2002 年正式实施。这些法规和规章的出台，使得我国出版业从单纯依靠政策管理过渡到既靠政策又靠法制治理，逐步走向全面实现依法治理的发展道路。

二、重大选题备案制度与出版管理制度的进一步完善

重大选题备案制度作为我国图书出版管理的特色，是对《出版管理条例》的进一步细化和延伸。20 世纪 90 年代初，国家出版行政部门针对涉及国家安全、民族宗教、社会安定等方面的重大选题加强宏观管理。

1990 年 5 月，新闻出版署发布《关于对描写党和国家主要领导人的出版物加强管理的规定》，明确“描写党和国家主要领导人的出版物”，限

由人民出版社、中央文献出版社等专门出版社出版[①]。同年8月，中共中央宣传部、中央文献研究室、新闻出版署再做补充规定，要求正式出版毛、周、刘、朱、任、邓、陈和现任中央常委未发表过的历史文稿须经中央文献研究室审批，并报新闻出版署备案[②]。1991年4月，新闻出版署发布《关于出版党代会、党中央全会和全国人代会文件及学习辅导材料的暂行规定》，规定党代会、党中央全会和全国人代会文件由人民出版社出版；相关学习辅导材料由指定的出版社出版，且须报上级主管部门审批、新闻出版署备案[③]。1993年2月，中共中央宣传部、新闻出版署印发《关于发表和出版有关党和国家主要领导人员工作和生活情况作品的补充规定》，明确这类图书限由人民出版社等指定出版社出版，且须将选题和书稿报主管部门审核，并报新闻出版署审批。[④] 次年8月，新闻出版署发布《关于期刊发表有关党和国家主要领导人工作和生活文章、图片的规定》。此外，1990年4月，新闻出版署印发《关于对涉及苏联、东欧国家的图书的出版加强管理的通知》；1993年10月，中共中央宣传部、中共中央统战部、新闻出版署、国家民族事务委员会、国务院宗教事务局联合发布《关于对涉及伊斯兰教的出版物加强管理的通知》；1994年3月，中共中央宣传部、新闻出版署、军委总政治部发出《关于加强军事题材出版物出版管理规定》。1998年8月，上述三部门又发出了《关于加强军事题材出版物出版管理的补充规定》，对军事题材出版物的出版程序进行了规范。

经过多年的管理实践，1997年10月，新闻出版署印发《图书、期

① 中国出版工作者协会，中国出版科学研究所．中国出版年鉴（1990—1991）［M］．北京：中国书籍出版社，1993：225．

② 新闻出版署图书司．图书出版管理手册［M］．沈阳：辽宁大学出版社，1991：68．

③ 中国出版年鉴社．中国出版年鉴（1992）［M］．北京：中国出版年鉴社，1993：141．

④ 新闻出版总署教育培训中心．报纸出版工作法律法规选编［M］．北京：中国大百科全书出版社，2003：204．

刊、音像制品、电子出版物重大选题备案办法》，规定凡涉及国家安全、社会安定，对国家政治、经济、文化、军事、外交等产生重大影响的出版选题，均应按照规定程序，报国家出版行政管理部门备案。此办法同时明确，“重大选题”主要包括有关党和国家的重要文件、文献选题，党和国家曾任和现任主要领导人著作、文章及有关其生活和工作情况的选题，涉及民族、宗教问题的选题等 15 项内容。2001 年修订的《出版管理条例》和《音像制品管理条例》将重大选题备案条款列入，此后又做了一些补充规定，出版物重大选题备案制度由此成为一项重要的出版物内容管理制度。

与此同时，国家对书号、刊号、版号的管理也进一步完善。从 20 世纪 80 年代末期开始，书号、刊号成为有价数字，出现了买卖现象。为此，新闻出版署于 1989 年 7 月发布《关于在全国出版社整顿协作出版、代印代发的通知》，针对借协作出版之名买卖书号之风开展整顿工作，对经查证确属卖或变相卖书号的，没收卖书号所得的利润并从重罚款，给予相关出版社停业整顿或撤销登记的处分①。1993 年 10 月，中共中央宣传部、新闻出版署出台的《关于禁止“买卖书号”的通知》规定，任何单位或个人通过购买书号出版的图书，均属非法出版物，对相关出版社给予没收非法所得、罚款、追究责任、停业整顿、撤销社号等处置②。1997 年 1 月，新闻出版署发布《关于严格禁止买卖书号、刊号、版号等问题的若干规定》，明确将购买书号、刊号、版号并参与出版、印刷、复制、发行等活动列为“非法出版活动”，要求坚决予以取缔③。从 1994 年开始，新闻出

① 中华人民共和国新闻出版署政策法规司．中华人民共和国现行新闻出版法规汇编（1949—1990）[M]．北京：人民出版社，1991：236 - 238.

② 新闻出版署办公室．新闻出版工作文件选编（1992—1994）[M]．北京：中国 ISBN 中心，1995：47 - 48.

③ 全国人大常委会法制工作委员会研究室．中华人民共和国行政法律法规全书：第 4 册 [M]．北京：中国民主法制出版社，2000：5052.

版署对出版单位使用书号进行宏观调控：各出版社每个年度的书号使用量，按每位编辑一年发稿不超过5种计算，总量一般不得超过前三年出版新书的年平均数。这一规定，意味着书号成为对出版行业进行调控的重要手段。

三、阶段性转移与出版质量管理的加强

党的十四大明确了以建立社会主义市场经济体制作为经济体制改革的目标，出版体制改革也着力推动高度集中的计划经济体制，向社会主义市场经济体制下的出版体制转变。1994年，在全国新闻出版局长会议上，新闻出版署明确提出新闻出版业应从以规模数量增长为主要特征的阶段向以优质高效为主要特征的阶段转移。为了确保阶段性转移目标的实现，新闻出版署提出了一系列的配套改革措施，包括推动出版单位经营机制转变、培育和建立出版市场体系、加强和改善宏观管理等。①

四、出版财税政策和出版公共投入的加强

出版财税政策包括税收、财政投资、财政补贴等方面②。改革开放以来，税收政策经过了3次较大的调整，每次都涉及出版业。1983年，国家在启动税制改革后实行利改税政策，确定了出版业应当缴纳的14种税种，基于出版业的文化属性，对其所得税、营业税、增值税等实行减征的优惠政策，税后利润全部留给出版系统，以发展出版事业。从1993年开始，国家进一步扩大税收减免范围：对出版业只征收增值税，不再征收营业税；

---

① 周蔚华．我国出版业的改革：回顾、经验和当前的重点［J］．中国出版，2003（4）.

② 吴江江，石峰，邬书林，等．中国出版业的发展与经济政策研究［M］．武汉：湖北人民出版社，1994：161-164.

对中国共产党和民主党派各级组织、各级人民政府等的机关报刊，大中小学学生课本和少儿报刊、科技书刊等免征增值税；对少数民族地区出版物销售减征或免征营业税。从1994年开始，实行以增值税为主体，消费税、营业税并行，内外统一的流转税制；同时对企业所得税制进行改革，将面向国营、集体和私营企业分别征收的多种所得税，合并为统一的企业所得税。

除了税收减免政策外，国家对出版业还有一系列的财政政策给予直接扶持。1991年，国务院颁布《中华人民共和国固定资产投资方向调节税暂行条例》，对图书发行网点建设给予零税率优惠，全国定点书报刊印刷厂及定点出版社、报社、杂志社投资项目税率为5%（非全国定点投资项目税率为30%）①。同年10月，财政部、新闻出版署发布《关于建立出版企业发展专项资金的规定》，设立专项资金，对出版专业学术著作和国家重点图书出版，出版社、书刊印刷厂技术改造、设备更新，图书发行网点改造等给予资金扶持②。1993年税制改革后，中央财政设立“出版企业发展专项资金”，支持出版企业的技术改造、网点建设和重点图书出版。1997年，国家科委、财政部、新闻出版署出台《国家科学技术学术著作出版基金管理办法》，设立“国家科学技术学术著作出版基金”。③

20世纪90年代中后期，党和国家对加大出版公共投入提出了明确要求。1991年，新闻出版署、财政部出台《关于调整少数民族省（区）图书发行折扣的若干规定》，明确对发往少数民族省份的一般图书的批销折扣加大优惠力度④。同年，新闻出版署、国家计划委员会、建设部发布《关于图书发行网点建设若干问题的通知》，要求各地区根据具体情况制定

---

① 中共中央宣传部政策法规研究室，国务院法制办公室教科文卫司．与宣传文化相关的法律法规条文汇编［M］．北京：学习出版社，2013：445.

② 中国出版年鉴社．中国出版年鉴（1992）［M］．北京：中国出版年鉴社，1993：162.

③ 地质矿产部科学技术司．科技法律法规文件选编［M］．北京：地质出版社，1998：543－546.

④ 同②154.

图书发行网点建设规划，争取用五年时间，改善与“两个文明”建设严重不适应的状况，特别要加快恢复农村供销社书店[①]。此后，中共中央宣传部、新闻出版署等五部委联合发布《关于加强农村图书发行工作的意见》，要求切实加强农村图书货源组织和供应工作，对农村发行实行优惠政策[②]。1996 年，中华全国供销合作总社、新闻出版署发布《关于加强农村图书、音像制品发行工作的通知》，提出从提高农村供销社经营图书的批零差率或代销手续费、坚持包退包换制度、坚持送货制度、对基层供销社代发行业务在发行折扣上给予优惠等方面提供支持[③]。考虑到农村新华书店发行网点主要服务于农村文化发展，其亏损部分主要由增值税返还、发行中小学教材利润进行补贴。与此同时，国家还实行文化、科技、卫生“三下乡”制度，在农村地区建立了一大批图书阅览室。[④]

第六节　出版管理体制的运行机制转型（2002—2012）

2001 年 12 月，中国正式加入 WTO，标志着中国在对外开放方面迈上了一个新的台阶。为了应对中国加入 WTO 对中国出版业的挑战，2002 年党的十六大提出深化文化体制改革的重要任务，我国出版管理体制进入一个体制转型时期。

一、加入 WTO 背景下的出版宏观管理体制改革

为了适应中国加入 WTO 后对出版物市场的管理和推动新闻出版业的

---

① 中国出版年鉴社．中国出版年鉴（1992）[M]．北京：中国出版年鉴社，1993：149.

② 新闻出版署发行管理司．新编图书发行实用手册 [M]．沈阳：辽宁人民出版社，1998：36－42.

③ 同②88－91.

④ 同②43－52.

更大发展，2001年国务院将新闻出版署升格为新闻出版总署，使之成为正部级单位。在职能调整方面，一是加强了对全国“扫黄打非”工作的组织协调和对出版物市场的执法监管，二是加强了新闻出版和著作权管理方面的法制建设工作，三是新增了互联网出版信息服务的审核报批、互联网出版信息内容监管两方面的职能。与此同时，新闻出版总署与其直接管理的出版、印刷、发行企事业单位脱钩。

为了创造规范有序、公平竞争的良好市场环境，对出版物市场主体依法实施必要的监督管理是必不可少的，在我国出版管理中具有重要作用。根据《出版管理条例》的规定，国家出版行政主管部门负责对全国的出版活动进行监督管理，国务院其他有关部门按照职责分工，负责有关出版活动的监督管理工作。2008年，国务院对新闻出版总署的职能进行了新的调整，把原属文化部的音像制品进口及发行管理的职能划转过来。

在国家新闻出版行政管理机构不断调整和健全的同时，地方新闻出版行政机构建设也取得显著成效，逐步形成国家、省（自治区、直辖市）、地市、县区的四级新闻出版行政管理体系。

随着出版行政管理体系的完善，有关出版的一系列规章制度逐步固定下来。

一是印刷发行许可制度。2002年11月，根据《国务院关于取消第一批行政审批项目的决定》，设立印刷企业的特种行业许可被取消。2004年，新闻出版总署颁布了新修订的《出版物市场管理规定》，提出设立出版物总发行企业，取消发行环节的所有制限制。2003年8月5日，新闻出版总署批复同意成立广德文运发行集团（有限）公司，并赋予其报纸和期刊的总发行权，这是规定实施后第一家获得总批发资质的民营企业。从此，出版物的总发行权开始对非国有发行企业开放。

二是出版单位年检制度。1994年，新闻出版署发布《出版社年检登记制度（试行）》《期刊年度核验暂行办法》《报纸登记项目年度核验办法》等，开始实施出版单位及出版物的年度核验工作。其中，出版社每两年开展一次年检登记工作，期刊和报纸出版单位按年度对登记项目进行审核检验。2003 年，《印刷企业年度核验工作的指导意见》发布，规定经营出版物印刷业务的企业按年度开展审核检验。2003 年，新闻出版总署发布《关于出版物发行单位年检登记的通知》，开始对出版物发行单位进行年检登记工作。

三是出版专业技术人员职业资格制度和职业、岗位准入制度。2002 年，新闻出版总署印发《出版专业技术人员职业资格管理暂行规定》，规定出版单位专业技术人员须通过国家出版专业职业资格考试，在取得规定级别资格证书后，方可上岗[①]。在建立出版专业技术人员职业资格制度的基础上，新闻出版总署于 2007 年进一步提出新闻出版企业（法人）准入、市场准入、职业准入和岗位准入原则。具体来说，企业（法人）准入是指出版企业的设立须根据法律规定、经政府审批；市场准入是指出版物进入市场流通，须制定统一准入规则；职业准入是指出版从业人员须取得相应职业资格；岗位准入是指出版工作重要岗位须具有相应资质。

二、出版体制改革的试点推广和经营性出版单位的转企改制

2003 年，按照中央要求，文化体制改革试点工作正式启动。在 35 个文化体制改革试点单位中，涉及出版、发行、报业的有 21 家。2005 年，新闻出版总署就转企改制、企事分开、职能转变等改革难点问题进行攻坚，一批中央部委出版社、大学出版社、经营性报刊转企改制；推动政

① 蔡鸿程，等. 作者编辑实用手册［M］. 北京：中国标准出版社，2004：370－373.

事、政企、政资分开和管办分离，切实转变政府职能。

2009 年 3 月，新闻出版总署出台《关于进一步推进新闻出版体制改革的指导意见》，提出一系列改革举措：进一步推动经营性企业加快转制，推进联合重组、产业升级和结构调整，引导非公出版业健康发展，建设现代出版物市场体系，扩大出版对外交流，加大行政改革力度，等等①。至 2012 年党的十八大前，除人民出版社、民族出版社、中国盲文出版社和中国藏学出版社四家保留事业体制外，其余的出版社全部完成转企改制。

1999 年 2 月 24 日，上海世纪出版集团正式挂牌成立，成为我国第一家出版集团，标志着出版业集团化的进程就此启动。2002 年 4 月，由新闻出版总署原直属出版单位组建而成的中国出版集团在北京成立，标志着中国出版业的集团化建设进入了一个新阶段，出现了集书、报、刊、音像、电子、网络出版于一体的功能齐全、品牌众多、在市场上具有影响力的大型出版集团。但这期间组建的出版集团都还是事业性质的出版集团。在 2003 年开始文化体制改革试点后，出版集团开始转变为企业集团性质。2006 年，《中共中央、国务院关于深化文化体制改革的若干意见》出台，为出版体制改革、出版的市场化和集团化提供了制度保证和政府支持。在新闻出版总署的推动下，一些有条件的出版、发行集团开始着手公司股份制改造、上市融资，通过吸引国有资本、民营资本、境外资本参股，建立规范的股份制公司，实现股权结构多元化。2012 年，新闻出版总署印发《关于加快出版传媒集团改革发展的指导意见》，首次针对集团化出台专门指导意见，并且出台一系列政策措施，鼓励和扶持出版传媒集团进行兼并重组及跨地区、跨行业、跨所有制、跨国界经营发展。

在推动出版单位转企改制的同时，新闻出版总署对全国 500 家图书出

---

① 中国印刷及设备器材工业协会，中国印刷年鉴社．中国印刷年鉴（2010）[M]. 北京：中国印刷年鉴社，2010：147-148.

版单位进行了一次全面评估，并于 2009 年 8 月将被评为一级的 100 家经营性图书出版单位名单向社会公示。此次评估是新中国成立后我国出版业进行的首次评估，评估后，国家对百佳出版社给予政策倾斜和扶持，对经营不善、问题严重、限期整改后仍达不到办社条件的出版社采取关、停、并、转等措施。

按照事业与产业分开的原则，结合事业单位分类改革，新闻出版管理部门还研究制定了加快公益性新闻出版单位劳动人事、收入分配、社会保障等内部制度改革的意见，要求进一步细化公益服务内容和标准，建立健全绩效考核等机制。同时，改革和完善企业化管理机制，扩大和落实选人用人、薪酬分配、资金使用等方面的自主权，提高公益性新闻出版单位面向市场、服务群众的能力。

三、《中华人民共和国著作权法》的修订与版权保护的加强

版权是出版业赖以生存的基石。2001 年 10 月，第九届全国人民代表大会常务委员会第二十四次会议通过了《关于修改〈中华人民共和国著作权法〉的决定》。这是继加入《保护文学艺术作品伯尔尼公约》和《世界版权公约》之后，中国在版权保护上的又一大进步。为增强新著作权法的可操作性，适应加入 WTO 新形势，在知识产权的保护上与国际接轨，2002 年 8 月，国务院公布由国家版权局根据新著作权法制定的新《中华人民共和国著作权法实施条例》，这次修改主要涉及涉外行政案件受理、著作权权利归属和使用、对侵权行为的处罚，以及对著作权法和实施条例涉及的专业名词和有关用语进行具体释义等。著作权法及其实施条例的修订，既标志着我国著作权保护制度更加完善，也标志着我国著作权保护水平迈进了新的阶段。2004 年和 2007 年，最高人民法院、最高人民检察院

先后出台《关于办理侵犯知识产权刑事案件具体应用法律若干问题的解释》《关于办理侵犯知识产权刑事案件具体应用法律若干问题的解释(二)》，以及新的办理侵犯知识产权刑事案件的司法解释。2006 年 7 月，《信息网络传播权保护条例》开始施行，该条例明确界定信息网络传播权，并引入合理使用和法定许可的内容，推动互联网事业进入规范发展的轨道。同年 12 月，国家版权局与美、英两国相关行业组织签署《关于建立网络版权保护协作机制的备忘录》，就打击跨国互联网侵权盗版行为及其他相关问题开展国际合作。2007 年，我国正式加入《世界知识产权组织版权条约》《世界知识产权组织表演和录音制品条约》，在知识产权保护方面加强了与国际社会的合作，促进了我国互联网产业的迅速发展。

自加入 WTO 后，为使我国出版法规更符合国际惯例和出版业实际需要，有关部门对有关法律条例进行了修改完善，文化部、外经贸部也在 2001 年出台《中外合作音像制品分销企业管理办法》，允许在中国境内设立中外合作音像制品分销企业，使外资进入中国音像流通渠道有“规”可依。这意味着中国正式兑现了加入 WTO 后在文化市场准入方面“开放外资进入音像制品的批发、零售、出租”的承诺。

为适应网络出版发展的新趋势，2002 年 6 月，新闻出版总署、信息产业部出台《互联网出版管理暂行规定》，互联网出版被纳入出版行政部门管理，进入了一个有规可循的新阶段。2008 年，《电子出版物出版管理规定》《音像制品制作管理规定》《图书出版管理规定》正式实施。2008 年 6 月，新闻出版总署发布《关于进一步规范出版单位配合本版出版物出版电子出版物的管理的通知》，进一步规范本版电子出版物的出版程序，强化属地管理。2009 年 8 月，《复制管理办法》实施，明确复制单位的设立、复制生产设备管理、复制经营活动管理、法律责任等内容。同年 12

月，新闻出版总署批准发布《图书、音像制品、电子出版物营销分类法》等7项新闻出版行业标准，行业标准化建设取得重要进展。

四、出版经济政策的调整和对出版业的扶持

随着出版体制改革由试点转入全面铺开，出版管理逐步由直接管理转向间接管理，充分运用税收、价格、财政、投资、金融、稿酬、书报刊价格补贴、印刷工价和发行折扣等出版经济政策，通过多种手段管理、扶持我国出版业的发展。

一是税收政策的调整。2006年，财政部、国家税务总局发布的《关于宣传文化增值税和营业税优惠政策的通知》明确了对出版活动在增值税和营业税征收方面的支持政策，后将该税收政策稍加调整并予以延续。2008年1月1日开始施行的《中华人民共和国企业所得税法（草案）》，将内外资企业的所得税税率从33%统一为25%，出版企业所得税也降低到25%。

二是中国出版政府奖的设立。1992年，新闻出版署设立国家图书奖，自1993年首次评选以来共成功举办六届，共有800余种图书获奖，包括《中国大百科全书》《中国美术全集》《辞源》《辞海》《中国军事百科全书》《当代中国丛书》等汇集国内外专家学者参与的国家级重点项目，对促进中国出版繁荣、推进中国学术发展起到了积极作用。2005年，新闻出版总署将国家图书奖、国家期刊奖等多种出版领域最高奖项整合，改为中国出版政府奖，作为中国出版领域的最高奖项。该奖项每三年评选一次，旨在表彰和奖励国内新闻出版业优秀出版物、出版单位和个人。

三是设立国家出版基金。国家出版基金设立于2007年，主要用于资助优秀公益性项目的出版，基金主要来源于中央财政拨款，并依法接受自然人、法人或其他组织的捐赠。截至2019年，共遴选资助了5 000多个

优秀出版项目，推出了 4 000 多个项目成果，有数百项成果获得“五个一工程奖”、中国出版政府奖等国家级奖项。

四是强化行业协会在管理、发展出版业方面的作用。2008 年 4 月，江西省编辑学会正式登记注册成立，成为继上海市编辑学会、湖北省编辑学会和山东省编辑协会之后的全国第四家省级编辑学会。2008 年 5 月，中国音像著作权集体管理协会成立；同年 10 月，中国文字著作权协会在北京成立；同年 11 月，中国摄影著作权协会在北京成立。由此，我国音乐、音像、文字、摄影等领域的著作权集体管理组织体系基本齐备。

五、出版公共服务体系的初步形成

2002 年党的十六大报告提出，“国家支持和保障文化公益事业，并鼓励它们增强自身发展活力”①，把公共文化服务作为社会主义市场经济条件下政府的主要职能之一，有重点、分阶段地把公共文化服务体系建设抓紧、抓好。2003 年召开的文化体制改革试点工作会议进一步明确应以增加投入、转换机制、增强活力、改善服务为重点，抓好公益性文化事业的改革和发展，增加投入的重点是要增加对文化基础设施建设的投入。2005 年召开的党的十六届五中全会通过的国民经济和社会发展“十一五”规划提出，“加大政府对文化事业的投入，逐步形成覆盖全社会的比较完备的公共文化服务体系”②。这是在党的重要文献里第一次明确提出公共文化服务体系概念，具有里程碑的意义。此后，党和政府对包括出版在内的公共文化服务的认识有了质的飞跃，并从理念、政策、配套措施等方面构建

① 中共中央文献研究室．十六大以来重要文献选编：上［M］．北京：中央文献出版社，2005：31.

② 中共中央文献研究室．十六大以来重要文献选编：中［M］．北京：中央文献出版社，2006：1057.

起较为完善的服务体系。2007 年 8 月《中共中央办公厅、国务院办公厅关于加强公共文化服务体系建设的若干意见》出台后，国家实施了一系列重大公共文化服务工程，切实保障人民群众读书看报等基本文化权益。

改革开放初期，我国对老少边穷地区图书发行网点建设给予了一定的支持。自 20 世纪 90 年代开始，中央和地方财政各承担一半以补贴少数民族文字和中小学教材的出版发行。公益性惠民工程“东风工程”于 2007 年 1 月正式实施，由中央和地方财政专项拨款，每年按计划出版一定数量的图书、党报、党刊、音像制品和电子出版物等少数民族文字出版物，免费发放到新疆维吾尔自治区并逐步扩展至其他少数民族聚居区。2007 年，中共中央宣传部、国家民委、财政部、国家税务总局和新闻出版总署联合印发《关于进一步加大对少数民族文字出版事业扶持力度的通知》，设立少数民族文字出版专项资金，从出版物编辑出版、编译人才培养、设备更新和技术改造以及“走出去”项目等方面加大对少数民族出版工作的扶持力度。

“农家书屋”工程是一项惠及广大农民群众的国家重大公共文化服务工程，由新闻出版总署牵头组织实施。所谓农家书屋，就是以行政村为单位建立、由农民自己管理、能提供书报刊和音像电子产品阅读视听条件的公共文化服务设施。2004 年 6 月，中共中央宣传部、新闻出版总署出台《关于进一步加强“三农”读物出版发行工作的意见》，强调要多出版发行农民看得懂、用得上、买得起的读物，开始农家书屋试点。2007 年 3 月，新闻出版总署、中央文明办、国家发展和改革委员会、科技部、民政部、财政部、农业部、国家人口和计划生育委员会联合下发《“农家书屋”工程实施意见》，“农家书屋”工程开始在全国范围内实施。自 2004 年试点到 2012 年，全国累计投入资金 180 多亿元，共建成农家书屋 60 多万家，覆盖了全国有基本条件的行政村；累计配送图书 9.4 亿册、报刊 5.4 亿份、音像制品和电子出版物 1.2 亿张，农民人均图书拥有量达到 1.13 册，人均报刊拥有量达到 0.65 份，在保障农民的基本文化权益、丰富农民群众文化生活方面发挥了积极作用。

六、出版外贸政策

自 2001 年加入 WTO 后，我国在鼓励出版“走出去”的同时，逐步放宽外资进入我国出版业的限制。

第一，关于出版物进出口。新中国成立后，我国对出版物进出口管理一直较为严格。随着改革开放步伐的加快，国家对有关出版物进出口管理的政策进行了相应调整。2001 年我国加入 WTO 以后，按照有关承诺逐步放开出版物进出口权。2003 年 12 月，出版“走出去”成为推动出版业对外开放的重要举措。

第二，关于外资进入的政策。改革开放初期，我国对外国资本进入出版业虽无成文法规，但在具体实践中实行有选择的开放。1991 年，新闻出版署发布《关于建立新闻、出版三资企业审批程序的通知》，规定出版行业禁止设立外资企业，原则上不在华设立中外合资、中外合作企业。[①] 1994 年，新闻出版署进一步明确禁止创办中外合资报社、期刊社和出版社等传媒机构。2001 年，根据加入 WTO 时的承诺，我国的图书报刊分销市场逐步开放。

第三，关于书报刊分销政策。2003 年 3 月，新闻出版总署、外经贸部制定《外商投资图书、报纸、期刊分销企业管理办法》，规定外企及其他经济组织或个人，经政府部门批准后，可按照平等互利的原则，在中国境内与中国企业或其他经济组织共同投资设立或外国投资者独资设立书报

① 唐德华，王永成．中华人民共和国法律规范性解释集成增编本（1991—1992）[M]．长春：吉林人民出版社，1993：770.

刊分销企业。此外，外商还可通过参股、并购方式投资内资书报刊分销企业。①

2011 年 10 月，党的十七届六中全会审议通过《中共中央关于深化文化体制改革推动社会主义文化大发展大繁荣若干重大问题的决定》。根据这一决定，新闻出版总署发布“十二五”规划，以传播社会先进文化、加强精品力作生产、完善新闻出版公共服务体系、提升新闻出版业整体实力和竞争力、推进出版业转型升级、加强市场体系建设等为基本任务，在产业格局、开放格局、市场体系、公共服务体系等方面取得突破性进展。②

第七节　新时代中国特色社会主义出版管理体制的建设（2012—　）

党的十八大以来，中国特色社会主义进入新时代。这在中华人民共和国发展史、中华民族发展史乃至世界社会主义发展史、人类社会发展史上都具有重大意义。出版战线以习近平新时代中国特色社会主义思想为指引，认真落实党的十八大以来党中央的各项工作部署，坚持社会主义先进文化前进方向，坚持中国特色社会主义文化发展道路，坚持以人民为中心的工作导向，进一步深化出版体制改革，进一步解放和发展出版生产力，推动社会主义文化强国建设，增强国家文化软实力。

一、出版管理体制的重塑

2013 年 3 月 10 日，十二届全国人大一次会议第三次全体会议公布了

① 郝振省．报刊出版管理手册［M］．北京：中国书籍出版社，2007：140.

② 罗紫初．出版学导论［M］．武汉：武汉大学出版社，2014：316 - 334.

国务院机构改革和职能转变方案。按照这个方案，国家新闻出版总署和国家广播电影电视总局合并成立了国家新闻出版广电总局（国家版权局），负责统筹规划新闻出版广播电影电视事业产业发展，监督管理新闻出版广播影视机构和业务以及出版物、广播影视节目的内容和质量，管理著作权，等等。随着新一轮机构改革的推进，2014 年从中央到地方逐步完成了机构变更。

2018 年 3 月，中共中央印发《深化党和国家机构改革方案》，将国家新闻出版广电总局的新闻出版管理职责划入中共中央宣传部，中共中央宣传部对外加挂国家新闻出版署（国家版权局）牌子，以加强党对新闻舆论工作的集中统一领导，加强对出版活动的管理，发展和繁荣中国特色社会主义出版事业[①]。据此，各省、区、直辖市的新闻出版管理职责也划归当地宣传部，当地宣传部加挂该地新闻出版局（版权局）牌子。出版部门是党和国家重要的思想文化宣传阵地，出版工作划归党的宣传部门直接管理，对于加强党对出版工作的全面领导，实现管人管事管资产管导向相统一，确保对国有企业重大事项决策权、资产配置控制权、宣传文化内容终审权、主要领导干部任免权落到实处，传播和弘扬社会主义核心价值观，提升出版物社会效益和质量水平，确保社会主义先进文化前进方向，必将发挥重大作用。

根据 2012 年 9 月国务院发布的《关于第六批取消和调整行政审批项目的决定》，新闻出版总署、省级人民政府出版行政部门的“期刊出版增刊审批”项目被取消；省级人民政府出版行政部门的“被查缴非法光盘生产线处理审批”“电子出版物制作单位接受境外委托制作电子出版物审批”等两项行政审批项目被取消；县级人民政府出版行政部门的“设立专门从

---

① 《中共中央关于深化党和国家机构改革的决定》《深化党和国家机构改革方案》辅导读本［M］. 北京：人民出版社，2018：35.

事名片印刷的企业审批”项目被取消。另外，教育部取消了“中小学国家课程教材编写核准”。2014 年 1 月，国务院发布《关于取消和下放一批行政审批项目的决定》，再次取消和下放 64 项行政审批事项和 18 个子项。其中，两项涉及新闻出版领域：一是取消出版物总发行单位设立审批；二是取消从事出版物总发行业务的单位变更《出版物经营许可证》登记事项，或者兼并、合并、分立审批。同年 7 月和 10 月，国务院两次发布《关于取消和调整一批行政审批项目等事项的决定》，又取消了电子出版物出版单位与境外机构合作出版电子出版物审批事项，将从事出版物批发业务许可、从事出版物零售业务许可等九个与新闻出版业相关的工商登记前置审批事项调整或明确为后置审批。

二、全面深化出版改革

2014 年 4 月，国务院办公厅发布《关于印发文化体制改革中经营性文化事业单位转制为企业和进一步支持文化企业发展两个规定的通知》，对 2008 年支持经营性单位转制为企业和文化企业发展的政策文件进行调整和补充，明确有关政策再继续执行 5 年，为新一轮文化体制改革提供了有力支撑。同年 10 月，国家新闻出版广电总局出台《深化新闻出版体制改革实施方案》，提出了 5 个重点方面的改革任务，制定了 23 项具体措施。2017 年，中国科技出版传媒股份有限公司、中国出版传媒股份有限公司相继在上海证券交易所成功挂牌上市，所募资金被用来推动出版融合发展。这两家国字号的出版企业上市，对推动中央出版企业的进一步改革发展，具有示范性作用。2018 年 11 月，人民交通出版社取得新的营业执照，正式更名为人民交通出版传媒管理有限公司，由全民所有制企业改制为国有独资的中央文化企业，标志着文化体制改革的持续深化。

2018 年 11 月，中央全面深化改革委员会第五次会议通过了《关于加强和改进出版工作的意见》。该意见充分体现了党中央对出版工作的高度重视，为出版业的健康发展指明了方向。为贯彻落实意见要求，出版管理部门积极推动已转制的新华书店、图书出版社、电子音像出版社等进行公司制、股份制改造，形成具有文化企业特色、符合现代企业制度的资产组织形式和经营管理模式。一是进一步建立健全出版企业法人治理结构，推进党委领导与法人治理相结合，实现“双向进入、交叉任职”；要求所有出版单位设立总编辑岗位，上市出版企业探索建立编辑委员会制度，对出版物内容问题实行一票否决，确保正确导向。二是推动主管主办制度与出资人制度有机衔接，建立健全管人管事管资产管导向“四管统一”的监管体制。三是继续完善出版企业内部运行管理机制，建立健全双效统一的评价考核机制，探索建立出版企业社会责任报告制度，实现社会效益考核结果与薪酬体系挂钩；鼓励和支持国有出版传媒集团探索国有文化资本授权经营。探索国有出版企业股权激励机制，支持有条件的国有控股上市出版企业开展股权激励试点。在国家许可范围内，引导社会资本以多种形式投资参与出版经营活动。开展特殊管理股制度试点，通过特殊股权结构设计，保证党和政府对新闻出版企业的领导权和管理权。以有资质的国有出版单位拥有特殊管理股为前提，允许符合条件的非公有制文化企业参与网络原创出版业务，获得对外专项出版权。

三、推动出版业高质量发展

改革开放以来，出版生产力获得极大解放和发展，企业化运营水平得到极大提升，出版单位转企改制，成为真正的市场主体。在这一进程中，也出现了一些认识上的偏差，那就是把深化改革、推动经营单位转企改制，简单理解为产业化和市场化。随着改革的深化，人们逐步认识到，转企改制并不是也不能改变出版的基本属性，出版企业不能等同于一般工商企业，不能单纯地追求利润最大化。党的十八大以来，国家出版行政部门充分体现文化例外要求，从政策引导和业绩考核等多方面引导出版业提升社会效益，加快出版业态转型，由高速增长阶段向高质量发展阶段过渡。围绕高质量发展目标，国家新闻出版署出台了一系列政策措施，来加强行业管理。

首先，加强和改进出版物重大选题备案工作，把牢导向管理。2019年10月，国家新闻出版署印发了新修订的《图书、期刊、音像制品、电子出版物重大选题备案办法》，进一步明确了重大选题的种类、申报审批流程和罚则等。其中，重大选题种类由15种调整为12种；对中央、地方和军队出版单位，规定了不同的申请流程；明确了将对重大选题备案执行情况开展年度检查和考核评估。此外，办法进一步强调出版单位要严格履行出版物内容把关主体责任，确保正确的政治方向、出版导向、价值取向等。

其次，健全出版单位社会效益考核评价机制。长期以来，对图书出版单位的社会效益考核因缺乏可操作性而难以有效实施，为了破解这一难题，中共中央宣传部于2018年12月印发了《图书出版单位社会效益评价考核试行办法》。该办法界定了图书出版单位社会效益评价考核内容，规定了图书出版单位绩效考核的方法，突出了对考核结果的应用，其实施确保了图书出版单位社会效益评价考核的有效落地。

再次，持之以恒地开展出版物质量专项检查。为提高出版质量，早在2003年新闻出版总署就曾开展“辞书质量专项检查”工作，之后逐步加大对出版物质量的监督力度。2012年被确定为“出版物质量规范年”，在这一年，新闻出版总署发出《关于进一步加强学术著作出版规范的通知》，对出版单位规范学术著作出版，提出了明确要求。2018 年和 2019 年，国家新闻出版署连续开展出版物质量管理专项行动，定期向社会公布编校质量不合格图书名单，要求相关出版单位限期收回。2019 年 11 月，国家新闻出版署下发通知，明确提出出版单位落实“三审三校”制度的基本要求，并开展“三审三校”制度执行情况专项检查，对提高出版物质量、保障出版单位的正确“航向”具有重要意义。

最后，在出版资源配置方面，加大书号调控力度，引导出版企业实现高质量发展。通过书号管理调节出版活动也是我国出版管理的重要手段。为了改进书号管理方式，从 2008 年 7 月 15 日起，北京、上海、重庆、湖北以及中央有关部委管理的 56 家出版社作为第一批实行网上书号实名申领的试点单位，开始进行网上书号实名申领试点。在试点工作基础上，2009 年 4 月 1 日起，全国所有出版社全部实行书号网上实名申领。然而，在实名申领实施一段时间后，库存图书增多、单品种效益降低等问题逐渐累积。为此，自 2018 年起国家新闻出版署再次收紧书号，我国的书号管理进入收紧周期，引导出版单位杜绝平庸出版、实施精品战略、提升出版物社会效益，这在一定程度上改变了出版业以增加品种带动出版业规模增长的观念，推动了出版业实现高质量的发展。

四、探索深化媒介融合管理的新途径

党的十八大以来，党中央对传统媒体与新兴媒体融合发展做出战略部署。出版界贯彻落实中央关于全面深化改革的重大战略部署，推动传统出版与新兴出版在内容、渠道、平台、经营、管理等方面深度融合。2014 年 8 月，中央全面深化改革领导小组第四次会议通过《关于推动传统媒体和新兴媒体融合发展的指导意见》，对新形势下如何推动媒体融合发展做出明确部署。2015 年 3 月，国家新闻出版广电总局、财政部印发《关于推动传统出版和新兴出版融合发展的指导意见》，提出创新内容生产和服务、加强重点平台建设、扩展内容传播渠道、拓展新技术和新业态、完善经营管理机制、发挥市场机制作用等措施，推动传统出版与新兴出版的深度融合。①

为适应出版融合发展的大趋势，国家出版主管部门加快健全网络出版管理机制，《网络出版服务管理办法》及其配套规章和规范性文件，对网络出版业务范围做出更加明确的界定，依照图书、报刊等传统出版准入资质，严格网络出版主体资格和准入条件，加强对网络出版的管理和服务，规范出版物内容网络传播，强化监管。与此同时，根据出版物国家标准推行网络连续出版物编号管理，参考国际数字文献标识办法加强对网络出版物的管理和版权保护，营造良好的网络出版空间。

2013 年 3 月，新修订的《中华人民共和国著作权法实施条例》《信息网络传播权保护条例》《计算机软件保护条例》正式施行。新修订的三个条例根据中国经济社会文化发展的现实需要，立足于对侵权盗版行为产生强大的震慑和警示，均对行政处罚罚款数额进行了调整和修改，加大了著作权领域的行政处罚力度。而在标准建设方面，2012 年 1 月 1 日，《〈中国标准录音制品编码〉国家标准实施办法》和《音像电子出版物专用书号管理办法》实施。同年 2 月 16 日，“中国国际标准录音制品编码（ISRC）中心”揭牌，该中心是新闻出版总署批准设立的中国标准录音制品编码（GB/T 13396—2009）国家标准的执行机构，由中国版权保护中心建设和管理，具体负责录音制品和音乐录像制品的国际唯一标识符——ISRC 编码的分配、管理与维护，以及相关数据库的建立和运行维护。同年 3 月，

① 廖小刚，陈琳．高校出版社数字化发展模式研究［M］．长沙：湖南师范大学出版社，2018：161 - 165.

《出版物发行术语》正式实施。这是出版物发行领域的第一个国家标准，包括出版物发行基础术语等共450个术语。2014年2月，新版《新闻出版行业标准化管理办法》正式施行，规定新闻出版领域行业标准制定和修改实行年度立项制度。2015年，由国家新闻出版广电总局出版产品质检中心承担研制的“出版物鉴定技术标准与规范研究项目”的全部28项标准规范（包括11项国家标准、3项行业标准、14项部门规范性文件），通过国家质检总局验收。2017年1月，国家新闻出版广电总局与海关总署联合发布《出版物进口备案管理办法》，特别规定通过信息网络进口到境内的境外数字文献数据库必须由具有相关资质的出版物进口经营单位进口，并应当对其进行内容审查，分类办理进口备案和审批程序。

五、出版公共服务体系建设提质增效

为加强公共文化服务体系建设、丰富人民群众的精神文化生活，十八大以来，党和国家大力推进全民阅读和农家书屋建设，加大对实体书店的政策倾斜力度。2017年1月，国务院印发《“十三五”推进基本公共服务均等化规划》，2019年1月，国家发展改革委、中共中央宣传部等部门联合印发《加大力度推动社会领域公共服务补短板强弱项提质量促进形成强大国内市场的行动方案》，就进一步提升公共服务水平做出部署。

一是构建全民阅读工作长效机制。2006年，中共中央宣传部、新闻出版总署等部门联合发布《关于开展全民阅读活动的倡议书》。2012年，党的十八大报告首次将“开展全民阅读活动”作为社会主义文化强国建设的重要内容。2014年3月，“全民阅读”首次被写入政府工作报告，上升为国家战略。2016 年 12 月 25 日，《中华人民共和国公共文化服务保障法》出台，全民阅读有了法律护航。同年 12 月 27 日，国家新闻出版广电总局发布《全民阅读“十三五”时期发展规划》，这是我国首个国家级全民阅读规划。2017 年 6 月，国务院法制办审议并原则通过《全民阅读促进条例（草案）》，全民阅读立法步入“快车道”。在地方立法方面，四川、江苏、辽宁、湖北、深圳、黑龙江、吉林等地也发布了关于促进全民阅读的决定和发展规划。

二是推动农家书屋提质增效。2007 年 3 月，新闻出版总署会同中央文明办、国家发展改革委、科技部、民政部、财政部、农业部、国家人口和计划生育委员会联合发布了《关于印发〈‘农家书屋’工程实施意见〉的通知》，开始在全国范围内实施“农家书屋”工程。到 2012 年，全国共建成农家书屋 60 多万家，覆盖了全国有基本条件的行政村。党的十八大之后，为改进农家书屋与数字化迅猛发展之间存在的显著差距，出版管理部门对农家书屋数字化推进工作进行了一系列部署。2015 年，中共中央办公厅、国务院办公厅出台《关于加快构建现代公共文化服务体系的意见》，提出实施数字农家书屋等项目，构建互联互通的公共数字文化服务网络[①]。2019 年 2 月，中共中央宣传部等多部门联合出台《农家书屋深化改革创新 提升服务效能实施方案》，从推动农家书屋同基层图书馆互联互通、开展主题性和常态化阅读活动、加大农民群众自主选书比例、开展农村书屋数字化建设等层面推动农家书屋提质增效[②]。截至 2019 年年底，全国共建成农家书屋 58.7 万家，累计配送图书超过 12 亿册，进行数字化建

---

① 关于加快构建现代公共文化服务体系的意见［M］. 北京：人民出版社，2015：15.

② 中宣部等十部门印发《农家书屋深化改革创新 提升服务效能实施方案》［EB/OL］.（2019-03-01）［2023-10-10］. http：//www.zgnjsw.gov.cn/booksnetworks/contents/402/340555.shtml.

设的农家书屋达到12.5万家，提供数字阅读内容近百万种[①]，对于巩固农村思想文化阵地、助力乡村振兴发挥了重要作用。

三是扶持实体书店发展。为了给全民阅读提供良好的环境，各级政府还逐步加大对实体书店的扶持力度。2012年2月28日，上海市向社会发布《上海市出版物发行网点建设扶持资金管理办法》和《上海市出版物发行网点建设引导目录》，在全国率先出台实体书店扶持政策。2013年7月，财政部、国家新闻出版广电总局开展实体书店扶持试点工作，首批试点包括北京等12个城市。同年11月，扶持实体书店项目被列入中央财政文化产业发展专项资金支持范围。2016年6月，中共中央宣传部等部门出台《关于支持实体书店发展的指导意见》，提出进一步加强城乡实体书店网点建设，不断创新实体书店经营发展模式，切实推动实体书店与网络融合发展及优秀出版物供给，发挥实体书店的社会服务功能等措施[②]。此后，四川、浙江、安徽等地相继出台了《关于支持实体书店发展的实施意见》，各地还积极提供财政支持，扶助实体书店的发展。

四是用好用足文化经济政策。2013年，财政部、国家税务总局发布《关于延续宣传文化增值税和营业税优惠政策的通知》，将过去只有新华书店享受的税收优惠扩大到全行业，规定免征图书批发、零售环节的增值税，直接推动了实体书店的回暖。2013年4月，《国家税务总局关于承印境外图书增值税适用税率问题的公告》正式施行，按照公告要求，国内印刷企业承印的经新闻出版主管部门批准印刷且采用国际标准书号编序的境外图书，属于《中华人民共和国增值税暂行条例》第二条规定的“图书”，适用13%增值税税率。2014年，财政部、国家税务总局、中共中央宣传

① 张贺，张丹峰．文化更加繁荣 生活多姿多彩（大数据观察·数说全面小康）．人民日报，2021-02-15.

② 关于印发《支持实体书店发展的指导意见》的通知［EB/OL］.(2016-05-27)[2023-10-10]. https://www.nppa.gov.cn/xxfb/zcfg/gfxwj/201605/t20160527_4491.html.

部联合发布《关于继续实施文化体制改革中经营性文化事业单位转制为企业若干税收政策的通知》，明确经营性文化事业单位转制为企业，可在规定时间内继续享受相关税收优惠政策。2018 年，财政部、国家税务总局再次发布通知，对宣传文化系统继续实施增值税优惠政策。该项政策充分体现出国家对文化事业的支持，对减轻出版单位负担、提升出版单位经营活力具有重要的意义，极大改善了出版单位的“造血功能”。

第三章　全面加强党对出版工作的领导

中国共产党的领导地位，是由党的先锋队性质决定的，是在长期斗争中确立的，是历史的必然和人民的选择[①]。党对出版工作的领导作为党的事业的重要方面，伴随着我国社会主义建设和改革开放进程，也经历了建立、调整和完善的过程，成为发挥中国特色社会主义制度优势和巩固党的执政基础的重要保证。

第一节　党对出版工作的领导的历程回顾

出版是文化事业繁荣发展的重要载体和基础。加强党的领导是正确地贯彻执行党的路线、方针、政策，做好出版工作的根本保证。

---

① 中共中央组织部党建研究所．中国特色社会主义与中国共产党（修订本）[M]．北京：党建读物出版社，2011：76.

一、党的领导制度体系的确立和完善

党在事业发展及各类组织中的定性定位，是马克思主义政党理论和实践必须回答的重要问题。马克思、恩格斯指出，无产阶级政党“应该使自己的每一个支部都变成工人协会的中心和核心”[①]。列宁明确提出，无产阶级政党是工人阶级的先进的有组织的部队，是“无产者的阶级联合的最高形式”[②]。在俄国十月革命胜利以后，列宁强调“党的任务则是对所有国家机关的工作进行总的领导”[③]。中国共产党自1921年成立以来，以无产阶级先锋队和全民族先锋队为使命担当，领导中国人民取得了新民主主义革命和社会主义革命的胜利。党的一大通过了中国共产党的第一个纲领，其中明确要求地方委员会“超过十人的应设财务委员、组织委员和宣传委员各一人”[④]。在第一次国内革命战争时期，由于以陈独秀为代表的右倾机会主义错误，党放弃了对武装力量的领导权，导致了大革命失败。1927年8月1日南昌起义，中国共产党开始走上独立领导革命战争、创建人民军队和武装夺取政权的道路。同年9月秋收起义后，中国共产党实行三湾改编，创造性地提出“支部建在连上”，从组织上确立了党对军队的领导。1929年召开的古田会议通过了毛泽东起草的古田会议决议，深刻阐述了加强党的思想建设的极端重要性，全面确立了党对军队的绝对领导这一根本原则和制度。抗日战争时期，为统一领导根据地的政治、经济、军事等各项工作，1942年，中共中央政治局通过《关于统一抗日根据地党的领导及调整各组织间关

---

① 马克思，恩格斯．马克思恩格斯全集：第7卷［M］．北京：人民出版社，1959：293.

② 列宁．列宁全集：第39卷［M］．北京：人民出版社，2017：30.

③ 列宁．列宁全集：第43卷［M］．北京：人民出版社，2017：68.

④ 中共中央宣传部．中国共产党宣传工作简史：上卷［M］．北京：人民出版社，2022：21.

系的决定》，规定“党是无产阶级的先锋队和无产阶级组织的最高形式，他应该领导一切其他组织，如军队、政府与民众团体”[①]，要求各革命根据地政权、党组织均服从党中央的领导，各根据地内部的政权、民众组织等都服从党组织的领导。这个制度文件确立了实现党的领导的模式，阐释了党领导国家、领导政权的逻辑关系。

1949年中华人民共和国成立，中国共产党成为执政党。1954年9月，毛泽东在第一届全国人大一次会议上鲜明提出“领导我们事业的核心力量是中国共产党”[②]。1956年，党的八大通过了党执政后的首部党章，规定了“党是阶级的最高组织”，“必须努力在国家生活的各个方面发挥它的正确的领导作用和核心作用”[③]。在中国共产党领导下，人民代表大会制度、中国共产党领导的多党合作和政治协商制度、民族区域自治制度等基本政治制度建立起来，为以社会主义公有制（表现形式为国家所有和集体所有两种形式）为基础的经济制度奠定了基础。

党的十一届三中全会开启了改革开放新时期，形成了党在社会主义初级阶段的基本路线，确立了社会主义市场经济体制，走上了中国特色社会主义道路。党的十二大通过的新党章在“总纲”的一开头就指出中国共产党“是中国社会主义事业的领导核心”，明确“党的领导主要是政治、思想和组织的领导”[④]。在社会主义现代化建设进程中，邓小平、江泽民、胡锦涛就加强和改善党的领导做出一系列重要论述，形成了中国特色社会主义理论体系。

---

① 中共中央文献研究室，中央档案馆．建党以来重要文献选编（一九二一—一九四九）：第19册［M］．北京：中央文献出版社，2011：423.

② 中华人民共和国第一届全国人民代表大会第一次会议文件［M］．北京：人民出版社，1955：4.

③ 中共中央文献研究室．建国以来重要文献选编：第9册［M］．北京：中央文献出版社，1994：319.

④ 中共中央文献研究室．十一届三中全会以来重要文献选读：上册［M］．北京：人民出版社，1987：526-531.

党的十八大以来，以习近平为代表的中国共产党人形成了习近平新时代中国特色社会主义思想这一马克思主义中国化的最新成果。习近平总书记多次就党的领导地位和作用做出系统、全面、科学的概括。2016 年，习近平总书记在庆祝中国共产党成立 95 周年大会和纪念红军长征胜利 80 周年大会上分别指出："中国特色社会主义最本质的特征是中国共产党领导，中国特色社会主义制度的最大优势是中国共产党领导"[①]，党的领导是"中国革命、建设、改革不断取得胜利最根本的保证"[②]。在党的十九大报告中，习近平总书记进一步提出"党是最高政治领导力量"这一重大论断，强调党的政治建设的首要任务是保证全党服从中央，坚持党中央权威和集中统一领导。党的二十大报告又进一步指出："坚持党中央集中统一领导是最高政治原则"，"党的领导是全面的、系统的、整体的，必须全面、系统、整体加以落实"[③]。这些论断是对中国特色社会主义成功实践的深刻总结，突出了党的领导对党和国家事业发展的根本保证作用，是中国共产党人对马克思主义政党理论的新贡献[④]。

二、新中国成立后党领导出版工作的制度实践（1949—1978）

伴随着新中国的成立，出版管理的机构、规章制度、政策法规等逐渐步入正轨，"党""政"之间有了较为清晰的分工：党负责意识形态管理和方针、政策的制定，政府负责配合制定相关出版管理政策并在行业

① 中共中央文献研究室．习近平关于社会主义政治建设论述摘编［M］．北京：中央文献出版社，2017：34.

② 习近平．在纪念红军长征胜利 80 周年大会上的讲话［M］．北京：人民出版社，2016：19.

③ 习近平．高举中国特色社会主义伟大旗帜 为全面建设社会主义现代化国家而团结奋斗：在中国共产党第二十次全国代表大会上的报告［M］．北京：人民出版社，2022：6，64.

④ 李少军．"党是最高政治领导力量"的由来［N］．北京日报，2020-01-13.

实践中落实和实施党的各项方针政策。党的领导发挥着方向性、引领性的作用。

（一）在出版管理方面党和政府两个系统的建立

在新民主主义革命时期，中共中央宣传部具有行政管理和意识形态管理的双重职能，这也为其在新中国成立后新体制中的重要地位打下了基础。新中国成立前夕，为了统一全国出版事业，1948 年 8 月，党中央决定建立全国性出版工作领导机构。北平解放后，1949 年 2 月，党中央决定组织临时的出版委员会，首先统一领导平津及华北地区党的出版工作，并指定黄洛峰负责主持临时出版委员会的工作。临时出版委员会在中央进京之前暂时由华北局宣传部领导，同年 3 月中央进京后由中共中央宣传部领导。这个机构是新中国成立前后“我党的出版工作的领导机关”[①]。1949 年 3 月，黄洛峰拟定《出版工作计划书》及《中央出版局组织大纲》并得到中央批准。根据《出版工作计划书》，对党领导的出版事业实行有步骤的统一集中，“在出版上分成党的和国家的两个系统，在发行上创立一元化发行网，单独由国家系统的出版局负责”[②]。这是出版领域党政领导体制框架的初步设计。

1949 年 10 月中华人民共和国中央人民政府成立后，根据中国人民政治协商会议第一届全体会议通过的《中华人民共和国中央人民政府组织法》，政务院为国家政务的最高执行机关，下设政治法律委员会、财政经济委员会、文化教育委员会、人民监察委员会。四个委员会之下设部、会、院、署、行，管理各部门的国家行政事宜。委员会负有对其所属部、

① 中国出版科学研究所，中央档案馆．中华人民共和国出版史料：1［M］．北京：中国书籍出版社，1995：269.

② 同①40.

会、院、署、行和下级机关的指导责任，同时颁发决议、命令等，并审查其执行情况。[①] 据此成立的中央人民政府出版总署（见图 3－1），作为中央政府直属部门，受文化教育委员会直接指导、政务院领导，是领导全国出版事业的国家机关。与之相应的地方各级出版行政机关也迅速建立起来。1952 年中央人民政府新闻总署被撤销，该署原管监督和指导全国报纸印刷发行工作的职能划归中央人民政府出版总署负责，按照政务院规定，地方上原来的新闻和出版行政机关不再分设，大行政区设新闻出版局，重要省市人民政府设新闻出版处，旅大（今大连市）、汕头、厦门及其他国境线上新闻出版事务多的市人民政府设新闻出版室[②]。中央人民政府出版总署对于地方出版工作，只做方针政策的领导，至于地方的具体业务主要由地方出版行政机关负责[③]。1954 年，中央撤销大区一级行政机构，大区新闻出版行政机关被撤销，省、市新闻出版行政机关得到加强。同年 11 月，中央人民政府出版总署被撤销，在文化部成立出版事业管理局，各省（区、市）人民政府也将所属新闻出版处（室）归并到文化局（处），各地在文化局（处）内部设置主管出版行政业务部门的机构（上海市因情形特殊，单独设立出版行政机构）。[④]

在出版管理的国家系统建立起来后，出版管理的党的系统也经历了调整。1949 年 3 月，党的出版工作主要由设在中共中央宣传部的出版委员会及其地方组织管理。中央人民政府出版总署成立后，出版委员会整建制

① 全国人大常委会办公厅，中共中央文献研究室．人民代表大会制度重要文献选编：一 [M]. 北京：中国民主法制出版社，2015：61－66.

② 中国出版科学研究所，中央档案馆．中华人民共和国出版史料：4 [M]. 北京：中国书籍出版社，1998：55－56.

③ 中国出版科学研究所，中央档案馆．中华人民共和国出版史料：2 [M]. 北京：中国书籍出版社，1996：272.

④ 中国出版科学研究所，中央档案馆．中华人民共和国出版史料：6 [M]. 北京：中国书籍出版社，1999：613－614.

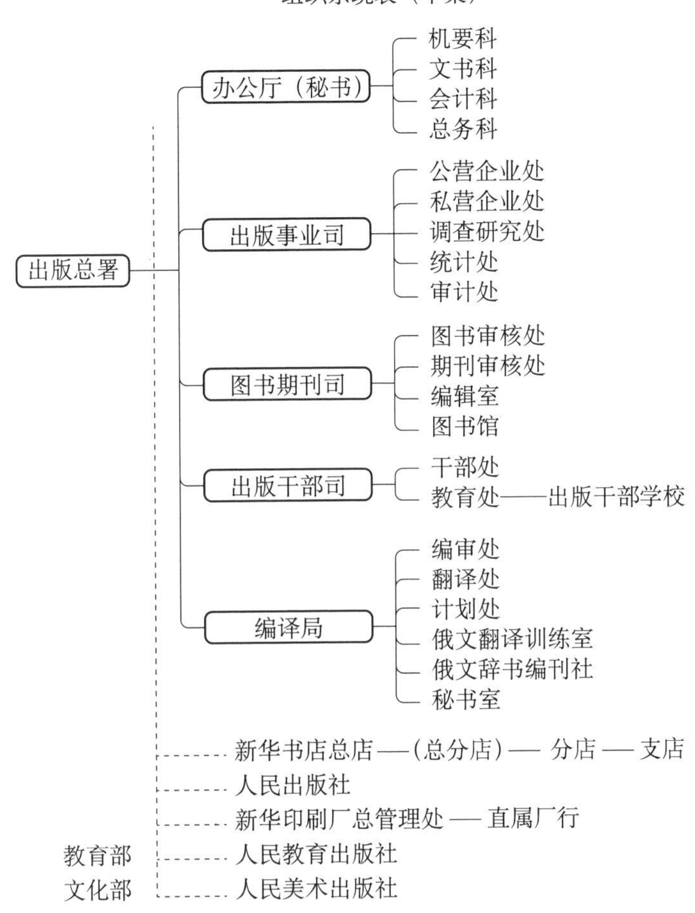

图 3-1　中央人民政府出版总署组织架构（1950 年 11 月）

划归中央人民政府出版总署。1949 年 10 月 30 日，中共中央宣传部和新华社发布《关于行政性质的决定应由政府颁布的通报》，明确“在中央人民政府成立后，凡属政府职权范围的事，应经由政府讨论决定，由政府明令颁布实施”，不再如过去那样“以中国共产党名义向人民发布行政性质的决定、决议或通知”①。1949 年 12 月，中共中央发布《关于中央政府成

① 中共中央宣传部办公厅，中央档案馆编研部．中国共产党宣传工作文献选编（1949—1956）[M]．北京：学习出版社，1996：10.

立后党的宣传部门工作问题的指示》，明确“全国的文化教育的行政工作，此后均应经由中央政府文教部门来管理”，以便党的宣传部门“集中注意于党内外的思想斗争，党的宣传鼓动工作的领导和党的文化教育政策的制定”，并强调上述工作“中央宣传部和各级宣传部长期间作得非常薄弱，是必须坚决加强的”①。这就从宏观层面明确了党和政府各自的职责。

新中国成立后形成的党政体制的一个重要制度设计，是在政权机关中设立党组，党组接受同级党委的领导，负责保证执行同级党委有关政府工作的指示和决定，政权机关中的重大问题通过党组系统向党委请示报告，由党组来保证党委决定的实施。新中国成立初期，党和国家面临严峻的国际国内形势，以及巩固新生的人民政权和恢复国民经济的双重任务，迫切需要通过宣传教育统一思想认识、凝聚核心价值，使党的方针政策深入人心，为新民主主义革命向社会主义革命转变创造良好条件。而中共中央宣传部作为党的意识形态管理部门，其中心工作和紧要任务是集中力量进行宣传领导、政治教育和党内外思想斗争。为了使中共中央宣传部从具体的行政事务中解脱出来，集中力量投入意识形态建设领域，在制度设计上就必须把具有行政性质的出版管理工作交由政府去做，由政府党组对出版管理工作进行领导与指导。为了确保一切党的政策方针都经过政府来实现，中央人民政府出版总署及各级出版行政机关都成立了党组，按照“党的当地最高机关（中央、中央局、分局、省委、市委）宣传部应领导出版部门的党组”② 的组织原则开展工作。中央人民政府出版总署在党（通过中央人民政府出版总署党组）的领导和党外民主人士的参与下，担负起管理全国出版事业的任务。对出版方面的重大问题，依照 1948 年 1 月 7 日中央

① 中国出版科学研究所，中央档案馆．中华人民共和国出版史料：1 [M]．北京：中国书籍出版社，1995：594－595.

② 同①191.

《关于建立报告制度》的指示、1948 年 3 月 25 日《中共中央关于建立报告制度的补充指示》、1948 年 6 月 5 日《中共中央关于宣传工作中请示与报告制度的规定》，以及 1948 年 9 月中央政治局通过的《中共中央关于各中央局、分局、军区、军委分会及前委会向中央请示报告制度的决议》等文件规定，经过党的系统，向中央报告和请示①。通过在国家出版行政部门设立党组和执行请示报告制度，党领导政府管理出版工作的实现路径和运行机制形成落地。

随着党和国家各项事业步入正轨，各级党委宣传部的机构和人力逐步健全和充实。1951 年 2 月出台的《中共中央关于健全各级党委宣传机构和加强党的宣传教育工作的指示》，针对党的宣传工作与政府的文教工作之间分工“混淆不清”的问题，规定了党委宣传部在群众宣传、理论教育、文化艺术、学校教育、报纸和广播、书刊出版、干部管理等七方面的任务，并要求中共中央宣传部内设与上述各项工作相应的处室，建立学校教育、出版、艺术、广播等项事业中党的统一领导。当年 11 月，中共中央宣传部由原来的 5 处 1 室增加到 18 个处室（当时的“处”相当于后来的“局”）。其中新增的“出版处”，使中共中央宣传部实现了对中央人民政府出版总署的对口管理，逐渐加强了对出版事业的领导。根据中央指示精神，中共中央宣传部在书刊出版方面的工作任务主要有 4 项：一是拟定党关于书刊出版和发行的政策或地方性的方针，并监督其实施；二是检查各种出版物的内容；三是指导公私出版机关和发行机关的全国性或地方性的工作计划；四是领导书评工作。另外，党的宣传部门会同各级组织部共同管理宣传和文化教育工作干部的任用和考察。② 从这几个方面来看，中

① 中国出版科学研究所，中央档案馆．中华人民共和国出版史料：1［M］．北京：中国书籍出版社，1995：594－595.

② 中央档案馆，中共中央文献研究室．中共中央文件选集（1949 年 10 月—1966 年 5 月）：第 5 册［M］．北京：人民出版社，2013：200.

共中央宣传部对出版工作的领导，集中体现了由行政的和组织的领导变为政治领导、思想领导和组织领导的要求。

经过1949年至1952年三年国民经济恢复时期，1953年，党在过渡时期的总路线公布，发展国民经济的第一个五年计划开始实施。大规模计划经济建设的开展，客观上要求建立与之相适应的中央高度集中的行政体制。在这一背景下，1953年，中共中央出台《关于加强中央人民政府系统各部门向中央请示报告制度及加强中央对于政府工作领导的决定（草案）》，规定政务院所属部门直接提请政务院批示或办理的事项，除例行事务外，凡属涉及方针、政策、计划的事项，均应限于中央已经讨论和决定了的问题，或是中央已经批准的计划或批准的原则范围之内的问题。[①] 这一规定，对政务院在领导国家政务方面的事权做出了限制，确立了政府部门一切问题由党委决定、政府执行的基本原则。当年11月，中共中央发布《关于加强干部管理工作的决定》，要求逐步建立党委统一领导、组织部统一管理下的“分部分级管理干部的制度”[②]，其中全国文教干部（包括出版方面的干部）的管理工作由党的各级组织部门移交给党的各级宣传部门。这个文件的颁布，被认为是实行党与政府对口设部的开端。1954年4月，中共中央发出《关于试行党的各级宣传部管理文教干部的实施方案（草案）的通知》，要求各地尽快将省市以上宣传部的干部管理机构建立起来，并根据具体情况，逐步将文教干部的管理职责交给宣传部门。[③] 1955年，中共中央宣传部出台《关于文教干部管理工作中若干具体问题的暂行规定》，规定由中共中央宣传部和各级党委宣传部负责管理全国文

① 中共中央文献研究室．建国以来重要文献选编：第4册［M］．北京：中央文献出版社，1993：67.

② 同①573.

③ 中央档案馆，中共中央文献研究室．中共中央文件选集（1949年10月—1966年5月）［M］．北京：人民出版社，2013：85.

教系统的干部，并对全国文教机关、团体的干部工作进行监督[①]。此后，中共中央宣传部和各级党委宣传部增设了管理文教系统干部的工作部门，由部长或副部长分工领导。上述制度和组织结构的一系列调整，标志着党委宣传部归口领导同级政府出版管理部门并以管理干部为主的工作制度基本形成。

在党的宣传工作机构职能从广度和深度上得到强化的同时，国家出版行政管理部门也迎来较大调整。1954 年 9 月，一届全国人大一次会议审议通过新中国的第一部宪法，在宪法框架之下制定的《中华人民共和国国务院组织法》，对国务院机构设置进行精简和合并，决定不再设中央人民政府出版总署。1954 年 11 月，国务院发出通知：将中央人民政府出版总署并入文化部，由文化部成立出版事业管理局，承担出版管理工作，凡带有方针性的重要的问题（如出版社方针任务的决定、书籍的处理等），均向文化部或经文化部向中共中央宣传部请示后处理[②]。

（二）出版行业条块管理相结合的制度实践

新中国成立后，国家在调整公私关系的基础上实行对出版业的统一管理，使一切国营出版事业（如新华书店）、公私合营出版业（如三联书店）及其他私营出版事业统一在国家领导之下。就全国范围内来说，出版书刊由中央人民政府出版总署统一领导、通盘计划，交由出版、印刷、发行机构分别执行；就各地方来说，地方党政机关在不与中央人民政府出版总署的全盘计划相抵触的条件下，分别领导所辖地区的地方出

---

① 中共中央宣传部办公厅，中央档案馆编研部．中国共产党宣传工作文献选编（1949—1956）［M］．北京：学习出版社，1996：1018－1023.

② 方厚枢，魏玉山．中国出版通史：中华人民共和国卷［M］．北京：中国书籍出版社，2008：31.

版社、印刷厂和新华书店[①]，逐步形成垂直领导与双重领导相结合的管理模式。

1. 新华书店垂直管理系统的建立和调整

在中央人民政府成立之前，新华书店是党直接领导下的兼营出版、印刷、发行的部门，各地分支店都是在各级党委的直接帮助下建立和发展起来的，相互之间在工作上和经济上都是独立的，受各地领导机关管理。新中国成立后，过去分散经营的新华书店由党营转为国营。1950年3月，中央人民政府出版总署印发《关于统一全国新华书店的决定》，按照行政部门和企业部门实行分工的原则，把出版印刷的业务从中央人民政府出版总署出版局中划出去，成立新华书店总管理处，归中央人民政府出版总署直接领导。1951年，按照出版、印刷、发行专业分工的要求，新华书店总管理处一分为三，其中新华书店总店领导全国新华书店，专营书刊发行业务，依照集中领导、分散经营的原则，对各地分支机构实行统一垂直管理，与各地分支机构在工作上是领导关系，在经济上是投资关系。同时，各地分支机构还须接受当地出版行政机关和各级党委的领导。

在全国新华书店统一集中的过程中，地方党委宣传部门对于新华书店的领导和监督主要体现在经费、干部、出版制度和领导关系等问题上。但在实际工作中，有些新华书店的总分店和分店“遇事就找它的业务系统上级，不向当地党政领导机关定期地汇报工作”。为了扭转过分强调业务系统的垂直领导而脱离各级党委领导的状况，1953年，中央人民政府出版总署将新华书店在各地的干部交由地方党政领导机关负责管理，要求各级出版行政机关和出版发行单位依靠和服从各级党委的领导，经常地报告和

---

① 中国出版科学研究所，中央档案馆. 中华人民共和国出版史料：2 [M]. 北京：中国书籍出版社，1996：330，479.

请示工作，取得党在政治上的指导和监督，以保证党的方针政策在企业中得到贯彻[①]。与此同时，中共中央宣传部进一步明确各级党委宣传部要对新华书店各级店加强领导和监督，尤其要“检查新华书店的政治工作，帮助加强对干部的政治教育和业务教育，帮助健全内部的民主生活和党的生活”[②]。

在中央人民政府出版总署被撤销以后，文化部针对管理的事业、企业过多，权限过分集中的问题，1955 年 11 月，经国务院常务会议批准出台《文化部关于文化行政部门所属文化事业领导关系的规定》，将新华书店各省、市分店及其所属支店、门市部，交由地方文化行政机关领导和管理[③]。1958 年 6 月，在各地党政机关对图书发行工作加强领导以后，新华书店企业系统的垂直领导被普遍认为已无必要，因此文化部发出《关于改变新华书店体制的通知》，该通知规定：将新华书店各省（区、市）分店彻底下放，由地方有关行政机关全权管理；新华书店总店成为文化部在京图书发行直属单位的领导管理机构和文化部指导全国图书发行工作的职能机构（相当于文化部出版事业管理局的图书发行管理处）[④]。

在新华书店省以下各级机构下放给当地党政机关领导以后，不同程度地出现了图书发行工作质量降低、企业经营混乱、作用不能充分发挥等问题。为了扭转这种局面，1962 年文化部发出《关于调整新华书店省以下

---

① 中国出版科学研究所，中央档案馆．中华人民共和国出版史料：5 [M]．北京：中国书籍出版社，1999：139，207-208，211.

② 同①358.

③ 国务院法制局，中华人民共和国法规汇编编辑委员会．中华人民共和国法规汇编（1955 年 7 月—12 月）．北京：法律出版社，1956：747.

④ 中国出版科学研究所，中央档案馆．中华人民共和国出版史料：9 [M]．北京：中国书籍出版社，2004：460-461.

各级机构管理体制的通知》，将原已下放的专县书店改为由省书店和专县的文化行政部门双重领导[①]。各地新华书店随之在各地党委和政府领导下清产核资，精简职工，撤销、合并了部分书店和门市部，多数省、自治区、直辖市将基层书店的业务领导和财务管理权，以及经理、会计和主要业务骨干的调动权收归省店。1963 年，文化部颁发《新华书店县店工作条例（试行草案）》《关于加强新华书店总店对各地新华书店业务指导的通知》，规定了必须由省店核定或审查批准的事项以及必须由省店颁发的规章制度[②]，强调了新华书店总店对各省店的指导关系。

2. 出版社的专业分工和管办系统的形成

与新华书店初期实行统一垂直管理不同的是，新中国成立后按专业分工新建的专业性和地方性的国营出版社，包括人民出版社和各地人民出版社，以及各个中央一级专业出版社，均由中央与地方分别经营。同性质的出版社，中央社和地方社一般不存在直接领导关系。从 1950 年 4 月至 1955 年 3 月，我国陆续建立了中央一级的国营和公私合营出版社 32 家，另有 27 家地方人民出版社[③]。

这一时期，中央一级出版社与所办所管部门之间的关系，随着专业分工的细化逐步得以厘清。考虑到出版社必须"受业务上直接有关的部门领导，才能够了解情况，掌握需要"，除少数没有政府业务部门领导的出版社之外，中央政府各有关部门对各个出版社的领导关系，一般"采取以业

---

① 中国出版科学研究所，中央档案馆．中华人民共和国出版史料：12［M］．北京：中国书籍出版社，2009：110.

② 同①314－326.

③ 中国出版科学研究所，中央档案馆．中华人民共和国出版史料：7［M］．北京：中国书籍出版社，2001：141.

务部门为主，以出版总署为辅的方针”[①]。这具体又可分为四类不同情况：第一类，以政府业务部门领导为主，出版行政部门为辅。如人民教育出版社由教育部领导，人民文学出版社和人民美术出版社由文化部领导，重工业出版社由重工业部领导，燃料工业出版社由中央燃料工业部领导，人民铁道出版社由铁道部领导，工人出版社由全国总工会领导，青年出版社由新民主主义青年团中央领导。对以上出版社，中央人民政府出版总署主要起辅助领导作用。第二类，实行党委宣传部、业务部门、出版行政部门分头领导。如1954年中央人民政府出版总署被撤销后成立的古籍、语文、辞书出版社，在编辑出版方针上受中共中央宣传部领导，有关业务由中国科学院指导；在行政、出版业务和企业管理上受文化部领导[②]。第三类，人民出版社和外文出版社等没有直接的政府业务部门领导的，除政治上也就是编辑工作由中共中央宣传部直接领导外，其他一切行政管理和出版、经营业务，全由中央人民政府出版总署负责领导。第四类，对公私合营出版社，实行政府主管业务部门和出版行政部门双重指导。如世界知识出版社、中华书局编辑所、商务印书馆编审部，分别由外交部，农业部、中苏友好协会，卫生部、教育部高等教育司、中国科学院等机关在编辑工作上进行指导和协助，并且由中央人民政府出版总署在出版业务上进行指导和协助。此后经过调整和整顿，新建和改造的中央一级专业出版社均实行政府主管业务部门和全国性人民团体主管，出版行政机关在出版业务上予以指导和协助的领导体制。而政府业务部门和人民团体对其所投资的出版社，“不仅应领导编辑工作，并应在财务、人事和企业经营上加以管理”[③]。

① 中国出版科学研究所，中央档案馆. 中华人民共和国出版史料：4 [M]. 北京：中国书籍出版社，1998：101.

② 中国出版科学研究所，中央档案馆. 中华人民共和国出版史料：6 [M]. 北京：中国书籍出版社，1999：515.

③ 中国出版科学研究所，中央档案馆. 中华人民共和国出版史料：5 [M]. 北京：中国书籍出版社，1999：655.

至于地方出版社，中央人民政府出版总署在1953年规定其“编辑方针、编辑计划、重要文稿的事前审查，由党委宣传部和政府机关、人民团体的各主管部门负责”①。1954年8月，中共中央宣传部发布《关于统一和加强国营、地方国营、公私合营报社、杂志社、出版社企业管理的指示》，进一步明确地方国营和公私合营的报社、杂志社和出版社的企业经营，原则上均由各级出版行政机关统一管理，同时“照顾到这些单位编辑部工作上的需要，并应接受当地党委的统一领导”②。根据这一规定，地方党委宣传部和政府机关、人民团体各主管部门对地方出版社的领导得到加强。1955年，文化部就加强党对地方人民出版社的领导提出两项措施：一是各省、市委会定期讨论出版社的工作，必要时做出改进工作的决议或指示；二是各省、市委宣传部加强对出版社的日常领导和监督，具体措施包括经常向出版社提示当前宣传工作的方针任务、审查选题计划并监督执行、检查出版物的内容和质量、加强和改善出版社的政治思想工作、不断提高出版社党和非党工作人员的政治和业务水平等。③ 在后来的实践中，一些地方反映出版社对地方党委请示报告普遍不够，而地方党委宣传部对出版社选题计划也不够重视，缺少必要监督。为了改进对出版工作的领导，文化部曾向各地推广山东省委领导出版工作的经验，其主要做法是抓住选题计划、组稿和作家关系、出版社的政治思想领导方法。④

1956年10月，中共中央、国务院发布《国务院关于改进国家行政体制的决议（草案）》，提出将中央直属的企事业单位下放给地方，出版方面

---

① 中国出版科学研究所，中央档案馆．中华人民共和国出版史料：5 [M]．北京：中国书籍出版社，1999：353.

② 中国出版科学研究所，中央档案馆．中华人民共和国出版史料：6 [M]．北京：中国书籍出版社，1999：436－437.

③ 中国出版科学研究所，中央档案馆．中华人民共和国出版史料：7 [M]．北京：中国书籍出版社，2001：173.

④ 同②582.

除全国性、实验性、示范性的由文化部主管外，其他由地方主管。1958年7月，中共中央批准文化部党组的《关于进一步改进文化工作管理体制的请示报告》，要求将事业企业单位和管理权限进一步下放，将绝大部分的文化事业交由地方政府、有关业务部门、人民团体进行管理和领导。[①]商务印书馆、中华书局、新华印刷厂等单位下放给北京市，外文出版社、国际书店、中华书局财经编辑室、地图出版社、人民美术出版社等单位交由有关部委和协会管理和领导。此后，无论是新成立的出版社还是公私合营出版社的改制，都按照专业分工确立领导关系，逐步形成中央各部委和全国性人民团体、地方新闻出版部门及其他有关部门、各高校及其上级教育部门、各科研单位及其上级机构、中国人民解放军所管所办等几大类管办系统[②]。

这一时期，出版行政管理体制呈现出如下特点：一是计划体制的弊端开始显露。随着出版印刷发行单位的不断增多，出版行政管理事项日益增加，全包式的计划管理难以对市场做出灵敏反应。二是出版管理体制不稳定。计划体制摆脱不了中央与地方难以平衡的资源配置关系，出现了“一放就乱、一乱就收、一收就死”的恶性循环。三是确立了双重领导的新华书店体制。新华书店总店不再管理全国的新华书店业务，各省级新华书店拥有所辖行政区域内新华书店的财权和主要的业务权，下辖新华书店的干部人事权归属各地文化行政部门。这一体制限制了全国出版物市场的培育和发展，导致了局部市场的垄断与分割。

（三）出版企业领导体制的探索

党的领导，党的方针政策的贯彻执行，是通过党的具体组织、党的具

---

① 中央档案馆，中共中央文献研究室．中共中央文件选集（1949年10月—1966年5月）[M]．北京：人民出版社，2013：222.

② 宋木文．亲历出版三十年：下卷 [M]．北京：商务印书馆，2007：646.

体成员从组织工作上加以保证实现的。新中国成立后，国营出版机构被定位为企业，以实行企业经营为发展方向。为了使国营出版企业更能对一般公私企业发挥领导作用，以原来解放区的人民的出版业和在国民党统治区坚持奋斗的进步的出版业为基础，着手在全国范围内组织新型社会主义出版企业网。围绕坚持党的领导这一根本要求，出版企业微观层面的体制机制建设也取得了基础性成果。

1. 实行集体领导的过渡形式

集体领导和民主集中制，是党的领导体制的基本原则。新中国成立初期，党员干部比较少，专业干部又十分缺乏，出版企业党的建设非常薄弱，甚至存在空白。1953 年，外文出版社共 435 人，其中党员仅 50 人；人民出版社共 356 人，其中党员仅 38 人，占比 10.7%[①]。1954 年，人民出版社党员人数有所增加，但也只占全社干部的 10%；11 家工业技术出版社编辑干部共 189 人，其中党员只有 13 人，一般除编辑部主要负责人外，几乎没有党员。由于党员领导干部稀缺，甚至有的单位没有配备，因此出版企业在建立集体领导制度方面，形成了一些不同模式和特点。

其一，新华书店系统设立管理委员会。1950 年 10 月，中央人民政府出版总署发布《关于国营书刊出版印刷发行企业分工专业化与调整公私关系的决定》，新华书店作为一家有垂直领导系统的全国性企业，成立了全国管理委员会。全国管理委员会属于“民主管理性质的最高会议”，包括党、行政、职工三方面的力量，总经理、副总经理为全国管理委员会正副主任委员，“凡工作计划，财务与业务计划，一切带有全面性的工作与重大措施，重要干部之配备调迁，均应在管理委员会报告并讨论决定之”。对于全国管理委员会通过之决议，“如总经理认为不适宜时，有停止执行

① 中国出版科学研究所，中央档案馆．中华人民共和国出版史料：5 [M]．北京：中国书籍出版社，1999：392，497.

之权，但须报告上级请求指示”[①]。与之相适应，华东、东北、中南、西南各大行政区总分店成立了与全国管理委员会基本精神相符的地方管理委员会，有些省的分店也成立了管理委员会，逐步建立民主管理制度，发挥集体领导作用。其间，为了健全发行工作，中共中央宣传部还曾于 1951 年推动成立各级发行委员会，“由各级党委宣传部门和政府的新闻出版行政机关领导，吸收有关方面（如书店、邮政、贸易、交通、合作等部门）的代表参加”，“审查各发行系统的发行计划，调整各发行力量之间的关系，动员和组织各种发行力量完成一定时期的政治任务”[②]。在实际运行过程中，各级发行委员会的作用普遍没有发挥出来，大多流于形式，在所谓重点发行时，还成为强迫摊派的推动者。1953 年，各级发行委员会被相继取消。

其二，国营出版社成立社务委员会。1950 年 12 月从新华书店总管理处分出来成立的人民出版社，与新华书店总店一样，是中央人民政府出版总署直属企业，以社务委员会为决策机关，设社长、副社长和社务委员，委员、社长及主要负责人由中央人民政府出版总署选派。经政务院批准，胡绳任第一任社长，华应申任副社长兼总经理，王子野任副社长兼总编辑。1953 年，《人民出版社组织条例》经中央人民政府出版总署批准后试行，设社长一人并兼任总编辑职务，设副社长若干人，另设副总编辑若干人（或由副社长兼任）。社务会议由正副社长定期召集，并邀请党、团、工会负责人或指定其他有关人员列席。比照人民出版社的组织架构，由文化部和中央人民政府出版总署共同领导的人民教育出版社、人民美术出版社也设社长、副社长和社务委员，由中央人民政府文化部、中央人民政府

① 中国出版科学研究所，中央档案馆．中华人民共和国出版史料：2 [M]. 北京：中国书籍出版社，1996：657，779-780.

② 中国出版科学研究所，中央档案馆．中华人民共和国出版史料：3 [M]. 北京：中国书籍出版社，1996：352.

出版总署提请政务院批准任命；社务委员会由社长、副社长分别兼任主委、副主委，职责是通过工作方针、计划并检查其执行情况，通过各项重要章则，通过预决算，讨论其他重大事项。社长、副社长主持全社业务[①]。

其三，公私合营出版社调整董事会人员构成。出版企业董事会一般设董事长、副董事长、董事，社长、总编辑、副总编辑，经理、副经理。在实行公私合营的过程中，对于企业管理层的人事安排大致可分为两种模式。第一种是“私＋公”模式：1954 年，商务印书馆和中华书局分别改组为公私合营的高等教育出版社、财政经济出版社（同时保留商务印书馆和中华书局的牌子），董事长由私方原任董事长担任，副董事长、社长和总编辑由公方指派，副社长、副总编辑由公私双方推任，经理由私方推任，副经理由公私双方指派和推任。第二种是“公＋私”模式：龙门联合书局改组为公私合营的科学出版社，新的董事会的董事长由公方指派，副董事长由私方推任；社长、副社长、总编辑由公方指派，副总编辑、经理、副经理分别由公私双方指派和推任[②]。此外还有一些组织构成模式，如 1955 年 8 月上海公私合营少年儿童出版社正式划归团中央书记处直接领导后，团中央派青年出版社副社长李庚为该社董事会的董事长，负责日常领导。

2. “一长制”与“党委会领导下的社长（或总编辑）负责制”

1954 年 3 月，中共中央组织部发布《关于加强党的基层组织工作调查研究的通知》，对不同部门的党的基层组织的任务、组织形式、活动方式等进行调研，要求把加强党的基层组织工作，发挥党的基层组织在企业中的政治思想领导作用，作为各级党委的经常任务。经过一段时间的充

---

① 中国出版科学研究所，中央档案馆．中华人民共和国出版史料：3 [M]. 北京：中国书籍出版社，1996：324－325.

② 中国出版科学研究所，中央档案馆．中华人民共和国出版史料：6 [M]. 北京：中国书籍出版社，1999：72，370.

实，多数出版单位建立了党的基层组织，党委宣传部又陆续调配了一批领导骨干到出版单位工作。在出版企业党的建设具备一定基础之后，文化部出版事业管理局于 1955 年对出版、印刷、发行企业进行整顿。第一，在上海、沈阳、汉口、西安、重庆等地的直属印刷厂，逐步推行“一长制”，同时将实行一长制与加强党的监督保证作用、实行民主管理结合起来①，并从工作机制上予以保证：(1) 建立和健全以党和行政领导同志为主组成的集体领导核心；(2) 加强对当地党委及文化（出版）行政机关的请示报告；(3) 在计划和各项重要措施的执行上接受企业党组织的监督。第二，对新华书店和直属出版社加强集体领导、建立健全领导核心，逐步做到企业内部重大措施均经集体讨论、取得一致意见后推行，加强干部的思想教育，健全编辑、审校、出版工作各项重要制度。在文化部领导下，人民出版社率先建立了“党内几个主要负责同志的会议制度，建立和健全核心领导”②。但由于这一时期大多数出版社是新建立起来的，缺乏领导骨干，有些甚至一直没有专职的社长和总编辑，要具备发挥党员的领导核心作用的条件，还有待时日。

1956 年党的八大通过的党章，首次强调了国有企业党组织的地位和作用，要求党的基层组织“应当领导和监督本单位的行政机构和群众组织积极地实现上级党组织和上级国家机关的决议，不断地改进本单位的工作”③。党的八大还首次提出要在国营企业实行“党委领导下的厂长负责制”。1960 年，文化部出版事业管理局起草《关于出版工作的若干规

① 中国出版科学研究所，中央档案馆．中华人民共和国出版史料：6 [M]. 北京：中国书籍出版社，1999：668.

② 中国出版科学研究所，中央档案馆．中华人民共和国出版史料：7 [M]. 北京：中国书籍出版社，2001：70.

③ 中共中央文献研究室．建国以来重要文献选编：第 9 册 [M]. 北京：中央文献出版社，1994：337.

定（草案）》，提出在出版社“实行党委会领导下的社长（或总编辑）负责制”[①]。按照这一规定要求，大多数出版社陆续建立了党组（或党委会），但仍有一些出版社没有建立党的领导核心或者党的领导核心不健全，有些规模较小的出版社，因为党员少，党的生活同别的机构在一起[②]。1962 年，文化部出版事业管理局在总结历史经验的基础上，起草了《出版社工作条例试行草案（第一次稿）》，提出实行“党委会领导下的社长（或总编辑）负责制”的方案：（1）出版社建立和健全党的领导核心（党委会、党组或分党组），研究并贯彻执行党的方针政策，保证上级指示和给予的各项任务的执行；讨论和审定出书规划和计划以及业务工作重大问题；领导全社开展思想政治工作和学习，不断提高全体工作人员的政治思想水平和业务水平；培养和挑选领导骨干和编辑人才。（2）出版社的日常工作由正副社长和正副总编辑分工负责处理，党组织（党支部）在上级党委的领导下，做好政治思想工作，保证党的方针政策的正确贯彻，保证业务工作的顺利进行。（3）加强集体领导，出版社的一切重大问题须经过充分的民主讨论，有些问题还应向上级领导机关请示报告，不能由个人决定。同时，发挥各级行政组织的作用，在社长和总编辑的领导下，定期召开社务会议、编委会或编辑工作会议[③]。以上三个方面，共同构成“党委会领导下的社长（或总编辑）负责制”的结构要素、运行机理和实现机制，是落实党的民主集中制原则、将集体领导与个人分工负责相结合的制度具体运用于出版企业的积极探索。不过，《出版社工作条例试行草案》经多次修改，最终也未能正式出台。

① 中国出版科学研究所，中央档案馆．中华人民共和国出版史料：10［M］．北京：中国书籍出版社，2005：296.

② 中国出版科学研究所，中央档案馆．中华人民共和国出版史料：11［M］．北京：中国书籍出版社，2007：216.

③ 中国出版科学研究所，中央档案馆．中华人民共和国出版史料：12［M］．北京：中国书籍出版社，2009：157－158.

1963年4月，中共中央宣传部召开全国出版工作座谈会，提出较大的出版社可以考虑实行党委会制，直属宣传部门领导。这里的党委会“不同于机关党委（日常党务工作，仍由党总支或党支部负责）”，而是作为出版社的党的领导核心，“决定出版社的出版方针和出书计划”①。这次座谈会之后，先在人民出版社进行试点设立党委会，直属中共中央宣传部领导，其行政业务和党的日常党务工作仍归文化部和文化部机关党委领导。至1965年，一些较大的出版社都组织了党委会，重大问题都经过党委会讨论决定，小的出版社也形成了由党员负责干部组成的领导核心②，充实和加强了党的力量。从文化部出版事业管理局所属18家单位来看，除了三家印刷厂的党的关系在北京市外，其余15家党的关系在文化部的单位都建立了党委会或党支部③，并且大多采取党组织书记同时兼任企业行政、业务领导职务的“一肩挑”领导体制。其中，人民出版社的党委书记、社长、总编辑由一人担任；商务印书馆实行党组织书记和总经理分设，党委书记兼任副总编，副书记兼任副总经理；人民美术出版社还配备了专职副书记，专责抓党的工作。15家单位在职能部门设置上采取多种形式（见表3-1），有的职能交叉，有的一套人马两块牌子，由于人员高度重合，因而能够充分发挥党的领导优势，团结职工完成党所交付的重大任务。但随着一些出版企业党组织的职能和权责不断扩大和强化，不可避免地导致了党委包办代替行政和生产经营工作的问题。

---

① 中国出版科学研究所，中央档案馆．中华人民共和国出版史料：12［M］．北京：中国书籍出版社，2009：283-284.

② 中国出版科学研究所，中央档案馆．中华人民共和国出版史料：13［M］．北京：中国书籍出版社，2009：298.

③ 据《文化部出版局局长陈翰伯同志向“文革”工作组介绍情况要点》，党的关系在部的15家出版系统单位共2 579人，其中党员589人，约占总人数的23%。但综合15家单位数据统计，与上述数据稍有出入。中国新闻出版研究院．中华人民共和国出版史料：14［M］．北京：中国书籍出版社，2013：3-5.

表 3-1　文化部出版事业管理局直属单位党员构成和组织结构统计表（1966 年 6 月）

	单位名称	职工人数	党员人数	党员占比	党委会	党支部	职务分工	党委办公室
1	人民出版社	254	92	36%	√	1	党委书记兼任社长、总编辑	√
2	人民文学出版社	240	60	25%	√		党委书记兼任副社长、副总编	√
3	农村读物出版社	71	31	44%		1	党支部书记兼任副社长	
4	人民美术出版社（包括荣宝斋、人民美术印刷厂）	475	104	22%	√	5	党委书记任副总编、副社长；党委副书记（副社长）专管党的工作	
5	中华书局	148	43	29%	√		党委书记	√
6	商务印书馆	195	32	16%	√	2	党委书记兼任副总编；副书记兼任副总经理	
7	新华书店总店	33	20	61%		1	党支部书记	
8	新华书店北京发行所	244	41	17%	√		党委书记兼任经理；副书记兼任副经理	√
9	新华书店外文发行所	117	25	21%		1	党支部书记兼任经理；副书记兼任副经理	
10	新华书店储运公司	329	60	18%	√	4	党委书记兼任经理；副书记兼任副经理	√
11	中国印刷公司	31	28	90%		1	党支部书记兼任印刷公司副经理，副书记兼任器材公司副经理	
12	中国印刷器材公司	18	15	83%				
13	北京印刷技术研究所	49	19	39%		1	党支部书记兼任所长；副书记兼任副所长	
14	版本图书馆	30	3	10%		1	与出版局为 1 个党支部	
15	北京纸张供应站	124	26	21%		1	党支部书记	
合计		2 358	599	25%	7	19		5

“文化大革命”开始后，一度出现“踢开党委闹革命”的无政府主义，干扰和削弱了党的领导。1967 年 6 月，中共中央宣传部被错误撤销。特别是出版社党委不能理直气壮地抓出书，有些出版社党委抓出书被指责为“出书党”“业务党”，以致一些出版社的党委不抓出书问题，不讨论出书的方针、计划，大大削弱了党对出版工作的领导①。到“文化大革命”后期，党对出版工作的领导开始逐步恢复。

三、改革开放初期党对出版工作的领导（1978—1992）

1978 年 12 月，党的十一届三中全会召开，开启了改革开放和社会主义现代化建设新时期，实现了新中国成立以来党的历史上具有深远意义的伟大转折。1979 年 3 月，邓小平发表《坚持四项基本原则》的讲话指出，实现现代化，必须在思想政治上坚持社会主义道路，坚持无产阶级专政，坚持共产党的领导，坚持马列主义、毛泽东思想这四项基本原则②。1980 年 8 月，邓小平在中央政治局扩大会议上《党和国家领导制度的改革》的讲话中指出，改革党和国家领导制度，不是要削弱党的领导、涣散党的纪律，而正是为了坚持和加强党的领导，坚持和加强党的纪律③。1981 年 6 月，党的十一届六中全会通过的《关于建国以来党的若干历史问题的决议》进一步明确四项基本原则是全党团结和全国各族人民团结的共同的政治基础，是社会主义现代化建设事业顺利进行的根本保证④，而坚持四项基本原则的核心是坚持党的领导。1982 年 12 月，新修订的《中华人民共

① 宋木文．宋木文出版文集［M］．北京：中国书籍出版社，1996：48.

② 邓小平．邓小平文选：第 2 卷［M］．北京：人民出版社，1994：164－165.

③ 同②341.

④ 中央档案馆，中共中央文献研究室．中共中央文件选集（1949 年 10 月—1966 年 5 月）［M］．北京：人民出版社，2013：50.

和国宪法》把四项基本原则写入序言并作为宪法总的指导思想。在坚持党的领导的前提下，中国共产党总结历史经验教训，着力解决党政职责不清、党委包办一切以及效率不高、机构臃肿等问题，党的执政体制发生了重大变化，党对出版工作的领导也进入了新的历史时期。

（一）党和国家出版管理机构的健全和加强

1977 年 10 月，中央决定恢复中共中央宣传部，内设出版局。出于适应改革开放和事业发展的需要，出版工作由中共中央宣传部出版局和国家出版事业管理局共同进行统一归口管理，对新闻出版事业进行全面规划和宏观调控，为新闻出版事业走向繁荣创造了条件。1980 年 6 月，中共中央书记处会议决定，在中央统一领导下，中共中央宣传部分管党中央、国务院和各省区市所属宣传文化系统中央管理的干部和专家，恢复了包括出版在内的宣传文化系统干部管理体制。1985 年，中共中央宣传部分管的属于中央管理的干部划归中共中央组织部管理，中共中央宣传部联系管理本系统领导班子和领导干部的职能有了相应调整，联系管理范围发生了变化①。1989 年 7 月，《中共中央关于加强宣传、思想工作的通知》强调，要充分发挥各级党委宣传部门的作用，增强其战斗力，中共中央宣传部作为中央在意识形态方面的综合职能部门，在中央及其宣传思想工作领导小组的领导下，负责在方针政策和宣传业务上指导中央、国务院所属的新闻、文化、出版和社会科学研究部门的工作②。1990 年 9 月，中共中央组织部、中共中央宣传部联合发出有关干部管理工作几个问题的通知，明确中央宣传文化系统的 13 家单位属中央管理干部的职务任免，由中共中央

① 中共中央宣传部．中国共产党宣传工作简史：下卷［M］．北京：人民出版社，2022：361.

② 中共中央宣传部新闻局．中国共产党新闻工作文献选编（1938—1989）［M］．北京：学习出版社，1990：160.

宣传部和中共中央组织部共同负责考察了解、提出意见，中共中央组织部上报中央审批。1991 年年初，中共中央宣传部相继发布《关于管理部分重要宣传舆论阵地领导干部的通知》《关于宣传文化系统干部管理工作几个问题的通知》，明确中央宣传文化单位的一些重要岗位和重要宣传舆论阵地的主要领导干部的任免、调动由中共中央宣传部审批。由此，中共中央宣传部联系管理中央宣传文化系统干部（包括出版方面）的体制和模式基本确立，各地党委宣传部也结合实际陆续参照实行。①

1982 年中央和国家机关机构改革，国家出版事业管理局并入文化部。机构改革后，大多数省（自治区）撤销了出版局，有些省（自治区）成立了出版管理处，由省政府授权出版总社或人民出版社，以出版管理处的名义，承担全省的出版行政管理工作②。1986 年 10 月，中央决定恢复国家出版局为国务院直属局建制，这是自 1982 年机构改革把出版局划归文化部管辖后，为加强出版工作而采取的一项重要措施。1987 年 1 月，党中央、国务院决定撤销国家出版局，成立新闻出版署（国家版权局），实施对图书、报纸、期刊、音像等出版物的统一归口管理。随后，各省、自治区、直辖市和部分计划单列市相继成立了新闻出版局。

1983 年 6 月，中共中央、国务院出台《关于加强出版工作的决定》，分析了党的十一届三中全会以来出版工作的形势，进一步明确了出版工作的性质和指导方针，以及在社会主义物质文明和精神文明建设中所担负的任务，提出了发展出版事业的各项重要措施，就进一步加强和改善党和政府对出版工作的领导做出具体规定。一是各级党委政府部门要把出版工作列入议事日程，每年至少讨论一次。二是党委宣传部门要强有力掌握出版

---

① 中共中央宣传部．中国共产党宣传工作简史：下卷［M］．北京：人民出版社，2022：410－412.

② 宋木文．宋木文出版文集［M］．北京：中国书籍出版社，1996：128.

工作的方向和方针。三是政府文化出版部门要进一步发挥主管作用：选拔有一定理论政策水平、思想作风好、熟悉业务和年富力强的干部，充实各级出版部门特别是编辑部门的领导；帮助各出版社、杂志社建立健全党的组织和编辑部；结合出版工作实际，尽快形成适应当前出版工作需要的制度和办法。四是编制出版规划，加强书评工作。五是各类出版单位合理分工和统筹安排。六是加强图书出版管理。七是建立国家出版委员会，作为政府咨询机构；发挥中国出版工作者协会等行业组织的作用。[①] 值得一提的是，为改进和加强出版工作，调动社会力量和发挥老专家的作用，根据中共中央书记处的指示，文化部党组曾设置国家出版委员会，作为文化部党组领导下的加强和改进出版工作的咨询机构，聘请出版界、学术界知名人士和专家组成，对出版方针政策的贯彻、图书出版的规划、出版体制的改革、出版法规的制定、出版队伍的建设等重大问题进行调查研究，提出建议，以帮助政府出版管理部门掌握出版方向，促进出版事业发展[②]。

随着出版事业的发展，这一时期我国版权行政管理体制和出版物市场监管体制逐步建立。1979 年 4 月，国家组织草拟版权法小组。1985 年 7 月，国务院批准建立国家版权局。1986 年，为贯彻落实《图书、期刊版权保护试行条例》，国家出版局发布《关于各省、自治区、直辖市出版局（总社）设版权管理机构的通知》，建议各省级出版局（总社）设立版权处，或在出版管理处内设专人做好所辖地区书刊版权保护工作[③]。1987 年，国务院同意新闻出版署与国家版权局一个机构两块牌子，标志着我国版权行政管理体制正式建立。1989 年 8 月底，中共中央决定

---

① 中共中央、国务院关于加强出版工作的决定［J］. 出版工作，1983（6）：3－13.

② 文化部出版事业管理局办公室．出版工作文件选编（1981—1983.12）［M］. 北京：中国 ISBN 中心，1984：553－554.

③ 新闻出版署办公室．新闻出版工作文件选编（1986—1987）［M］. 北京：中国 ISBN 中心，1988：356.

成立全国整顿清理书报刊和音像市场工作小组（后建成“全国‘扫黄打非’工作小组”），成立全国“扫黄打非”工作小组办公室，承担全国扫除“黄色”出版物、打击非法出版活动工作的组织协调和出版物市场的执法监管的职能。

（二）主管主办制度的健全完善

新中国成立后，对出版单位在中央和地方实行两级管理，一般按专业分工实行主管部门和出版管理部门双重领导，且以主管部门领导为主。1978 年 4 月，《国家计委、财政部、轻工业部、商业部、供销合作总社、国家出版局关于开展节约纸张工作的报告》提出加强书刊出版管理工作的举措：一是“建立出版社要经国家出版局研究同意，报党中央宣传部批准”；二是“出版全国性的社会科学、文艺、体育以及工、青、妇等群众教育期刊，要经党中央宣传部批准”；三是“出版全国性的自然科学和医药卫生期刊，要经国家科委批准”；四是“地方性期刊，要经省、市、自治区党委批准”①。同年 10 月，中共中央宣传部发布《关于改变期刊审批办法的通知》，对原规定的办法做出调整：凡中央有关部和国务院有关部委及其所属单位出版属于上述范围的全国性刊物，均由中央有关部和国务院有关部委负责审查批准，不必再报中共中央宣传部②。此后不久，中共中央宣传部批准国家出版事业管理局党组关于改变建立出版社审批办法的报告，根据改变期刊审批办法的精神，简化建立出版社的审批手续，由国家出版事业管理局研究同意，报中共中央宣传部备案。1985 年 8 月，中共中央宣传部下达《关于暂不审批新办报刊和出版社的通知》。随着科学

① 中国新闻出版研究院．中华人民共和国出版史料：15 [M]．北京：中国书籍出版社，2013：292.

② 同①375.

技术、文化事业的进一步发展，为贯彻执行中央关于从严控制新建出版社的指示精神，1986 年 9 月国家出版事业管理局发布《关于审批新建出版社的条件的通知》，拟定审批新建出版社的条件和办法，并报经中共中央宣传部批准，明确规定主办出版社的单位必须是党政机关和全民所有制的企事业单位。其中：(1) 建立中央一级出版社应由部委或相当于部委一级的单位申请，所办的出版社须由主管部委的负责人直接领导；(2) 建立地方出版社，应报经省、自治区、直辖市党委宣传部和省、自治区、直辖市人民政府同意，由省一级出版行政管理部门向国家出版局申请，所办的地方出版社须由省、自治区、直辖市主管厅局的负责人直接领导；(3) 高等学校新建出版社，在按上述规定办理申请时，要同时向国家教委申请，由国家教委归口，统筹提出审核名单；(4) 部队系统新建出版社，由总政治部归口审核并申请。① 1987 年，《新闻出版署关于报纸、期刊和出版社重新登记注册的通知》要求报刊和出版社重新登记注册须有“切实担负领导责任的主办单位和上级主管部门”。1988 年出台的《新闻出版署期刊管理暂行规定》和 1990 年出台的《报纸管理暂行规定》将具有能切实担负领导责任的主办单位和上级主管部门作为报刊审批的必要条件，做出初步的要求。

1993 年 6 月，新闻出版署发布《关于出版单位的主办单位和主管单位职责的暂行规定》，要求创办出版单位，必须有确定的主办单位和主管单位。主办单位是出版单位直接的上级管理单位，应由具有法人资格的单位担任。主管单位在中央应是部级（含副部级）以上单位；在省、自治区、直辖市，应是厅局级以上单位；在自治州、设县的市以及省和自治区设立的行政公署，应是局处级以上单位；在县级行政区域，应是县处级领

① 新闻出版署办公室．新闻出版工作文件选编（1986—1987）[M]. 北京：中国 ISBN 中心，1988：39 - 40.

导机关。主管单位、主办单位与出版单位之间必须是隶属关系，不能是挂靠关系。暂行规定还明确了主管主办单位的职责。至此，比较规范的主管主办的管理制度形成。[①] 1997 年 1 月，国务院发布《出版管理条例》，主管主办制度作为基本制度上升到国家法规层面，构成了有中国特色社会主义出版管理体制的基本法制框架。

（三）出版企业领导制度改革

改革开放初期，国营企业成为经济体制改革的中心环节，从扩大企业经营管理自主权入手，使企业真正成为自主经营、自负盈亏、自我约束、自我发展的市场竞争主体。在这一大背景下，党对出版企业的领导和党建工作开启了以简政放权为导向的曲折探索。

1984 年 6 月，文化部出版事业管理局召开地方出版社工作会议专题讨论出版社改革，提出要使出版社由单纯的生产型逐步转变为生产经营型，出版行政部门要做到“大的方面管住管好，小的方面放开搞活”。为了实现政企分开，逐步实现文化部出版事业管理局不直接管理企业，按照《国务院关于进一步扩大国营工业企业自主权的暂行规定》，1984 年 10 月文化部批转《关于进一步改革新华书店经营体制的若干意见》，要求新华书店总店按照“实行企业办企业，企业管企业”的原则简政放权，改变图书发行体制政企不分的状况：一是各省级书店作为经济实体，按照权放一格的精神，对所属基层书店加强领导，实行分级管理。二是各级书店实行经理负责制，根据业务需要和省级书店核定的人员编制，基层书店按照公开招考、择优录取的原则有权自己吸收人员。[②]

虽然新中国成立后出版机构被确定为企业单位，但在高度计划经济的背景下，由于生产要素都是计划的，企业产品也无法自主定价，因此，那

① 魏玉山．出版单位主管主办制度的历史发展和现实思考［J］．编辑学刊，2013（4）：15－19.

② 中国出版工作者协会．中国出版年鉴（1985）［M］．北京：商务印书馆，1985：374.

时的出版机构并非真正意义上的面向市场的企业。1960 年文化部向国务院提出将直属出版社改为事业单位，但未能获批。1983 年，国务院批准文化部出版事业管理局提交的将出版社由“企业”变为“事业单位”的报告，并于次年进一步提出“事业单位，企业化管理”的提法。具体而言，就是根据从事精神生产的事业与企业双重属性，确定出版社为事业单位，其中多数实行企业化管理，以增强出版社自我发展的能力和主动为社会服务的活力；少数不具备实行企业化管理的出版社实行事业管理，逐步由生产型向生产经营型转变，并积极创造条件争取转为企业化管理。实践证明，对出版社按其属性实行不同的经营管理方式，符合当时的实际情况，有利于推进改革和促进发展，反映了市场经济条件下出版社由“事业”向“企业”发展转化的一种过渡形态①。

在出版企事业单位微观管理方面，改革开放初期延续了之前的一元化模式，有些中央级出版社“党委书记、总编辑、社长，全是一个人担任”②。1982 年党的十二大通过新的《中国共产党章程》，总结党的建设的历史经验教训，规定民主集中制的基本原则，强调党的各级委员会实行集体领导和个人分工负责相结合的制度。1986 年 9 月，中共中央、国务院出台《全民所有制工业企业厂长工作条例》《中国共产党全民所有制工业企业基层组织工作条例》，规定企业实行生产经营管理工作厂长负责制，企业党组织重点保证监督党和国家各项方针政策的贯彻，并做好党的思想建设、组织建设和思想政治工作。1987 年 10 月，党的十三大报告提出企业党组织“不再对本单位实行‘一元化’领导，而应支持厂长、经理负起全面领导责任”③。1988 年 4 月，全国人大通过《中华人民共和国全民所有制工业企业法》，规定企业实行厂长（经理）负责制，厂长作为企业的

① 宋木文．八十后出版文存［M］．北京：商务印书馆，2013：18.
② 陈翰伯．陈翰伯出版文集［M］．北京：中国书籍出版社，1995：8.
③ 中国共产党第十三次全国代表大会文件汇编［M］．北京：人民出版社，1987：45.

法人代表，对企业的物质文明建设和精神文明建设负有全面责任[①]。该法的颁布实施，使我国企业领导体制走上法制轨道。以上文件规定的基本精神，对出版单位都是适用的。

出于适应改革形势和加强经营管理的需要，出版社领导体制改革开始启动。1980 年国家出版事业管理局出台的《出版社工作暂行条例》要求出版社实行党委领导下的社长、总编辑分工负责制，重大问题应经过党委讨论做出决定。1984 年在哈尔滨召开的全国地方出版工作会议，针对国家对出版社管得过死的状况，提出扩大出版社的自主权、实行社长负责制、编辑部实行以提高图书质量为中心的多种形式责任制、用经济手段促进精神产品的生产等改革措施。1988 年，中共中央宣传部、新闻出版署出台《出版社改革试行办法》和《关于当前出版社改革的若干意见》两个文件，对出版社内部机制改革提出原则性意见，要求由以前各出版社实行的党委领导下的社长、总编辑分工负责制逐步改为社长负责制，社长作为法人代表，"全面领导出版社的编辑工作和经营管理工作。国家规定的出版社应有的人权、财权和选题审批权，由社长行使。编辑部门和经营管理部门都对社长负责"[②]。出版社党组织起监督保证作用。

在推动实行社长负责制的同时，出版企业党组织立足于发挥保证、监督作用，将党建工作重点集中在思想政治工作和党的自身建设方面，通过经常性的思想政治工作，保证业务工作顺利进行。这在当时有利于提高出版企业的生产效率并进一步改善其经营机制，但由于出版企业具有意识形态属性和文化属性，在改革过程中如何实现社长负责制与党的领导、党建工作有机结合的问题，一时未能很好得到解决，出现了党的领导和党建工

① 张志刚，左太行．深化国有企业改革研究：社会主义市场经济与国有企业改革［M］．北京：人民出版社，2002：239.

② 中国出版工作者协会，中国出版科学研究所．中国出版年鉴（1989）［M］．北京：中国书籍出版社，1991：37.

作弱化等现象。1989 年 8 月，中共中央发布《关于加强党的建设的通知》，首次明确提出“党在企业的基层组织处于政治核心的地位”，企业实行厂长（经理）负责制，但“不能淡化基层党组织的作用，削弱党的领导”①。

四、在出版体制改革中加强党的领导（1992—2012）

1992 年 9 月，党的十四大明确我国经济体制改革的目标是建立社会主义市场经济体制。次年 11 月，党的十四届三中全会审议通过《中共中央关于建立社会主义市场经济体制若干问题的决定》，着力构筑社会主义市场经济的基本框架②。建立适应社会主义市场经济体制和精神文明建设需要、符合出版规律的管理体制和运行机制，成为这一时期出版体制改革的目标③。

（一）出版行政管理体制改革不断深化

2001 年，新闻出版署升格为正部级单位，我国出版（版权）行政管理体制正式建立起来，地方新闻出版（版权）行政管理机构建设也逐渐完善。与此同时，出版行政管理的内涵大大丰富，出版行政管理机构逐步实现了与直接管理的出版、印刷、发行企事业单位的脱钩，增加了审核互联网从事出版信息服务的报批、对互联网出版信息内容实施监督管理的职能。2008 年，国务院办公厅印发了《国家新闻出版总署（国家版权局）主要职责内设机构和人员编制规定》，标志着国家新闻出版行政管理机构改革进入了一个新的历史阶段。新“三定”理顺了新闻出版总署同有关部

---

① 中共中央文献研究室．十三大以来重要文献选编：中［M］．北京：人民出版社，1991：594-595.

② 改革开放以来历届三中全会文件汇编［M］．北京：人民出版社，2013：56-64.

③ 宋木文．宋木文出版文集［M］．北京：中国书籍出版社，1996：535.

门的职责关系，明确在出版环节对动漫进行管理，并对网络游戏的网上出版进行前置审批。同时，划入或增加以下职责：音像制品批发、零售、出租、放映以及进口管理职责，国家广播电影电视总局广播电视机构记者证的监制管理职责，对从事出版活动的民办机构进行监管的职责，对国内报刊社、通讯社分支机构和记者站、记者的监管职责，以及将“扫黄打非”职能统一至新闻出版行政部门。新“三定”在内设机构设置和管理体制上实现了重大突破，按照服务环节设置业务机构，打破了以往按照产品类型设置机构的模式，突出了产业发展、市场建设和公共服务职能；将分散的行政审批事项集中统一至新设立的综合业务司办理，率先实现了行政审批“统一办理”的目标；设立科技与数字出版司以加强对新业态的开发、应用与发展。①

总的来看，这一时期按照中央关于经济社会发展的重大决策和战略部署，出版行政体制重大改革措施顺利推进，保证和发挥了党在推动新闻出版业发展方面的主导作用。具体来说，改革的主要成效体现在以下方面：一是政府职能转变取得实质性进展，逐步与出版业的产业化、市场化方向相适应，政府、市场、企业三者的关系逐渐理顺，出版行政管理的社会管理和公共服务职能有了更加丰富的内涵。二是政府组织机构得到调整优化，与市场经济体制相适应的以宏观调控与行业管理、市场监管、社会管理和公共服务为主要职能的新闻出版行政管理机构框架初步建立。三是各级及各部门之间的职责关系逐步理顺，形成了新闻出版三级四层行政架构，事权划分趋于合理，部门间协调配合机制逐步建立。特别是文化综合执法体系逐步确立，多头执法等突出问题得到解决。四是制度化建设持续推进，行政效能明显提高，出版法制建设迈出重要步伐。

---

① 新闻出版总署机构职能做出调整 国务院下发国家新闻出版总署新“三定”规定［J］. 传媒，2008（8）：26.

（二）党对社会主义精神文明建设的领导

1993 年党的十四届三中全会通过的《中共中央关于建立社会主义市场经济体制若干问题的决定》做出了加强社会主义精神文明建设的决策部署，要求“坚持两手抓、两手都要硬”的方针，“各级党委和政府要发挥思想政治工作优势，加强对宣传思想和文化工作的领导”[①]。1996 年《中共中央关于加强社会主义精神文明建设若干重要问题的决议》提出要加快“建立起党委统一领导、党政主要领导亲自抓、各方面分工负责的领导体制和工作机制，克服在实际工作中忽视精神文明建设的现象”[②]。在加强和改善党对精神文明建设的领导方面，主要有以下具体举措：一是各级党委坚持两手抓、两手都要硬，把两个文明建设作为统一的奋斗目标，一起部署，一起落实，一起检查。二是考核评价党政领导班子和主要领导干部，既要考核其领导物质文明建设的实绩和本领，又要对其领导精神文明建设的实绩和本领做出评价。三是各级党委要切实加强对宣传思想文化工作部门和单位的领导，确保党的宣传舆论阵地被牢牢掌握在党的手里。[③]

（三）文化体制改革与出版管理体制机制创新

党的十四大之后，围绕建立与社会主义市场经济体制相适应的出版体制的目标，出版业持续深化改革，开启了市场化和产业化进程。1994 年 8 月举行的全国新闻出版局长座谈会强调，出版改革的目的是建立适应社会主义市场经济和精神文明建设要求的出版管理体制和运行机制。2001 年 8 月，中共中央办公厅、国务院办公厅转发《关于深化新闻出版广播影视业

---

① 中共中央文献研究室. 十四大以来重要文献选编：上［M］. 北京：人民出版社，1996：546.

② 中共中央文献研究室. 十四大以来重要文献选编：下［M］. 北京：人民出版社，1999：2053.

③ 同②2065.

改革的若干意见》，出版改革迈出新的步伐。2002 年党的十六大对文化建设和文化体制改革做出部署，第一次将公益性的文化事业与经营性的文化产业区分开来，推动出版单位转企改制，成为真正的市场主体。2003 年《中共中央关于完善社会主义市场经济体制若干问题的决定》提出，文化体制改革的目标是逐步建立党委领导、政府管理、行业自律、企事业单位依法运营的文化管理体制①。当年开始的全国文化体制改革试点工作，在切实转变政府职能方面推动主管部门逐步实现由办文化向管文化转变，由管微观向管宏观转变，由主要面向直属单位转向面向全社会，实行政企分开、政事分开，充分发挥政策调节、市场监管、社会管理和公共服务的职能。2005 年 12 月，中共中央、国务院印发《关于深化文化体制改革的若干意见》，对推进文化事业单位改革、深化文化企业改革、加快文化领域结构调整、培育现代文化市场体系、健全宏观管理体制、加强对文化体制改革工作的领导等做了全面部署。出版业进入转企改制、深化改革阶段。2011 年 10 月，党的十七届六中全会审议通过《中共中央关于深化文化体制改革推动社会主义文化大发展大繁荣若干重大问题的决定》，提出建设社会主义文化强国的战略任务。在这一改革进程中，出版界也出现了一些认识上的偏差，即把深化改革简单理解为产业化和市场化。随着改革的深化，人们逐步认识到，转企改制并不是也不能改变出版的基本属性，出版企业不能等同于一般工商企业，不能单纯追求利润最大化。此后，出版改革在国企改革大框架下，充分体现了文化例外要求，确立了社会效益第一、社会价值优先的经营理念，确保了社会主义先进文化前进方向。这也是出版业改革发展 40 年来所总结形成的理论成果和实践经验。

---

① 中共中央文献研究室．十六大以来重要文献选编：上［M］．北京：中央文献出版社，2005：477-478.

（四）出版企业党建工作的加强

1992年党的十四大修改的《中国共产党章程》，明确规定全民所有制企业基层党组织要切实发挥政治核心作用[①]，此后的党章修订都延续了对国有企业党组织的这一基本定位。1993年11月，党的十四届三中全会将建立现代企业制度作为国有企业改革的方向，要求实行公司制的企业按照有关法律法规建立内部组织机构，确保党组织发挥政治核心作用[②]。

这一时期，党对国有出版企业的领导和企业党建工作的目标和重点进一步明确，主要围绕坚持政治核心定位和发挥政治核心作用。1993年12月，《中华人民共和国公司法》正式颁布，要求在公司中设立中国共产党的组织、开展党的活动。1994年，《中共中央组织部关于加强股份制企业中党的工作的几点意见》印发，明确在国有控股的股份制企业中，党的基层组织必须处于政治核心地位，发挥政治核心作用[③]。1995年11月，中共中央办公厅、国务院办公厅转发《中央宣传部、国家经贸委关于加强和改进企业思想政治工作的若干意见》，要求企业从抓好基层党组织建设入手，逐步建立与社会主义市场经济体制和现代企业制度相适应、目标明确、责权分明、关系协调、渠道畅通的企业思想政治工作管理体制和运行机制，形成党委统一领导、党政共同负责、党政工团齐抓共管、以专职政工人员为骨干、职工群众广泛参与的思想政治工作的生动局面[④]。2002年，党的十六大新修订的党章，将原来的“坚持和完善厂长（经理）负责制”修改为“支持股东会、董事会、监事会和经理（厂长）依法行使职权”[⑤]，重申并强

---

① 中共中央文献研究室. 十四大以来重要文献选编：上［M］. 北京：人民出版社，1996：57-58.

② 同①525.

③ 中共中央文献研究室. 十四大以来重要文献选编：中［M］. 北京：人民出版社，1997：968.

④ 同③1580.

⑤ 中国共产党章程［M］. 北京：人民出版社，2012：22.

调了国有企业党组织的政治核心地位，要求在实践中积极探索、逐步完善企业领导制度，以改革创新精神加强企业党的建设。

随着改革不断走向深入，防范国有企业领导干部出现消极腐败和不良作风，探索党管干部、党管人才原则的实现形式，充分发挥党组织在选人用人方面的领导作用，成为推进出版企业党建的紧迫问题。1995 年，中央组织部等印发《关于加强国有企业领导班子建设的意见》，就国有企业领导干部和领导班子的管理和监督做出规定。从 2003 年开始，《中央企业负责人经营业绩考核暂行办法》《国有企业领导人员廉洁从业若干规定（试行）》《中央企业领导人员管理暂行规定》《党政主要领导干部和国有企业领导人员经济责任审计规定》等一系列法规文件相继出台，从教育、制度、监督等方面，规范国有企业领导人员管理，进一步加强党对国有出版企业的领导。

五、在全面深化改革中加强党对出版工作的全面领导（2012—2019）

党的十八大以来，全面从严治党成为新时代加强党的建设最鲜明的主题，从党和国家政策层面，将“文化强国”提到前所未有的高度，出版管理体制改革随之进入转型升级和融合发展阶段，党对出版工作的领导在改革过程中取得突破性进展。

（一）深化中央宣传口机构改革

2018 年 2 月，党的十九届三中全会审议通过《中共中央关于深化党和国家机构改革的决定》，以加强党的全面领导为统领，针对党政机构实际运行中存在的“机构重叠、职能重复、工作重合”等突出问题，对优化党的组织机构、完善坚持党的全面领导的制度做出全面部署和战略安排。在这次机构改革中，国家新闻出版广电总局的新闻出版管理职责被划入中共中央宣传部，中共中央宣传部作为党中央主管意识形态方面工作的职能部门，加挂国家新闻出版署、国家版权局等牌子，统一管理新闻出版工作，进一步明确加强归口协调、统筹工作的职能。各地在机构改革中相应将出版管理职责划入党委宣传部。这次改革适应了党的事业不断向广度拓展、向深度推进的发展趋势，充分体现了党对出版工作的高度重视和全面领导，体现了机构职能优化协同高效的要求，把党的十八大以来意识形态工作取得的认识成果、实践成果制度化体系化，完善了归口领导管理机制，为加强对出版活动的管理、发展和繁荣中国特色社会主义出版事业提供了有力保障。经过党的十九届三中全会以来从中央到地方的渐次推进，党委宣传部门站到管理一线，更加旗帜鲜明地讲政治、把方向、管导向，更好地统筹出版领域导向管理、行业监管、产业发展，切实提高出版领域治理能力和治理水平。

（二）建立健全意识形态工作责任制

意识形态工作责任制是根据《中国共产党章程》和《中国共产党宣传工作条例》等党内法规，对各级党委（党组）领导班子、领导干部承担的意识形态工作责任予以明确的党内法规制度。为加强党对意识形态工作的全面领导，2015 年 10 月，中共中央办公厅印发《党委（党组）意识形态工作责任制实施办法》，明确各级党委（党组）的责任，构建起党委（党组）意识形态工作责任体系，为新时代加强党对出版工作的全面领导提供了根本遵循。2019 年 8 月，中共中央印发《中国共产党宣传工作条例》。作为首部关于宣传工作的基础性党内法规，该条例明确了各级党委对宣传工作负有主体责任，党委宣传部是各级党委主管意识形态方面工作的职能部门和社会主义精神文明建设的牵头协调部门。[①] 党的十八届六中全会提

① 中共中央宣传部．中国共产党宣传工作简史：下卷．北京：人民出版社，2022：745－746．

出将意识形态工作责任制纳入中央巡视安排，从十八届中央第十一轮巡视开始，在中央巡视中开展意识形态工作责任制专项检查。《中国共产党党委（党组）理论学习中心组学习规则》《中国共产党巡视工作条例》等党内法规都对在巡视巡察中开展意识形态工作责任制落实情况专项检查做出了制度性安排。通过巡视巡察，各级党委（党组）和出版战线在党中央坚强领导下，落实意识形态工作责任制的思想自觉和责任担当得到了明显提升，做好出版工作的政治责任、领导责任进一步压紧压实，有力维护了意识形态安全和政治安全，推动了出版业繁荣发展。

（三）加强对全面深化文化体制改革的领导

2014 年 2 月，中央全面深化改革领导小组第二次会议通过《深化文化体制改革实施方案》，就完善文化管理体制和文化生产经营机制做出安排部署。2015 年 9 月，中共中央办公厅、国务院办公厅印发《关于推动国有文化企业把社会效益放在首位、实现社会效益和经济效益相统一的指导意见》。此后，中共中央宣传部会同有关部门积极推进国有文化企业公司制股份制改革，研究制定了《中央文化企业国有资产监督管理暂行办法》等系列文件，积极稳妥地开展上市出版公司股权激励、职业经理人、社会效益评价考核等试点工作，出台《关于加强中央文化企业负责人社会效益和经济效益综合考核的意见（试行）》。2018 年 11 月，中央全面深化改革委员会第五次会议通过《关于加强和改进出版工作的意见》。同年 12 月，《国务院办公厅关于印发文化体制改革中经营性文化事业单位转制为企业和进一步支持文化企业发展两个规定的通知》公布，对国有文化资产管理等提出有关政策措施。随着改革的不断深化，党对包括出版在内的文化体制改革逐步形成了在组织框架中党委统一领导、政府大力支持、宣传部组织协调、各部门各负其责的领导体制。

（四）坚持党的领导与完善具有文化特点的现代企业制度

新时代以来，出版体制改革在宏观上逐步完善国有资本管理制度和出资人制度，在微观上着力建立健全体现文化企业特点的现代企业制度，对党领导出版企业、出版企业党建工作提出了新的更高要求。2013 年 8 月，中共中央办公厅转发《中央组织部、国务院国资委党委关于中央企业党委在现代企业制度下充分发挥政治核心作用的意见》。2015 年 9 月，中共中央办公厅印发《关于在深化国有企业改革中坚持党的领导加强党的建设的若干意见》。2017 年 10 月，党的十九大将国有企业党委（党组）发挥领导作用写入新修订的党章，明确其领导作用的发挥主要体现在“把方向、管大局、保落实，依照规定讨论和决定企业重大事项”[①]。2018 年 10 月中共中央印发《中国共产党支部工作条例（试行）》，规定了国有和集体企业党支部发挥政治功能的内容。2019 年 4 月修订的《中国共产党党组工作条例》，以党内法规形式进一步把中管企业设立党组或党组性质的党委制度化，要求国有企业重大经营管理事项必须先经党组研究讨论，国有企业基层党的组织围绕企业生产经营开展工作。这一系列法规文件的出台和实施，为新时代国有出版企业党的建设提供了根本遵循。

随着国有出版企业股份制和公司制改革的深化，如何实现公司治理结构完善同加强党建工作有效结合，成为深化国有出版企业改革的新课题，并在实践中找到了解决的路径，那就是要把加强党的领导和完善公司治理统一起来，建设具有文化特色的现代企业制度。一是创新制度，实行“双向进入、交叉任职”的企业领导体制，即国有独资和国有控股公司的党委成员，可通过法定程序分别进入董事会、监事会和经理班子，上述机构中

① 中国共产党第十九次全国代表大会文件汇编［M］. 北京：人民出版社，2017：93.

的党员则按照有关规定进入党委会，从而将企业党组织嵌入公司治理结构中。二是体现文化特点，所有出版单位都必须设立总编辑岗位，上市出版企业建立编辑委员会制度，对出版物内容问题实行一票否决，确保正确导向。

坚持党的全面领导，是不可动摇的重大原则问题。新中国成立 70 年来党领导出版工作的实践证明，应把坚持党对出版工作的全面领导同建立现代企业制度有机结合。一方面，应从制度机制上全面加强党对各方面工作的领导，包括对企业改革发展的引领、对重大决策的参与、对重要经营管理干部的选用、对党员干部从业行为的监督、对职工群众合法权益的维护、对思想政治和企业文化的领导等；另一方面，应遵循中国共产党自身建设和活动的规律以及现代企业制度建设的运行规律，将保证企业内部生产经营的顺利运转和推动企业的改革发展作为党建工作的出发点。

第二节　坚持党对出版工作的领导的理论和制度基础

中国共产党作为长期执政的政党，通过党的组织体系，从行政机关到立法与司法机关以及军事机关、从中央到地方基层，全方位领导国家事务，执掌整个国家政权，把控国家治理的政治方向、发展理念、发展战略、制度规范和实践路径①。其中，坚持党管意识形态，牢牢掌握意识形态的领导权，既是中国共产党在领导人民取得革命、建设和改革伟大成就进程中不断发展壮大的重要经验和政治优势，也是党领导出版工作的理论和制度基础。

---

① 肖贵清，田桥．政党治理引领国家治理：中国共产党治国理政的逻辑理路［J］．山东社会科学，2017（7）：5－12．

一、党管意识形态的实践成果和独特优势

意识形态作为政治形态（上层建筑），是社会经济形态（经济基础）的反映和体现，同时又具有相对独立性。中国共产党历来重视意识形态建设工作。在新民主主义时期，中国共产党坚定地选择了马克思主义作为指导思想，用科学真理激发广大人民群众积极参加革命的理想和斗志，夺取了中国革命伟大胜利。在社会主义建设时期，中国共产党确立了社会主义意识形态的主导地位，焕发了全国人民投身社会主义事业、建设伟大祖国的热情。改革开放以来，中国共产党始终强调物质文明和精神文明“两手抓、两手都要硬”，中国特色社会主义事业不断向前推进。实践证明，高度重视意识形态工作，坚持党对意识形态工作的领导，不断改进意识形态工作的领导方式，是党的事业取得成功的重要保证。

一是确立马克思主义在意识形态领域的指导地位。中国共产党自成立之初，就是一个以马克思主义为指导思想的政党。以毛泽东为代表的共产党人将马克思主义运用至革命实践中，创造性地提出了系统的关于中国革命的科学理论和战略策略，形成了毛泽东思想这一马克思主义中国化的重大理论成果。新中国成立后，中国共产党从革命党转变为全国范围的执政党，采取了一系列卓有成效的措施，清除了旧国家在意识形态方面的设施、规范和准则，通过大规模宣传和学习马列主义和毛泽东思想，成功实现了马克思主义的指导地位在执政党和国家两个层面的并轨，把马克思主义从政党意识形态上升为国家意识形态，使之成为党、国家、人民共同的价值观念和行为准则，为我国全面进行社会主义建设奠定了思想基础①。

---

① 苏咏喜．马克思主义从政党意识形态上升为国家意识形态：1949—1956年间的历史考察．湖北行政学院学报，2018（4）：14－19.

1954年，毛泽东在第一届全国人民代表大会第一次会议上明确提出“领导我们事业的核心力量是中国共产党。指导我们思想的理论基础是马克思列宁主义”的著名论断①。此后，上述基本思想始终没有改变，奠定了我国宪法的根本精神。1966年开始的“文化大革命”在意识形态领域片面强调“以阶级斗争为纲”，混淆了人民内部矛盾与敌我矛盾，削弱了马克思主义的指导作用和影响力。改革开放初期，国家全面开展拨乱反正，重新恢复和确立了马克思主义指导地位，把党的工作重心转移到经济建设上来。党的十八大以来，国家大力推进理论创新，用马克思主义中国化的最新成果武装全党、教育人民。2019年10月，党的十九届四中全会审议通过的《中共中央关于坚持和完善中国特色社会主义制度 推进国家治理体系和治理能力现代化若干重大问题的决定》，首次对坚持和巩固马克思主义在意识形态领域的指导地位从制度层面做出安排，集中体现了党在领导文化建设的长期实践中积累的成果经验和形成的方针原则。实践证明，党之所以能够缔造新中国和领导建设现代化国家，是因为始终坚持马克思主义中国化的正确方向，坚持科学社会主义的基本原理同中国的具体实际以及时代特征相结合②。

二是建立党领导意识形态的管理体制。我们党历来高度重视对宣传思想战线的领导，将宣传思想工作摆在全局工作的重要位置。1951年1月出台的《中共中央关于在全党建立对人民群众的宣传网的决定》要求“有系统地建立对人民群众的经常性的宣传网”③，决定在全党范围内迅速建立宣传员和报告员制度，以确保宣传工作日常化、制度化。同年2月，

① 中共中央文献研究室. 建国以来重要文献选编：第5册. 北京：中央文献出版社，1993：461.

② 侯惠勤. 中国共产党在意识形态建设理论上的创新［J］. 新视野，2010（2）：4-7.

③ 中共中央文献研究室. 建国以来重要文献选编：第2册［M］. 北京：中央文献出版社，1992：2.

《中共中央关于健全各级宣传机构和加强党的宣传教育工作的指示》出台，要求系统地建立并加强党的宣传教育工作，加强和统一党对思想工作的领导①。在此后的实践中，党逐步建立并完善了党委领导意识形态工作制度的责任体系和工作机制。

改革开放以来，党进一步完善了意识形态工作领导的组织架构和管理体制。一是不断加强党对意识形态的政治领导和组织领导。坚持全党动员、通力协作搞好思想政治工作，形成“党委统一领导、党政群齐抓共管、文明委组织协调、有关部门各负其责、全社会积极参与”的领导体制和工作机制，落实物质文明和精神文明“两手抓、两手都要硬”②。二是不断改进宣传思想工作的领导和管理方式。为应对新时期宣传思想工作面临的新挑战，将宣教工作“三贴近”放在重要位置，综合运用行政、法律、经济、教育、技术等手段提高管理效能，形成大联合大宣传工作格局。三是明确提出文化体制改革的目标任务、指导思想、重要方针、政策举措等。四是坚持不懈地加强队伍建设。坚持党管干部、党管人才原则，大力推进高层次宣传文化人才队伍建设，大规模培训各级宣传干部和文化人才，为加强意识形态建设奠定坚实基础。

党的十八大以来，以习近平同志为核心的党中央提出了“巩固马克思主义在意识形态领域的指导地位，巩固全党全国人民团结奋斗的共同思想基础”③ 的新思想新观点新论断，为做好宣传工作提供了根本遵循。意识形态工作作为党的一项极端重要的工作，被摆到突出位置。党领导人民进行了具有许多新的历史特点的伟大斗争，打赢了意识形态领域的一系列重

① 中共中央文献研究室．建国以来重要文献选编：第 2 册［M］．北京：中央文献出版社，1992：75.

② 中共中央文献研究室．十六大以来重要文献选编：下［M］．北京：中央文献出版社，2008：23.

③ 习近平．习近平谈治国理政［M］．北京：外文出版社，2014：153.

大斗争，从根本上扭转了过去被动挨打的情况。2018 年，在全国宣传思想工作会议上，习近平总书记强调要“旗帜鲜明坚持党管宣传、党管意识形态”[①]，要求全党特别是宣传思想战线切实担负起“建设具有强大凝聚力和引领力的社会主义意识形态”[②] 这一战略任务。在新时代、新征程中，要继续毫不动摇地坚持党对意识形态工作的全面领导，旗帜鲜明地同各种错误思潮进行坚决斗争，通过凝聚社会共识、提升价值认同、推动文化传承，建设具有强大凝聚力和引领力的社会主义意识形态。

二、出版的意识形态属性和党性原则

列宁在 1905 年发表的《党的组织和党的出版物》一文中首次提出出版物的党性原则问题，认为“出版社和发行所、书店和阅览室、图书馆和各种书报营业所，都应当成为党的机构”[③]，为后来各国的无产阶级指明了坚持党性原则的方向和途径。出版产品与一般商品的区别，从本质上说，在于前者具有积累文化、传播知识、影响人们的精神世界和指导人们的生活实践的功能，属于精神产品的范畴，其使用价值不是满足人们的物质生活的需要，而是满足人们的精神生活的需要。从这个角度看，出版产品的生产和流通，属于意识形态和上层建筑范畴，具有鲜明的阶级性和党性。意识形态属性是中国出版业的行业基本特性[④]，这一基本特性决定了出版业必须在中国共产党领导下，坚持为社会主义服务、为人民服务的方针，坚持社会效益第一的原则。

首先，建设具有强大凝聚力和引领力的社会主义意识形态，是出版业

---

① 习近平．习近平谈治国理政：第 3 卷［M］．北京：外文出版社，2020：314.

② 同①312.

③ 列宁．列宁全集：第 12 卷．北京：人民出版社，2017：94.

④ 王建辉．加深对现阶段出版事业基本属性的认识．中国编辑，2003（3）：13－17.

必须担负起的根本任务。出版业是中国特色社会主义的重要组成部分，是社会主义意识形态的组成部分，是党的宣传思想文化工作的重要组成部分，担负的职责使命是宣传党的路线和各项方针政策，传播有利于中国特色社会主义建设的科学文化知识。中国共产党历来重视出版工作，强调要用马克思主义占领出版阵地，2013 年 8 月，习近平总书记在全国宣传思想工作会议上强调了包括出版在内的意识形态工作的重要性："既要切实做好中心工作、为意识形态工作提供坚实物质基础，又要切实做好意识形态工作、为中心工作提供有力保障"①。2016 年 2 月，在党的新闻舆论工作座谈会上的讲话中，他着重论述了党的新闻舆论工作的重要性②。习近平总书记把"巩固马克思主义在意识形态领域的指导地位，巩固全党全国人民团结奋斗的共同思想基础"③ 作为宣传思想工作的根本任务提了出来，揭示了出版工作的根本出发点和落脚点为建设具有强大凝聚力和引领力的社会主义意识形态。

其次，出版工作坚持党性原则是巩固扩大意识形态阵地的根本要求。我国国有出版企业由党和国家主办，是党和国家的宣传阵地，是国家政治安全、文化安全的前沿阵地。如果丢失这一意识形态阵地，就将给党和人民的事业带来巨大的危险和灾难，这方面有许多历史经验和教训。对此，习近平总书记强调，在继续推进文化体制改革、推动事业产业繁荣发展、建设社会主义文化强国的过程中，要"始终坚持社会主义先进文化前进方向，始终把社会效益放在首位。无论改什么、怎么改，导向不能改，阵地不能丢"④。他同时指出，巩固和扩大意识形态主阵地，关键是做到"四

---

① 中共中央文献研究室．习近平关于社会主义文化建设论述摘编［M］．北京：中央文献出版社，2017：21.

② 同①38.

③ 同①22.

④ 同①185.

个牢牢坚持”，即牢牢坚持党性原则、牢牢坚持马克思主义新闻观、牢牢坚持正确舆论导向、牢牢坚持正面宣传为主。

最后，坚持党性原则体现在出版工作的各个环节。党性原则是意识形态工作的根本原则，出版工作坚持和贯彻党性原则，主要体现在以下几个层面：一是坚持正确方向。这个方向就是为社会主义服务，为人民服务。出版物的内容具有意识形态属性，出版业承担着引导舆论、传播真理、资政育人的意识形态功能，必须坚持党对出版工作的领导，坚持正确政治方向、出版导向、价值取向，始终坚持以马克思主义为指导，围绕党和国家的中心工作，服务于党和国家的发展大局，贯彻落实党和国家不同时期的出版方针和政策及对出版工作所做出的指示和决议，传播正能量、弘扬主旋律，为开创新局面提供强大的思想保证、精神动力和文化条件。二是用习近平新时代中国特色社会主义思想统领出版工作，充分认识出版业在弘扬先进文化和增强人民精神力量等方面所发挥的重要作用，自觉用这个科学的思想体系来指导出版业的发展。三是加强出版活动与出版物市场的社会监管。出版的意识形态属性，决定了出版管理的特殊性，与一般产业相比，出版在产业规范、准入制度和监管方式等方面都有所不同。要直面党的意识形态安全和国家文化安全面临的诸多挑战，创新管理手段，让出版活动在社会主义法制轨道上运行，在法律法规许可的范围内进行，在党的宣传纪律范围内展开。

三、牢牢把握党对出版工作的领导权

我国出版业是中国共产党领导的各项事业的组成部分，必须不断加强而不能丝毫淡化和削弱党的领导。习近平总书记指出，意识形态工作的领导权、管理权和话语权“任何时候都不能旁落，否则就要犯无可挽回的历史性错误”①。只有坚持党的领导，才能保证出版工作的社会主义性质和社会主义方向，才能保证出版工作更好地完成“两个巩固”的根本任务。

坚持党对出版事业的全面领导，必须努力打造一支政治过硬的出版工作队伍。贯彻落实党的指导思想、基本路线、方针政策，坚守社会主义出版阵地，实现多出好书、不出坏书的目标，都要依靠出版工作队伍。这就要求进一步提高出版队伍的政治素质、道德素质和业务素质，其中首要的是提高政治素质，出版从业人员必须有良好的政治素质、政治意识、大局意识、责任意识和坚定的信仰、信念，特别是对中国特色社会主义道路、理论、制度、文化的自信。

坚持党对出版事业的全面领导，关键是加强出版部门各级领导班子的建设，确保出版工作领导权被牢牢掌握在忠于党、忠于人民、忠于马克思主义的人手里。新中国成立 70 年来出版业发展的实践证明，忠于党、忠于人民、忠于马克思主义的领导集体，能够带领广大出版工作者贯彻执行党的各项路线方针政策，坚守社会主义出版阵地；反之，则会背离出版工作的政治方向。因此，在出版实践中，加强出版单位领导班子建设显得尤其重要。

牢牢掌握党对出版工作的领导权，最根本的是要坚持正确的政治方向，自觉运用科学理论旗帜鲜明地同各种错误思潮做斗争，提高对错误思潮的剖析与批判能力，提高对非主流意识形态的引导和规范能力；在涉及原则的大是大非问题上一定要有坚定的立场，既要敢于亮剑发声又要善于释疑解惑；加强对重大问题的分析研判和对战略性任务的统筹指导，把党的全面领导贯穿于出版工作全过程。

---

① 中共中央文献研究室．习近平关于社会主义文化建设论述摘编［M］．北京：中央文献出版社，2017：21.

第三节　加强党对出版工作的全面领导

中国共产党的领导，是中国特色社会主义最本质的特征，是中国特色社会主义制度的最大优势。经过党的十八大以来的不懈努力，坚持党的全面领导的意识得到切实加强。同时，“我们也要看到，一到具体工作中，有的地方和单位就落虚落空了”①。新时代加强党对出版工作的全面领导，必须不断完善党领导出版工作的体制机制，提高党领导出版工作的能力和水平，把党的领导落实到出版工作的各方面、各领域、各环节。

一、党委要把出版工作作为落实意识形态责任制的重要内容

建立健全意识形态工作责任制，是坚持全面从严治党、落实党管意识形态原则的重要制度安排，是新时代意识形态工作的重大创新②。各级党委（党组）应当把出版工作纳入落实意识形态工作责任制的重要内容，对本地区、本部门的出版工作承担全面领导责任，党委（党组）主要负责同志应带头把方向、抓导向、管阵地、强队伍，旗帜鲜明地坚持党管出版，加强对出版领域重大问题的分析研判和重大任务的统筹指导，推动重大部署、重要任务的落实。建立党委宣传部门牵头负责的工作机制，以党的政治建设为统领，负责统筹协调本地区、本部门、本单位的出版工作，加强信息共享与协同配合，形成工作合力。

一是认真贯彻落实党中央及上级党委的决策部署和指示精神，统筹协调本地区、本部门、本单位在出版行政管理、行业管理、社会管理中落实

① 习近平．习近平谈治国理政：第3卷［M］．北京：外文出版社，2020：94.

② 中共中央宣传部干部局．新时代宣传思想工作［M］．北京：学习出版社，2020：268.

意识形态工作责任制，形成党委统一领导、党政齐抓共管、宣传部门组织协调、有关部门分工负责的工作格局。加强组织领导和统筹协调，破除一些地方、部门和单位把出版工作的意识形态要求当成软任务、软指标，甚至当成宣传部门一家之事的错误思想①。

二是将把握导向、丰富内容、提高质量放在重要位置，始终坚持社会主义先进文化前进方向，把社会效益放在首位，确保导向不能改、阵地不能丢。党委宣传部门应发挥牵头作用，有关部门和群团组织等积极参与、密切配合，建立健全重大舆情会商研判机制，在重大事项决策、宣传内容把控方面发挥党组织的决定性作用，牢牢掌握出版工作领导权、管理权、话语权。对政治性、原则性、导向性问题要旗帜鲜明、敢抓敢管，确保出版工作始终坚持正确方向。建立健全意识形态安全预警监测机制，加强对重要节点和重大事项的监测，查找风险隐患和薄弱环节，做到防患于未然。

三是严格落实主管主办和属地管理制度。主管主办单位对本单位主管主办的出版单位担负领导和管理责任，应按照“谁主管、谁负责”“谁主办、谁负责”原则，充分认识出版单位的意识形态阵地属性，切实负起政治责任、领导责任，指派专人和专门机构负责对所属所办出版单位的内容导向、出版质量、经营发展、队伍建设等情况进行指导、检查和管理，负责监督和推动出版单位贯彻落实党的路线方针政策，遵守国家法律法规和党的宣传纪律，加强对所属出版单位领导班子特别是主要负责人的监督考核，以及对重大事项和重点出版物的指导把关，及时研判处置重要问题，做好出版单位重大资产管理事项、社会效益评价考核等工作，对出版单位高质量发展提供支持，切实把管导向、管干部、管大事、管资产的职责落

① 中共中央宣传部干部局．新时代宣传思想工作［M］．北京：学习出版社，2020：269－270．

到实处。

四是各地出版管理部门对本行政区域内的出版活动和出版物市场负有指导、协调和管理的重要职责，落实和强化主管主办和属地管理原则，推动本地区出版单位加强党的建设，健全完善各项工作机制，把好方向导向，确保党的意志和主张贯彻到出版工作各方面和全过程，确保出版事业始终沿着正确的政治方向前进。按照新形势下宣传思想工作队伍建设总要求，加强出版战线领导班子建设和干部队伍建设，加强学习教育和培训，与出版单位的主管主办单位加强工作和信息沟通，及时会商、研判和应对苗头性、倾向性问题和重大舆情，形成工作合力。坚持依法依规严格管理，统筹做好事前、事中、事后监管，不断优化出版业的发展环境。

二、在出版领域全面贯彻落实党的各项路线方针政策

党管出版是我们党的传统和政治优势，其基本内涵是：党就出版工作做出指示和决议；出版系统的党组织和党员，特别是党员领导干部研究并贯彻执行党的方针政策，保证执行上级的指示和完成各项任务。中国特色社会主义进入新时代，包括出版在内的宣传思想文化工作的环境、对象、范围、方式发生了很大变化，但“两个巩固”的根本任务没有变。“举旗帜、聚民心、育新人、兴文化、展形象”，不仅体现了党的历史担当和奋斗目标的内在要求，也揭示了出版工作的职责使命。

一是切实把思想和认识统一到党中央决策部署上来。从意识形态领域的形势来看，其在总体保持向上向好态势的同时，面临的风险挑战依然严峻，把意识形态领域已有的良好态势继续守住，把扩大了的阵地继续拓展，成为出版战线的首要任务。从精神文化产品的创作生产来看，中国特色社会主义文化大发展大繁荣，产生了大量脍炙人口的优秀作品，但还存

在着有数量缺质量、有高原缺高峰的现象，警示我们“不能在市场经济大潮中迷失方向，不能在为什么人的问题上发生偏差”[①]。从出版业发展来看，通过不断深化改革，解放和发展出版生产力，出版产业整体规模和实力不断壮大，市场主体迅速成长并积极参与国际竞争，推出了一大批精品力作，实现了社会效益和经济效益同步提升。与此同时，国有资本运行效率和企业内部经营管理问题没有得到很好解决，出版企业的品牌意识和品牌建设有待加强；相关的体制机制和配套政策措施的落实还没有到位，在社会效益的体现上缺少有效的制度保障，导致部分单位和个人将经济效益置于社会效益之上，把经济效益当作硬指标，把社会效益当作软指标。另外，过去的出版单位大多是国有企业，被纳入党委和政府管理体制，而随着产业化和信息化浪潮推进，民营资本以及境外资本在新兴出版传媒企业中所占比重不断加大，迫切需要创新管理方式，加快构建把社会效益放在首位、确保“两个效益”相统一的体制机制，确保党对出版业的领导权。

二是推动出版业把坚持正确政治方向贯彻到谋划重大战略、制定重大政策、部署重大任务、推进重大工作的实践中去，经常对表对标，及时校准偏差，坚决纠正偏离和违背党的政治方向的行为，确保出版事业始终沿着正确政治方向发展。出版是政治性、政策性很强的工作，讲政治是第一位的，要求出版工作者牢记初心使命，回答好“为了谁、依靠谁、我是谁”这个根本问题，自觉加强理论学习和实践锻炼，使自己的政治素养与担负的岗位职责相匹配，更好地把政治导向、政治要求落实到业务工作中。从宏观上说，是要注重党性修养，增强政治意识和政治觉悟，不断提高政治判断力、政治领悟力和政治执行力，坚持以马克思主义为指导，坚决同党中央保持高度一致，坚决维护中央权威。这是党性原则的根本体现。从微观上说，是要积极探索、认知和遵循出版生产、流通和营销规

① 中共中央文献研究室．十八大以来重要文献选编：中［M］．北京：中央文献出版社，2016：124.

律，把党性原则落实到出版工作各个方面和各个环节，守住出版这块意识形态阵地。

三是加强对非公有资本进入出版传媒领域的正确引导和规范管理，切实提升监管能力，有力遏制资本违规行为，有效防止资本无序扩张，不断巩固党对传媒的领导权和主导权。站在加强党的领导、提高党的执政能力、维护国家安全的高度，全面梳理传媒领域的各种业务，制定禁止和限制目录，建立清单管理制度，严格限定非公有资本进入传媒领域的业务边界。对从事限制目录中所列业务的传媒企业，国有传媒文化资本应掌握对内容导向的实际控制权。严格许可管理、强化安全审查、实施人员准入、加强日常监管，综合运用经济、法律、行政、技术等多种手段，把管内容、管行为、管主体统一起来。完善事前把关、事中处置、事后惩戒的全流程管理链条。

四是出版企业加强集体领导。出版企业党组织的核心任务是把方向、管大局、保落实。所谓“把方向”，就是始终同党中央保持高度一致，贯彻党的各项路线方针政策，确保企业改革发展的正确方向；所谓“管大局”，就是围绕中心工作，加强集体领导、提升决策水平，确保企业全面履行经济、政治和社会责任；所谓“保落实”，就是加强干部管理、建强领导班子，汇聚各方人才、建强工作队伍，凝心聚力推动企业的中心工作，不折不扣地落实党中央精神和上级部署。①

三、建立健全把社会效益放在首位、社会效益和经济效益相统一的体制机制

出版活动是精神生产与物质生产的结合，出版物兼具精神产品和物质

① 习近平．习近平谈治国理政：第2卷［M］．北京：外文出版社，2017：176.

产品双重特性，如何处理社会效益与经济效益的关系，是出版行业带有根本性、方向性、全局性的重大问题。从改革开放以来的出版实践看，能否正确处理二者关系是能否保证出版发展的关键。尤其随着出版体制改革的推进，忽视社会主义精神文明建设的特点和规律、迷信市场的思想在出版领域一度蔓延，混淆出版事业与出版产业之间的界限、一味追求经济效益而忽视出版本身的意识形态属性的言行屡屡出现，有的出版单位为了追求经济利益而买卖书号，出版一些公然宣扬西方错误思潮、诋毁党的历史、攻击党和政府的书籍，以及一些低俗、媚俗、恶俗的出版产品，造成了极其恶劣的影响。党的十八大以来，以习近平新时代中国特色社会主义思想为指导，出版战线遵循社会主义市场经济规律和文化产品生产传播规律，把握行业自身的特殊属性，把社会效益第一、社会价值优先的要求落到实处，努力实现高质量发展。2015 年，中共中央办公厅、国务院办公厅出台《关于推动国有文化企业把社会效益放在首位、实现社会效益和经济效益相统一的指导意见》，首次以中央文件形式对两个效益相统一提出全面要求，将长期以来的原则性要求转化为刚性制度。2019 年，党的十九届四中全会将建立健全双效统一的体制机制进一步上升为党和国家的重大制度安排。

其一，在宏观体制改革方面，重点是完善党委和政府监管有机结合、宣传部门有效主导、管人管事管资产管导向相统一的国有文化资产管理体制机制；推动主管主办制度与国有资产出资人制度有机衔接，确保在正确经营方向引导下实现企业资产保值增值；推进国有文化资本授权经营，统筹考虑两个效益相统一的要求，提高资本配置和运营效率。其二，统一对出版企业的导向标准和管理尺度，探索建立国有出版企业社会责任报告制度和行业自律制度，新媒体领域和民营出版企业也要按照党管媒体原则被纳入管理范围。其三，完善国有出版企业社会效益评价考核机制。2018

年 12 月，中共中央宣传部出台《图书出版单位社会效益评价考核试行办法》，使图书出版单位的社会效益要求得以有效落地。其四，完善以高质量发展为导向的文化经济政策。党的十六大以来，中央和有关部门出台了 30 多项文件，初步形成了文化经济政策体系框架，其关键是把政策用好用足，保证出版企业和职工合理的经济利益，以增强其追求社会效益最大化的自觉性。其五，着力打造讲政治、守纪律、会经营、善管理、有文化的出版人才队伍，坚持党管干部、党管人才原则，建立企业管理人员分类分层管理制度、履行社会效益责任追究制度以及具有文化企业特点的人才评价考核制度，完善职业资格制度，切实提高从业人员素质①。

面对出版市场竞争日趋激烈、出版体制改革不断深化、高新技术加快应用、出版国际交流逐步深化的形势，既应坚持行之有效的管理方式和手段，又应根据新情况新问题不断加以改进完善，创新管理方式和手段，提升管理效能。要健全出版物内容导向管理制度，把内容导向要求落实到出版全过程。各级出版管理部门、主管主办单位和出版单位应提高政治敏锐性、增强政治鉴别力，加强对选题、内容、作品基调的政治和政策把关，严格落实“三审三校”制度、重大选题备案制度，不给错误思想观点提供传播渠道。具体来说，就是要落实好一批基本工作机制：一是沟通引导机制，完善出版通气会、谈话等制度，及时传达中央要求，通报和分析值得注意的问题。二是舆情收集机制，及时掌握分析相关出版信息，增强预见性、主动性。三是日常检查机制，健全审读、质量检查等工作机制，推动关口前移，及时发现和处置倾向性苗头性问题。四是社会监督机制，发挥行业协会、各界人士等的监督作用。五是奖惩激励机制，表彰奖励优秀出

---

① 中共中央办公厅国务院办公厅印发关于推动国有文化企业把社会效益放在首位、实现社会效益和经济效益相统一的指导意见 [N]. 人民日报，2015-09-15 (6).

版单位、优秀出版工作者和优秀出版物，依法依规对违规行为和非法出版活动进行查处。

加强出版准入退出机制建设，将出版准入作为加强意识形态阵地管理的重要组成部分，依法科学设定审批准入条件，完善审批准入审核依据和标准，创新审批准入方式方法，实现资质准入的事前审批与事中事后监督管理有效对接和密切联动。在出版准入中，重点加强对拟任主管主办单位及出版单位资质条件的审核把关。严格执行出版年度核验制度，加强出版物出版秩序管理。牢牢掌握出版单位出版的主导权，严格执行编辑审校制度和出版规范，严格规范出版单位和民营机构的策划、发行等合作行为，严格引进版权的内容审核，坚决防止有害或不良出版物入境传播。完善版权保护工作体系，形成多部门分工合作、联合行动的打击侵权盗版工作格局，充分调动发挥行业组织、版权企业参与版权保护工作的积极性，营造尊重知识、崇尚创新、诚信守法的良好社会风尚①。

四、在出版社会组织建设中发挥党建引领作用

以提升组织力为重点，突出政治功能，不断加强出版业党组织体系建设、基层党组织战斗堡垒作用和党员先锋模范作用。

一是出版行业群团组织、社会组织设立党委（党组），接受党委统一领导，确保党的方针政策和决策部署得到贯彻落实。二是将坚持党的全面领导的要求，载入出版社会组织的章程，从制度层面确保党对出版社会组织实施领导。三是加强出版领域社会组织的基层党建工作，把党在出版行业协会的基层组织建设成坚强的战斗堡垒。

---

① 中共中央宣传部干部局．新时代宣传思想工作［M］．北京：学习出版社，2020：89－91．

五、加强党在微观出版单位的监督保障

从微观层面看，党对出版企业的领导的实现方式，是在出版企业建立健全党的组织机构，明确党组织在决策、执行、监督各环节的职责权限和工作方式。出版企业作为建设社会主义先进文化的重要力量，应继续推动已转企的出版单位加快建立有文化特色的现代企业制度，把党的领导体现到经营理念、治理结构、内容审核、绩效考核等各个环节。

一是建立党委领导与法人治理结构相结合的管理模式。按照中央关于国有出版企业开展规范的公司制改革的有关部署，推动党委领导与法人治理结构相结合，建立符合现代企业制度要求且体现文化企业特点的资产组织形式和经营管理模式。在组织架构上，按照“双向进入、交叉任职”的要求[①]，企业党委成员进入董事会、监事会和经营管理层，党委书记兼任董事长，确保党委对出版导向、重要人事和资产配置的决策权，确保党委决定在企业运营和管理中得到贯彻。健全以内容生产为中心的运营机制，出版集团和上市公司建立健全编辑委员会，设置总编辑，统筹重大选题策划、重点产品生产以及对内容的终审把关。在决策程序上，体现集体领导原则，在决策重大问题时设置党组织研究讨论作为前置程序，发挥出版企业党组织的领导核心作用，其具体表现就是把方向、管大局和保落实。

二是健全出版企业党建工作机构。发挥出版企业党组织的领导核心和政治核心作用，把提高企业效益、增强竞争实力、实现国有资产保值增值作为工作的出发点和落脚点；发挥基层党支部的战斗堡垒作用，加强支部标准化、规范化建设，为做强做优做大国有企业提供坚强的组织保证；落

---

① 中共中央办公厅国务院办公厅印发关于推动国有文化企业把社会效益放在首位、实现社会效益和经济效益相统一的指导意见［N］. 人民日报，2015-09-15（6）.

实党风廉政建设责任制，制定主体责任和监督责任办法，健全企业反腐倡廉工作体系；落实管党治党责任，切实提高出版企业党建工作水平。

三是加强出版企业党员队伍和职工队伍建设。新时代赋予了出版工作更重要的使命职责，也对出版人才队伍提出了更高要求。党组织要切实发挥对国有出版企业选人用人的领导把关作用，打造高素质领导干部队伍。按照增强脚力、眼力、脑力、笔力的要求，打造一支政治过硬、本领高强、求实创新、能打胜仗的专业队伍，为出版业繁荣健康发展提供强有力的人才支撑。深入开展马克思主义出版理论教育，在全行业大力弘扬精益求精的“工匠精神”，既要以专门家的标准提高专业素养和专业能力，又要以实干家的标准推进工作，真正把两个效益相统一的要求落实到精品力作的创作生产过程中。加强职业资格管理和继续教育工作，对在各类出版单位从事出版专业技术工作的人员实行职业资格制度，对职业资格实行登记注册管理。执行出版单位负责人持证上岗制度，进一步完善出版专业技术人员继续教育相关规定，从政治素养、专业知识、业务技能、职业道德等方面加强培训，进一步提升出版队伍的整体能力水平。

第四章　不断改革和完善出版行政管理体制

广义的行政管理是指一切社会组织、团体对有关事务的治理、管理和执行的社会活动，也指国家政治目标的执行，包括立法、行政、司法等。狭义的行政管理是指国家行政机关（即政府机关）对社会公共事务的管理。新中国成立 70 年来，虽然行政管理体制几经变迁，但它长期在我国的出版管理中具有重要地位，在贯彻执行党的出版方针政策的层面扮演主要角色。

第一节　出版行政管理体制沿革

一、新中国成立初期的出版行政管理体制（1949—1956）

新中国成立初期，即新民主主义社会向社会主义社会过渡时期，是我国社会主义出版体制的奠基时期。

（一）全国出版行政管理体制的确立与沿革

1. 成立中央人民政府出版总署

首先是在国家层面建立出版行政管理机构。新中国成立后，根据《中华人民共和国中央人民政府组织法》的规定，政务院下设中央人民政府新闻总署、中央人民政府出版总署。中央人民政府出版总署由原属华北人民政府教育部的教科书编审委员会、原属中共中央宣传部的出版委员会及新华书店编辑部组合而成，并任命胡愈之为中央人民政府出版总署署长，叶圣陶、周建人为副署长，在署长、副署长之下设办公厅、编审局、翻译局及出版局，其中出版局主管书刊的出版并领导全国新华书店的出版和发行工作，同时领导出版局所辖属的印刷及印刷器材等机构。中央人民政府出版总署的主要业务为：建立及经营国家出版、印刷、发行事业；掌握国家出版物的编辑、翻译及审订工作；联系或指导全国各方面的编译出版工作，调整公营、公私合营及私营出版事业的相互关系。[①]

1950年10月28日出台的《政务院关于改进和发展全国出版事业的指示》中明确：中央人民政府出版总署是中央人民政府负责指导和管理全国出版事业的总机关；中央人民政府出版总署应当按时提出全国出版事业的总方针，以利各公私营书刊出版、发行、印刷机构在统一的方针下分工合作[②]。

1950年11月，中央人民政府出版总署根据政务院的指示要求和一年来的工作实践，决定将原有的一厅三局，改为一厅、三司、一局。所有直

---

① 中国出版科学研究所，中央档案馆．中华人民共和国出版史料：1［M］．北京：中国书籍出版社，1995：506－507.

② 中国出版科学研究所，中央档案馆．中华人民共和国出版史料：2［M］．北京：中国书籍出版社，1996：642.

属单位，也依分工专业化的原则予以改组。改制后办公厅仍旧，取消编审、出版两局，改设出版事业司、图书期刊司、出版干部司。翻译局改名为编译局，为事业单位。[①]

1951 年 12 月 7 日，政务院发布《关于调整机构紧缩编制的决定》，撤销中央人民政府新闻总署（1952 年正式撤销）。原属中央人民政府新闻总署办公厅主管的报业管理工作归并中央人民政府出版总署。原属国际新闻局的对外宣传和出版等工作，另设外文出版社负责办理，归并中央人民政府出版总署。原属新闻摄影局的画报工作，归并中央人民政府出版总署直属的人民美术出版社。原办公厅报业管理工作，归并中央人民政府出版总署管理。1952 年 4 月，中央人民政府出版总署将原出版局改为出版管理局。

2. 成立文化部出版事业管理局

1954 年 11 月 16 日，国务院发出通知：依照《中华人民共和国国务院组织法》第二条的规定，中央人民政府出版总署于 1954 年 11 月 30 日正式结束工作，中央人民政府出版总署所管理的出版行政业务划归文化部，12 月 1 日，文化部出版事业管理局正式设立。文化部出版事业管理局下设一室（办公室）、八处（报刊管理处、图书出版管理处、图书审读处、书刊印刷管理处、书刊发行管理处、纸张管理处、计划处、人事处），另设党团办公室。文化部出版事业管理局的主要工作职责是：监督各出版社贯彻党和国家制定的出版工作方针任务；审核出版社报送的长远选题计划，对书籍进行事后审读工作，督促出版社提高出版物的质量，推动开展图书评论工作；制定和推行出版工作中的重要制度；指导和督促出版社改善企业的经营管理；对出版社进行财务监督和汇总审核的管理工作；对全

① 中国出版科学研究所，中央档案馆．中华人民共和国出版史料：2［M］．北京：中国书籍出版社，1996：661.

国的出版计划进行汇总平衡。[①]

3. 地方出版行政机构的建立

（1）在建立中央出版行政机构的同时，还设立了地方出版行政机构。1950 年 5 月，中央人民政府出版总署和中央人民政府新闻总署对各级新闻出版行政机关的组织与任务做出规定，要求大行政区设立新闻出版局或分设新闻与出版两局，重要省市设立新闻出版处，一般省市必要时设立新闻出版室，主要承担新闻与出版的行政管理工作。[②]

1952 年 9 月 13 日，《政务院关于加强和充实地方出版行政机关的规定》颁布。规定指出，由于中央人民政府新闻总署已被撤销，各地新闻行政机关和出版行政机关应合并成立新闻出版行政机关。各大行政区人民政府（军政委员会）与大行政区驻在市人民政府合设新闻出版局；新闻出版行政事务较多的省市人民政府设新闻出版处；不设新闻出版处的省市，其新闻出版行政业务由省市文化教育委员会或文化事业管理局兼办。[③]

（2）明确中央与地方出版行政机构的关系，使之各司其职。1953 年 3 月 2 日，政务院文化教育委员会复文中央人民政府出版总署，同意改变各大行政区新闻出版行政机关的领导关系和编制。大行政区新闻出版行政机关改由中央人民政府出版总署直接领导，并受大行政区文委的指导和监督，其建制属中央。大行政区新闻出版局（处）所在地的市人民政府不再设市的新闻出版行政机构，其工作由所在大行政区新闻出版局（处）兼办。华东、中南两大行政区设立新闻出版局，华北、东北、西南、西北四

① 方厚枢，魏玉山．中国出版通史：中华人民共和国卷［M］．北京：中国书籍出版社，2008：31.

② 中国出版科学研究所，中央档案馆．中华人民共和国出版史料：2［M］．北京：中国书籍出版社，1996：270－272.

③ 中国出版科学研究所，中央档案馆．中华人民共和国出版史料：4［M］．北京：中国书籍出版社，1998：211－212.

大行政区设新闻出版处。

1953年10月19日，中央人民政府出版总署发出通知，决定改变各大行政区新闻出版行政机构的领导和管理关系，将设在大行政区的21家国营、公私合营的新闻、出版、印刷企业完全划归大行政区管理，将上海印刷厂等5家企业划归上海市管理[①]。1953年10月25日，政务院发布关于变更大行政区高等教育管理局和新闻出版行政机构的领导关系的命令。命令规定，中央人民政府出版总署原在各大行政区设立的新闻出版局（处），其领导关系由中央人民政府出版总署直属局（处）改为由大行政区行政委员会领导，并受大行政区行政委员会、文化教育委员会指导。大行政区新闻出版行政机构所在地的市是否设立新闻出版行政机构，由市人民政府提出意见请示大行政区行政委员会决定，并报中央人民政府出版总署备案。[②]

（二）出版基本行政管理制度基本确立

中央出版行政机构建立后，首要的工作是建章立制，通过建立一系列规章制度来加强对出版业的管理。

1. 行业准入审批制度

1953年1月27日，中央人民政府出版总署发出《关于报纸、杂志、出版社的创业和停业必须报署批核的通报》，要求今后报纸、杂志、出版社的创业和停业，必须报请中央人民政府出版总署批准，或由中央人民政府出版总署转请政务院文化教育委员会批准。其中，报纸、杂志和出版社的设立，必须报请中央人民政府出版总署转报政务院文化教育委员会批准后，方可营业和发行。[③] 1954年8月5日，中共中央宣传部发

---

① 中国出版科学研究所，中央档案馆．中华人民共和国出版史料：5［M］．北京：中国书籍出版社，1999：566-567.

② 同①578.

③ 同①54.

出通知，规定全国国营、地方国营和公私合营的报社、杂志社和出版社，原则上均由中央人民政府出版总署和地方各级出版行政机关统一管理①。

1953年4月24日，公安部、中央人民政府出版总署联合发布《关于印刷业核准营业的补充通知》，规定书刊印刷业和制本业（即装订业），由当地新闻出版行政机关核准营业，发给许可证，公安机关不再发放许可证。各印刷企业持许可证向当地工商行政管理机关申请登记。②

2. 出版编辑制度

1952年9月8日，中央人民政府出版总署发布《关于执行〈关于公营出版社编辑机构及工作制度的规定〉的指示》，规定为保证国家出版物的政治质量和技术质量，公营出版社必须严格遵守以下规定：（1）设立以总编辑为首的编辑部并组成包括社外专家参加的编委会；（2）制定全年的选题、编辑、发稿、出书计划，并拟定每季每月的计划；（3）向著作人约稿应订立合同；（4）一切期刊、丛书的出版必须有编辑计划，并经出版行政机关审查批准；（5）每一书稿从采用到印制成书，应实行编辑初审、编辑主任复审、总编辑终审和社长批准的编审制度，以及编辑加工、设计、校对、印成后校读等基本程序；（6）编辑部对每一书稿都应负政治上与技术上的责任。这是新中国第一次明确提出出版社对书稿应实行“三审制”。③

3. 出版专业分工制度

1952年11月15日，胡愈之向政务院文化教育委员会并周恩来总理

---

① 中国出版科学研究所，中央档案馆．中华人民共和国出版史料：6［M］．北京：中国书籍出版社，1999：436.

② 中国出版科学研究所，中央档案馆．中华人民共和国出版史料：5［M］．北京：中国书籍出版社，1999：285－286.

③ 中国出版科学研究所，中央档案馆．中华人民共和国出版史料：4［M］．北京：中国书籍出版社，1998：200－201.

报送关于第二届全国出版行政会议的报告，报告提出对中央一级出版社和地方国营出版社的分工："通行全国的一般图书，由中央一级的国营专业出版社出版。地方国营出版社的任务为：按照当地人民生活状况和每一时期的中心任务，出版当地所需要的、解决群众思想问题的、传播先进经验介绍先进人物的、指导工农群众的生产学习的通俗读物。在普及与提高并重的方针下，地方国营出版社一般负担普及任务，但地方通俗读物亦须提高质量。当地所需某些读物，如已由中央一级国营出版社出版的，应尽先采用，不应再行另出，以免重复浪费。"①

1954 年 7 月 3 日，教育部、中央人民政府出版总署发布《关于出版中学、小学、师范、幼儿园课本、教材、教学参考书和工农兵妇女课本、教材的规定》，规定凡中学、中等师范学校、小学、幼儿园的课本、教材，一律由国家指定的出版社出版，其他出版社不得出版。凡对以上教材或课本内容和进度进行解答、注释和提供教学方法的教学参考书，一律由国营出版社出版，私营出版社不得出版。同时规定，今后任何出版社出版的图书，未经中央教育部审核批准，一律不得使用"高中适用""初中适用""师范学校适用""小学适用""幼儿园适用""×学×年级适用"的"课本""读本""教材""教程""教科书""教科图"等名称。规定还指出，职工业余学校课本、教材，各种扫盲识字课本、教材，工农兵妇女课本、教材及教学参考书亦应由国营出版社出版。②

4. 出版计划管理制度

1952 年全国推行经济计划化，中央人民政府出版总署成立计划财务司。1952 年 10 月，中央人民政府出版总署制定了我国第一个全国性出版

---

① 中国出版科学研究所，中央档案馆．中华人民共和国出版史料：4［M］．北京：中国书籍出版社，1998：319.

② 中国出版科学研究所，中央档案馆．中华人民共和国出版史料：6［M］．北京：中国书籍出版社，1999：363－364.

事业发展计划《1953年出版事业建设计划》，接着又开始制定《中央人民政府出版总署全国出版事业五年建设计划大纲（草案）》。1953年，我国开始了发展国民经济的第一个五年计划。“一五”计划规定：“发展报纸、杂志和书籍的出版事业，增加各种出版物——社会科学、自然科学、工业技术、文艺创作、少年儿童读物和通俗图书报刊的种类和数量，提高作品和翻译的质量，以满足国家建设事业和人民文化生活的需要。”“一五”计划要求，图书出版册数到1957年应比1952年增长54.2%，达到121 165万册。到1956年年底，“一五”计划提出的指标提前超额完成（1956年全国图书出版的册数比“一五”计划规定指标超过47%）。

1952年11月26日，中央人民政府出版总署向各省、市出版行政机关和全国国营、公私合营的出版、印刷、发行企业发出《实行出版计划初步办法》的指示[①]。此后，各出版、印刷企业逐年编制出版计划、印刷生产计划，并按计划分配纸张，调度印刷任务，出版社与印刷厂订立印刷合同。1953年1月3日，中央人民政府出版总署发布《关于制订1953年杂志计划印数问题的通报》，规定凡属在出版行政机关登记公开发行的国营、公私合营或私营出版社出版而由政府机关、人民团体编辑的杂志，必须定出全年计划印数，并经出版行政机关批准，始得享受国家配给纸张以及交国家发行机构发行的待遇[②]。

纸张是计划管理的重要物资，对纸张的计划管理是出版计划管理的重要抓手。1953年1月9日，中央人民政府出版总署发布《关于执行“新闻纸统一分配调拨办法”及“新闻出版单位用纸标准的规定（试行草案）”的指示》，要求各级新闻出版行政机关对报社、出版社、杂志社申请配纸，

---

① 中国出版科学研究所，中央档案馆．中华人民共和国出版史料：4［M］．北京：书籍出版社，1998：330.

② 中国出版科学研究所，中央档案馆．中华人民共和国出版史料：5［M］．北京：中国书籍出版社，1999：18.

必须认真审查，并对其纸张使用情况实行严格的核算，定期抽查[①]。1954年1月8日，中央人民政府出版总署发布《关于加强纸张管理工作的通知》，要求进一步加强纸张的计划分配和调剂供应工作，提高配纸计划的准确程度。此外，切实调查和掌握私营出版社的纸张供应和使用情况。除西南区外，在全国范围内实行统一计划、统一调配、代购代运、分区供应的办法。为此，中央人民政府出版总署在北京建立出版用纸供应处，专门负责办理纸张订购、调拨、运输、保管等业务。[②]

除上述主要制度外，为了发展出版事业，规范出版管理，中央人民政府出版总署还出台了一些其他管理制度，包括图书样本缴送制度、出版行业统计制度等。

一是图书样本缴送制度。1950年1月，中央人民政府出版总署发出通知，要求全国所出版图书应向中央人民政府出版总署缴送样本，便于做全盘的调查统计和研究设计，以及建立版本图书馆便于永久保存[③]。1955年，版本图书馆编印的《全国总书目（1949—1954）》出版。这是新中国成立后编印的第一本全国性总书目，收集了1949年至1954年全国国营、公私合营、私营出版社以及机关、学校、团体和个人出版的初版和重版由新华书店发行或经销的图书共计21 809种。此后，版本图书馆每年编印一册《全国总书目》。

二是出版行业统计制度。1950年12月5日，中央人民政府出版总署发布《关于加强各级出版行政机关进行统计工作的决定》，要求各大行政区、省（行署、市）新闻出版行政机关，均需成立专门统计工作机构，配

① 中国出版科学研究所，中央档案馆．中华人民共和国出版史料：5［M］．北京：中国书籍出版社，1999：30.

② 刘杲，石峰．新中国出版五十年纪事［M］．北京：新华出版社，1999：34.

③ 中国出版科学研究所，中央档案馆．中华人民共和国出版史料：2［M］．北京：中国书籍出版社，1996：72.

置必要的工作人员，负责调查统计工作。各省（行署、市）未设新闻出版行政机关者，应指定专人负责办理。决定对各项报表的种类、填报单位、递送程序、份数、填送日期等均做了具体规定。①

为了给出版行业提供人才和技术保障，中央人民政府出版总署还成立了出版干部学校和上海印刷学校，组建了北京印刷技术研究所（中国印刷科学技术研究所前身）。前者承担出版干部和人才培养工作，后者主要承担对印刷技术的研究工作。

从 1949 年到 1956 年，是新中国出版行政管理体制基本确立的阶段。从行政管理体制看，这一时期又可以分为两个不同阶段。其中第一个阶段是从新中国成立到 1954 年，这个阶段成立的中央人民政府出版总署，隶属于政务院文化教育委员会。在此期间，中央人民政府出版总署初步形成了对出版单位、出版活动、出版物等出版业（出版、印刷、发行）各个领域和方面的制度设计，奠定了我国社会主义出版制度体制基础。1954 年，第一届全国人民代表大会召开，改政务院为国务院，即中央人民政府，确立了国务院即中央人民政府的一级政府体制，改变了原来中央人民政府下辖政务院的两级政府的过渡状态。根据国务院组织法规定，将中央人民政府出版总署合并到文化部，成立了文化部出版事业管理局，承接了原中央人民政府出版总署的职能，这一管理机构和体制一直延续到“文化大革命”开始。

这一时期我国出版行政管理体制的特点包括：一是中央领导对出版工作高度重视，毛泽东亲自接见全国新华书店出版工作会议代表并为大会题词“认真作好出版工作”，朱德为大会题词“加强领导，力求进步”，出席开幕式并发表了讲话。中央领导同志多次对中央人民政府出版总署的工作

---

① 中国出版科学研究所，中央档案馆．中华人民共和国出版史料：2［M］．北京：中国书籍出版社，1996：740－743．

做出重要批示、指示。二是初步形成了高度集中统一的管理体制，中央人民政府出版总署及其后的文化部出版事业管理局既是国家出版行政管理部门，又是出版印刷发行单位的直接管理者。一些重点出版物，甚至直接由国家出版行政管理部门亲自组织编辑出版，出版行政管理成为主要手段。三是国家出版行政管理部门出台实施了一系列有关出版制度体制机制、业务活动、出版物内容与形式、书价、稿酬等的法规文件，涉及内容大至出版方针、小至图书开本，确立了事无巨细、全能型的出版行政管理体制。

二、社会主义建设时期的出版行政管理体制（1956—1966）

社会主义建设时期特指1956年社会主义改造完成至1966年“文化大革命”开始。这一时期虽有曲折，但整体来看，是我国社会主义出版业第一次繁荣发展的时期。

这一时期，虽然国家出版行政管理部门一直是文化部出版事业管理局，但其内部机构和编制多次变化：1954年文化部出版事业管理局内设一室八处，编制200人；20世纪60年代设立一室（办公室）四处（出版一、二、三处，印刷管理处），编制压缩为40人。文化部出版事业管理局在中共中央宣传部和文化部领导下，主要职责如下：掌管全国图书出版事业方针；编制全国出版建设计划并督促执行；建立和调整或协助建立和调整全国国营、地方国营和公私合营出版社；办理全国专区级以上报纸、省市级以上杂志的登记工作以及全国出版社、书店的核准营业工作；协助有关党政领导机关有重点地审读已出版的图书，并组织图书评价工作；制定有关图书出版方面的制度并监督实施；领导全国图书发行工作；管理由文化部出版事业管理局管理的报社、杂志社、出版社、印刷厂的企业经营；领导对于私营出版业和私营发行业的社会主义改造工作；统一调配军事系统以外的新闻、出版用纸，并检查和监督纸张的使用情况；对直属的出版社、书店、印刷厂的干部工作进行管理，并训练和培养出版、印刷、发行干部和技工；管理报纸、杂志、图书的版本收集、保藏和编目的工作。

这一时期，随着出版业发展不同阶段的任务要求，出版行政管理体制有所调整变化，主要体现在中央与地方对出版印刷发行单位的管理上。

（一）对出版印刷发行单位管理关系的调整

这一时期首先对出版印刷单位的管理权限进行了调整。1958 年 6 月 15 日，文化部党组根据《中共中央关于企业、事业单位和技术力量下放的规定》精神，报经中央批准，将《光明日报》、商务印书馆、中华书局、新华印刷厂等 12 家单位下放给北京市；将外文出版社、国际书店、中华书局财经编辑室、地图出版社、人民文学出版社（一部分）、人民美术出版社等 10 家单位交有关部委和协会；将设在外地的印刷学校、印刷厂、纸张供应站和发行所，分别下放给单位所在地的省市。经过以上调整，仍由文化部继续直接管理的单位有人民出版社、人民文学出版社（一部分）、中国电影出版社、文物出版社、新华书店总店、版本图书馆、纸张供应处。1961 年 12 月 20 日，文化部党组召开会议，研究决定把下放省市的一些单位收回，仍由文化部直接领导管理。

在调整出版印刷单位管理权限的同时，文化部也对新华书店的管理体制进行了调整。1958 年 6 月 26 日，文化部发布《关于改变新华书店体制的通知》，决定将新华书店各省、自治区、直辖市分店彻底下放，由地方文化、出版行政机关全权管理。新华书店总店成为文化部在北京的图书发行方面的几个直属单位的领导管理机构和文化部指导全国图书发行工作的职能机构。从 1958 年 7 月 1 日起，新华书店总店对各地新华书店不再发布指示和决定，但仍负责交流图书发行工作经验和帮助训练干部。① 1962

① 中国出版科学研究所，中央档案馆．中华人民共和国出版史料：9［M］．北京：中国书籍出版社，2004：460-470.

年 9 月 18 日，文化部调整新华书店省以下各级机构管理体制，将原已下放的专县书店，改为由省书店和专县的文化行政部门双重领导，在业务上以省书店的领导为主，在干部的教育与管理上以专县文化行政机关为主，财务由省书店统一管理。大城市的地区门市部，原则上由市店统一领导。①

（二）古籍出版与人才培养

1. 成立古籍整理出版规划小组

根据聂荣臻副总理对于在科学规划委员会之下建立古籍整理出版规划小组的批示，1958 年 2 月，古籍整理出版规划小组（后改为“全国古籍整理出版规划领导小组”）成立，制定了整理和出版古籍的重点规划草案，并指定中华书局为古籍整理出版规划小组的办事机构。

2. 成立文化学院

1958 年 11 月，文化部文化学院在北京正式成立，黄洛峰任院长。文化学院的任务是短期轮训全国县以上的文化工作干部，长期培养文物考古、图书馆、编辑出版、图书发行和印刷工作方面的业务骨干。② 1960 年 6 月，文化学院设立了印刷系平版专业，这是我国高等院校中的第一个印刷专业。

1956—1966 年这 10 年间，我国出版行政管理体制基本没有变化，沿袭了新中国成立初期的基本架构，在推动出版发展、规范出版活动等方面起到了积极作用。但是，由于反右派、“大跃进”、反右倾等运动的影响，中央与地方的关系出现了反复调整。

这一时期，出版行政管理体制呈现出如下特点：一是计划体制弊端开

---

① 中国出版科学研究所，中央档案馆．中华人民共和国出版史料：12 [M]．北京：中国书籍出版社，2009：111.

② 刘杲，石峰．新中国出版五十年纪事 [M]．北京：新华出版社，1999：64.

始显露。随着出版印刷发行单位的不断增多，出版行政管理事项日益增加，全包式的计划管理难以对市场做出灵敏反应，特别是“大跃进”时期突飞猛进的出版品种和数量，致使出版物的质量问题成为影响行业发展的突出问题，出版行政管理部门为规范出版活动制定了一系列法规。在计划体制下，资源紧缺尤其是纸张紧缺一直困扰着出版行业，由于造纸原料、电力不足等困难，1961 年全国报纸和刊物用纸数量压缩 35%，一般书籍用纸数量压缩 40%。[①] 二是出版管理体制不稳定。计划体制摆脱不了中央与地方难以平衡的资源配置关系，出现了“一放就乱、一乱就收、一收就死”的恶性循环；同时，受到宏观行政管理体制改革的影响，1956 年中央提出了扩大地方自主权的要求，将一部分出版行政权力下放到地方，后来又上收了部分出版行政权力；而在 20 世纪 60 年代初，中央又以精简编制为目标大幅度压缩了文化部出版事业管理局的编制，从而在某种程度上弱化了国家对出版业的行政管理职能。三是确立了双重领导的新华书店体制。新华书店总店不再管理全国新华书店业务，各省级新华书店拥有所辖行政区域内新华书店的财权和主要的业务权，下辖新华书店的干部人事权归属各地文化行政部门。这一体制限制了全国出版物市场的培育和发展，导致了局部市场垄断与分割。

三、“文化大革命”时期的出版行政管理体制（1966—1976）

“文化大革命”期间，原有出版行政管理体制被打破，特别是在“文化大革命”前期，“中央文革小组”直接掌管了出版行政管理大权，出版行政管理遭到严重破坏。1970 年，国务院出版口成立后，出版行政管理

① 中国出版科学研究所，中央档案馆．中华人民共和国出版史料：11［M］．北京：中国书籍出版社，2007：39．

的部分职能得到了恢复。

（一）出版行政管理机构的变化

1. 成立毛主席著作出版办公室

“文化大革命”开始后，“中央文革小组”直接管中共中央宣传部、文化部、教育部、新华社，“中央文革小组”下设宣传出版、艺术电影、教育三组，文化部出版事业管理局归宣传出版组管。1967 年 5 月 11 日，根据“中央文革小组”关于原文化部出版事业管理局及所属单位归“中央文革宣传组”管理的决定，“中央文革宣传组”成立了毛主席著作出版办公室，由毛主席著作出版办公室代行原文化部出版事业管理局的领导职权。毛主席著作出版办公室的工作人员共 13 人，其出版行政管理职能一直持续到 1970 年。这一时期，该机构主要负责毛泽东著作出版管理，除此之外，还负责全国其他图书及课本、报纸、期刊的出版用纸及印刷机械等物质的申报、分配和管理工作。

2. 首都工人、解放军驻文化部毛泽东思想宣传队指挥部

1969 年 1 月，首都工人、解放军毛泽东思想宣传队进驻文化部及所属单位。1969 年 3 月，首都工人、解放军驻文化部毛泽东思想宣传队指挥部成立生产组，负责出版行政业务工作。1969 年 9 月 26 日，按照首都工人、解放军驻文化部毛泽东思想宣传队指挥部的决定，文化部机关和在京直属的出版、印刷、发行、物资等单位，除少数人留守看门外，绝大多数职工携带家属下放到湖北咸宁文化部“五・七”干校劳动。直属出版单位除毛泽东著作、毛泽东像及“革命样板戏”的出版、印刷、发行工作外，其余出版业务随之全部停顿。首都工人、解放军驻文化部毛泽东思想宣传队领导小组向周恩来和“中央文革小组”报送 1969 年下半年出版计划。报告中说，根据“出版工作要抓一下”的指示，首都工人、解放军驻

文化部毛泽东思想宣传队指挥部领导小组决定成立出版小组，负责处理日常的出版事务。

3. 国务院出版口

1970年5月9日，周恩来总理在接见文化部毛泽东思想宣传队领导小组成员时指示，撤销首都工人、解放军驻文化部毛泽东思想宣传队指挥部，支左的解放军、工人调回原单位；调整文化部机构，保留电影、出版、文物三个口，归文化组接管。5月下旬，首都工人、解放军驻文化部毛泽东思想宣传队指挥部被撤销。5月23日，国务院出版口成立。1970年10月，毛主席著作出版办公室并入国务院出版口。

4. 国家出版事业管理局

1973年9月26日，经国务院批准，国务院出版口改为国家出版事业管理局，由国务院直接领导。1974年12月，湖北咸宁文化部“五·七”干校结束，国家出版事业管理局及直属单位的职工除已在湖北等地分配工作者外，全部调回北京。国家出版事业管理局下设三部（政治部、出版部、印刷部）、二室（办公室、计财室）。1975年4月，国家出版事业管理局增设研究室，编制增至100人。

在国家出版行政管理机构遭到破坏的同时，地方出版管理机构也陷入了混乱，管理机构多种多样，比如上海市成立上海市出版革命组（1970年后改称“上海人民出版社”），辽宁、江西、宁夏等地将出版、印刷、发行工作合一，统称“新华书店”，很多省也成立了“毛泽东著作出版办公室”或“毛泽东著作出版发行办公室”或“毛泽东著作印制发行办公室”，也有的省成立了“出版事业管理局”（浙江）或“出版发行局”（江苏、安徽）。1973年国家出版事业管理局成立后，各省、自治区、直辖市逐步将出版管理机构改称“出版局”。①

① 方厚枢．出版工作七十年［M］．北京：商务印书馆，2015：231－232.

（二）纠正错误做法，部分恢复出版工作

国务院出版口成立后，虽不断受到来自“中央文革小组”的干扰，但在周恩来总理的直接关心下，“文化大革命”期间的一些错误做法开始逐步得到纠正，出版行政管理职能和出版工作得到部分恢复。1971 年 2 月 11 日，周恩来总理接见了出版口领导小组负责人，对出版工作做了重要指示。

1. 召开全国出版工作座谈会

1971 年 3 月 15 日至 7 月 29 日，全国出版工作座谈会在北京举行，到会代表 125 人。国务院办公室主任吴庆彤具体主持，担任会议领导小组组长。周恩来总理多次接见会议领导小组成员或全体代表，要求出版部门研究制订一个出版计划，动员和组织各方面的力量写作，有些旧书可以重印；明确提出要正确执行党的知识分子政策，充分调动一切积极因素，为社会主义服务。会议起草了《关于全国出版工作座谈会的报告》。8 月 13 日，中共中央 1971 年 43 号文件转发了《关于全国出版工作座谈会的报告》。报告要求各省、自治区、直辖市党委和中央有关部门党的核心小组，把出版工作列入自己的议事日程，一年抓几次。这次会议以及《关于全国出版工作座谈会的报告》，对恢复正常的出版行政管理起到了重大作用。

2. 制定中外语文词典编写出版规划

1975 年 5 月 23 日至 6 月 17 日，国家出版事业管理局在广州召开中外语文词典编写出版规划座谈会，会议讨论制定了 1975 年至 1985 年编写出版 160 种中外语文词典的规划（草案），并于 1975 年 7 月 16 日向国务院报送了这次座谈会的报告及《中外语文词典十年规划（草案）》，此草案经过周恩来、邓小平等中央领导审阅同意后下发，从而保证了这一规划得以实施。

3. 拨乱反正，恢复出版事业

1976 年 10 月，党中央粉碎了“四人帮”，我国各项事业逐步走上正轨，出版业也不例外。在拨乱反正期间，国家出版事业管理局一方面揭批“四人帮”，推倒他们强加在出版界的“两个估计”（即认为新中国成立以来出版界是“反革命黑线专政，资产阶级知识分子占统治地位”），另一方面着手恢复出版业务，解决“书荒”问题，在出书内容、出版方针、出版政策等方面解放思想、打破禁区，出台了包括重印中外文学名著、恢复稿酬制度、加大儿童读物出版力度、加强科学图书出版发行、协调缓解出版用纸紧张等在内的多项举措，使出版事业得到恢复和发展。

这一时期，出版行政管理体制呈现出如下特点：一是管理体制极端不稳定，机构不断调整。二是出版管理各自为政，全国一盘散沙，非法出版物和低劣出版物充斥市场。中央军委办事组负责调查和回收未经中央批准的非法出版的毛主席著作，仅《毛主席语录》各种版本的样本就收到 440 种（包括北京地区编印的 173 种，外省、市编印的 165 种，无编印单位的 102 种），绝大部分是在 1966 年至 1969 年编印的。三是出版功能单一。“文化大革命”期间特别是前期，一切以阶级斗争为最高甚至唯一要求，高度政治化，一切上纲上线，文化使命被淡化甚至被冠上反动的罪名，致使出版行政管理形同虚设，给出版事业带来了不可估量的损失。四是从“文化大革命”结束到党的十一届三中全会前，出版业通过拨乱反正，重建出版管理体制，并使得出版事业快速恢复，出版管理体制开始重建。

四、改革开放新时期的出版行政管理体制（1978—2012）

“文化大革命”后经过短暂的徘徊，迎来了党的十一届三中全会，我国进入改革开放和社会主义现代化建设新时期，中国出版业获得了快速恢复和发展。

（一）国家出版行政管理机关的变化

从 1982 年到 2012 年是出版行政管理机构变化最频繁的时期，但也是出版管理不断探索和逐步加强的时期。在改革开放初期，由于受到高度集中的计划经济的影响，政府管得过宽过细，机构臃肿、层次重叠、职责不清、效率很低的状况非常严重。有鉴于此，邓小平同志批评当时机构臃肿，许多人员不称职、不负责，明确提出："精简机构是一场革命。"① 在这种大的环境下，根据国务院机构改革方案，撤销了国家出版事业管理局，将其合并到文化部。但这次机构调整从某种程度上弱化了对出版事业的管理，也制约了出版的健康发展。因此，在这次机构调整后不久，中央又决定将国家出版事业管理局从文化部独立出来成立国家出版局，由国务院直属。在此期间，由于版权问题已经引起国内外的广泛关注，成为我国发展科学教育文化事业必须高度重视的重大问题，加上中国正在积极地加入《世界版权公约》，因此国家在文化部出版事业管理局以及之后的国家出版局下加挂国家版权局的牌子，加强对版权的管理、指导和监督。党的十二届六中全会提出了加强社会主义精神文明建设的总要求，在这个大的背景下，作为精神文明建设重要组成部分的新闻出版业也必然受到更高程度的重视，因此，1987 年，国家出版局改为国家新闻出版署，作为国务院直属机构，同时加挂国家版权局的牌子。进入 21 世纪以后，随着社会主义市场经济体制改革的推进和中国加入 WTO、对外开放日益扩大，对出版物市场进行监管、促进新闻出版事业的繁荣的任务变得更为艰巨，因此，党中央、国务院决定将新闻出版署升格为

---

① 邓小平．邓小平文选：第 2 卷［M］．北京：人民出版社，1994：396．

新闻出版总署，同时加挂国家版权局的牌子。这一系列行政机构改革举措，充分表明了党中央对新闻出版管理的重视程度不断加强，对新闻出版业精神文明建设中的重要性的认识也不断深化。

1. 文化部出版事业管理局

1982年5月5日，根据国务院部委机构改革的决定，文化部、对外文化联络委员会、国家出版事业管理局、外文出版发行事业局、国家文物事业管理局合并，设立文化部，国家出版事业管理局再一次被并入文化部，改称文化部出版事业管理局。文化部出版事业管理局的机构设置为出版处、印刷处、综合业务处、版权处、科教处、编刊处、计划财务处、外事处、干部处、行政处、办公室、机关党委办公室、纪律检查组。①

2. 国家版权局

1985年7月25日，国务院批准文化部设立国家版权局，原文化部出版事业管理局改称国家出版局，与国家版权局为一个机构两块牌子，二者均隶属文化部领导。国家版权局的主要任务是：组织起草版权法律和有关法令、规章，并负责监督实施；为版权所有者提供法律咨询；批准强制使用作品，发放翻印和翻译外国作品的强制许可证；代表国家处理涉外版权关系；负责指导全国版权管理工作；等等。②

1986年2月5日，《国家出版局关于各省、自治区、直辖市出版局（总社）设版权管理机构的通知》出台，地方版权机关开始组建。这是我国第一次设立专门的版权行政管理机构。

3. 国家出版局

1986年10月，国务院决定将文化部所属国家出版局恢复为国务院直

---

① 国家出版局办公室．出版工作文件选编（1981—1983）［M］．北京：中国ISBN中心，1984：539.

② 国家出版局办公室．出版工作文件选编（1984—1985）［M］．北京：中国ISBN中心，1986：383-384.

属机构。国家出版局被恢复为国务院直属机构后，保留国家版权局的名义。各省、自治区、直辖市的出版行政管理机构的设置，由地方自己定。[①]

国家出版局的主要任务是：贯彻执行党的出版工作方针政策；制定全国出版事业的发展规划和重点图书的出版规划；统一管理全国图书和期刊的出版、印刷、发行工作；审批全国新建出版社和新办哲学、社会科学期刊；归口管理全国对外合作出版、书刊进出口业务；统一安排全国新闻报刊和图书的出版用纸和印刷物资的分配；协助出版单位组织编译界的力量，促进各类图书出版；制定出版管理的法规和各项统一的规章制度；会同有关单位管理图书市场，查处非法出版活动；管理直属事业、企业单位的各项工作。

4. 新闻出版署

1987 年 1 月 13 日，国务院发布《关于成立中华人民共和国新闻出版署的通知》，决定成立中华人民共和国新闻出版署，为国务院直属机构，新闻出版署成立后，国家出版局被撤销，国家版权局保留。新闻出版署设立办公室、研究室、报纸管理局、期刊管理局、图书管理局、印刷管理局、发行管理局、计划财务司、人事教育司等机构。[②] 1988 年 10 月，国家机构编制委员会第九次会议审议并原则通过了《新闻出版署（国家版权局）"三定"方案》，新闻出版署设计了 12 个职能司，包括办公室、政策法规司、报纸管理司、期刊管理司、图书管理司、音像管理司、技术发展司、发行管理司、版权司、计划财务司、人事教育司、外事司[③]。1993 年国家机构编制委员会确定的"三定"方案，将新闻出版署内设机构中的政

---

① 新闻出版署办公室．新闻出版工作文件选编（1986—1987）[M]．北京：中国 ISBN 中心，1988：488.

② 同①509.

③ 新闻出版署办公室．新闻出版工作文件选编（1988—1989）[M]．北京：中国 ISBN 中心，1990：671 - 677.

策法规司撤销，并将整顿清理书报刊市场办公室设在发行管理司。根据1998年确定的“三定”方案，新闻出版署内设9个职能司（室），包括办公室（政策法规司、计划财务司）、图书出版管理司（古籍整理出版规划办公室）、报纸期刊出版管理司、音像和电子出版物管理司、出版物发行管理司（出版物市场“扫黄”“打非”办公室）、印刷业管理司（科技发展司）、人事教育司、对外合作司、版权管理司。新闻出版署的主要职责也随着机构改革而有所变化，根据1998年发布的《国家新闻出版署（国家版权局）职能配置、内设机构和人员编制规定》，新闻出版署的主要职责包括：起草新闻出版、著作权的法律、法规草案，研究拟定新闻出版业的方针政策，制订新闻出版、著作权管理的规章和重要管理措施并组织实施和监督检查；制定新闻出版业的发展规划、宏观调控目标和产业政策并指导实施；参与拟定新闻出版业的经济政策和有关的经济性宏观调节措施；审批新建出版单位和出版物总发行单位；审批音像制品和电子出版物复制单位、报业集团和著作权集体管理和涉外代理等机构；核准新闻出版中外合资企业和中外合作企业的设立；对新闻出版活动实施监督管理；查处违禁出版物和出版，印刷、复制、发行单位的违法违规活动；监督管理印刷业；拟定出版物市场的宏观调控政策、法规并指导实施，查处或组织查处非法出版活动和非法出版物；拟定出版物市场“扫黄”“打非”的方针、政策和计划并指导实施，协调出版物市场“扫黄”“打非”集中行动和大案要案的查处工作；负责音像制品的出版、复制管理；组织、指导教科书、党和国家重要文献及其他重点出版物的出版发行工作；管理著作权工作，组织查处在全国有重大影响的著作权侵权案件和涉外侵权案件；代表国家处理涉外著作权关系，组织参加著作权的双边或多边条约、协议的谈判、签约和国内履约活动；负责新闻出版和著作权对外交流与合作的有关工作；管理、协调书报刊和电子出版物的进出口贸易；负责国家古籍整理出版规划工作；编制新闻出版业科技发展规划和标准化规划并指导实施，组织协调新闻出版业的科技工作；编制新闻出版业和著作权管理队伍建设、人才培养规划并指导实施；负责新闻出版业和著作权管理工作全国性表彰和评奖活动；承办国务院交办的其他事项；等等。[①]

5. 新闻出版总署（国家版权局）

2001 年，新闻出版署（国家版权局）被调整为新闻出版总署（国家版权局），升格为正部级单位，为国务院直属机构。其内设职能司（局、室）从 9 个增为 11 个，将政策法规司从办公室独立出来，将科技发展司并入办公室，将音像和电子出版物管理司改为音像电子和网络出版管理司，将全国“扫黄打非”工作小组办公室（出版物市场监管局）从原来的出版物发行管理司独立出来。在职能调整方面，加强了全国扫除黄色出版物、打击非法出版活动工作的组织协调和出版物市场的执法监管，以及新闻出版和著作权管理方面的法制建设工作；新增了审核互联网从事出版信息服务的申请、对互联网出版信息内容实施监督管理两方面的职能；同时，与直接管理的出版、印刷、发行企事业单位脱钩。[②]

国家新闻出版行政管理部门升格为正部级单位，这是新中国成立以来的第一次，不仅体现了党和国家对新闻出版工作的重视，也反映了新闻出版工作在党和国家整体工作中的作用日益突出，反映了新闻出版业在文化建设和文化产业中的地位和作用日益突出。

2008 年，《国务院办公厅关于印发国家新闻出版总署（国家版权局）主要职责内设机构和人员编制规定的通知》又对新闻出版总署的职能、机构和编制进行了微调。（1）划入和增加了 4 项职责：将文化部管理音像制

---

① 新闻出版署办公室．新闻出版工作文件选编（1998）［M］．北京：中国 ISBN 中心，1999：72－78.

② 中华人民共和国法律法规及司法解释分类汇编：增补卷（一）［M］．北京：中国民主法制出版社，2002：462－463.

品批发、零售、出租、放映的职责划入国家新闻出版总署，划入后交给地方政府；将文化部音像制品进口管理的职责划入国家新闻出版总署；将国家广播电影电视总局广播电视机构记者证的监制管理职责划入国家新闻出版总署；增加对从事出版活动的民办机构进行监管的职责。（2）加强了指导著作权保护工作的职责。（3）取消了 2 项职责：取消已由国务院公布取消的行政审批事项和规划、指导、核准全国性印刷复制装备会展交易活动的职责。（4）转移了 2 项职责：将动漫、网络游戏管理（不含网络游戏的网上出版前置审批），及相关产业规划、产业基地、项目建设、会展交易和市场监管的职责划给文化部；将出版物质量检测鉴定和网络出版内容信息检测鉴定工作交给直属事业单位。国家新闻出版总署（国家版权局）内设 12 个机构，包括办公厅（财务司）、法规司、综合业务司、出版产业发展司、新闻报刊司、出版管理司（古籍整理出版规划办公室）、印刷发行管理司、科技与数字出版司、反非法和违禁出版物司（全国“扫黄打非”工作办公室）、版权管理司、对外交流与合作司（港澳台办公室）和人事司。①

（二）出版行政管理职能的变化

自 1987 年新闻出版署成立至 2012 年，国务院共发布了 5 次关于国家新闻出版行政机构主要职责（职能配置）、内设机构和人员编制的规定，其中有关主要职责（职能配置）的表述，可以反映国家出版行政管理职能的变化。

1. 加强宏观管理，突出版权管理职责

1994 年 8 月 13 日，国务院办公厅发布《新闻出版署（国家版权局）职

---

① 国务院办公厅关于印发国家新闻出版总署（国家版权局）主要职责内设机构和人员编制规定的通知［EB/OL］.（2016－06－13）［2023－10－10］. http：//www.gov.cn/zhengce/content/2016－06/13/content_5081470.htm.

能配置、内设机构和人员编制方案》，新闻出版署和国家版权局一个机构两块牌子，为国务院直属机构。在职能转变方面，从偏重于对新闻出版活动的微观管理转向加强对全行业的宏观管理，从集中管理转向实行中央和地方分级管理；加强新闻、出版、著作权立法，强化监督职能；属于具体事务性的职能，下放或转移给直属单位、地方和行业协会。1994 年的文件突出了国家版权局的职责和著作权管理。国家版权局主管全国著作权管理工作，代表国家处理涉外著作权关系。在著作权管理上，国家版权局对内对外单独行使职权。

2. 调整中央与地方事权，把事务性工作向事业单位和社会机构转移

1998 年 6 月 25 日，国务院办公厅发布《国家新闻出版署（国家版权局）职能配置、内设机构和人员编制规定》，将报纸开版、刊期和期刊开本、刊期等项目变更的审批，内部报刊转化为内部资料的审批和管理，电子出版物制作单位的备案和管理，承接境外一般出版物印制的审批，图书二级批发单位的审批和管理等职能，均下放给省、自治区、直辖市新闻出版部门；将中国国际标准书号中心的工作，书号、版号和新闻记者证的发放，计算机软件和其他各类作品著作权的登记，涉外音像制品合同的登记，涉外录音录像作品著作权的认证，侵权作品的鉴定，著作权法律咨询服务等工作，分别交给直属事业单位和社会中介组织[①]。1999 年 6 月 8 日，国家版权局发布《关于出版境外音像制品著作权合同登记工作有关问题的通知》，将由国家版权局负责的涉外音像制品著作权合同登记的受理和认证联系工作交由中国版权保护中心负责，该中心对申请登记的合同进行审查和认证后报国家版权局审批[②]。

3. 升格出版行政管理机构，转变出版行政管理职能

2001 年，新闻出版署（国家版权局）被调整为新闻出版总署（国家

---

① 新闻出版署办公室．新闻出版工作文件选编（1998）[M]．北京：中国 ISBN 中心，1999：72-78.

② 中国出版年鉴社．中国出版年鉴（2000）[M]．北京：中国出版年鉴社，2000：359.

版权局），升格为正部级单位，在职能调整方面与直接管理的出版、印刷、发行企事业单位脱钩。经中共中央、国务院批准，新闻出版总署直接管理的出版企业于 2002 年 4 月 9 日组建中国出版集团。2004 年 3 月 25 日，国务院授权成立中国出版集团公司。2003 年 2 月 28 日，新闻出版总署直接管理的中国印刷总公司、中国印刷物资总公司和中国印刷科学技术研究所等单位联合组建的中国印刷集团公司成立。

4. 不断深化出版行政体制改革，更加突出对民营出版活动的监管

2008 年 7 月 11 日，国务院办公厅发布《国家新闻出版总署（国家版权局）主要职责内设机构和人员编制规定》，增加了新闻出版总署（国家版权局）对从事出版活动的民办机构进行监管的职责。

总结改革开放新时期的出版行政管理体制，有如下特点：一是为坚定不移地推动出版业改革开放，国家出台了一系列法律法规，把出版业从"文化大革命"的灾难中恢复过来。从解放出版生产力、出版物发行的市场化改革到出版社经营体制改革、集团化改革、转企改制和上市融资、"走出去"等等，中国出版业的每一步发展都在坚定不移地推进在改革开放中取得的成就。二是始终坚守行业监管主责。出版行政管理部门是党和国家意识形态重要部门，肩负着宣传党的路线方针政策，传承中华优秀传统文化、革命文化、先进文化，推动出版业健康发展的重要使命。新中国成立以来，出版领袖著作、党的理论著作、党的路线方针政策出版物，出版优秀出版物，查禁违禁出版物、"扫黄打非"，维护正常的出版秩序和净化出版物市场，一直是出版行政管理部门的"主业"。三是从日常事务性管理中解脱出来，将一般事务性管理工作交由直属事业单位实施。国家组建了 ISDS 国际中心、教育培训中心、中国版权保护中心、国家出版基金规划管理办公室、出版产品质量监督检测中心、条码中心、互联网出版监测中心等事业单位，分别承担出版物信息、版权保护、公共服务、质量检测以及人才培训等职责。四是进一步完善行政管理体系。出版行政管理职能从最初的兼有编辑、印刷、发行一线功能的“大机关”（出版总署编审局直接负责编辑事务），逐步发展为“管脚下”（出版行政机关直属出版社、印刷厂、书店，以及出版系统），再发展为“管天下”（出版行业及与出版相关的经济社会文化领域），政府的宏观管理职能日益凸显。

五、新时代的出版行政管理体制（2012—　）

党的十八大以后，我国进入中国特色社会主义新时代。这一时期，党中央对出版工作的重视程度前所未有，并在出版行政管理体制方面进行了重大改革。

（一）行政管理机构的变化

党的十八大以来，出版管理机构经历了两次重大变化。第一次变化是2013年，当时机构改革的背景有两个方面：一是行政体制改革中的“大部制思路”，即将职能相近或交叉的业务划归一个大的综合部门管理，其特征是“大职能、宽领域、少机构”，强化了综合管理职能，减少了职能交叉和相互扯皮的情况；二是进入21世纪以后，随着互联网的飞速发展，媒介加速深度融合，不同媒介之间的边界模糊，需要对媒介进行统筹管理。在这种情况下，2013年中央决定将新闻出版总署与国家广播电影电视总局合并成立国家新闻出版广电总局，统筹新闻出版广播电影电视事业产业的发展和管理。

为了健全、加强党的全面领导的制度，优化党的组织机构，建立健全党对重大工作的领导体制机制，更好地发挥党的职能部门作用，推进职责相近的党政机关合并设立或合署办公，优化部门职责，提高党把方向、谋大局、定政策、促改革的能力和定力，确保党的领导全覆盖，确保党的领导更加坚强有力，2018 年，中央决定，将国家新闻出版广电总局的新闻出版管理职责划入中共中央宣传部，中共中央宣传部对外加挂国家新闻出版署（国家版权局）牌子，以加强党对新闻舆论工作的集中统一领导，加强对出版活动的管理，发展和繁荣中国特色社会主义出版事业。

1. 国家新闻出版广电总局（国家版权局）

2013 年，根据第十二届全国人民代表大会第一次会议批准的《国务院机构改革和职能转变方案》和《国务院关于机构设置的通知》，设立国家新闻出版广电总局（正部级），为国务院直属机构，不再保留国家广播电影电视总局、国家新闻出版总署。国家新闻出版广电总局加强组织推进新闻出版广播影视领域公共服务，大力促进城乡公共服务一体化发展，促进新闻出版广播影视事业繁荣发展；加强指导、协调、推动新闻出版广播影视产业发展，优化配置新闻出版广播影视资源，加强业态整合，促进综合集成发展；加强推进新闻出版广播影视领域体制机制改革等方面的职责。同时，取消或下放了一批审批、评估、技术鉴定等职责。国家新闻出版广电总局下设 22 个内设机构，与出版相关的机构包括办公厅、政策法制司、规划发展司（改革办公室）、公共服务司、综合业务司、新闻报刊司、出版管理司（古籍整理出版规划办公室）、印刷发行司、数字出版司、反非法和违禁出版物司（全国“扫黄打非”工作办公室）、版权管理司、进口管理司，以及科技司、财务司、国际合作司（港澳台办公室）、人事司等。①

2. 中共中央宣传部加挂国家新闻出版署（国家版权局）牌子

党的十八大以后，习近平总书记反复强调要加强党的领导，指出“党

---

① 国务院办公厅关于印发国家新闻出版广电总局主要职责内设机构和人员编制规定的通知[EB/OL].（2013－07－17）[2023－10－10]. http://www.gov.cn/zhengce/content/2013-07/17/content_7568.htm.

政军民学，东西南北中，党是领导一切的"[①]。出版工作具有双重属性，不仅仅具有产业属性，更是党的意识形态工作的重要组成部分。因此，加强党对出版工作的领导必然是出版管理体制改革的一个重要方向。2018年2月，党的十九届三中全会审议通过了《深化党和国家机构改革方案》，提出要完善坚持党的全面领导的制度，而加强党的全面领导，首先要加强党对涉及党和国家事业全局的重大工作的集中统一领导[②]。出版业由于在政治方向、舆论导向中具有举足轻重的作用，对于树立人们的信仰和价值观具有引领性，同时它在传达信息、传承文化、传播知识中起到中坚作用，在社会规范的塑造、社会思潮的引领等方面也发挥着显著作用，因此对完善和发展中国特色社会主义制度、推进国家治理体系和治理能力现代化具有重要意义，自然被纳入"加强党中央对涉及党和国家事业全局的重大工作的集中统一领导"的范畴。与此同时，党的十九届三中全会通过的《中共中央关于深化党和国家机构改革的决定》指出，面对新时代新任务提出的要求，一些领域党的机构设置和职能配置还不够健全有力，保障党的全面领导、推进全面从严治党的体制机制有待完善，一些领域党政机构重叠、职责交叉、权责脱节问题比较突出，因此要求"党的有关机构可以同职能相近、联系紧密的其他部门统筹设置，实行合并设立或合署办公，整合优化力量和资源，发挥综合效益"。[③] 过去党政分离的出版管理体制在某种意义上有些职能划分并不是十分清晰，作为党的部门的出版局与作为政府部门的出版管理司有很多职责存在重合、重复之处。因此，《中共中央关于深化党和国家机构改革的决定》和《深化党和国家机构改革方

---

① 中共中央党史和文献研究院．十九大以来重要文献选编：上［M］．北京：中央文献出版社，2019：554.

② 中国共产党第十九届中央委员会第三次全体会议文件汇编［M］．北京：人民出版社，2018：22－23.

③ 同②15－25.

案》规定，由中共中央宣传部统一管理新闻出版工作，将国家新闻出版广电总局的新闻出版管理职责划入中共中央宣传部，中共中央宣传部对外加挂国家新闻出版署（国家版权局）牌子。国家新闻出版署（国家版权局）的主要职责是贯彻落实党的宣传工作方针，拟订新闻出版业的管理政策并督促落实，管理新闻出版行政事务，统筹规划和指导协调新闻出版事业、产业发展，监督管理出版物内容和质量，监督管理印刷业，管理著作权，管理出版物进口，等等。[①] 国家新闻出版署（国家版权局）下设包括出版管理局、传媒监管局、印刷发行局、反非法反违禁局、进出口管理局、版权管理局在内的六司局。据此，各省、自治区、直辖市的新闻出版也划归当地宣传部，加挂该地新闻出版局（版权局）牌子。至此，党统一管理出版活动、党政一体化领导的出版管理体制正式确立。

（二）出版行政管理职能的变化

改革开放以来，我国政府管理体制改革的一个重要方向就是转变政府职能，从侧重对出版活动的微观管理转向加强对全行业的宏观管理，从集中管理转向中央和地方分级管理，通过加强立法定制、强化监督，从具体事务中解脱出来，将这些工作下放或转移给直属单位、协会或地方。如果党和政府机构都侧重宏观管理，那么必然会产生职责交叉重复。因此，党的十九届三中全会通过的《深化党和国家机构改革方案》对出版宏观管理工作职责加以调整和明确，为加强党对新闻舆论工作的统一领导，加强对出版活动的管理，将新闻出版的管理职能从国家新闻出版广电总局划到中共中央宣传部。调整后的新闻出版管理的职能基本上都属于宏观管理的范畴，侧重于贯彻落实党的方针政策，制定相关管理政策并监督落实，加强

① 中共中央印发《深化党和国家机构改革方案》[EB/OL].(2018-03-21)[2023-10-10]. http://www.gov.cn/zhengce/2018-03/21/content_5276191.htm#1.

对出版物的内容管理和质量监督，等等。

新时代的出版管理呈现几个显著特点：一是从组织机构上全面加强党对出版工作的领导，牢牢把握出版的政治方向。把出版管理纳入党的宣传部门进行统一管理，同时行使政府的出版管理职能，党政一体，就把党的领导落到了实处，这有利于综合协调，管理更高效，力度也更大。二是立法先行，依法管理。从著作权法修订到公共服务立法，从出版社会效益考核评价办法制定到一系列互联网出版管理规定出台，新闻出版主管部门注重在各个管理环节贯彻依法治国、依法行政、依法管理的执政理念。三是通过政策引导、窗口指导对行业进行示范管理。新闻出版主管部门综合运用法律、行政、经济、社会组织、新闻舆论等管理手段，对符合党和国家要求以及党和国家所倡导的出版行为给予物质、精神等各个方面的支持、扶持和鼓励，对违反国家相关政策和规定或不符合主流价值导向的出版行为给予惩处，从而对整个出版业起到了指导、引导和示范（或警示）作用。

第二节　出版行政管理的主要内容

在计划经济时期，出版行政管理部门对出版单位、出版活动和出版业实施直接管理，宏观管理的职责主要体现在出版总量计划安排上。当时，出版宏观管理职责与微观管理职责经常性地混合在一起，难以区分。改革开放以后，随着市场经济的不断发展完善，出版业不断发展壮大，出版行政部门的职能开始从“办出版”向“管出版”转变，出版宏观管理日益成为出版行政部门的主要职责。

1987 年 1 月，国务院发布《关于成立中华人民共和国新闻出版署的通知》，明确规定新闻出版署的职责之一为“制订并组织实施新闻、出版事业发展规划”。1994 年的《新闻出版署（国家版权局）职能配置、内设机构和人员编制方案》的第二条规定，新闻出版署的职责之一是制订新闻出版行业的发展战略、总体布局、中长期发展规划和年度计划并指导实施。1998 年《国家新闻出版署（国家版权局）职能配置、内设机构和人员编制规定》将之表述为“制定新闻出版业的发展规划、宏观调控目标和产业政策并指导实施；参与拟定新闻出版业的经济政策和有关的经济性宏观调节措施”。2001 年的《新闻出版总署（国家版权局）职能配置内设机构和人员编制规定》将之表述为“制定新闻出版业的发展规划、宏观调控目标和产业政策并指导实施；制定全国出版、印刷、复制、发行单位总量、结构、布局的规划并组织实施；参与拟定新闻出版业的经济政策和有关的经济性宏观调控措施；指导、推进新闻出版业的改革”。2008 年《国家新闻出版总署（国家版权局）主要职责内设机构和人员编制规定》将之表述为“制定新闻出版事业、产业发展规划、调控目标和产业政策并指导实施，制定全国出版、印刷、复制、发行和出版物进出口单位总量、结构、布局的规划并组织实施，推进新闻出版领域的体制机制改革”。2013 年的《国家新闻出版广电总局主要职责内设机构和人员编制规定》将该条拆分为两条，分列第三和第四条。第三条规定：“负责制定新闻出版广播影视领域事业发展政策和规划，组织实施重大公益工程和公益活动，扶助老少边穷地区新闻出版广播影视建设和发展。负责制定国家古籍整理出版规划并组织实施。”第四条规定：“负责统筹规划新闻出版广播影视产业发展，制定发展规划、产业政策并组织实施，推进新闻出版广播影视领域的体制机制改革。依法负责新闻出版广播影视统计工作。”2018 年的《深化党和国家机构改革方案》指出，中共中央宣传部关于新闻出版管理方面的主要职责是“贯彻落实党的宣传工作方针，拟订新闻出版业的管理政策并督促落实，管理新闻出版行政事务，统筹规划和指导协调新闻出版事业、产业发展，监督管理出版物内容和质量，监督管理印刷业，管理著作权，管理出版物进口等”。有关文件内容和表述虽有不同的变化，但总的趋势是反映了出版宏观管理职能的不断增强。

按照出版产业要素的划分，出版宏观管理的主要内容包括对出版单位（含印刷、发行单位等）、出版活动（包括出版、印刷、发行等）、出版物（包括出版内容）、出版从业者和出版产业的管理。

一、对出版单位的宏观管理

对出版单位的宏观管理主要是对出版单位总量及其专业分工的调控，其手段主要是实施出版单位设立的许可制度。新中国成立 70 年来，出版单位许可制度基本没有太大变化，通过许可，国家对出版单位的数量进行调控。调控范围包括图书出版单位总量、期刊出版单位总量、音像电子出版单位总量等。对出版结构的调控，主要是通过对出版单位专业分工的许可。改革开放以前，出版专业分工十分严格。改革开放后，随着市场经济体制的不断建立和发展，出版专业分工根据市场机制发生了相应变化。

（一）出版单位的设立许可与总量调控

新中国成立后，我国迅速建立起与计划经济相适应的出版单位行业准入制度。1953 年 1 月 27 日，中央人民政府出版总署发出《关于报纸、杂志、出版社的创业和停业必须报署批核的通报》，规定报纸、杂志、出版社的创业和停业，必须报请中央人民政府出版总署批准，或由中央人民政府出版总署转请政务院文化教育委员会批准。其中，报纸、杂志和出版社的设立，必须报请中央人民政府出版总署转报政务院文化教育委员会批准后，方可营业和发行。该通报确立了我国出版单位设立和停业的许可制度。

20 世纪 80 年代，由于出版单位总量不断扩大，“控制”成为主导方向。国家出版行政部门下发了一系列文件，严格出版单位审批，控制出版单位总量。1980 年 2 月 13 日，国家出版事业管理局党组提出的《关于控制出版新刊物的报告》，经中共中央宣传部批准执行。报告要求从严掌握审批新办刊物，除个别刊物有十分特殊的理由，一般不予批准。同时提出，对新建和恢复出版社必须加以控制。1985 年 6 月 5 日，文化部发布《关于从严控制新建出版社的补充意见》。1986 年 9 月 8 日，国家出版局发布《关于审批新建出版社的条件的通知》。1989 年 5 月 9 日，新闻出版署发布《关于报纸、期刊和出版社重新登记注册的通知》。同年 12 月 8 日，新闻出版署发布《关于出版社重新登记注册的通知》。1994 年 7 月 27 日，新闻出版署发布《出版社年检登记制度（试行）》，规定对图书出版社实施年检登记制度：从 1995 年起，每逢单数年出版社在自查年检的基础上由新闻出版署审核后进行登记换证；双数年由出版社自行检查总结工作。1994 年 10 月 14 日，新闻出版署做出规定：从 1994 年起，凡编入国内统一刊号的期刊要进行年度核验工作。1994 年 12 月 19 日，新闻出版署做出规定：申请建立电子出版单位须由新闻出版署审批。1994 年 12 月 20 日，新闻出版署做出规定：从 1994 年起，对编入国内统一刊号的报纸原则上按年度对登记项目进行审核检验。至此，对存量出版单位的常态化的调控机制确立。1999 年 8 月 29 日，中共中央办公厅、国务院办公厅联合发文，要求调整中央国家机关和省、自治区、直辖市厅局的报刊结构，原则上不办报，将原有的报纸划转或撤销；可保留一种指导工作的期刊。

近年来，出版单位的审批非常严格，并将网络出版纳入行政许可范围。2016 年 3 月 1 日，由国家新闻出版广电总局制定的《新闻出版许可证管理办法》正式施行。对于新闻出版许可证的设立、设计、印刷、制作与发放，该办法均进行了具体说明。同年 3 月 10 日，《网络出版服务管理规定》正式施行。该规定对网络出版服务许可、网络出版服务管理、监督管理、保障与奖励，以及法律责任做出了说明。

（二）对出版单位专业分工的调控

设立出版单位，须明确出版的专业分工范围。专业分工范围及其出版数量决定了出版结构。对出版结构的调控，主要通过对出版分工的划分和管理来实现。

改革开放以前，出版单位必须严格按照出版分工进行出版活动。改革开放以后，除特殊领域外，出版分工在相应专业范围内有所延伸。新中国成立 70 年来对于出版总量影响最大的一次出版结构调整，是关于中央与地方出版单位出版分工的调控。1952 年中央人民政府出版总署向政务院文化教育委员会提出了中央和地方国营出版社分工的设想，即通行全国的一般图书，由中央一级的国营专业出版社出版，而地方出版社主要按照地方化、通俗化、大众化的原则出版当地作家的出版物。自此，我国确定了中央与地方出版单位的分工。

1979 年 12 月 8—19 日，国家出版事业管理局在湖南长沙召开全国出版工作座谈会。会议确定，地方出版社要立足本省，面向全国或兼顾全国；地方出版社出书不受“三化”限制。新中国成立初期确立的中央与地方出版单位的“差异化”出版分工被竞争式分工取代，大大解放了出版生产力，出版总量快速发展。

随着改革开放不断推进，市场机制作用不断增强，出版专业分工界线逐渐模糊，许多出版社开始突破原有的出版分工。到 20 世纪 80 年代后期，国家出版行政管理部门出台了一系列文件，加强对出版结构的调控。如 1983 年 11 月 18 日，文化部出版事业管理局发布《专业出版社应严格按专业分工出书的通知》；1986 年 9 月 23 日，国家出版局发布《关于报社出版社应按专业分工出书的意见》；1990 年 4 月 10 日，新闻出版署发布《关于重申高等学校出版社出版方计、任务及出书范围的原则规定的通知》；1991 年 11 月 26 日，新闻出版署发布《关于音像出版单位不得出版图书的通知》；1997 年 7 月 11 日，新闻出版署发布《关于进一步明确计划单列市、经济特区出版社出书范围的通知》；2006 年 5 月 1 日，新闻出版总署实施了《关于规范图书出版单位辞书出版业务范围的若干规定》；等等。

随着社会主义市场经济的确立和改革的深入，虽然各出版社对专业分工有所突破，但由于专业分工所形成的出版社编辑专业优势、作者资源、渠道资源以及品牌等使得各个出版单位已经在某些领域和专业中形成优势，因此以市场的专业化优势或核心竞争力取代了原来的行政指令性专业分工，即专业分工从外在的强制性要求变成了出版单位自身发展定位的内在要求，这是一个历史性进步。

二、对出版活动的宏观管理

对出版活动的宏观管理范围比较广，包括出版单位与作者的关系、出版单位与出版单位的关系、出版单位与印制单位和发行单位的关系、出版活动的合法性、打击非法出版活动等。由于新中国成立 70 年来出版体制机制变化较大，出版活动的宏观管理在不同的体制机制下呈现出不同的特点。

（一）出版管理

改革开放以来，随着社会主义市场经济的不断发展，中国特色社会主义出版行政管理体制也逐步形成和完善。出版行政部门从最初的“办出版”向“管出版”转变。新闻出版行政管理机构宏观调控、依法行政、公共服务和市场监管的职能定位更加明确，按照政企分开、政事分开、政资分开、管办分离的原则，逐步理顺了与出版企事业单位的关系，实现了由权力型、审批型向责任型、法治型、服务型政府转变，实现了审批事项“集中办理”。新闻出版主管主办、许可准入和年审年检行规制度进一步完善。

1. 通过表彰奖励、倡导资助等方式对出版市场行为进行正面引导

国家设立了中国出版政府奖（图书奖）、中华优秀出版物奖（图书奖）、“五个一工程奖”等奖项，通过国家出版基金、国家社会科学基金、国家科学技术学术著作出版基金等表彰资助，引导支持出版符合社会主义核心价值观、符合出版导向的出版物。

2. 对公益性出版（或发行）项目提供资金资助

通过国家出版基金、国家古籍整理出版资助项目、国家文化产业发展项目库等，加大对优秀公益性出版项目的投入。实施“农家书屋”项目，支持农村出版物渠道建设。

3. 积极培育市场、渠道和新兴业态

2014 年，政府工作报告首提倡导全民阅读，之后在全国范围内开展全民阅读创建活动，培育阅读市场。2016 年，11 部门联合发布《关于印发〈关于支持实体书店发展的指导意见〉的通知》，支持实体书店发展。国家先后发布了《关于加快我国数字出版产业发展的若干意见》《关于推动传统出版和新兴出版融合发展的指导意见 》等文件，大力支持新兴业态发展。

4. 打击非法出版活动

自改革开放以来，我国政府持续开展打击非法出版活动的工作。1986 年，国家出版事业管理局等三部门联合发布《关于严厉打击非法出版活动的紧急通知》。1989 年，全国“扫黄打非”工作小组办公室成立，制定相关法律法规，对非法出版物、制黄贩黄、非法出版活动等进行打击查处，引导出版行为，净化出版市场，维护出版市场秩序，营造公平竞争的市场环境，为出版业健康发展提供坚强保障。

（二）版权管理

版权体现了出版单位与作者以及其他版权所有者的关系，是出版活动正常开展的一个重要问题。新中国成立 70 年来，我国一直维护版权权益，但在不同历史时期，由于出版活动的市场及政治的需要，处理版权问题的重点有所不同。总体而言，在社会主义建设时期，我国初步建立了版权制度。改革开放以后，从改革开放初期的维护版权正常秩序开始，到 1990 年《中华人民共和国著作权法》颁布，开创了我国现代意义上的版权管理。从尊重版权、保护版权，到打击侵权盗版、保护版权人合法权益，再到版权交易和贸易，基本建立起了比较完善的版权管理体系。

1. 设立版权专门机关及颁布《中华人民共和国著作权法》

国家出版事业管理局于 1979 年 4 月向国务院呈送报告，要求建立版权机构，制定版权法。这一提议得到了胡耀邦的支持。1985 年国家版权局成立，这一工作被交由国家版权局负责。1990 年 9 月 7 日，第七届全国人大常委会第十五次会议审议通过《中华人民共和国著作权法》，并于 1991 年 6 月 1 日起实施。这是新中国第一部著作权法。1991 年 5 月 24 日，国务院批准《中华人民共和国著作权法实施条例》，5 月 30 日由国家版权局发布。

2. 维护正常版权秩序

1980 年 6 月 22 日，国务院批转国家出版事业管理局等部门发布的《关于制止滥编滥印书刊和加强出版管理工作的报告》。1981 年 8 月 31

日，国家出版事业管理局发布《关于维护出版社出版权利的通知》。1995年2月28日，国家工商行政管理局、国家版权局联合发布《关于严厉打击盗版等侵犯著作权行为的通知》。同年5月30日，国家版权局发布《关于不得盗版、盗映作为资料片引进的外国影片的通知》。

3. 版权保护与管理

1984年6月15日，文化部颁发《图书、期刊版权保护试行条例》，在内部试行。这是新中国成立以来版权保护领域的第一个条例。1985年1月1日，文化部颁发《图书、期刊版权保护试行条例实施细则》和《图书约稿合同》《图书出版合同》范本。1986年11月10日，国家版权局发文，就涉及博物馆所收藏作品的版权问题做出说明。1990年8月9日，国家版权局发布《关于报刊社声明对所发表的作品享有专有出版权的意见》。同年11月29日，国家版权局发布《关于维护出版社出版外国作品专有出版权的通知》。1994年10月19日，国家版权局发布《关于计算机软件著作权管理的通知》。2016年11月4日，国家版权局办公厅发布《关于加强网络文学作品版权管理的通知》。

4. 涉外版权及版权贸易

改革开放之前，涉外版权问题比较少，也几乎没有版权贸易。改革开放以后，涉外版权和版权贸易快速发展，我国制定了一系列有关管理办法。1980年5月10日，王任重在接见由11个国家的23家出版社组成的访华代表团时，肯定对外合作出版是一个很好的办法，要加强国际宣传，必须采取像合作出版这样的有效措施。国家出版事业管理局党组于5月26日提出《关于加强同国外合作出版的报告》，经国务院、中共中央宣传部批准执行。该报告提出，在平等互利的基础上，双方给予有效的著作权保护，在著作权法制定之前，对涉及原著作者和出版者的版权问题做出具体规定。

5. 加入国际版权组织

1992 年 1 月 17 日，中美两国签署了《中华人民共和国政府与美利坚合众国政府关于保护知识产权的谅解备忘录》。该备忘录涉及著作权（版权）、专利、行政保护措施和防止不正当竞争等条款。同日，国家版权局发布《关于执行中美知识产权谅解备忘录双边著作权保护条款的通知》，指出自 1992 年 3 月 17 日或 3 月 17 日之后美国政府做出同样宣布之日起，美国国民的作品受中国著作权法及有关规定的保护。同年 7 月 1 日，第七届全国人大常委会第二十六次会议审议通过我国加入《伯尔尼保护文学和艺术作品公约》和《世界版权公约》，并于当年 10 月 15 日和 10 月 30 日起分别在中国正式生效。自此，中国的作品将在公约其他成员处受到保护，公约其他成员的作品也将在中国受到保护。2007 年 6 月 9 日，《世界知识产权组织版权条约》和《世界知识产权组织表演和录音制品条约》在我国正式生效。

（三）稿酬管理

稿酬是对作者劳动的承认、尊重和补偿，是作品价值的一种体现；同时它形成了出版活动的成本，因而也反映了出版单位与作者的关系。新中国成立 70 年来，我国稿酬制度经历了三次较大的趋势性变化：新中国成立初期，建立稿酬制度；20 世纪 60 年代至 70 年代前中期，基本废除稿酬制度；20 世纪 70 年代后期至 90 年代末期，形成稳定的稿酬制度。

1. "基本稿酬＋印数稿酬"制度的确立

新中国成立初期，我国即制定了有关稿酬的暂行办法。至 1958 年，基本确立了"基本稿酬＋印数稿酬"的稿酬计算办法和制度。1949 年 11 月 24 日，经中央人民政府出版总署批准，新华书店总管理处发布《书稿报酬暂行办法草案》，规定书稿报酬分为"定期报酬"和"定量报酬"两种办法，重版时做重要修订者，应由新华书店付修订费[①]。1958年7月14日，文化部颁发《关于文学和社会科学书籍稿酬的暂行规定草案》，确立了采取基本稿酬和印数稿酬相结合的方法计酬[②]。

2. 稿酬制度的基本废除

1960年10月11日，中共中央批转文化部党组、中国作家协会党组《关于废除版税制、彻底改革稿酬制度的请示报告》，废除按印数付酬的版税办法，一律按作品的字数和质量付一次稿酬，重印不再付酬[③]。其后，1962年又恢复了以印数计酬的办法，但到1964年又予以废除。1966年1月3日，中共中央批转《文化部党委关于进一步降低报刊图书稿酬的请示报告》。报告认为，社会主义制度下的稿酬，仅属奖励补助性质，与资本主义制度下的稿酬制度根本不同。据此，著作稿每千字由4～15元降为2～8元；翻译稿由3～10元降为1～5元。报刊转载不再付稿酬。对工人、农民、战士和学生的稿件，稿酬按最低标准发给，也可不发稿酬，只赠给报刊、图书和文具。[④] 至此，1958年建立的稿酬制度基本废除。

3. 稿酬制度的恢复和发展

改革开放之初，即恢复了稿酬制度。1977年9月2日，文化部出版事业管理局向国务院上报了《关于新闻出版稿酬及补贴试行办法的请示报告》，很快得到国务院批准，并从1977年10月1日起开始实施。20世纪80年代后，有关稿酬的规定密集出台。1980年5月24日，中共中央宣传部转发国家出版事业管理局《关于书籍稿酬的暂行规定》，自7月1日起

---

① 中国出版科学研究所，中央档案馆．中华人民共和国出版史料：2 [M]. 北京：中国书籍出版社，1996：846－848.

② 方厚枢．中国当代出版史料文丛 [M]. 北京：中国书籍出版社，2007：278.

③ 中国出版科学研究所，中央档案馆．中华人民共和国出版史料：10 [M]. 北京：中国书籍出版社，2005：358－360.

④ 中国出版科学研究所，中央档案馆．中华人民共和国出版史料：13 [M]. 北京：中国书籍出版社，2009：365－368.

实行。1984 年 10 月 19 日，文化部发布《文化部关于转发〈书籍稿酬试行规定〉的通知》，自 1984 年 12 月 1 日起试行。1985 年 1 月 5 日，文化部出版事业管理局发布《关于实行〈美术出版物稿酬试行办法〉的通知》。1986 年 3 月 20 日，国家版权局针对使用已发表的作品出版音像制品向版权所有者付酬的原则做出规定。1990 年 6 月 15 日，经国务院批准，国家版权局发布《书籍稿酬暂行规定》，决定适当提高稿酬标准，自 1990 年 7 月 1 日起实行。同年 7 月 10 日，国家版权局发布《关于适当提高美术出版物稿酬的通知》。1991 年 8 月 27 日，国家版权局发布《关于当前报刊转载摘编已发表作品付酬标准的通知》。1993 年 8 月 1 日，国家版权局颁发《报刊转载、摘编法定许可付酬标准暂行规定》《演出法定许可付酬标准暂行规定》《录音法定许可付酬标准暂行规定》三个办法。1999 年 4 月 5 日，国家版权局颁发《出版文字作品报酬规定》。《出版文字作品报酬规定》对 1990 年 7 月修订的《书籍稿酬暂行规定》做了调整：取消了《书籍稿酬暂行规定》中与著作权法不一致的规定，体现了谁使用作品谁支付报酬的原则；变指令性的付酬标准为指导性与指令性相结合，以指导性为主、指令性为辅的付酬标准；并且适当提高了基本稿酬加印数稿酬的标准。[①] 该规定自 1999 年 6 月 1 日起施行。至此，我国现行稿酬制度基本确立。2014 年 11 月 1 日，由国家版权局与国家发展和改革委员会联合发布的《使用文字作品支付报酬办法》正式施行。办法将原创作品的基本稿酬标准，由 1999 年《出版文字作品报酬规定》规定的每千字 30～100 元提高到 80～300 元，而原创作品的版税率依然为 3%～10%。[②] 该办法还规定，“除法律、行政法规另有规定外，使用文字作品支付报酬由当事人约定；当事人没有约定或者约定不明的，适用本办法”，这就是说，出版方与著

---

① 刘杲，石峰．新中国出版五十年纪事［M］．北京：新华出版社，1999：386.

② 范军．新中国新闻出版业 70 年［M］．北京：中国书籍出版社，2019：462.

作权主体之间的报酬关系首先是一种合约关系，按照一般经济合约关系进行支付，如果没有约定的，则按照上述办法执行。

三、对出版物的宏观管理

出版活动最终是通过出版物来发挥社会作用的，对出版物的管理，特别是对出版物内容的管理是出版管理的重要方面。对出版物的宏观管理主要是就出版物的内容导向、重点出版物类别、出版物总量及结构、出版物质量等进行管理。

（一）有关中央文件及党和国家领导人作品的出版

有关中央文件及党和国家领导人作品的出版是出版工作的重要内容。为确保出版的权威和质量，我国在出版管理上重点就有关作品的出版权限做出了规定。1953 年 5 月，中共中央宣传部发布《关于中央文件出版权限及编印干部学习资料问题的规定的电报》，规定中央文件由中央人民出版社印行活页文选，并视需要及时编印成书；大行政区人民出版社可印行活页文选，一般不编辑成书；省以下出版社及其他任何机关，一律不得印行上述全国性文件。[①] 1965 年 4 月 19 日，中共中央宣传部发布《关于绘制和印行领袖像等问题的通知》。1981 年 10 月 6 日，国家出版事业管理局发文，重申有关中央文件和中央领导同志著作的出版问题的决定：凡党和国家的重要文件和中央领导同志的重要文章、讲话（包括内部发行的），一律由人民出版社出版，并统一供给纸型，分省适量印制。

1990 年 5 月 5 日，中共中央宣传部、新闻出版署联合发布《关于对

① 中国出版科学研究所，中央档案馆．中华人民共和国出版史料：5［M］．北京：中国书籍出版社，1999：296－297．

描写党和国家主要领导人的出版物加强管理的规定》，要求发表和出版党和国家领导人的专著、传记、回忆录、纪实文学、报告文学等，观点必须符合中共中央《关于建国以来党的若干历史问题的决议》以及中央有关文件的精神，且必须严格执行送审制度，并由国家指定的出版社出版[①]。1993 年 2 月 1 日，中共中央宣传部、新闻出版署联合发布《关于发表和出版有关党和国家主要领导人工作和生活情况作品的补充规定》，重申描写、记述或涉及党和国家主要领导人工作和生活情况的图书、报刊文章、音像制品、电影、电视作品等也须执行上述规定[②]。1995 年 3 月 2 日，新闻出版署发布《关于出版反映党和国家主要领导人工作和生活情况的摄影画册的规定》，要求出版反映党和国家主要领导人工作和生活内容的出版物只能由国家指定的出版社按专业分工范围出版，且严格执行送审制度[③]。1997 年 1 月 24 日，新闻出版署又重申，凡出版反映党和国家主要领导人工作和生活情况的图书必须专题报批，只能由国家指定的出版社按专业分工范围出版，严禁采用买卖书号，或变相买卖书号、协作出版等方式出版该类图书[④]。

（二）有关通俗出版物的出版

年画挂历等通俗出版物，已经融入人民群众的生活，是人民群众特别是农民群众喜闻乐见的出版物品种，发行量巨大，传播的内容具有潜移默化的功效；同时，出版门槛低，翻印快，非法或不合规出版活动容易开

---

① 新闻出版署办公室．新闻出版工作文件选编（1990—1991）[M]．北京：知识出版社，1992：124－126.

② 新闻出版署办公室．新闻出版工作文件选编（1993）[M]．北京：中国 ISBN 中心，1994：27－29.

③ 中国出版年鉴社．中国出版年鉴（1996）[M]．北京：中国出版年鉴社，1996：262.

④ 中国出版年鉴社．中国出版年鉴（1998）[M]．北京：中国出版年鉴社，1998：246.

展，对正常出版和市场秩序冲击很大。新中国成立后至 20 世纪 80 年代末期，年画一直是出版管理的重点。20 世纪 90 年代出版管理的重点主要是挂历。90 年代后，此类出版物的市场趋于平稳，不再在通俗出版物中占据主导地位。

1. 对年画挂历出版的管理

1949 年 11 月，文化部召开新年画工作会议，中央人民政府出版总署、全国美协等单位出席会议，就如何在全国范围内开展 1950 年新年画工作有关问题进行讨论。11 月 26 日，文化部发布《关于开展新年画工作的指示》，指出即将到来的春节是中华人民共和国成立后的第一个春节，要求各地发动和组织新美术工作者从事新年画创作。1951 年 10 月 18 日，文化部、中央人民政府出版总署联合发布《关于加强年画工作的指示》，指出新年画还不能完全满足广大人民的需要，旧年画的改造尚未有计划地进行，要求有关部门做好年画的出版发行工作。1963 年 3 月 30 日，文化部发布《关于出版少数民族文字版年画的通知》，要求人民美术出版社、上海人民美术出版社从 1963 年起试行出版少数民族文字版年画。

1981 年 7 月 1 日，国家出版事业管理局发布《关于加强年画、年历、挂历印制管理工作的通知》，规定：年历、挂历由出版社编选出版；商业部门也可适当印制、销售，具体管理办法由各省、市、自治区出版局与商业厅（局）商定；其他单位不得印制、销售，年历、挂历用作业务宣传必须加以控制，经过批准可以印制，但不得在社会上销售；年画必须由出版社编辑出版。1989 年 2 月 11 日，新闻出版署发布《关于加强挂历、年画、年历画管理的紧急通知》，重申禁止擅自编印发行挂历、年画和年历画。1991 年 11 月 25 日，新闻出版署发出通知，进一步核定有关出版社的挂历、年画、年历画等出版任务，并对兼出版挂历、年历画的非美术、摄影专业出版社每年安排的挂历、年历画品种做了调整、限定。1992 年 8 月 10 日，新闻出版署发布《关于调整部分选题管理规定的通知》，取消对比基尼泳装、港台和外国影星、歌星挂历选题的限制，且将向国外赠送的广告宣传挂历的审批权下放至各省级出版管理部门。[①] 同年 11 月 17 日，新闻出版署发布《关于调整挂历出版管理规定的通知》规定，凡用于公开发行的挂历必须由国家批准的出版社出版，严禁买卖书号出版挂历[②]。1994 年 9 月 28 日，新闻出版署发文重申凡用于公开发行的挂历必须由国家批准的出版社出版，其他单位一律不得出版；对挂历出版实行最高限价管理，不得擅自提高定价标准；并规定零售单位不得从事批发经营，挂历批发单位的一级批发折扣不得低于 60％[③]。1995 年 3 月 21 日，新闻出版署又发布《关于出版挂历的管理规定》，对挂历的出版单位、出版总量、内容、最高限价管理、印刷及发行销售等做了具体规定。

2. 对通俗读物出版及发行活动的鼓励

一是加强通俗读物的出版工作。新中国成立初期以及很长一段时间，我国的出版方针是“为无产阶级政治服务、为工农兵服务、为社会主义建设服务”。1951 年 4 月 27 日，陆定一在通俗报刊图书出版会议上指出：“中央和大行政区的出版社必须有一个通俗书刊的部门，出版通俗的书刊，或竟另成立一个通俗出版社。”[④] 1953 年年底，中央决定成立通俗读物出版社，出版的书刊以识字 2 000 字以上（即完成扫盲识字学习）到初中程度的工农兵及基层干部为主要读者。1977 年 4 月 4 日，胡耀邦在中共中央宣传部的会议上提出应特别重视通俗的政治理论读物，闯出一条写好通

---

① 新闻出版署办公室．新闻出版工作文件选编（1995）[M]．北京：中国 ISBN 中心，1996：64－66.

② 同①76－77.

③ 中国出版年鉴社．中国出版年鉴（1995）[M]．北京：中国出版年鉴社，1995：235.

④ 中国出版科学研究所，中央档案馆．中华人民共和国出版史料：3 [M]．北京：中国书籍出版社，1996：135.

俗理论读物的路子，面向群众，更好地为广大群众服务。[①]

二是加强农村读物的出版发行。中国是农业大国，农村人口占总人口的大多数，且由于历史原因，农民文盲多、识字率低、文化水平不高，针对农民的文化需要，出版农村读物是新中国成立以来直到我国城市化进程加速之前的重要的出版工作。1956 年 1 月 23 日，文化部发出《关于加强农民通俗读物出版发行工作向中央的请示报告》，提出对农民通俗读物应采取全面规划，系统出书，照顾农村各方面需要，并逐步提高质量的方针[②]。1964 年 1 月 14—31 日，文化部召开农村读物出版工作座谈会，同年 5 月，文化部召开全国农村图书发行工作会议，两次会议都确定选拔全国出版的较优秀的图书为农村专出“农村版”，或出版“改编本”等问题。1981 年 4 月 29 日，中共中央宣传部批转国家出版事业管理局《关于全国农村读物出版发行工作会议纪要》。此后，随着农民文化水平的不断提高，有关农村读物的出版问题不再突出，农村读物基本以市场调节为主。

此外，根据不同时期出版界在通俗读物方面存在的问题，出版管理部门先后就古旧小说、新武侠小说、性知识和性科学读物、台港澳图书以及宣传宗教迷信的图书出台了一系列管理规定和办法。

（三）有关重大选题类图书的出版

从新中国成立到改革开放新时期，出版管理部门针对一些涉及重大历史和现实问题，以及内容涉及国家安全、社会安定等方面，会对国家政治、经济、文化、军事、外交等产生重大影响的选题采取重大选题备案制度。新闻出版管理部门于 1997 年发布了《图书、期刊、音像制品、电子

① 刘杲，石峰．新中国出版五十年纪事［M］．北京：新华出版社，1999：165.

② 中国出版科学研究所，中央档案馆．中华人民共和国出版史料：8［M］．北京：中国书籍出版社，2001：13.

出版物重大选题备案办法》，2019 年又发布了《图书、期刊、音像制品、电子出版物重大选题备案办法》，对 1997 年的办法进行了修订和完善。这类选题有 12 类，具体包括：有关党和国家重要文件、文献选题；有关现任、曾任党和国家领导人讲话、著作、文章及其工作和生活情况的选题，有关现任党和国家主要领导人重要讲话学习读物类选题；涉及中国共产党历史、中华人民共和国历史上重大事件、重大决策过程、重要人物选题；涉及国防和军队建设及我军各个历史时期重大决策部署、重要战役战斗、重要工作、重要人物选题；集中介绍党政机构设置和领导干部情况选题；专门或集中反映、评价“文化大革命”等历史和重要事件、重要人物选题；专门反映国民党重要人物和其他上层统战对象的选题；涉及民族宗教问题选题；涉及中国国界地图选题；反映香港特别行政区、澳门特别行政区和台湾地区经济、政治、历史、文化、重要社会事务等选题；涉及苏联、东欧等社会主义时期重大事件和主要领导人选题；涉及外交方面重要工作选题。该办法还对备案具体流程和相关责任进行了具体规定。

第三节　出版宏观管理手段

出版宏观管理的手段大致可以分为：行政手段、法律手段、经济手段等。行政手段是指出版行政管理部门及其他部门，采取强制性的行政命令、指示、规定等措施，来调节和管理出版单位及其活动。法律手段是指出版行政管理部门及国家相关部门以法律为武器，根据法律活动的规律、程序和特点，对出版单位及其活动实施行政管理。经济手段是指出版行政管理部门及国家相关部门按经济运行规律的要求，使用各种经济杠杆如价格、税收、信贷等，来管理出版单位及其活动的一种方法。

由于出版活动的意识形态属性，出版宏观调控的主要手段还是行政手段。但随着中国特色社会主义市场经济体制的建立和不断完善，出版宏观调控的法律手段和经济手段的作用不断增强，国家有关宏观调控的法律手段和经济手段同样调控着出版单位及其出版活动。

新中国成立70年来，出版总量和结构调控类目繁多，很多又是与其他工作交织在一起的，特别是在计划经济时期，并没有清晰的宏观调控的概念。改革开放以来，特别是20世纪90年代以后，在中国特色社会主义出版体制初步建立并不断发展完善的过程中，出版宏观调控的任务日益繁重、职能不断加强，宏观调控的手段不断丰富和发展。由于出版宏观调控的内容极其丰富，因此其手段也极其多样。

一、行政手段

出版活动具有极强的意识形态属性，出版宏观调控的主要手段以行政手段居多。行政手段内容极其丰富多样，以下仅就几个主要的行政手段做一梳理。

（一）规划（计划）管理

改革开放以前，计划涵盖了从微观业务工作到宏观调控的几乎所有方面。计划管理是出版宏观调控及出版活动运转的基本机制，各种各样的计划名目繁多。规划主要针对专业性事项，如选题规划、重点图书的出版规划、印刷业发展规划等。改革开放以后，宏观调控意义上的“计划”逐步转化为“规划”，“规划”较之于“计划”，领域更宽、宏观内容更多，主要是就重大问题做出谋划。

1. 定期指定综合性规划（五年规划）

1952年10月25—31日，中央人民政府出版总署召开第二届全国出版行政会议，以进一步实现全国出版工作计划化为中心议题，以讨论1953年出版建设计划草案为中心议程。胡愈之做了《为进一步地实现出版工作的计划而奋斗》的报告。1952年11月26日，中央人民政府出版总署发布《实行出版计划初步办法》的指示。此后，各出版、印刷企业逐年编制出版计划、印刷生产计划，并按计划分配纸张，调度印刷任务，促进出版社与印刷厂订立印刷合同。1952年全国推行经济计划化，中央人民政府出版总署在年内成立了计划财务司，开始制定被纳入国民经济计划的年度出版计划。1952年10月制定的《1953年出版事业建设计划》，是我国第一个全国性的出版事业发展计划，接着我国又开始制定《全国出版事业五年建设计划大纲（草案）》。1953年1月9日，中央人民政府出版总署发布《关于执行〈新闻纸统一分配调拨办法〉及〈新闻出版单位用纸标准的规定（试行草案）的指示〉》，要求各级新闻出版行政机关对报社、出版社、杂志社申请配纸，必须认真审查，并对其纸张使用情况实行严格的核算，定期抽查。至此，纸张作为出版的重要资源，其分配和调拨，成为计划经济时期出版宏观调控的重要手段。

1953年我国开始了发展国民经济的第一个五年计划。此后，我国出版业也开始制订五年发展计划。改革开放后，“计划”逐步转化为“规划”。1983年2月25日，文化部印发《1981—1990年全国出版事业发展规划纲要（草案）》，这是我国改革开放后，出版业的第一部全面系统的“十年规划”。1998年3月11日，新闻出版署印发《新闻出版业2000年及2010年发展规划》。2006年9月，中共中央办公厅、国务院办公厅印发《国家“十一五”时期文化发展规划纲要》，这是我国第一个专门部署文化建设的中长期规划。2006年12月，新闻出版总署印发《新闻出版业“十一五”发展规划》。2011年4月20日，新闻出版总署正式发布《新闻出版业“十二五”时期发展规划》，同时发布的还有《版权工作“十二五”规划》以及新闻出版业的 11 个专项规划。2017 年 5 月，中共中央办公厅、国务院办公厅印发《国家“十三五”时期文化发展改革规划纲要》。

2. 紧抓重点，制定专门性规划

专门性规划一般与全行业的“五年计划（规划）”同期对应制定，也有为了某一目的，而制定某一领域的具体规划。改革开放前，专门性规划主要是出书规划、发行规划及印刷规划等。改革开放以后，各项出版事业的专门性规划日益增多，最有影响的是古籍整理出版规划和重点出版物出版规划。

（1）古籍整理出版规划。1958 年 2 月，国务院科学规划委员会在北京召开古籍整理出版规划小组成立大会。会议着重讨论了整理出版古籍的方针和规划小组的任务，以及制定长远规划等问题。中华书局为古籍整理出版规划小组的办事机构。“文化大革命”期间，该小组停止工作。1981 年 5 月 22 日、7 月 2 日，陈云两次指示要把古籍整理工作抓紧抓好。9 月 17 日，中共中央发布《关于整理我国古籍的指示》，要求组成直属国务院的古籍整理出版规划小组，由规划小组提出一个为期 30 年的古籍整理出版规划。12 月 10 日，国务院发布关于恢复古籍整理出版规划小组的通知。1982 年 3 月 17—24 日，第二次全国古籍整理出版规划会议讨论制定了 1982 年到 1990 年的古籍整理出版规划。这次会议是古籍整理出版规划小组恢复成立以来召开的第一次规划会议。8 月 23 日，国务院原则批准古籍整理出版规则小组《古籍整理出版规划（1982—1990）》。1992 年 5 月 25—31 日，第三次全国古籍整理出版规划会议在北京举行，会议研究制定了《中国古籍整理出版十年规划和“八五”计划》。会后，经国务院批准，《中国古籍整理出版十年规划和“八五”计划》正式颁布实施。该文件确定，10 年内整理出版古籍 2 000 种，“八五”期间的重点书目共计

1 040 种。2009 年 8 月，国家古籍整理出版规划小组办公室向各出版单位和各古籍整理研究机构发出申报项目通知，共收到申报项目 2 453 个，通过严格评审，最终确定 532 种项目。

（2）重点出版物出版规划。新中国成立至改革开放前，稳定的独立发挥作用的出版物（图书）出版规划不多，大多针对特定时期的特定任务而制定。散见于文献的有“跃进”规划、通俗读物规划、毛泽东著作出版规划、“样板戏”出版规划等，但都不成系统，更大程度上是一种工作计划。改革开放后，国家关于重点出版物的出版规范增多，例如，少数民族文字图书翻译出版规划、中外语文词典编写出版规划、《1978 至 1980 年部分重点少儿读物出版规划》、全国重点科技图书“八五”选题规划、《“九五”国家重点图书出版规划》、《“九五”重点音像制品出版规划》、《“九五”国家重点电子出版物出版规划》、《新闻出版业“十一五”发展规划》、《新闻出版业“十二五”时期发展规划》、《“十三五”国家重点图书、音像、电子出版物出版规划》等等。

3. 针对薄弱环节，制定行业性规划

出版活动包括编辑出版、印刷发行等多个行业，国家针对单个行业特别是针对在一定时期薄弱的行业也有制定行业发展规划。改革开放前及改革开放初期，行业发展规划主要针对印刷业。之后，由于出版业不断扩容，传统行业不断发展、新行业不断出现；加上市场调节机制不断增强，宏观管理逐步向指导和引导转型，行业性规划逐渐增多。行业性规划的大致发展路径是：印刷规划向科技规划发展，图书出版规划一直延续，信息化、版权和阅读成为规划新方向。1973 年 12 月 20 日，国务院批准了国家出版事业管理局制定的《1974—1975 年印刷技术改造规划》。1996 年 7 月 25 日，新闻出版署发布《出版行业岗位培训五年规划（1996—2000 年）》。1997 年 4 月 18 日，新闻出版署发布《新闻出版科技发展“九五”计划和 2010 年长期规划纲要》。2012 年 12 月，新闻出版总署发布《新闻出版信息化“十二五”时期发展规划》。2016 年 12 月 27 日，国家新闻出版广电总局发布《全民阅读“十三五”时期发展规划》。2017 年 1 月，国家版权局印发《版权工作“十三五”规划》。

（二）纸张管理和书号管理

1. 纸张管理

在计划经济时期，以及改革开放初期，纸张紧缺成为常态。纸张管理成为出版总量和结构调控的最直接的手段，纸张成为出版总量与结构调控的重要“抓手”。1954 年 1 月 8 日，中央人民政府出版总署发布《关于加强纸张管理工作的通知》，要求进一步加强纸张的计划分配和调剂供应工作，提高配纸计划的准确程度；切实调查和掌握私营出版社的纸张供应和使用情况；除西南区外，在全国范围内实行统一计划、统一调配、代购代运、分区供应的办法。为此，中央人民政府出版总署已在北京建立出版用纸供应处，专门办理纸张订购、调拨、运输、保管等业务。此后，直到改革开放初期，纸张一直是宏观调控的关键“抓手”。如 1979 年 1 月 15 日，国家出版事业管理局代局长陈翰伯向中共中央宣传部部长胡耀邦写信，列举了印刷力量不足和纸张紧张等主要情况。胡耀邦指示：教科书用纸必须保证，报纸不可一日缺纸，重要的书刊也要适当安排出版，此事请国家计委牵头，会同有关生产部门务必设法解决。会后，有关部门采取了措施。在 1979 年的全国计划会议上，国家调整新闻出版用纸的生产计划，还特地调拨约 1 亿美元外汇用于进口纸张和纸浆。同年 4 月 10 日，国家出版事业管理局向中共中央宣传部并胡耀邦请示，提出 1979 年全国新闻出版用纸因计划核减，缺口 7.5 万吨，为此提出几项建议：借用《毛泽东选集》储备纸 4 万吨；压缩《人民日报》《红旗》发行份数和用纸；控制报刊在 4 月份的实际发行，数年内不再增加；各部门批准创刊和复刊的杂志，1979 年年内无法供应纸张；等等。

2. 书号管理

改革开放以后，随着中国特色社会主义市场经济体制的逐步确立，以及出版生产力的发展，纸张和印刷已经不再成为约束出版活动的关键物资，其对出版宏观调控的作用基本消失，书号替代纸张，成为出版宏观调控的重要“抓手”。

书号管理，首先是从控制期刊出版开始的。1985 年 8 月 5 日，文化部发出《关于不得变相出版期刊的通知》，规定不得以书号出版丛刊。1988 年 8 月 20 日，新闻出版署发布《关于制止期刊擅自改变办刊宗旨出刊和出版社用书号变相出刊等做法的通知》。

书号的总量调控职能，自 20 世纪 90 年代开始。1994 年 5 月 26 日，新闻出版署决定，对各出版社年度书号使用总量进行控制，书号总量控制机制确立。1995 年 1 月 13 日，新闻出版署发布《关于书号总量宏观调控的通知》，按照出版社的表现将出版社分为三档，各档分配不同的书号数量，并根据表现两年一次考核定档。其中，少数民族文字图书、科技学术著作、经国家教委批准的全国统一教材、外文版图书四类图书不限书号。[①]

1997 年 3 月 25 日，新闻出版署发出《关于全国各出版社书号核发办法的通知》，就书号使用总量的调控办法再次作出规定：凡在上年度受到处分的出版社，其书号视情节轻重给予扣减直至停发书号；被评为优秀、良好的出版社和科技专著等四类图书，在规定书号核发量的基础上追加书号。1998 年 12 月 2 日，新闻出版署又发布《关于加强书号总量宏观调控

① 中国出版年鉴社．中国出版年鉴（1996）[M]．北京：中国出版年鉴社，1996：260.

的通知》，提出了书号总量核定、核发、调控的原则和办法。2008 年，书号管理进入实名申领阶段，其总量调控作用更为精准。2008 年 6 月 25 日，书号实名申领试点单位工作会议召开，书号实名申领试点工作正式启动。7 月 15 日，56 家出版社作为第一批试点单位实行书号实名申领。2009 年 1 月 8 日，书号实名申领全面推开启动仪式在新闻出版总署举行，这标志着全国书号实名申领正式启动。2009 年 4 月 1 日起，全国所有出版社全部实行书号网上实名申领，一书一名。这既标志着出版管理的一个新开端，也标志着书号定额发放成为历史。

二、法律手段

长期以来，我国主要通过计划规划、政策文件、会议纪要、领导批示、专项行动等行政手段实施出版宏观管理。自改革开放以来，出版领域的法治建设越来越受到重视。国家制定通过了《中华人民共和国著作权法》，颁布了《中华人民共和国著作权法实施条例》《著作权集体管理条例》《出版管理条例》《印刷业管理条例》《音像制品管理条例》《计算机软件保护条例》《信息网络传播权保护条例》《图书出版管理规定》《报纸出版管理规定》《期刊出版管理规定》《音像制品制作管理规定》《电子出版物管理规定》《网络出版服务管理规定》《图书质量管理规定》《出版物市场管理规定》等一系列法律法规，初步形成了由法律、行政法规和部门规章构成的出版管理法律法规体系，对图书、报纸、期刊、电子出版物、音像制品等的出版、印刷、发行，以及互联网信息传播的管理明确了基本原则、基本制度，为依法治国方略在出版领域的贯彻实施奠定了坚实基础。

执法是法律手段的核心内容。出版执法的主要形式是开展“扫黄打非”行动。2001 年，国家新闻出版总署成立出版物市场监管局（后来又成立反非法和违禁出版物司），承担全国“扫黄打非”工作小组办公室的日常工作，指导全国“扫黄打非”工作的具体开展。国家版权局在全国发起“全民阅读春风行动”“护苗行动”等专项行动，打击侵权盗版行为。

三、经济手段

随着改革开放的不断深化，我国出版行政管理部门也开始使用经济手段进行宏观调控管理。1985 年，文化部在《关于利用经济制裁手段加强出版管理的请示》中提出，对于违反国家有关规定，擅自出版应当限制的图书或超出批准印数擅自追加印数的，没收全部非法收入，并处以罚款；违禁书刊以及非出版社单位出版的各类图书属于非法出版物，要没收违法所得，情节严重的，并处以罚款，追究负责人的责任；印刷厂承印非法出版物的非法所得全部没收，情节严重者并处以罚款，追究领导人责任。[①]进入 21 世纪，随着文化产业的迅速发展，各级政府依据促进文化产业发展的政策，通过税收优惠、项目资助、出版补贴等经济手段，扶持主题出版、鼓励公益性出版、发展出版产业、支持出版业态创新，实施出版宏观调控。

（一）采取财税优惠政策

一是税金减免。减免对象包括中国共产党和各民主党派的各级组织的机关报纸和机关期刊，各级人大、政协、政府、工会、共青团、妇联、残联、科协以及新华社和军事部门的机关报纸和机关期刊，专为少年儿童出版发行的报纸和期刊，中小学的学生教科书。专为老年人出版发行的报纸

① 《经济理论与经济管理》编辑部．第三产业政策法律全书［M］．北京：中国统计出版社，1993：450.

和期刊、少数民族文字出版物、盲文图书和盲文期刊等实行增值税先征后退政策。二是差别税率。文化体育业税率为3%，属于现行营业税的两档税率中的低档税率。图书、报纸和杂志按13%的低税率征收增值税。

（二）建立宣传文化发展专项资金

1991年，财政部和国家新闻出版署建立出版企业发展专项资金，支持出版发行企业的生产发展、技术改造、网点建设和学术著作出版等业务。1994年，出版企业发展专项资金被废止，由中央和省两级财政建立宣传文化发展专项资金，支持宣传文化单位发展，同时加大对出版企业的投入。

（三）开征文化事业建设费

从1997年开始，在全国范围内开征文化事业建设费并纳入财政预算管理，分别由中央和省两级财政建立专项资金，用于文化事业建设。其中，广播电台、电视台和报纸、刊物等广告媒介单位以及户外广告经营单位，按经营收入的3%缴纳文化事业建设费。

（四）设立文化产业发展引导资金

随着文化产业的发展，各级地方政府也纷纷设立文化创意产业基金、文化产业发展引导资金等，扶持包括主题宣传、出版发行、创意产业、动漫游戏、媒体融合、影视制作等在内的文化产业发展，不仅充分发挥了政府资金的引导作用，也极大促进了出版产业的发展。

（五）发展出版业资本市场

2006年，上海新华传媒股份有限公司上市，开启了出版企业上市融资的闸门。此后，新华文轩出版传媒股份有限公司、辽宁出版传媒、时代出版传媒股份有限公司、皖新传媒、中南传媒、天舟文化、凤凰传媒、中文在线等一批出版发行企业先后上市。2011 年，国内首家国家级文化产业投资基金——中国文化产业投资基金在北京成立。2012 年，重庆出版集团公司债券公开发行。2014 年，北京市文化科技融资租赁股份有限公司成立。股市、债市、基金等经济手段都已在出版业中运用。

第五章　从自在到自觉的出版公共服务

出版公共服务不仅是政府的一项重要职责，也是宏观管理中的一项重要内容。我国出版公共服务起步较晚，但就其功能而言，由于改革开放前我国实行的是高度集中的计划经济，忽视市场的作用，因此自新中国成立起就将出版作为单纯的公共服务（虽然那时还没有公共服务的理念及认识）。改革开放后，随着社会主义市场经济的逐步确立，出版公共服务经历了一个从自在、自为到自觉的发展过程，经过几十年的艰辛探索，摸索出了一些经验，取得了较大成绩，也有很多亟待加强的薄弱环节。

第一节　出版公共服务的兴起、内涵和外延

公共服务是为弥补市场不足而以政府等公共部门为主提供的满足社会公共需求、供全体公民共同消费与平等享用的公共产品和服务。出版公共服务是为弥补出版市场的不足而以出版管理部门为主提供的满足社会公共需求、供全体公民共同消费与平等享用的出版公共产品和服务。出版公共

服务不是孤立进行和突然兴起的，而是在我国改革开放的大背景下，结合我国行政体制改革和政府职能转换、借鉴国际上行政管理体制相关理论和经验而逐步兴起、发展和完善的。

一、公共服务理论的兴起

公共服务理论是在世纪之交兴起、在扬弃新公共管理理论基础上产生和发展起来的关于政府功能和职能定位的理论。从 20 世纪 80 年代起，在行政学领域形成了以管理的自由化和市场化为主要特征的新公共管理思潮。新公共管理理论认为，社会进步的主要途径在于生产力的持续增长，为了维持这种生产力的增长，就需要对各个生产力要素进行有效组织，提高政府效率。政府应该把主要精力放在“掌舵”而不是“划桨”上，政府管理者应充分授权，让被管理者自我管理，使比如预算、人事、采购等管理过程合理化。政府在管理中应引进市场机制，以市场为依托，组织市场，规范市场，并通过市场的力量推进变革。要改变政府的行为方式，推动政府从自上而下的官僚体制向自下而上、简政放权式的企业家政府模式转变。我国 20 世纪 80 年代的行政体制改革主要采取放权让利的市场化导向改革，从中可以看出新公共管理理论对我国行政管理体制改革的影响。

新公共管理理论流行了一段时间，但也受到了很多质疑：一方面，政府提供的毕竟是公共物品，经济学家已经证明，在公共物品领域，市场这只看不见的手出现了失灵现象；另一方面，以效率为导向的管理模式，忽视了不同群体的不同资源禀赋，会导致严重的社会不公，并违背公平正义这一基本价值理念，有可能影响社会稳定。于是，在世纪之交，以美国著名公共行政学家罗伯特·B. 登哈特为代表的一批公共管理学者在对新公共管理理论进行反思的基础上提出了新公共服务理论。

新公共服务理论认为：政府的主要职责是服务于公民而不是把服务对象当顾客；政府应该追求公共利益，承担共同责任；政府要比具有企业家精神的管理者更关注公民权利，促进公共利益；政府不仅仅要关注市场，更要关注宪法、法令、政治规范、价值观、企业标准等；政府的思考要具有战略性，行动要具有民主性；政府要以人为本，重视人，而不是仅仅重视生产率；政府的职责是服务而不是掌舵。[①] 该理论甫一提出就风靡欧美，不仅主导了全球范围内的公共行政改革潮流和趋势，而且由于它强调政府的作用，提倡以人为本，关注公共利益，这些理念与我们党和政府所倡导的为人民服务的理念有一定契合之处，因此，它很快就对我国的行政管理改革及政府职能转换产生了重大影响，为我国行政体制改革提供了直接的理论借鉴。

二、出版公共服务的内涵

在很长一段时间内，我国主要承认出版业的意识形态属性，及其宣传等公共职能，否认其作为商品的属性。20 世纪 80 年代出版理论和实践上的一个重大突破就是承认出版物是商品，要服从价值规律和市场运行规律，它的价值和使用价值要通过市场交换来实现。在此理论指导下，我国出版领域开始了一系列以市场为导向的体制改革，在资源配置方面更加充分地发挥市场的作用，出版物的生产、流通、消费和分配逐步通过市场来实现，承认出版单位在市场中的主体地位，等等。但由此也导致了另外一个结果，那就是忽视了出版物的公共物品属性，忽视了政府这只看得见的手的作用，一个重要表现就是政府在提供公共服务方面的主导地位缺失，

---

① 登哈特，登哈特. 新公共服务：服务，而不是掌舵［M］. 丁煌，译. 北京：中国人民大学出版社，2010：31.

在很长一段时间内，行政体制改革和政府职能转换中对政府应该提供的公共服务没有清晰的认识，把有些本来应该由政府承担的责任推向了市场或企业，造成了出版公共服务的短缺。

公共服务理论的基础是公共物品理论以及产品的外部性理论。公共物品是供社会成员共同享用的物品，一般来说具有非竞争性和非排他性这两个属性。由于公共物品由社会成员共同享用，私人部门（比如企业）的投入与产出或者成本与收益之间不相匹配，存在搭便车行为，比如公共图书馆建设，再比如制定行业规制等，这类产品私人部门供给不足或者不能由私人部门来供给，需要由政府提供和干预。当个人或企业采取的行动直接影响到他人，却没有为其有害结果付费，或没有因其有益结果获得补偿时，就出现了外部性，前一方面被称为负的外部性，后一方面被称为正的外部性。比如，一个书商或一家出版社出版了一本有很高学术价值的图书，社会从中获得了较大的收益，但书商或出版社却为此而赔钱，这是正的外部性；当一个书商或一家出版社出版了一本内容低俗的图书，书商或出版社可能从中获得巨大收益，但对社会造成了严重危害，这种危害成本却由社会来承担，这就是负的外部性。还有一种情况，那就是当市场竞争不充分、形成垄断时，也有可能危害公众利益，这时也需要政府干预。公共经济学认为，在私人成本与社会成本之间存在不对应关系时，就会发生市场失灵，这时需要政府这只看得见的手通过提供公共物品来对市场失灵或负的外部性进行矫正，以弥补市场的缺陷，改变市场结果，追求公平和平等的社会价值，抑制负的外部性。政府提供公共物品的这种行为可以被称为公共服务。

从上述分析可以看出，公共服务所提供的产品或服务具有非排他性和非竞争性；具有公益性，不以营利为目的；提供服务的主体主要是政府，虽然社会组织和企业也可以参与，但政府在其中起主导作用。因此，我们把出版公共服务定义为：与出版产业相对应、以政府为主导、政府和其他社会主体共同参与、以社会效益为首要目标、具有公益性质（非排他性和非竞争性）的出版产品和服务。

三、出版公共服务的外延

出版公共服务主要包括以下几个方面：（1）制定出版相关法律法规及行业规范、行业标准，使行业有章可循，减少交易成本；（2）提供公共设施建设，培育出版消费市场，比如政府投资进行公共信息服务网络建设、图书馆建设，支持实体书店建设，倡导全民阅读活动，等等；（3）公共财政对具有公益性的出版物及出版行为进行直接或间接的资金支持，比如对少数民族出版物、学术著作、古籍整理等公益性出版行为通过财政补贴等形式进行支持，对农村图书发行网点在税收等方面进行支持，等等；（4）对垄断、低价倾销、高定价低折扣等市场不规范行为进行限制和打击等，规范市场行为，维护市场秩序，促进公平竞争；等等。

第二节　改革开放前出版具有公共服务性质的探索

从新中国成立到改革开放初期，我国实行的是高度集中的计划经济体制，资源配置是通过国家计划实施的，虽然在具体工作中强调要考虑出版物的效益和效率，提倡提高效率、杜绝浪费等，但从总体上对出版范围、原材料、价格等等都采取高度集中的计划管理体制。由于在计划经济条件下，所以资源配置都是按照国家计划实施的，纸张等出版材料由财政部、轻工业部等八部门统一管理，出版物发行渠道逐步由新华书店统一经营，价格由国家统一制定标准，因此出版物的经营和管理不是按照市场规律运行的，也因此，所谓公共服务是为了弥补市场不足这一前提基本上不存在，这时所进行的出版服务既可以说是完全的出版公共服务，也可以说不存在现代意义上的出版公共服务。但国家在出版领域的很多行为具有公共服务的性质，因此我们可以说，这一阶段的一些出版活动具有公共服务的性质，出版界在这方面进行了很多探索。

一、确立党的出版方针

在新中国成立之初，时任中共中央宣传部部长陆定一在全国出版工作会议闭幕式上的讲话中指出："我们的出版事业与旧的出版事业不同之点，就是无条件为人民服务。人民解放事业的利益对于我们是唯一的利益，无论书店赚钱或赔本，无论个人的待遇好或坏，都要为人民服务。"① 这里，陆定一作为中央宣传领域的领导人，第一次把"为人民服务"作为中华人民共和国的出版方针提了出来。1950 年召开的第一届全国出版工作会议将出版物作为"精神食粮"，提出出版物要对人民负责、对读者负责。这次会议通过的《关于发展人民出版事业的基本方针的决议》等文件明确提出："为人民大众的利益服务是人民出版事业的基本方针。"② 会后发布的《政务院关于改进和发展全国出版事业的指示》指出，"书籍杂志的出版、发行、印刷，是与国家建设事业、人民文化生活极关重要的政治工作"，为了出版事业能够扩大发展，可以允许出版社取得一定的合法利润，但出版社绝不能单纯以营利为目的③。因此，将出版作为一项重要的政治工作，坚持为人民服务，出版不以营利为目的，就成了我国出版业长期坚持

---

① 中国出版科学研究所，中央档案馆．中华人民共和国出版史料：1[M]．北京：中国书籍出版社，1995：442.

② 胡愈之．胡愈之出版文集［M］．北京：中国书籍出版社，1998：148.

③ 中宣部出版局《出版工作文献选编》编辑组．出版工作文献选编［M］．沈阳：辽宁教育出版社，1991：234.

和必须遵守的出版方针和基本原则。之后，管理机构进一步强调出版的事业性质。1954 年，时任中央人民政府出版总署副署长陈克寒提出："出版社的基本任务，是积极地团结和组织作家，出版人民所需要的各种书籍，发展祖国的科学和文化，为国家当前的和今后的革命事业和建设工作服务"，"出版社是个文化机关，它在社会上的作用，是要通过书籍的出版，团结和培养作家，推动国家学术和文化的发展"①。"文化机关"的定性事实上就是强调了出版的事业属性和政治性，不再从经济角度思考出版属性。当然，当时的出版管理者比如胡愈之也提出了出版的企业化经营问题，但他同时强调："走向企业化经营的目的，就是使这项工作不要变成国家的负担，不要依靠国家支持，这就要实行经济核算制，加强科学化管理，减低成本，减轻读者负担。"② 因此，这里的企业化管理仅仅是从经济核算、减少浪费、降低成本角度进行考虑的，并没有从遵从市场规律的角度考虑。

二、确立出版领导体制和出版分工体制

在领导体制方面，新中国成立后不久，中央就提出要加强党对出版工作的领导。1951 年 8 月，时任中共中央宣传部副部长胡乔木在第一届全国出版行政会议上指出："出版工作是中央人民政府的重要工作，也是党的重要工作，党的各级组织，都必须把这一工作当作最重要的事情去做。"③ 国家在中共中央宣传部专门设立出版处，代表党中央分管出版方面的重大方针政策和宏观管理。中央人民政府设立专门的出版行政管理机构（中央人民政府出版总署、文化部出版事业管理局、国家出版事业管理

① 刘杲，石峰．新中国出版五十年纪事［M］．北京：新华出版社，1999：38.

② 胡愈之．胡愈之出版文集［M］．北京：中国书籍出版社，1998：70.

③ 宋应离，刘小敏．亲历新中国出版六十年［M］．开封：河南大学出版社，2009：10.

局等），各大行政区（后来是各省）设立新闻出版行政管理机构，先是由中央人民政府出版总署直接领导，同时接受各大行政区文委的指导和监督，后又改为由各大行政区行政委员会领导。之后在很长一段时间内形成了中共中央宣传部负责宏观管理，政府新闻出版管理机构负责行政管理，行政上以地方管理为主的出版领导体制。

在新中国成立之初，党和政府对出版分工就给予了高度重视，除在出版环节上对出版社、新华书店、印刷厂三者进行严格分工，使之分别专门从事出版、发行和印刷工作外，在出版社内部也进行了严格的出版专业分工，对各个出版社的出版范围进行了详细的规定。时任中央人民政府出版总署署长胡愈之指出，“书籍的生产是一种专门性的工作，分工一定要细，……最好的办法就是出版专业化，比如出版教科书的专门出版教科书，出版文艺书的专门出版文艺书，出版自然科学书的专门出版自然科学书”，除可以按照性质进行专业分工外，还可以按照读者对象进行分工，中国工人出版社专门出版工人读物，青年出版社专门出版青年读物，这样按照性质和不同的读者对象分工，出版工作就可以大大发展，出版质量也可以提高①。

三、加强公共服务性质的出版物的出版工作

出版公共服务的最重要内容是公共服务类（公益性）出版物的出版。自新中国成立起，出版部门就在这方面做了大量工作。

（一）加强对马克思主义经典著作和毛泽东同志著作的出版工作

1953 年，中共中央成立了中央编译局，先后开展了《马克思恩格斯

① 胡愈之．胡愈之出版文集［M］．北京：中国书籍出版社，1998：69.

全集》《列宁全集》《斯大林全集》的翻译出版工作，同时出版了一大批单行本、专题汇编等，为马克思主义的普及、宣传和传播做出了巨大贡献。新中国成立后，毛泽东著作的出版是出版工作的重中之重，先后出版了《毛泽东选集》（1～4卷）、《毛泽东著作选读》、《毛主席语录》，以及毛泽东著作的各种专集、汇编本、单篇本等，总印数达到数十亿册。

（二）各种通俗读物的出版

新中国成立后，为了普及科学文化知识，中央多次部署加强通俗读物的出版工作，除了前期在人民出版社专门成立通俗读物编辑室外，后来又专门成立通俗读物出版社、农村读物出版社等专门出版机构。1952年，胡愈之在向周恩来总理报送关于第二届全国出版行政会议的报告时指出，地方出版社的任务是出版当地所需要的、解决群众思想问题的、传播先进经验和介绍先进人物的、指导工农群众的生产和学习的通俗读物。同时，中央特别强调要加强农民读物的出版和农村发行工作，加强扫盲读物、儿童读物和青年读物的出版工作。

（三）古籍整理工作

新中国成立之初，整理出版和重印的古籍较少。在毛泽东的亲自关注下，史学界和出版界加快了古籍整理工作和古籍出版工作，继1951年人民文学出版社整理出版《水浒传》之后，1956年、1957年古籍出版社先后出版了《资治通鉴》和《续资治通鉴》，随后又启动了“二十四史”的点校和出版工作[①]。1958年，国务院科学规划委员会在京成立了古籍整理出版规划小组，陆续出版了一批哲学、历史、文学等古代名著，还出版了

① 杨牧之．新中国古籍整理出版工作回顾与展望［J］．中国出版史研究，2018（1）：7－19．

一些古籍资料及古籍研究所需要的工具书。

（四）少数民族文字图书和外文图书

新中国成立后，一直把少数民族出版作为重要出版任务。1953 年民族出版社成立，专门从事少数民族出版工作。之后，各少数民族相继成立了少数民族文字出版机构，出版了大批少数民族文字的读物、教材、工具书等，极大地促进了少数民族地区的科学文化的传播，提高了少数民族地区的文化素养。为了加强对外宣传，中央专门批准成立了外文出版社等专业出版社，向国外翻译出版《毛泽东选集》《中国共产党的三十年》《简明中国历史》《简明中国地理》以及大量的文学、美术等外文版作品，促进了中国当代思想文化在国际上的传播。

可以说，从新中国成立到改革开放初，虽然我国实行的是高度集中的计划经济体制，但一些公共服务的探索性做法仍然具有借鉴意义，并为改革开放后的出版公共服务开了先河。

第三节　改革开放以来我国出版公共服务的发展历程

我国的出版公共服务不是一开始就自觉提供的，而是经历了一个不断深化的探索过程。黑格尔曾把理念划分为自在、自为两个阶段。他认为，所谓自在就是潜在的，还没有展开时的存在；而自为则是展开了的、显露的存在。这里对黑格尔的概念加以借用和改造，将我国出版公共服务的发展划分为三个阶段：还没形成出版公共服务的意识但有了部分出版公共服务行为的阶段，这个阶段的出版公共服务还属于潜在的，因此本研究称其为出版公共服务的自在阶段；已经具有出版公共服务意识并开展了一系列出版公共服务行为，对出版公共服务行为进行了很多积极探索，本研究称其为出版公共服务的自为阶段；积极主动地开展出版公共服务，掌握了一定的出版公共服务规律，并通过立法对出版公共服务进行保障，初步形成了出版公共服务体系，本研究称其为出版公共服务的自觉阶段。

一、以建立规制为主要特征的自在阶段（1978—2002）

“文化大革命”把过去的相关规章制度完全破坏，出版管理机构也不够健全甚至一度被取消，导致改革开放初期，出版业无章可循、无法可依。由于没有相应的规章制度，整个社会一度在出版领域出现了极为混乱的局面。很多机构自己出书、出刊在市场上销售，很多单位甚至个人未经批准自己创办各种同人期刊公开向社会进行征订和发行。即使是经过批准成立的出版社和杂志社，从生产到销售各个环节也没有相应的规范和标准，具有很大的随意性，从而造成了不应有的混乱，也加大了社会成本。因此，这一阶段的最紧要的工作就是尽快制定相应的规章制度和行业标准，减少交易成本，规范出版行为，净化出版市场，这也是这一阶段政府所做的最主要的工作。与此同时政府也开展了一些具有公共服务性质的工作。

（一）制定出版相关管理法律和规章制度

在改革开放初期，中共中央宣传部批转了国家出版事业管理局制定的《出版社工作暂行条例》（1980 年），从出版社的方针任务，图书的质量与数量，出书规划与计划，作者工作，编辑工作，印校工作和发行工作，图书的宣传、评介工作，经营管理和后勤工作，干部工作，党的领导等十个方面对出版社的各项工作进行了较为系统全面的规范。此后不久，中共中央、国务院发布了《关于加强出版工作的决定》（1983 年），从出版战线面临的形势和任务、出版工作的性质和指导方针、加强出版队伍建设、改变印刷发行落后的现状、进一步加强和完善对出版工作的领导等五个方面对出版工作进行了宏观部署。之后，党和国家从出版的各个方面制定了相关管理法律法规和管理规定。

在管理法律法规层面，《中华人民共和国宪法》规定公民有言论和出版的自由，同时规定公民在行使自由和权利的时候，不得损害国家的、社会的、集体的利益和其他公民的合法的自由和权利。为了保障宪法规定的言论和出版自由，20 世纪 80 年代，我国着手制定《中华人民共和国著作权法》和《中华人民共和国出版法》两部重要法律。1990 年《中华人民共和国著作权法》获得通过，随后国务院制定了《中华人民共和国著作权法实施条例》。《中华人民共和国出版法》由于种种原因中途夭折，国务院在此基础上修订并于 1997 年颁布了《出版管理条例》，对图书、报纸、期刊、音像制品和电子出版物等的出版、印刷（复制）、发行活动的管理确定了基本原则和基本制度，并对出版的性质、任务、功能以及出版机构的设立与管理、出版物的进口、出版保障和奖励、法律责任等做出了规定。此外，国务院在 20 世纪 90 年代相继颁布了《计算机软件保护条例》《中华人民共和国地图编制出版管理条例》《音像制品管理条例》《印刷业管理条例》等相关条例，形成了一法六条例的出版法律法规结构框架。

在行政规章和管理制度方面，出版管理部门相继颁布了《图书质量管理规定》《图书质量保障体系》《出版物市场管理暂行规定》《报纸出版管理规定》《期刊出版管理规定》等一系列管理规定，从各个环节对出版行为进行了规范和管理。

在内容管理方面，出版管理部门先后出台了大量的文件，对涉及党和国家领导人著作和回忆录、民族宗教、军事、重大历史问题、统战、苏（联）东（欧）、台港澳、古籍整理、地图、保密等题材，以及涉及未成年人读物、三农、古旧小说、挂历和美术图书、迷信和伪科学、辞书、地方志、中小学教材教辅等方面的出版物做出了详细的、具有可操作性的相关规定。在其他行政管理方面，出版管理部门先后出台了关于出版社年检、协作出版、书号管理、图书定价、稿酬、出版物条码、在版编目管理、样书管理、书市、展会、进出口、评奖、统计等等的规章制度，使出版行为有章可循。

可以说，上述出版法律法规和管理规定已经基本涵盖了出版的各个主要环节和方方面面，形成了较为系统的有中国特色的依法依规进行出版管理的制度体系。

（二）制定相应行业标准

标准是人类文明进步的成果，标准化是现代化的一个重要特征。通过标准的统一化、简化、通用化和系列化，能够起到规范行为、提高效率、提升质量、方便用户、加强管理的目的。在这一阶段，国家标准管理部门和出版管理部门出台了一系列行业标准，其中包括《中华人民共和国国家标准：中国标准书号》等关于中国标准书号的使用规定，《中华人民共和国国家标准：标点符号用法》《中华人民共和国国家通用语言文字法》《中华人民共和国国家标准：校对符号及其用法》等语言文字符号标准，《中华人民共和国计量单位名称与符号方案（试行）》《中华人民共和国法定计量单位》《中华人民共和国国家标准：出版物上数字用法》等计量单位标准，《中华人民共和国国家标准：图书和其它出版物的书脊规则》《中华人民共和国国家标准：图书书名页》等图书标识规定标准，从内容到形式为出版行业制定了必须遵循的行业标准。

（三）对出版公共服务相关政策的探索

20 世纪 80 年代至 90 年代初，在分税制改革之前，我国中央政府所掌握的财政资金较少，没有力量更多地投入出版公共服务建设。90 年代中后期，随着分税制的实施，国家财政状况大幅好转，国家开始加大对出版公共服务的资金投入。党中央也对加大出版公共投入提出了明确要求。1996 年党的十四届六中全会提出：出版工作“要及时反映国内外新的优秀文化成果，重视出版传统文化精品和有价值的学术著作，积极扶持少数民族出版事业，不断满足人民群众多层次、多方面的需求”①。

一是支持学术著作的出版。20 世纪 80 年代初，胡乔木针对很多出版社不愿意出版学术著作的情况提出：社会主义的出版工作绝不仅为着营利，出版界有责任把那些有科学价值但发行量不大的学术著作出版出来。为出版部门的利润可否基本不上交或大部留成。赔钱的书要补贴出版社。② 为了支持学术著作和发行量较小的高校及中等专业学校教材出版，1986 年国家教育委员会、财政部、国家出版局联合发布《高等学校和中等专业学校教材定额补贴暂行办法》。1987 年新闻出版署发文，同意印数在 3 000 以下的学术著作和专业著作可参照成本定价。新闻出版署等部门负责人在中国人民政治协商会议全国委员会提案委员会上表示：将尽快采取措施，逐步解决科技书刊出版难问题。随着国家财政状况的改善，1991 年财政部、新闻出版署联合发布《关于建立出版企业发展专项资金的规定》，其适用范围之一就是“专业学术著作及党和国家提倡的重点图书出版的困难补助”③。1995 年新闻出版署发布《新闻出版署出版发展专项资金管理办法》《新闻出版署出版技术进步专项资金管理章程》和《新闻出版署学术著作、重点图书出版专项资金管理章程》。1997 年国家科委、财政

---

① 中共中央文献研究室．改革开放三十年重要文献选编：上[M]．北京：中央文献出版社，2008：877.

② 《胡乔木传》编写组．胡乔木谈新闻出版（修订本）[M]．北京：人民出版社，2015：460.

③ 财政部、新闻出版署关于建立出版企业发展专项资金的规定 [EB/OL].[2023-10-10]. http://www.law.lawtime.cn/d606939612033.html.

部、新闻出版署联合发布《国家科学技术学术著作出版基金管理办法》，对科学技术学术著作出版基金的组织机构和职责、资金来源和使用、资金资助范围、申请的条件、评议和审批要求、基金管理和要求等做出了明确规定。这些举措在一定程度上有效地解决了学术著作出版难的问题。

二是支持少数民族地区的出版。1980 年，国家专门召开全国少数民族文字图书出版工作座谈会，随后国务院批转国家民委、国家出版事业管理局《关于大力加强少数民族文字图书出版工作的报告》，报告涉及少数民族文字图书出版工作的方针政策、民族出版机构的设置和调整、加强编译队伍建设、大力扩充民族文字图书印刷生产能力、做好图书发行工作，以及妥善解决民族文字图书出版经费等问题。1991 年，新闻出版署、财政部联合发布《关于调整少数民族省（区）图书发行折扣的若干规定》，指出新华书店发货店、出版社自办发行部门向少数民族省销货店、省新华书店供货，一律按照七零折发货。这一折扣在当时要比对其他省市的批销折扣优惠 5%～10%。新闻出版管理部门还通过专题会议等形式探讨对西藏、新疆等少数民族地区出版的援助或支持。

三是支持古籍出版发行工作。1981 年，陈云两次指示要把古籍整理工作抓紧搞好。之后不久，中共中央发布《关于整理我国古籍的指示》，从人才培养、队伍建设、领导机制、出版规划、古籍抢救与整理以及经费支持等方面对古籍整理和出版工作做出部署。同年年底，国务院恢复成立古籍整理出版规划小组，并领导制定了《古籍整理出版规划（1982—1990)》和《中国古籍整理出版十年规划和“八五”计划》，两个规划都经国务院批准实施。为了加强古籍图书的发行工作，1993 年，新闻出版署、国家物价局联合就加强古旧书业工作、恢复和建立古旧书业经营网点、积极支持古旧书业的发展提出了具体要求和政策措施。

四是支持农村图书发行工作和网点建设。1980 年，国家出版事业管理局和中共中央宣传部共同主办农村图书发行工作座谈会，会议提出加强农村图书发行工作、活跃农村文化生活的建议和措施。1981年，中共中央宣传部批转国家出版事业管理局《关于全国农村读物出版发行工作会议纪要》，提出认真抓好编写出版工作，分配城乡共需的图书要注意照顾农村，挑选好书专发农村，把农村图书发行工作搞活，开展农村读物的竞赛和评奖活动，加强对农村读物出版发行工作的领导等六条意见。[①] 1991年，新闻出版署、国家计划委员会、建设部联合发布《关于图书发行网点建设若干问题的通知》，规定各级城建部门应将图书发行网点建设纳入规划，要特别注意农村供销社售书点的恢复[②]。同年，新闻出版署、中共中央宣传部等五部委联合发布《关于加强农村图书发行工作的意见》，提出：切实做好农村图书的货源组织和供应工作；改善经营管理，提高服务质量；发展和巩固农村图书发行网点；加强图书发行队伍建设；对农村发行实行优惠的经济政策；加强对农村发行工作的领导；等等[③]。1996年，中华全国供销合作总社、新闻出版署联合发布《关于加强农村图书、音像制品发行工作的通知》，指出各级供销社应把搞好农村图书、音像制品发行工作作为一项重要任务来抓[④]。由于农村新华书店发行网点大多数赔本运行，主要服务于农村文化发展，其亏损部分主要由增值税返还和发行中小学教材利润进行补贴。与此同时，国家还实行文化、科技、卫生“三下乡”制度，送书下乡，建立“万村书库”，在广大农村地区建立了一大批农村图书阅览室。

---

① 国家出版局办公室．出版工作文件选编（1981—1983）[M]．北京：中国ISBN中心，1984：56-60.

② 新闻出版署办公室．新闻出版工作文件选编（1990—1991）[M]．北京：知识出版社，1992：698.

③ 同②695-700.

④ 新闻出版署办公室．新闻出版工作文件选编（1996）[M]．北京：中国ISBN中心，1997：417-420.

（四）对出版公共服务活动的直接投入

除上述对出版公共服务的政策支持外，在出版管理部门的大力倡导、协调下，政府、企业以及其他部门还通过建立各种基金等形式，加大对出版公共服务的资金支持。一是由财政部和新闻出版署主持设立出版企业发展专项资金、出版技术进步专项资金、优秀学术著作出版基金、国家古籍整理出版专项经费以及国家科学技术学术著作出版基金等，对高质量的学术著作予以资助；同时，中央财政对农村发行网点建设、少数民族出版等拨出专门的资金进行支持。二是中央其他部门设立出版资金资助，如：1989 年中国儿童少年基金会宣布设立中国儿童读物奖励基金；同年，中国科学院设立中国科学院科学出版基金，每年拨款 300 万元，资助优秀科技书出版；1994 年，中国科学技术协会设立科技专家出版基金委员会；等等。三是地方新闻出版管理部门设立学术著作出版基金资助，如 1991 年，浙江省新闻出版局（以浙江省出版总社名义）每年集中 100 万元资金专门扶持出版由于经济原因难以问世的高质量学术著作，上海市新闻出版局拨款 300 万元资金设立学术著作出版基金，江苏省新闻出版局筹集 500 万元资金设立图书发行基金，主要用于发展农村发行网点建设，等等。四是由企业自筹资金设立学术出版基金，支持学术著作出版，如：1988 年山东科技出版社设立“泰山科技专著出版基金”，这是我国最早设立的出版基金；1994 年山东教育出版社出资设立“教师出版基金”，每年出资 60 万元，为全国大、中、小学校教师出版学术专著和多人论文合集；1996 年河南教育出版社和中国科学院自然科学史研究所联合设立“中国科学史著作出版基金”；等等。

（五）打击非法出版活动，维护出版市场秩序

改革开放初期，社会上出现了滥编滥印书刊之风，很多不具有出版资

质的学校、机关、团体和企事业单位擅自编印、翻印书刊，粗制滥造，错误百出，质量低劣，有些甚至掺杂了大量淫秽内容、错误乃至反动观点，给社会造成了极其恶劣的影响。它们将这些质量低劣的书刊向社会高价兜售，有的进行黑市交易，严重扰乱了市场秩序，腐蚀了读者心灵，冲击了社会主义思想阵地，破坏了社会主义精神文明建设。因此，我国有关管理部门从20世纪80年代开始积极打击非法出版物。为了加强对非法出版物的打击力度，1989年8月，中央专门成立全国“扫黄打非”工作小组及其办公室，负责拟订出版物市场“扫黄打非”的方针、政策和计划，参与起草出版物市场监管的法律、法规，并组织实施，以及对出版物市场进行监管。1996年，新闻出版署发布《关于培育和规范图书市场的若干意见》，就发展和完善图书市场网络体系、建立新型购销关系、加强市场管理等八个方面提出了具体的要求。[①] 1999年，新闻出版署颁布《出版物市场管理暂行规定》，对建立全国统一、开放、竞争、有序的出版物市场从发行环节做出了详细的规定，对加强出版物市场管理、维护出版秩序起到了有力的推动作用。

党的十四届六中全会通过的《中共中央关于加强社会主义精神文明建设若干重要问题的决议》提出了要增加对文化事业的投入、对国家兴办的图书馆等公益性事业单位要给予经费保障、在城市建设中要配套搞好公共文化设施等具体举措和要求。2001年，党的十五届五中全会在党的正式文献中第一次对公益文化事业与文化产业做出区分，提出要继续实行支持文化事业发展的有关政策，增加对重要新闻媒体和公益文化事业的投入，完善文化产业政策，加强文化市场建设和管理，推动有关文化产业发展。可以说，明确的公共文化服务概念呼之欲出了。

---

① 新闻出版署发行管理司．新编图书发行实用手册[M]．沈阳：辽宁人民出版社，1998：43-52.

二、对出版公共服务体系进行积极探索的自为阶段（2002—2012）

2002 年，江泽民在党的十六大报告中提出："国家支持和保障文化公益事业，并鼓励它们增强自身发展活力。"[①] 报告还进一步指出，应扶持体现民族特色和国家水准的重大文化项目等，扶持老少边穷地区和中西部地区的文化发展，加强文化基础设施建设，发展各类群众文化。这里已经涵盖了公共文化服务的一些重要内容。此后不久，《政府工作报告》中把公共服务作为社会主义市场经济条件下政府的主要职能之一。[②] 之后，文化（包括出版，下同）公共服务作为政府的一项基本职能被反复重申和强调。2003 年，李长春在文化体制改革试点工作会议上的讲话中指出："要以增加投入、转换机制、增强活力、改善服务为重点，抓好公益性文化事业的改革和发展。"增加投入的重点是增加对文化基础设施建设的投入。[③] 2005 年的《政府工作报告》中提出了"努力建设服务型政府"的要求[④]。同年召开的党的十六届五中全会通过了《中共中央关于制定国民经济和社会发展第十一个五年规划的建议》，提出："积极发展文化事业和文化产业。加大政府对文化事业的投入，逐步形成覆盖全社会的比较完备的公共文化服务体系。"[⑤] 这是在党的重要文献里第一次明确提出"公共文化服务体系"概念，具有里程碑式的意义。此后，党和政府对公共文化服务的

---

① 中共中央文献研究室．改革开放三十年重要文献选编：下［M］．北京：中央文献出版社，2008：1261.

② 同①1261.

③ 中共中央文献研究室．十六大以来重要文献选编：上［M］．北京：中央文献出版社，2005：346.

④ 中共中央文献研究室．十六大以来重要文献选编：中［M］．北京：中央文献出版社，2006：789.

⑤ 同④1080.

认识有了质的飞跃，并在理念、政策、配套措施等方面形成了较为系统的公共文化服务体系。

（一）公共文化服务理念

这期间，党中央、国务院形成了公共文化服务的基本理念，主要体现在以下三个方面：一是充分肯定公共文化服务的极端重要性；二是清晰把握公共文化服务的目标任务；三是确立公共文化服务的基本原则。

关于公共文化服务的重要性，党中央从三个方面加以论述：一是把它放到制度层面加以认识，认为加强公共文化服务是从中国特色社会主义总体布局和全面建成小康社会全局出发而提出的一项重要任务，是建设社会主义现代化国家的必然要求，也是社会主义制度优越性的体现；二是把它放在文化层面加以认识，认为加快构建覆盖全社会的公共文化服务体系，是维护好、实现好、发展好广大人民群众的利益的要求，反映了广大人民群众的意愿；三是把它放到提高民族素质的角度加以认识，认为公共文化服务体系建设，对于促进人的全面发展、提高全民族的思想道德和科学文化素养具有重要意义。因此，各级党委和政府要把公共文化服务体系建设放在全局工作的突出位置，把握方向，制定政策，整合力量，营造环境，切实担负起领导责任。①

关于公共文化服务的目标任务，党中央提出，要坚持文化事业和文化产业协调发展。公益性文化事业的根本任务是为人民群众提供基本的公共文化服务，构建覆盖全社会的公共文化服务体系，普及文化知识，传播先进文化，提供精神食粮，体现人文关怀，不断满足人民群众最基本的文化需求。

---

① 中共中央文献研究室．十六大以来重要文献选编：下［M］．北京：中央文献出版社，2008：1132．

关于公共文化服务的基本原则，党中央提出了以下几点要求：一是坚持把社会效益放在首位，努力实现“两个效益”的统一，最大限度地发挥文化引导社会、教育人民、推动经济发展的功能；二是要体现公益性、基本性、均等性、便利性的要求，即公共文化服务不能以营利为目的，所提供的是基本的公共服务，满足的是人民群众对精神产品的基本需求，要坚持城乡、区域文化协调发展，逐步实现公共文化服务的均等化，要把公共文化服务的重点放在基层和农村，让人民群众享受到便捷的服务，等等；三是坚持结构合理、发展平衡、网络健全、运行有效、惠及全民的原则。

（二）出版公共服务政策

在这一阶段，胡锦涛分别于 2007 年和 2010 年两次主持中共中央政治局会议，讨论发展与繁荣社会主义文化、加强公共文化服务建设问题。这期间，党和政府密集出台了一系列文件或政策，对加强公共文化服务建设做出具体部署，这些文件或政策除党的十七大报告及党的十七届六中全会审议通过的《中共中央关于深化文化体制改革推动社会主义文化大发展大繁荣若干重大问题的决定》这两个重要文献外，还包括《中共中央办公厅、国务院办公厅关于进一步加强农村文化建设的意见》（2005 年）、《关于深化文化体制改革的若干意见》（2005 年）、《国家“十一五”时期文化发展规划纲要》（2006 年）、《新闻出版业“十一五”发展规划》（2006 年）、《中共中央办公厅、国务院办公厅关于加强公共文化服务体系建设的若干意见》（2007 年）、《“农家书屋”工程实施意见》（2007 年）、《农家书屋工程建设管理暂行办法》（2008 年）、《国家出版基金资助项目管理办法》（2008 年）、《国务院关于进一步繁荣发展少数民族文化事业的若干意见》（2009 年）、《关于进一步推进新闻出版体制改革的指导意见》（2009

年)、《新闻出版业“十二五”时期发展规划》(2011 年)、《中共中央宣传部、新闻出版总署、住房和城乡建设部关于加强城乡出版物发行网点建设的通知》(2011 年)、《国家“十二五”时期文化改革发展规划纲要》(2011 年)等。

(三)出版公共服务保障措施

为了落实中央关于公共文化服务的各项部署,国家出台了一系列保障措施,这些措施主要包括建立健全领导和工作机制、实施重大出版公共服务工程、增强公共文化产品供给能力、建立创新出版公共服务运行机制、完善出版公共服务投入机制等。

关于建立健全领导和工作机制,《中共中央办公厅、国务院办公厅关于加强公共文化服务体系建设的若干意见》指出,“要建立健全党委和政府统一领导,发展改革、财政、文化、广电、新闻出版等部门分工负责,工会、共青团、妇联、文联、作协等人民团体积极参与的工作机制”[①],推动公共服务体系建设的制度化、规范化和法制化。

关于实施重大出版公共服务工程,《新闻出版公共服务体系建设“十二五”时期规划》提出要重点建设实施中国共产党思想理论资源数据库与传播工程、少数民族新闻出版东风工程、盲文出版工程、党报党刊等重点报刊传播能力建设工程、农家书屋工程、公共阅报栏(屏)建设工程、重大出版工程、国家古籍整理出版工程、国家重点学术期刊建设与学术论文发布平台项目、中国出版博物馆建设项目、全民阅读活动等重大工程项目。通过这些工程项目,促进公共服务体系建设的落实。

---

① 中共中央文献研究室.十六大以来重要文献选编:下[M].北京:中央文献出版社,2008:1140.

关于增强公共文化产品供给能力，《中共中央办公厅、国务院办公厅关于加强公共文化服务体系建设的若干意见》提出，应从建立公共文化产品设施网络、充分发挥现有文化设施的作用、加强公共文化产品生产、积极开展公益性文化活动、提高产业支撑和市场供给能力等方面提升文化产品供给能力。

关于建立创新出版公共服务运行机制，国家保留了人民出版社、中国盲文出版社、民族出版社等若干家公益性出版单位，继续深化公益性文化出版单位内部管理机制、人事制度、劳动制度、分配制度改革，健全激励和约束机制，提高新闻出版公共服务能力和水平。引入竞争机制，实行建立基金、政府采购、项目补贴、定向资助、贷款贴息等方式支持公益性文化产品、项目和活动，切实提高服务效益。通过支持出版技术创新和融合发展，重点建设中华字库工程、国家数字复合出版工程、数字版权保护技术研发工程等新兴数字出版技术，构建数字化出版物的生产、传播和网络平台，提高公共出版技术水平。

在完善出版公共服务投入机制方面，《新闻出版公共服务体系建设“十二五”时期规划》提出，要建立健全新闻出版公共服务的财政保障机制，大力争取财政对新闻出版公共服务建设工程项目的支持。2007 年，国务院批准成立了“国家出版基金”相关管理机构，并于 2008 年制定了《国家出版基金资助项目管理办法》，这是继国家自然科学基金、国家社会科学基金之后成立的第三个国家级基金，该基金主要用于对不能通过市场资源完全解决出版资金问题的优秀公益性出版物的补助。国家还通过税收优惠、项目补贴等方式，从资金投入等方面加大对公共出版的支持。此外，国家还提出要加强出版公共服务人才队伍建设，为出版公共服务提供人力资源保障。

三、不断完善出版公共服务体系的自觉阶段（2012— ）

党的十八大以来，以习近平为核心的党中央对意识形态工作、社会主义文化建设和公共服务给予了前所未有的高度重视。习近平总书记多次就新闻舆论工作发表重要讲话，提出要增强“四个意识”、坚定“四个自信”，自觉承担起举旗帜、聚民心、育新人、兴文化、展形象的使命任务，为服务党和国家事业全局做出更大贡献。党和政府进一步加大了公共文化服务的力度，在公共文化服务领域除继续实施之前的一些重大举措外，重点加强了以下几个方面的工作。

（一）加强公共文化服务的立法工作

前一阶段虽然出台了一系列加强出版公共服务的重大举措，但缺少法律层面的制度保障，还没有达到制度化、规范化和法制化的要求。党的十八大以后，中央和一些地方相关立法机构都加大了针对公共文化服务的立法工作。2014 年，江苏省通过了《江苏省人大常委会关于全民阅读的决定》，这是我国第一部关于全民阅读的地方性法规。2015 年，湖北省实施了《湖北省全民阅读促进办法》；随后，辽宁、四川、深圳等地先后为全民阅读立法。2016 年，国家新闻出版广电总局公布了《全民阅读促进条例》（征求意见稿），向社会公开征求意见。2016 年，全国人大常委会通过了《中华人民共和国公共文化服务保障法》，该法共 65 条，从法律层面对公共文化服务做了系统的规范和要求，从立法目的、各部门职责、领导机制、公共文化设施建设与管理、公共文化服务提供、保障措施、法律责任等方面对公共文化服务保障从法律层面做了系统的规定，提出了硬性的要求。2017 年，全国人大常委会又通过了《中华人民共和国公共图书馆法》，这是公共文化服务领域继《中华人民共和国公共文化服务保障法》之后又一部重要法律。同时，国家还发布了《国家基本公共文化服务指导标准（2015—2020年）》。这几部法律法规的颁布初步奠定了公共文化服务的基本法律框架。此外，2015年，中共中央办公厅、国务院办公厅印发了《关于加快构建现代公共文化服务体系的意见》，提出到2020年，基本建成覆盖城乡、便捷高效、保基本、促公平的现代公共文化服务体系，这也为公共文化服务体系建设提出了明确的目标和方向。

（二）着力培育出版消费者市场

党的十八大以后，党和政府在出版公共服务方面的一个重大举措就是着力培育出版消费者市场，通过各种措施扩大对出版物的需求。这方面的主要措施包括：

（1）推进全民阅读活动。除上面提到的从立法层面促进全民阅读活动外，《关于加快构建现代公共文化服务体系的意见》明确提出，要深入开展全民阅读活动，推动全民阅读进家庭、进社区、进校园、进农村、进企业、进机关。李克强总理连续多年在《政府工作报告》中提出推动全民阅读。他明确提出："我希望全民阅读能够形成一种氛围，无处不在。我们国家全民的阅读量能够逐年增加，这也是我们社会进步、文明程度提高的十分重要的标志。"① 在党和政府的推动下，各地纷纷举办形式多样的全民阅读活动，创建阅读城市、书香城市等，成立了一些旨在推进全民阅读的社会组织和出版文化企业，一些地方政府还拨出专项资金支持全民阅读活动，目前全民阅读活动方兴未艾、蓬勃发展，为出版物提供了强大的市场消费支撑，也对促进社会进步、提高民族素质起到了有力的推动作用。

---

① 李克强：希望全民阅读能够形成一种氛围，无处不在［EB/OL］.(2015-03-15)［2023-10-10］. http://www.xinhuanet.com/politics/2015lh/2015-03/15/c_127582498.htm.

（2）支持实体书店建设。随着电子商务的兴起，实体书店受到了很大的冲击，图书销售网点不断减少，极大地影响了图书的正常流通和覆盖范围。为了改变这种状况，2014 年国家新闻出版广电总局和财政部在上海召开实体书店发展推进会，研究推动实体书店长期健康发展的政策措施。在此基础上，2016 年由中共中央宣传部等 11 部门联合印发的《关于支持实体书店发展的指导意见》提出：到 2020 年，要基本建立以大城市为中心、中小城市相配套、乡镇网点为延伸、贯通城乡的实体书店建设体系，形成大型书城、连锁书店、中小特色书店及社区便民书店、农村书店、校园书店等合理布局、协调发展的良性格局。指导意见还提出加强城乡实体书店网点建设、创新实体书店经营发展模式、推动实体书店与网络融合发展等六项任务，重点提出完善规划和土地政策、加强财税和金融扶持、提供创业和培训服务、简化行政审批管理、规范出版物市场秩序等五项具体政策措施，鼓励实体书店改革创新。

（3）大力推动出版"走出去"战略。党的十八大以后，中央不仅仅把文化"走出去"作为开拓两个市场、利用两种资源的重要手段，更是将它提高到树立文化自信、提升文化软实力、建设文化强国的重要战略性任务的高度加以认识。中央先后出台了《国务院关于加快发展对外文化贸易的意见》《关于进一步加强和改进中华文化走出去工作的指导意见》《关于加强"一带一路"软力量建设的指导意见》，提出要加强顶层设计和统筹协调，创新内容形式和体制机制，拓展渠道平台，创新方法手段，增强中华文化的亲和力、感染力、吸引力、竞争力，向世界阐释推介更多具有中国特色、体现中国精神、蕴藏中国智慧的优秀文化，提高国家文化软实力。国家还从财税政策、金融政策、服务保障等各个方面制定了相关的政策措施。"经典中国国际出版工程""丝路书香出版工程"等国家级出版工程都加大了对出版"走出去"的扶持力度，一些地方政府也拨出专项资金扶持“走出去”项目，对拓展国际出版市场、提升出版国际影响力和传播力起到了有力的推动作用。

（三）扶持传承中华优秀传统文化的出版项目

2017 年，中共中央办公厅、国务院办公厅下发了《关于实施中华优秀传统文化传承发展工程的意见》，首次以中央文件形式推动对中华传统文化的传承、保护和发展。意见对出版领域实施中华优秀传统文化传承发展工程的任务做了部署，主要包括：实施中华文化资源普查工程，建立国家文献战略储备库、革命文物资源目录和大数据库；实施国家古籍保护工程，加强中华文化典籍整理编撰出版工作；以幼儿、小学、中学教材为重点，构建中华文化课程和教材体系；编写中华文化幼儿读物，开展“少年传承中华传统美德”系列教育活动；加强对中华诗词、音乐舞蹈、书法绘画、曲艺杂技和历史文化出版物等的扶持；加强中国出版物国际推广与传播；等等。

（四）大力推动传统出版业和新兴媒介融合发展

2014 年 8 月，中央全面深化改革领导小组审议通过了《关于推动传统媒体和新兴媒体融合发展的指导意见》。2015 年，新闻出版广电总局和财政部根据这一文件和习近平总书记重要讲话精神，制定了《关于推动传统出版和新兴出版融合发展的指导意见》，提出：“按照积极推进、科学发展、规范管理、确保导向的要求，立足传统出版，发挥内容优势，运用先进技术，走向网络空间，切实推动传统出版和新兴出版在内容、渠道、平台、经营、管理等方面深度融合，实现出版内容、技术应用、平台终端、人才队伍的共享融通，形成一体化的组织结构、传播体系和管理机制。”①

---

① 关于推动传统出版和新兴出版融合发展的指导意见［EB/OL］.（2015-04-10）［2023-10-10］. http://www.cac.gov.cn/2015-04/10/c_1115079278.htm.

这个文件还根据出版业的发展状况和实际，提出了一系列新的举措，包括：创新内容生产和服务，将传统出版的专业采编优势、内容资源优势延伸到新兴出版，建立全媒体资源管理等一体化内容生产平台，强化用户理念和体验至上的服务意识；加强重点平台建设，整合、集约优质内容资源，推动建立国家级出版内容发布投送平台；针对扩展内容传播渠道，提出大力发展电子商务，探索以用户为中心的全渠道服务模式，建立出版网络社区等传播载体；拓展新技术新业态，提高数据采集、存储、管理、分析和运用能力，加快发展移动阅读、按需印刷、电子商务等新业态；完善经营管理机制，建立健全一个内容多种创意、一个创意多次开发、一次开发多种产品、一种产品多个形态、一次销售多条渠道、一次投入多次产出、一次产出多次增值的生产经营运行方式，激发出版融合发展的活力和创造力；等等。意见还提出了政府在修订相关法律法规、加大财政政策支持力度、优化出版行政管理、实施项目带动战略、强化人才队伍建设等方面所推出的新举措，以及加强领导、统筹推进落实等组织保障措施。这是在传统出版业受到新兴媒体冲击的大环境下，政府强化出版公共服务、支持出版业健康发展的一项重大举措。

（五）加强对公共文化服务的协调组织

为了加强对公共文化服务的领导与协调工作，2014 年经中央文化体制改革和发展工作领导小组同意，国家公共文化服务体系建设协调组成立。协调组成立的主要目的在于：促进公共文化服务领域法规、部门规章、规划、编制及政策规定的统筹协调，依法正确履行行政监督职责；及时、有效地解决公共文化服务体系建设中存在的突出矛盾和问题，促进公共文化服务体系建设规范有序进行；深化公共文化服务管理体制改革和服务机制创新，完善各项公共文化制度，提高文化治理能力。协调组的主要职责包括：协调推进重大政策、规划的制定和实施，标准的制定和实施，重点惠民项目，人才队伍建设；协调建立稳定的投入保障机制；建立健全基层公共文化服务体系监督评估机制；统筹推进基层文化设施和文化项目的建设与管理以及其他重大事项；等等。

第四节　出版公共服务体系建设的成就和历史性作用

经过70年的艰辛探索，我国出版公共服务取得了巨大成就，主要体现在：一是形成了较为系统的出版（以及出版公共服务）法律法规保障体系和相关规范标准，二是形成了全党全社会重视公共文化服务的理念和自觉认识，三是建立了较为健全的出版公共服务领导体制、协调机制和工作运行机制，四是建立了支持出版公共服务的投入机制和其他保障机制，五是初步建成了覆盖城乡、便捷高效、保基本、促公平的现代公共文化服务体系。这些成就对我国社会主义现代化建设和文化强国建设、对促进我国社会发展和社会治理的现代化将起到巨大的历史作用。

一、出版公共服务对社会主义核心价值观的弘扬

出版公共服务的一个显著特点是它的公益性，它不是以市场为导向，而是以政府为主导。因此，体现国家意志、弘扬社会主义核心价值观是它最重要的价值导向，坚持把社会效益放在第一位是它的最基本要求。《中华人民共和国公共文化服务保障法》规定："公共文化服务应当坚持社会主义先进文化前进方向，坚持以人民为中心，坚持以社会主义核心价值观为引领。"《关于加快构建现代公共文化服务体系的意见》中也明确要求："坚持正确导向。以人民为中心，以社会主义核心价值观为引领，发展先

进文化，创新传统文化，扶持通俗文化，引导流行文化，改造落后文化，抵制有害文化，巩固基层文化阵地，促进在全社会形成积极向上的精神追求和健康文明的生活方式。”①

社会主义核心价值观的引领作用和在出版公共服务中的弘扬体现在各个方面：在国家重大出版工程的确立、重大资助项目的评估中，是否坚持社会主义核心价值观被作为最重要的判断标准；在新闻出版发展规划中，“社会主义核心价值观传播项目”被明确纳入规划的最重要内容；在国家出版基金的立项和评审中，不仅弘扬社会主义核心价值观的选题以及主题出版选题是其最重要的支持内容，而且是否坚持社会主义核心价值观是最重要的判断标准；在对具体出版单位的评价方面，2018 年中共中央宣传部印发了《图书出版单位社会效益评价考核试行办法》，明确了图书出版单位社会效益评价的一系列方向性和原则性问题。所有这些措施都在出版公共服务中充分体现了社会主义核心价值观的引领，同时这些出版公共服务的实施也有利于弘扬和树立社会主义核心价值观。

二、出版公共服务对公民权的保障

出版公共服务建设不仅仅是出版业自身发展的需要，对于促进出版业持续发展具有重大意义，更重要的是，它对落实《中华人民共和国宪法》所提出的保障公民依法行使文化权利同样具有重大意义。

宪法规定了公民有受教育以及进行文化活动的权利，这些权利要通过相应的措施加以保障。国务院新闻办公室发布的《国家人权行动计划（2016—2020 年）》明确把文化权利作为公民的一项重要的人权，并且提出要“实施《国家“十三五”时期文化改革发展规划纲要》，完善公共文

① 关于加快构建现代公共文化服务体系的意见［M］. 北京：人民出版社，2015.

化服务体系、文化产业体系、文化市场体系，提升公民基本文化权利的保障水平”[①]。公民权利的确立及维护，需要国家为公民提供更充分的基本精神文化产品，让他们享受到基本的公共文化服务，让他们能够更为便利、更为快捷、更为公平地获得基础设施、基本产品等方面的保障和服务，这也是政府对人民的社会福利和社会保障的一项重要内容。政府通过基础性、均等性的公共文化服务，使广大人民群众在履行文化权利方面有实实在在的获得感，使他们能够真切感受到我们党和政府把执政为民的理念落实在方方面面，感受到社会主义制度的优越性。

三、出版公共服务对文化多样性的保护

文化多样性指的是世界上每个国家、民族都有自己独特的文化，多样性的文化成果构成了人类的共同文化遗产，成为人类文明进步的重要动力。2005 年联合国《保护和促进文化表现形式多样性公约》指出：“文化多样性创造了一个多姿多彩的世界，它使人类有了更多的选择，得以提高自己的能力和形成价值观，并因此成为各社区、各民族和各国可持续发展的一股主要推动力”；“考虑到文化活力的重要性，包括对少数民族和原住民人群中的个体的重要性，这种重要的活力体现为创造、传播、销售及获取其传统文化表现形式的自由，以有益于他们自身的发展”[②]；等等。党和政府极为重视少数民族的公共服务和文化权益保障，在《国家人权行动计划（2016—2020 年）》中明确：保障少数民族均等享有公共服务的权利，推动国家公共服务资源向民族自治地方倾斜；保障少数民族的文化权

---

① 中华人民共和国国务院新闻办公室．国家人权行动计划（2016—2020 年）[EB/OL].(2016-09-29)[2023-10-10]. http://www. politics. people. com. cn/nl/2016/0929/c1001 - 28750180. html.

② 保护和促进文化表现形式多样性公约 [EB/OL].(2005-10-21)[2023-12-12]. http://www. moe. gov. cn/srcsite/A23/jkwzz _ other/200510/t20051021 _ 81305. html.

利，保护和传承少数民族传统文化，做好少数民族古籍保护、抢救、整理、出版和研究工作。在我国出版公共服务体系建设中，对少数民族文化和出版的支持历来是重要的内容，如从新中国成立后就出台了一系列政策支持少数民族出版、资助少数民族古籍整理、加强少数民族地区出版物网点建设、对少数民族地区出版进行对口援建等。之后力度不断加大，如在《关于加快构建现代公共文化服务体系的意见》中明确提出，“进一步完善转移支付体制，加大中央财政和省级财政转移支付力度，重点向革命老区、民族地区、边疆地区、贫困地区倾斜”①。新闻出版管理部门还制定政策，先后出台了《关于大力加强少数民族文字图书出版工作的报告》《关于进一步加大对少数民族文字出版事业扶持力度的通知》等文件，先后制定了《国家“十二五”少数民族语言文字出版规划》《国家民委“十三五”少数民族语言文字工作规划》，除在发行折扣、税收优惠、各种基金资助等方面对少数民族地区出版给予倾斜外，还采取了设立少数民族文字出版专项基金、补贴少数民族文字中小学教材出版发行、在国家各种专项资金的使用上优先向关系少数民族群众切身利益的出版建设项目倾斜等具体措施。例如，在《新闻出版业“十二五”时期发展规划》中，“新闻出版公共服务建设工程”共列出七项加以重点建设，其中直接支持少数民族出版的项目就有“新闻出版东风工程”和“重点民文出版译制工程”两项。2017 年，中共中央办公厅、国务院办公厅下发《关于实施中华优秀传统文化传承发展工程的意见》，指出：“做好少数民族经典文献和汉族经典文献互译出版工作。实施中华民族音乐传承出版工程、中国民间文学大系出版工程。”② 这一系列出版公共服务重大举措，促进了少数民族出版事业的发

---

① 关于加快构建现代公共文化服务体系的意见［M］. 北京：人民出版社，2015.

② 中共中央办公厅 国务院办公厅印发《关于实施中华优秀传统文化传承发展工程的意见》［EB/OL］.（2017－01－25）［2023－10－10］. http://www.gov.cn/zhengce/2017－01/25/content_5163472.htm.

展和文化多样性的保护。

四、出版公共服务对中华优秀传统文化的传承和弘扬

习近平总书记多次指出，中华优秀传统文化是中华民族的“根”和“魂”，是我们必须世代传承的文化根脉、文化基因，是我们国家和民族的精神血脉，也是我们坚定“四个自信”的深厚基础，因此，我们“要推动中华文明创造性转化、创新性发展，激活其生命力，让中华文明同各国人民创造的多彩文明一道，为人类提供正确精神指引”①。出版作为文化传承的最重要的载体形式，在传承中华优秀传统文化方面具有不可替代的作用。中华传统文化资源丰富，古籍文献源远流长、绵延不断、生生不息，这既是出版富矿，也为出版提供了广阔的开拓空间。党和政府一直重视对传统文化的整理、挖掘和利用工作，从 20 世纪 50 年代起，组建了高规格的古籍整理出版规划小组，建立健全了领导机构，相继出台了一系列文件，从健全机构、出版规划、出版专项经费拨付、人才培养等方面，对古籍整理和出版工作给予部署和大力支持。由于古籍整理出版物投入较大、市场面较窄，因此，国家在古籍整理方面的出版支持主要通过出版公共服务相关政策加以落实。《关于实施中华优秀传统文化传承发展工程的意见》从各种出版物形式方面对出版在中华优秀传统文化传承中所起的作用进行了系统的阐发，从传统文化资源的整理、文献库的建设、中华文化课程和教材的编写、中华文化读物的出版、文化经典的编纂出版、中国优秀传统文化的国际传播与推广等，以及中华优秀传统文化传承发展工程对出版工作相关任务的部署中，我们可以看到，出版公共服务对传承、弘扬和发展中国优秀的传统文化具有独特的、不可替代的作用。

① 习近平．习近平谈治国理政：第 2 卷［M］．北京：外文出版社，2017：340.

五、出版公共服务对市场失灵的弥补

正如我们在第一节所论述的，出版具有外部性，它的社会价值很多是不能通过市场进行检验的，出版公共服务的一个重要功能是弥补市场的不足。出版公共服务设施的建设是为了满足老少边穷地区人民对出版产品的需求，在这些地区建设基础设施投入大、产出少，居民消费能力弱，单纯从市场的角度来看，是没有企业愿意投入的。但满足这些地区人民的基本文化需求，不仅是党和政府义不容辞的职责，也是解决我们社会主要矛盾的必由之路。因此，国家通过转移支付等形式，加大对这些地区的出版资源投入，恰恰体现了政府这只看得见的手的作用。从具体出版物门类来看，古籍整理项目、盲文出版项目、少数民族语言文字项目等面向特定群体的出版物，具有很强的外部性或者溢出效应，但就生产这些产品的机构而言，它们很难营利，没有政府的公共投入，单纯靠市场是无法履行这些特殊功能的，这就需要政府通过补贴、奖励、税收优惠等等措施，对其加以扶持。而对从事这些非营利性活动的具体机构（无论是企业单位还是事业单位），不能用经济指标进行衡量，而必须在科学评价其社会效益的基础上，在经济效益方面给予一定的补偿，这样才能建立出版公共服务的长效发展机制。因此，出版公共服务体系有效地弥补了市场的不足，既发挥了市场的作用，也更好地发挥了政府的作用，这正是政府的“公共性”和“人民性”的体现。这既是市场规律的客观要求，也是转变政府职能的内在要求。

六、出版公共服务对市场秩序的维护

在公共服务体系建设中，政府的另一个重要功能是作为市场规则的制定者和市场秩序的维护者。就制定市场规则而言，当前，全面依法治国、建设社会主义法治国家是“四个全面”战略布局的一项重要内容。依法治国首先要有法可依，建立和健全相关法律法规，并严格依法行政，按法律法规办事。在出版领域，就是要进一步完善出版相关法律法规，建立健全符合我国国情和出版业发展实际的出版法律体系，特别是出版公共服务法律体系，减少不确定性，降低交易成本。就维护市场秩序而言，由于受到计划经济的长期影响，我国出版物市场条块分割、区域封锁的情况时有发生，这与我国社会主义市场经济所要求的建立全国统一、竞争有序的出版物市场的目标背道而驰，因此，政府要制定相关规制，规范市场行为，维护公平竞争的市场环境。措施主要有：一是加大对非法出版活动的打击力度，严厉惩处非法出版物的制造者、传播者；二是依法打击破坏市场秩序的行政垄断、区域封锁、价格欺诈、高定价低折扣等不正当竞争行为；三是建立健全出版物质量监督和保障体系，严格出版物质量标准，严肃查处质量低劣的出版物和出版单位；四是加大对知识产权的保护力度，鼓励创新创造，使出版业成为我国创新型国家建设的重要推动力。

我国的出版公共服务体系建设不是孤立进行的，而是和我国政治、经济、文化、社会等方面的改革发展密不可分的。经过几十年的艰辛探索，我国出版公共服务体系建设取得了巨大的成就，但我们应该清醒地看到，这些成就与当前经济社会发展水平和人民群众日益增长的精神文化需求相比，与基本建成公共文化服务体系的目标要求相比，与建设出版强国的宏伟目标相比，还有很大的差距，还有很长的路要走，需要出版业同人同心协力，为把我国建设成为社会主义出版强国而不懈奋斗。

第六章　出版管理体系中的社会监督

2013 年 11 月，党的十八届三中全会提出“国家治理体系和治理能力现代化”的重大命题。2019 年 10 月，党的十九届四中全会通过《中共中央关于坚持和完善中国特色社会主义制度 推进国家治理体系和治理能力现代化若干重大问题的决定》，对推进国家治理体系和治理能力现代化做出全面部署。多元治理是现代治理体系的重要内容。在这个多元治理体系中，社会监督是不可或缺的重要一元，也是加强宏观管理的一个重要方面。

第一节　出版管理与社会监督

一、出版质量与出版社会监督

出版社会监督是为了提高出版质量而采取的一种他律性宏观管理举措。新中国成立以后面临着各种社会秩序的重建，在图书出版领域，在私营出版社接受社会主义改造前，出版管理存在着各种漏洞和不足，其中一个直接表现就是图书出版质量（尤其是在导向方面）存在着各种问题，因而引起了文化管理部门和宣传部门的高度重视。例如“时代百科小丛书”中的《鸦片战争》（时代书局 1950 年版）等图书和《李大钊先生传》（北京宣文书店 1951 年版）等图书或存在着意识形态方面的导向问题，或有着明显的校对不精和错漏百出的质量问题。[①] 为此，出版管理部门积极采取各种行政管理方式，并借助读者来信等读者监督方式以及图书评论等舆论监督方式来改善出版质量。社会主义改造完成以后，出版管理制度的完善使得出版物质量得到了很大的改善，但相应的问题依然存在。而改革开放以后，随着社会主义市场经济的发展，图书出版质量问题频繁出现，再次成为社会焦点。所以，在市场经济条件和图书质量的保证机制尚未形成的背景下，“除了出版业务部门要大大加强质量把关以外，努力发展图书质量的社会监督（特别是读者监督和舆论监督），实在是十分紧迫的关键性需要”[②]。出于这种现实需要，1997 年 6 月 26 日颁布的《图书质量保障体系》在“编辑出版责任机制”的“后期保障机制”中就明确指出“坚持出版社与作者和读者联系制度……倾听作者和读者对图书质量的意见，及时改进工作”；在“出版管理宏观调控机制”的“引导机制”中明确指出要“坚持舆论引导制度。出版行政部门应充分发挥各种新闻传播媒体的宣传引导作用，围绕提高图书质量，通报政策、沟通信息、交流经验、评荐好书、批评坏书”；此外，重点提出了要建立“社会监督机制”，除“出版行业协会监督制度”外，还包括“社会团体监督制度”“读者投诉反馈制度”“社会舆论监督制度”[③]。社会监督系统地、正式地出现在《图书质量保

---

① 宋应离．新中国成立初期的图书评论［J］．中国出版，2010（5）：59－62.

② 钟言．发展社会监督 保证图书质量［J］．编辑学刊，1994（4）：16－18.

③ 新闻出版总署，图书出版管理司．图书出版管理手册［M］．北京：中国法制出版社，2006：505－511.

障体系》中，是国家行政管理部门正式重视社会力量在出版管理工作中的重要作用的体现。党的十八大以来，为了满足人民群众对美好生活的需要，作为精神文化产品的出版物的出版质量更是被高度重视，相应的检查标准和社会效益考核指标体系的施行均是为了保障出版质量，从而为从出版大国转变为出版强国夯实基础。由此可见，无论是新中国成立初期还是改革开放初期乃至新时代，出版社会监督与出版质量一直以来都紧密相关。

二、出版社会监督的界定

出版社会监督是在出版企业和行业自律以及行政管理之外借助社会力量来实现出版业健康繁荣发展的一种事后、他律式的管理举措。出版社会监督的界定在不同研究者那里有着各自的侧重点，为更好地对出版社会监督有全面认知，我们将以具有规范性和权威性的《出版词典》（2014 年版）中的界定为依归，来理解出版社会监督的内涵、主体、内容、功能以及意义。在《出版词典》中，“出版社会监督”这一词条被界定为：“由公民、法人、其他社会组织，对出版单位及其工作人员的出版行为和实施效果的监督。具有监督主体、客体、内容、范围和影响上的广泛性和普遍性，监督方式和途径上的灵活多样，包括公民监督、社会团体监督和舆论监督。公民监督主要是指公民通过批评、建议、检举、揭发、申诉、控告等基本方式对国家机关及其出版工作人员行使权力行为的合法性与合理性进行监督。社会团体监督主要是指各种社会组织和利益集团对国家新闻出版行政机关和出版单位的领导和成员的监督。社会团体通过选举、请愿、对话、评价、建议等形式，构成了对政府管理活动的监督。舆论监督是指社会利用各种传播媒介和采取多种形式，表达和传导有一定倾向的议论、意见及看法，以实现对政治权力运行中偏差行为的矫正和制约。出版社会监督具有预防功能、矫正功能、惩戒功能、保健功能和教育功能。”①

从对这一词条的界定中我们不难发现，公民是最广泛的社会构成主体，公民监督是出版领域最基本的监督方式。公民是出版物的直接消费者，出版物的质量与公民的切身利益直接相关，作为读者的公民有权利通过批评、建议、检举、揭发、申诉、控告等基本方式来维护自身的合法权益，从而实现他律式的社会监督效果。常见的公民监督形式是读者来信和投诉控告。读者来信是公民作为文化消费者，出于公共责任的利他心理，为改善出版物内容质量、装帧设计质量、编校质量和印刷装订质量而对出版社及其责任人进行批评、建议的信息沟通方式。因此，读者来信是一个不可忽视的图书质量窗口，“出版社应投入一定的人力、时间，认真研究、分析、整理并及时处理、解决读者来信中所提到的质量问题”②。投诉控告则大多与公民切身利益相关，公民在认识到自身的利益被出版社及其责任人侵害时，向相关部门进行投诉控告以维护自身的合法权益。出版实践因涉及广泛的知识门类，可能会与全国妇女组织、工会组织等社会团体产生一定交集，这些社会团体会基于工作要求和公民诉求开展社会监督。此外，在一些专业的出版实践中，专家学者或读者会自发地形成一些专业性社会团体，对出版物进行评价或对出版管理行为及制度提出建议。舆论监督是出版社会监督中效果最好的一种实践方式，可以通过大众传媒的社会影响力直接作用于经济效益和社会效益的方式来影响出版实践。常见的舆论监督方式包括图书评论和广播电视新闻节目。

---

① 中国新闻出版研究院．出版词典［M］．北京：中国书籍出版社，2014：69.

② 果阳．读者来信：不可忽视的图书质量窗口［J］．大学出版，2003（1）：44－45.

三、出版社会监督的主体及类型

出版社会监督是由各类行为主体对出版行为进行社会监督的一种出版举措，核心的监督主体分别是公民、社会团体、新闻媒体机构。

（一）公民监督

公民是一切社会监督的基础，在出版社会监督中，公民是直接的利益相关者，在具体的实践中批评/建议（读者来信）、举报、维权申诉等方式均是社会监督方式。

1. 公民批评/建议

在对出版行为进行社会监督时，公民进行批评或建议的渠道、方式是读者来信。读者来信作为大众传媒机构与读者群众进行信息沟通的传播联系方式，为读者的意见反馈与编者的工作改进提供了桥梁。因此，像商务印书馆此类大型出版机构大多设有专门的编读往来机构用以接收读者来信。如一位名为陈文超的读者针对《四角号码新词典（1977 年修订重排本）》一书专门给商务印书馆写了一封长信。其对该书的新旧版本进行了对照，在该信中指出了新版本的不足之处，如："新版本虽是打倒'四人帮'后出版战线的胜利成果，但书中尚有'帮思想'的某些遗毒，较明显的是：（1）［红楼梦］条不敢提及贯穿《红楼梦》全书的宝黛爱情这个很重要的故事情节。删掉《西厢记》之例，恐怕也出于这种指导思想。（2）［孔丘］条对孔夫子的评价缺乏历史唯物主义和辩证唯物主义，把他老人家说得一无是处。（3）对《水浒》一书的评价欠全面。"[①]

---

① 陈文超．一封值得重视的读者来信［J］．出版工作，1978（16）：28－29．

再如，江西省文联文艺理论研究室在1984年10月到1986年10月编辑出版的“文艺研究新方法论系列丛书”自推出后备受学界欢迎并收获了诸多赞誉。因此，许多读者纷纷给该研究室寄去读者来信，虽然来信内容大多是赞誉和祝贺之词，但也不乏关于改进的意见。如当时安徽省阜阳师范学院中文系一读者在其读者来信中就写道：“本丛书四本一出，在目前的情况下，方法论本身的探讨，可暂且告一段落，当然专门性的有分量的论著完全可以作为丛书的之五、六出版。这是一个方面。另一个方面，我觉得，贵室应该发扬你们的拓荒的精神，把主要的注意力转移到对文学观念的更新上，编辑出版‘更新文学观念系列丛书’。对于编辑的体例，我觉得，与上一次相比也应有所改变。上一次你们是把研究领域里出现的一颗颗新星汇集在一起，它们本身即可向读者说明一切；而这一次，编辑层次要高些，理论、思辨色彩也要多些。所以，一定要有分量较重的综述、总论性文章冠于全书之首，让人们了解、思考文学理论领域所发生的这场深刻的革命。”①

值得注意的是，读者来信作为公民出版社会监督的方式，除流向出版社外，还可以流向报刊等其他大众媒体，因此读者来信除公民监督的底色外还具有一定的舆论监督色彩。例如，《读书月报》杂志早在1956年就多次收到读者关于重复出版的资源浪费现象的批评意见，为此，该刊编辑部专门做了一个“读者来信述评”，其开篇写道：“许多读者来信，对出版物中的重复现象，表示不满，认为损害了读者的利益，也浪费了国家的人力和物力。读者陈修林、陈学广、石极星等来信指出：上海新知识出版社和文化出版社出版的《危险的路》、天津通俗出版社出版的《危险的旅途》和陕西人民出版社出版的《危险的道路》，都是苏联阿尔达马茨基写的同

---

① 江西省文联文艺理论研究室．报刊及读者关于《文艺研究新方法论系列丛书》的评论报道与来信［M］．南昌：江西人民出版社，1987：65.

一著作的重复译本。”[①] 此类读者来信在当下的报刊媒体环境中仍然是公民进行出版社会监督的主要方式。例如，《光明日报》于 2001 年 3 月 22 日刊登了四川省仪陇中学学生廖由信就《中国古典诗文“四绝”》一书中多处错误的批评意见的读者来信。该信写道：

> 春节之后，我从县城一家书店里买回一本由“长江文艺出版社”出版的《中国古典诗文“四绝”》（1998 年 10 月第 1 版，定价 39.8 元），该书分好诗、好词、好曲、好文四大部分。我信手翻阅了好诗部分的 9 首诗，就发现有 25 处错误。其中，李白的《将进酒》（P. 40）中有 5 处，《蜀道难》（P. 133）中有 9 处，《长干行》（P. 99）中，竟将“低头向暗壁，千唤不一回”整整两句漏掉（均见复印件）。这么多的错误，实在令人惊讶！我没有耐心卒读全书。不知道那位责任校对朱久山先生干什么去了？有这么严重错误的书，竟堂而皇之地一版就发行了一万册！简直是谬种流传，误人子弟，严重污染了精神文明建设！
>
> 该书选注者之一朱世英先生在“小序”中说，“美好的诗可陶冶人的情操，充实、美化人的生活”，又说，“古诗好读，耐读。所谓好读，指音韵优美，易于记诵；所谓耐读，指涵蕴深厚，可供反复揣摩品味”。像《中国古典诗文“四绝”》这样错误连篇的低劣复制品，能供人们反复揣摩品味，陶冶人的情操，充实、美化人的生活吗？作为一个普通读者，我诚挚地向社会呼吁，请出版界加强责任感，注重出版质量，净化出版市场。[②]

这一读者来信在《光明日报》登出后，引起了长江文艺出版社的高度

---

① 本刊编辑部．避免出版物中的重复浪费读者来信述评［J］．读书月报，1956（5）：15.

② 廖由信．九首诗二十五处错误 一读者致函本刊忧心图书质量［N］．光明日报，2001－03－22（C1）.

重视，出版社进行了复核，发现《中国古典诗文“四绝”》一书并无如此多错漏之处，而廖由信读者所购买的是一本盗版图书，这促使湖北省新闻出版局市场管理处查获了4 000多册该盗版本并予以销毁[①]。

2. 公民举报

公民举报在出版社会监督中主要是指公民出于社会正义和文化责任的心理向出版管理机构或出版企业举报盗版侵权等非法出版活动的行为。公民举报在既有的出版活动诉讼或者出版管理机构组织的各项出版管理活动中占据重要地位，是非法出版活动消息线索的主要来源，为出版管理奠定了扎实的群众基础。社会主义市场经济体制确立以后，不法书商为了谋取高额利润，印制淫秽图书或盗版图书，屡禁不止。对于这些出版乱象，公民的举报监督作为一种基层文化治理方式就显得十分重要，同时也涌现出了一些公民积极通过举报来同非法出版活动进行斗争的典型事例。1993年，李锦州、旷爱日夫妇不惧打击报复，对衡山县印刷厂印制淫秽图书《浪侠浪女吻》做进一步举报，推进了相应管理机构对该案的进一步查处，也保障了当地出版市场的健康发展，为此该夫妇受到中共中央宣传部和新闻出版署有关领导的高度赞赏，并成为“举报印制淫秽图书有功人员”[②]。另外，在近年来连续开展的“扫黄打非”等多项重大专项治理活动中，群众举报电话已成为重要的行动指挥棒，为此，相应的行动文件中还专门下达了对举报者、有功者要给予表彰奖励，并面向社会设立和公布举报电话等工作要求；在举报电话的帮助下，各地的“扫黄打非”工作小组办公室协同公安机关破获了诸多特大盗版图书地下批销窝点案件，维护了诸多涉案出版企业的经济利益和广大人民群众的公共利益。

---

① 更加关注打击图书盗版行为 从一封读者来信谈起［N］. 光明日报，2001-04-19（C1）.

② 王欣. 不怕打击报复对印制淫秽图书进行举报 李锦州旷爱日夫妇受到中宣部等表彰［N］. 人民日报，1993-06-17（4）.

3. 公民维权申诉

公民维权申诉既是对自我利益的维护——这是一种对消费者权益的保护，也是一种能对他人起到警醒和鼓励作用的社会监督方式。公民在进行出版社会监督时，不仅有着读者的身份，还有可能本身就是作者，因此当自身的合法利益受到侵害时，就会借助法律武器进行维权。公民在进行维权申诉时，侵权对象可能是出版社，也可能是其他个体或企业。例如，2016年作为《中华食物养生大全》（由广东旅游出版社于2006年第一次出版）一书著作权人的王焕华在发现世界图书出版有限公司出版的《补肾食疗便典》一书大量抄袭了其作品内容后，就向天津市第一中级人民法院提出诉讼请求："1. 判令二被告立即停止侵权行为，收回并销毁全部侵权复制品《补肾食疗便典》一书；2. 判令二被告消除影响，在《中国新闻出版报》《北京晚报》《羊城晚报》《天津日报》上中缝以外的位置公开向原告赔礼道歉；3. 判令二被告连带赔偿原告经济损失40 000元；4. 判令二被告连带赔偿原告精神损害抚慰金10 000元；5. 判令二被告连带赔偿原告为制止侵权所支出的调查取证费用2 000元及律师代理费8 000元；6. 判令二被告承担本案全部诉讼费用。"[①] 最后，法院审理后判决被告停止侵权行为，在《中国新闻出版报》上赔礼道歉，支付原告维权合理支出费用10 000元，从而维护了原作者和原出版社的合法权益，打击了侵权行为，维护了出版市场秩序。

（二）社会团体监督

社会团体作为现代社会运行的组成部分之一，在社会秩序的正常运行以及防止权力异化中发挥着重要作用，故而在出版社会监督中，各种社会

---

① 详情参见：《王焕华诉世界图书出版有限公司等著作权侵权纠纷》［天津市第一中级人民法院/(2016) 津01民初207号］。

团体同样对出版市场的健康运行和文化事业的繁荣发展起着重要推动作用。在新中国成立初期的社会监督中，社会团体主要包括工会、共青团、妇联、政协等组织。[①] 这些社会团体在出版社会监督中主要以其组织职能为依归对出版领域的内容进行监督。例如，在改革开放初期，全国妇联组织编写了一些关于女性研究的著作和史料文献，此后更是对图书出版中关于女性权益保障或宣传男女平等的内容进行了社会监督。当发现市场流通的图书中有侮辱女性的内容或价值导向不正确的图书时，妇联会积极介入，同相应著作权人和出版社进行交涉，从而减少相应的侵害和更正其出版行为。另外，随着社会发展和公民间的自发聚合，21 世纪以后，各种社会组织不断出现并在社会治理中的作用日益重要，同样成为出版社会监督的重要行为主体。

（三）舆论监督

新中国成立以来，中共中央一直很重视新闻媒体的社会监督功能，1950 年发布的《中共中央关于在报纸刊物上展开批评和自我批评的决定》指出："在一切公开的场合，在人民群众中，特别在报纸刊物上展开对于我们工作中一切错误和缺点的批评与自我批评。"[②] 新闻媒体的舆论监督作为出版社会监督的一种具体实践方式，其监督内容的来源既包括人民群众借助新闻媒体这一大众传播工具所进行的社会监督，同时也包括新闻媒体机构及其从业者就出版现象中的各种问题展开的独立调查及批评。出版评论是对出版业各方面各环节种种现象进行分析、综合并加以评判的一种行为，包括出版物评论、出版事件评论、出版政策评论、出版人物评论及

---

① 李树军．社会监督［M］．北京：当代世界出版社，1999：139－193．

② 中共中央文献研究室．建国以来重要文献选编：第 1 册［M］．北京：中央文献出版社，1992：190．

其他出版现象评论等。[①] 出版评论尤其是针对负面消息的评论一直是新闻媒体舆论监督的主要方式，在长期的出版社会监督中，新闻媒体主要通过对出版物和出版事件中所存在的问题及其乱象的批评来践行社会监督功能。新中国成立以来，《人民日报》《光明日报》以及后来专业的《中国新闻出版广电报》和《中国出版传媒商报》等报纸，在对出版物进行宣传推介的同时，也为其社会监督做出了重要的贡献。广播电视作为视听媒体有着更广泛的受众群体，在出版社会监督方面同样有着良好的表现，尤其是在与“3·15”消费者权益维护相关的电视晚会节目兴起后，人民群众与电视媒体的结合进一步推进了出版社会监督的发展。随着移动互联网的发展，自媒体的兴起在改变传媒生态环境的同时，也为网络舆论的兴起和出版社会监督提供了全新的媒介渠道。尤其是基于趣缘而自发形成的网络社群中的各种网络交往，为出版社会监督中的信息提供以及监督知识的互动交流提供了媒介平台。在社会上引起巨大舆论风波的《平安经》事件，最早就是通过网上曝光后得到有关部门高度重视的，之后相关责任人受到了严肃处理。互联网这种平台相较于传统新闻媒体所搭建的出版社会监督平台而言，更具有群众基础和传播效率，传播速度更快，范围更广，影响也更大。

四、出版社会监督的内容

出版社会监督的内容涉及整个出版实践活动，其核心内容主要是出版物的质量监督，围绕这一核心又可延展到相应的出版行为活动。出版社会监督的缘起与出版质量有着密切的关联，因此在具体的监督过程中，出版

① 孙利军．现代出版业应重视出版评论工作［J］．国际新闻界，2006（11）：25－29.

物的质量问题必然是其核心内容。出版物在流通过程中，其意识形态导向、编校质量、装帧设计质量以及印刷质量问题均会受到读者、相应社会团体以及新闻媒体机关的监督。出版物的质量问题与其出版行为，尤其是出版人的经济生活问题密切相关。为此，出版企业人员的经济行为等问题同样受到社会监督，例如在诸多出版社会监督案例中，出版工作人员存在渎职或受贿问题，而这些经济行为问题在很大程度上影响了出版物的质量。为保障出版社会监督能够更好地发挥其效能，对出版工作人员的经济生活等问题的监督同样是重要的工作内容。

五、出版社会监督的功能

出版社会监督对出版事业而言是必不可少的一种管理举措，其功能主要集中在预防、矫正、惩戒、教育这几个方面。

（一）预防功能

预防功能主要是指通过他律式的社会监督方式能够避免有问题的出版物进一步扩散传播，从而减少负面的社会影响，以及通过外在力量的监督来避免出版行为产生异化。监督是社会发展的减震器，其作用体现在对公共权力异化的制约上。[①] 出版社会监督同样具有这种减震器的作用，它能够有效预防出版实践中的以权谋私和滥用公权等权力异化现象的出现。

（二）矫正功能

矫正功能主要是指通过读者来信或媒体评论等形式的社会力量的监

---

① 曾小波．论社会监督的制度化规范化［J］．党政研究，2020（1）：81－88.

督，来揭露既有问题并实现建设性改进的目的。出版社会监督的这种矫正功能不仅有助于图书质量的提高，还有助于纠正图书出版实践过程中的各种不良现象，从而有效地调整导向、改善质量。

（三）惩戒功能

惩戒功能主要是指在社会监督的影响下，出版企业为其不当出版行为而付出公开道歉或经济赔偿以及接受行政处罚等制裁的代价。这种强制性处罚既为出版企业敲响了警钟，也为其不当出版行为增加了成本，从而达到约束出版企业及其责任人的出版行为的目的。

（四）教育功能

教育功能与惩戒功能相近但又有所差异，主要是指出版社会监督的各种经典案例能够对其他出版企业及其责任人具有教育意义，它们不仅具有反面的警示教育意义，还有正面的积极借鉴教育意义。出版企业及其责任人可通过相应案例来汲取养分，采取相应的社会监督方式，提升出版物质量或强化社会效益。

六、出版社会监督的意义

出版社会监督对出版事业的健康发展而言是必要且必需的。其意义包括两方面：一方面是针对作为大众传媒的出版自身的权力监督和行业发展的意义；另一方面是针对整个文化事业的繁荣发展的意义。我国出版业具有明显的意识形态属性，作为大众传媒的出版与其他媒体一样有着第四权力的印记。虽然其社会监督的功能并没有新闻那么明显，但是作为第四权力的出版在运行过程中同样有着明显的权力印记。出版的权力与其他权力一样，都需要社会监督的制约，因此出版社会监督作为一种权力制约方式，它的存在与否不仅关乎出版业自身能否健康发展（尤其是出版质量能否得到保障），还关乎出版能否真正地为公共利益服务以及出版权力能否正常运行。

第二节　出版社会监督的历史进程及演变逻辑

一、出版社会监督的历史进程

（一）新中国出版管理体制确立期的出版监督（1949—1978）

这一时期，印刷媒介是信息沟通的主要方式，无论是公民监督还是舆论监督，都需要借助纸张来作为信息传播的载体，出版社会监督主要包括公民监督（读者来信）和舆论监督（图书评论）两种形式。

读者来信作为一种传统的出版社会监督方式，在物质条件匮乏和信息传播渠道稀缺的年代是一种十分重要的信息沟通方式。在新中国成立后到改革开放前，读者来信一直都是出版社围绕出版物获得信息反馈的一条关键渠道。商务印书馆、中华书局、三联书店等老牌出版社自成立以来均有着悠久的读者来信传统，新中国成立以后所重建的人民出版社等出版社同样十分重视读者来信这一条读者反馈信息的渠道。例如，人民出版社原副社长、机关党委书记邓步城回忆在人民出版社工作的日子时就写道："重视读者来信，也是做好读者服务工作的一项重要内容，尽可能做到有信必复，对他们求购的图书尽可能予以满足。"① 另外，人民出版社原国际政

① 邓步城．回忆在人民出版社工作的日子//黄书元，张小平．人民出版社往事真情［M］．北京：人民出版社，2011：106－112.

治室主任张光璐也回忆道："马列著作的出版工作也受到许许多多热心读者的关怀、帮助。我们经常收到大量的读者来信，对译文或出版工作方面出种种意见和建议。给我印象最深的是周建人先生，他真是一位可敬的热心读者。他还在担任出版总署副署长的时候就常常以读者身份来信，提出他对某些译文的意见，细致到一个书名、一个标题的译法都不放过。例如他曾经提出，《反杜林论》这个书名是因袭了中国传统的书名如《过秦论》等，因为原文没有'论'字。他建议按照此书最初出版时的书名改为《杜林先生在科学中实行的变革》，以《反杜林论》为副题。后来译者考虑到《反杜林论》这个书名由来已久，为大家所熟知，就没有再改动。"① 此外，出版社还根据诸多读者来信中的建议来改进出版行为，从而提高出版物的内容、装帧设计、编校以及印刷装订质量。

新中国成立初期，图书评论曾兴盛一时，《人民日报》《光明日报》《大公报》《长江日报》，以及《解放日报》《新华日报》《南方日报》等报刊都曾开设图书评论阵地。这些图书评论"针对当时出版物存在的种种问题，开展了适时的实事求是的批评，且效果明显，对扭转这一时期图书市场出现的混乱现象，起到了净化作用，对繁荣新中国成立初期的出版事业起到了积极的推动作用"②。随着私营书业接受社会主义改造和中国出版管理体制建立，相应出版管理制度的实施推进了出版行为的规范化，使得整体出版物质量得到极大提升。虽然相应的图书评论等舆论监督仍在发挥作用，但相较于新中国成立初期的监督效果有所弱化。"文化大革命"时期，出版业进入萧条时期，出版社会监督受到了抑制，舆论监督同样也发生了异化。

---

① 张光璐．编辑工作札记//黄书元，张小平．人民出版社往事真情［M］．北京：人民出版社，2011：256-262.

② 宋应离．新中国成立初期的图书评论［J］．中国出版，2010（5）：59-62.

（二）出版管理体制重构期的出版社会监督（1978—1992）

改革开放以来，出版管理体制为适应新时期的发展变化同样面临着诸多调整与重构问题。出版社会监督方面，在读者来信和图书评论的基础上，社会团体在这一时期开始有了诸多新变化并成为日益重要的社会力量。20 世纪 80 年代，社会团体的数量一路空前增长，在这一社会背景下，社会团体在出版实践中的监督功能日益凸显。

除工会、共青团以及妇联组织在出版的社会监督中持续发挥作用外，新的民间文化团体也开始参与其中。20 世纪 80 年代各种民间文化团体开始涌现，并拥有较大的社会影响力。它们同出版界有着密切的关联，并通常通过介入出版实践来继续拓展其文化影响力。“走向未来丛书编委会”“中国文化书院”以及“文化：中国与世界丛书编委会”等民间文化团体除介入出版实践外，在某种程度上还发挥着社会团体监督的作用。一方面，它们在与出版社合作时，会在选题、编译质量以及出版规划方面进行把关。这在某种程度上是另一种与读者连接的方式，吸收读者意见以及时改进工作。另一方面，知名的民间文化团体通过图书评论以提升其文化影响力，相应的社会监督功能也因此得到发挥。

（三）出版管理体制转轨期的出版社会监督（1992—2002）

随着社会主义市场经济体制的确立与发展，人民的物质生活和经济收入水平得到极大提升，广播电视以及互联网等电子媒介已经在广大人民群众之中得到了一定程度的普及。因此，出版社会监督尤其是舆论监督的形式得以丰富。诸如以《焦点访谈》为代表的电视专题节目等社会监督方式在社会中拥有巨大的影响力。这种舆论监督方式在出版领域中同样得到了应用。1998 年 1 月 13 日，中央电视台《焦点访谈》节目播出了名为“书香七载俏依然”的专题节目，用 12 分钟时间介绍了《中国少年儿童百科全书》畅销多年的情况。除此类图书推广内容外，电视媒体同样注重对相关图书出版问题的揭露，这种揭露行为主要反映在电视新闻之中，而相应的专题类节目则相对较少。

（四）出版管理体制转型期的出版社会监督（2002—2012）

2002 年中国正式加入 WTO，出版体制开始“形成以公有制为主体、多种所有制共同发展的出版物市场格局，确保国有资本的主导地位；形成统一、开放、竞争、有序的现代出版市场体系；形成推动我国优秀出版物走向世界的开放格局”[①] 的改革。当出版社通过转企改制进入市场化竞争和政府职能转型后，相应的出版问题及管理问题也在市场竞争中暴露出来，为此，出版社会监督在整体的出版管理中的重要性也日益增加。这一时期，除公民监督和社会团体监督外，电视节目的舆论监督仍具有重要影响力。例如《焦点访谈》播出的“非法出版物销售的新伎俩”专题节目，揭露了盗版及非法出版物的生产、销售已出现公开化、产业化、规模化和集团化的趋势，该期节目指出：“从各种渠道进来的非法出版物没有刊号，印刷质量低劣，内容胡编乱造、耸人听闻。这些流动的游商及小摊小店不仅出现在居民居住集中的地方，还扩散到学校周边，给社会带来极大危害。”其播出的“云南大理查获盗版教辅书案”专题节目对云南省宾川县许多中小学生领到了盗版教辅书这一重大教育事件和教育出版事件进行了揭露。值得注意的是，随着互联网的普及和发展，基于网络技术的社会监督中的平民舆论将大众媒体和政府有关部门的关注点引向了民间视角[②]。

---

① 新闻出版总署关于印发《新闻出版总署关于深化出版发行体制改革工作实施方案》的通知[J]. 中国财经审计法规选编，2006（18）：28－37.

② 蒋宏，戴永明．平民舆论：一种基于网络技术的社会监督［J］．新闻界，2006（1）：20－21.

网络媒体中关于各种出版问题的讨论引导了传统媒体的议程设置并推动了社会监督功能的发挥。

（五）新时代中国特色社会主义的出版社会监督（2012—　）

党的十八届三中全会第一次提出国家治理体系和治理能力现代化问题，指出“全面深化改革的总目标是完善和发展中国特色社会主义制度，推进国家治理体系和治理能力现代化”[①]。此后，党的十九届四中全会通过的《中共中央关于坚持和完善中国特色社会主义制度 推进国家治理体系和治理能力现代化若干重大问题的决定》提出：“坚持和完善繁荣发展社会主义先进文化的制度，巩固全体人民团结奋斗的共同思想基础。”[②]出版作为文化的核心部分，在国家治理体系和治理能力现代化中的作用不可或缺，国家治理体系和治理能力的现代化离不开出版[③]。为推进出版领域中国家治理能力现代化，出版行政管理自然是重心，但同样离不开出版社会监督这一辅助性管理方式。进入新时代，伴随着信息传播技术的飞速发展，全景式社会监督已经不再是幻想，使得出版社会监督参与出版治理能力现代化有了更好的技术平台。

技术为社会监督提供了多元可能性和基础支持。在信息时代，大数据作为一种权力进入国家治理体系，已成为思考社会监督的新视角，即大数据驱动式社会监督[④]。这种以技术驱动的社会监督方式为社会团体履行社会监督提供了广泛的施展空间，这是因为社会团体相较于公民个体而言在

---

① 中共中央关于全面深化改革若干重大问题的决定［M］. 北京：人民出版社，2013：3.

② 中共中央关于坚持和完善中国特色社会主义制度 推进国家治理体系和治理能力现代化若干重大问题的决定［N］. 人民日报，2019-11-06（1）.

③ 周蔚华，杨石华．出版与国家治理体系和治理能力现代化［J］. 中国出版，2020（8）：27-33.

④ 蔡玉卿．大数据驱动式社会监督：内涵、机制与路径［J］. 河南社会科学，2019，27（8）：52-58.

技术掌握方面有着更多的优势。当然，传统媒体在新的传媒生态环境下已经将用户数据视为一种重要的资产，故而同样十分重视大数据的积累与运用，因此，它们同样可借助大数据技术来在出版文化领域中发掘新闻选题或揭露出版实践中所存在的问题，进而履行出版社会监督的职责。另外，在出版市场监督中，盗版侵权等问题屡禁不止，一直是出版社会监督的重点对象。区块链技术的发展能够为版权保护、内容回溯提供技术保障，有效维护权利人的合法权益，推动出版市场的良好运行，从而为出版物的社会监督带来新路径。例如，在新闻媒体机构报道相应版权侵权问题或公民向相应司法机构提交侵权的司法证据时，区块链技术的内容回溯功能以及数据流动过程都是强有力的举证方式。

二、出版社会监督的演变逻辑

（一）各种出版社会监督方式共同迭代并进

新中国成立以来，公民监督、社会团体监督以及舆论监督这三类出版社会监督方式，并不是替代递进地线性发展的，而是基于共同迭代的演进逻辑来共同发展的。首先，新中国成立后确定的人民当家做主的国家性质及党和政府坚持为人民服务的文化政策，保证了出版领域的公民监督权利的行使。其次，中国共产党领导的多党合作和政治协商制度，使得出版领域的社会团体监督成为一种合法合理的监督形式。最后，新闻媒体作为党和人民的耳目喉舌，其舆论监督功能的发挥是有效保障人民群众文化福祉的一种长期稳定的出版治理举措。这些内在因素共同决定了出版社会监督方式中的各种具体监督方式并不存在彼此间相互替换的可能，它们之间是一种并行不悖且相互影响并共同作用于国家出版管理效果的逻辑关系。但值得注意的是，随着社会环境的变迁，特别是技术环境的更迭，这三种出版社会监督方式均会有不同程度的迭代更新。

随着信息通信技术的发展，以电话和电子邮件为媒介的社会监督方式逐步取代传统的书信媒介，“读者来信”迭代成为“读者来电”或“读者来邮”，同时电话的普及也使得公民的出版社会监督能够成为一种随时随地都可进行的实践方式。技术发展也为社会团体的出版社会监督带来了诸多便利，为其履行组织职能和行使社会监督权力提供了新的实践方式。另外，技术发展为媒体的舆论监督同样带来了巨大的变革。新中国成立初期的出版社会监督主要以图书评论为实践方式，这主要是受制于当时的大众传媒技术与中国国情的实际情况。但随着社会主义市场经济的发展和媒介技术的不断更新迭代，以及新的广播电视技术的发展，电视广播节目被运用于出版社会监督。进入新时代以来，随着大数据技术和区块链技术的发展，以技术为驱动的出版社会监督方式取得进一步发展。

（二）技术在出版社会监督中的重要性不断提升

从不同类型的出版社会监督实践方式的不断更新的历程不难看出，信息传播技术的发展推动了出版社会监督的变革，自 20 世纪 90 年代以来，技术在出版社会监督中的重要性不断提升。这主要是由技术本身的功能属性所决定的，移动互联技术的互动性和便捷性赋予了出版社会监督全新的功能意义，其弥补了出版行政管理的不足并为解决问题提供了新的可能性。技术在出版社会监督中重要性的不断提升也与时代发展这一外部环境变化有着密切关系。国家治理能力现代化的提出，推动了制度建构和技术手段的发展，以提高出版社会监督效率。从功能主义视角来看，能够有效发现并反映各种出版问题的技术在出版社会监督中自然会被放置到一个重要的位置节点被认真对待。

技术重要性的不断提升还在推动出版社会监督方式的交互与融合，特别是公民监督与媒体舆论监督之间的交互与融合上有所体现。

在出版社会监督过程中，公民通常以新闻媒体作为维权和监督手段，新闻媒体的信息来源大多是公民。因此，随着20世纪90年代互联网在中国的兴起，公民有了新的信息传播渠道，同时其出版社会监督的具体举措得到了进一步充实。此后，新兴自媒体的出现极大改变了传统的传媒生态环境。当公民通过自媒体曝光的出版问题引起舆论关注后，传统媒体舆论监督随之跟进。这种方式既是公民监督方式，也是媒体舆论监督方式，这一在技术因素影响下的交叉融合发挥出了一加一大于二的社会监督功效。

（三）出版社会监督在出版管理中的重要性不断提升

新中国成立以后，计划经济条件下的全能型政府在出版管理中发挥核心作用，推进社会主义文化建设，出版社会监督主要作为一种补充手段。然而，随着改革开放和社会主义经济制度的实施，政府角色和出版管理顶层设计得以调整，社会力量对出版工作的监督作用被日益重视。正如侯天保所指出的，新中国成立以来，中国出版在监管型体制建构方面历经了从基础层次的“父爱主义”式行政监管走向更高质量的“优质服务”式社会共治的革命性变化①。因此，作为辅助手段的出版社会监督日益重要，在出版管理方面表现优异。其彰显了“政府-市场”这个二元框架之外的“社会”这一主体，除政府的“有形之手”、市场的“无形之手”、行业协会的“中介之手”外，公民、社会团体以及传媒机构的“社会之手”也是推动出版工作乃至中国特色社会主义建设的基础力量。这一演变过程体现了党和国家在政策制定和执行方面的先进性，契合了国家文化治理体系构

① 侯天保．政府与市场的博弈：当代中国图书出版管理体制变迁研究（1949—2012）[D]．北京：中国人民大学，2018.

建的时代要求。

第三节　出版社会监督体系的构建路径

一、提高公民的法律水平和监督意愿

社会监督是宪法赋予我国公民的一项神圣权利。“为更好发挥人民在社会监督中的主体地位，推动社会的有效发展、权力的正确运行，新闻出版行业在满足最广大人民群众的需求的同时，携手人民，进行社会监督，推动了中国特色社会主义的建设和发展朝着正确的方向前进。”① 值得注意的是，随着法治进程的推进和普法教育的深入，我国公民的法律意识不断提升。但是我国公民的法治素养仍有待加强，如公民在合法权益受到侵害时对正确的维权方式和途径并不熟悉。这种维权观念和法律知识的欠缺直接影响公民进行社会监督的意愿。因此，要想加强公民的出版社会监督，首先就得提高公民的法治素养和监督意愿。具体的实践方式可从以下几方面着手。

（一）加强关于维权和社会监督的知识传播

出版管理机构、行业协会及出版机构应多渠道普及维权常识与监督方式。如出版管理相关法规和政策的出台或修订应加大面向公众的宣传与解读，使得公民认识到这些政策法规与其合法权益的相关性。此外，在知识传播过程中应注重宣传整体文化福祉同公民自身利益之间的关系，促进公民对日常生活中出现的种种出版乱象进行监督。

---

① 周丽，谢婷婷，刘建华．以人民为中心：论新时代新闻出版工作的根本原则［J］．传媒，2020（6）：86－89.

（二）建立健全公民社会监督的绿色通道

公民出版社会监督意愿偏低的一个关键影响因素是监督渠道的不畅通。因此，公民无论是作为出版事件中的当事人，还是作为旁观者，出版社会监督绿色通道的建立健全都将极大提升公民进行监督的意愿。出版社会监督绿色通道的建立健全需要国家出版行政管理机构、行业协会以及出版企业协同合作，在网络平台上、实体书店中、出版物上等提供维权、举报、投诉渠道等信息，使公民能够随时随地将所面临的问题进行反馈。在收到信息反馈时，相应的处理部门还需要及时对问题进行合情合理的解决，从而保障公民出版社会监督的良性循环。

（三）提高监督的物质奖励水平

提高公民出版社会监督意愿的一个直接有效方式是提高出版社会监督的物质奖励水平。国家版权局 2007 年第 2 号公告公布的《举报、查处侵权盗版行为奖励暂行办法》指出："对查处或协助查处重大侵权盗版案件有功单位和个人的奖励，每个案件对有功单位的奖励一般在 10 万元以下，对有功个人的奖励一般在 1 万元以下。对在全国有重大影响的案件可不受此限。"① 随着经济发展和物价上涨，奖励金额应有所调整。高额的物质奖励有助于激发公民在进行出版物消费时的监督动力，甚至会促使公民成为专门从事出版社会监督的职业从业者，虽然这在一定程度上会增加出版成本，但却是一个能够保障出版质量或减少出版乱象的实践举措。当然，这种物质奖励也并非只能是金钱奖励，也可以把同等价值额度的出版物作为公民监督的物质奖品，这样既可以提升出版社会监督意愿，也可以节省

---

① 版权局公布举报、查处侵权盗版行为奖励暂行办法［EB/OL］.(2007-09-30)［2023-10-10］. http://www.chinanews.com/cj/kong/news/2007/09-30/1040243.shtml.

具体的现金流支出。

二、强化社会团体的出版监督功能

虽然社会团体监督在监督频率和影响力方面有所欠缺，但这一监督方式又是不可或缺的一个组成部分，因此仍有必要加强其监督功能。社会团体作为以一定旨趣和诉求为纽带而形成的组织机构，其社会目标与出版社会监督有一定程度的重合。社会团体在进行出版社会监督时不应仅作为旁观者，而应以一种履行社会责任的心态来强化自身的身份认同和监督主体性，尤其是非营利性的公益社会组织。社会团体应加强自身作为监督主体的身份认同，积极参与到出版社会监督之中，充分发挥自身在公共文化建设方面的职责。

此外，社会团体应与出版行政管理机构保持良好的互动关系，在进行社会监督时与出版行政管理机构保持畅通的沟通渠道，既有助于其履行社会职责，也可以避免职能冲突或其他争议性问题的产生。

三、促进媒体舆论监督的斗争精神

媒体舆论监督是出版社会监督的主要组成部分。随着时代的不断发展，在出版领域中媒体舆论监督的斗争精神有所懈怠。虽然仍有一些关于出版乱象的新闻报道在不断播出，但因新闻业与出版业之间的天然联系，媒体的监督和斗争精神相较于媒体对其他领域的监督而言有所弱化。此外，作为媒体舆论监督方式之一的图书评论，近年来其内容以推广和营销为主，批评或争鸣式的评论则相对较少。因此，媒体组织机构应积极响应党的十九大报告中所提到的“实现伟大梦想，必须进行伟大斗争”的号召，以敢于斗争的精神和坚强的意志进行社会监督，推动出版事业的繁荣发展。

（一）强化新闻媒体的文化引导者角色意识

大众传媒在社会运行中有着悠久的舆论监督功能，新闻从业者出于社会正义的需要积极与丑恶势力进行斗争，而这种斗争精神正是社会监督所需要的。为保障出版资源的合理利用和出版质量，新闻媒体在进行社会监督时同样需要发扬斗争精神。为了确保这种斗争精神的长期存在，新闻媒体机构应充分认识到其在文化发展中所扮演的守望者角色或是文化引导者角色。因此，新闻媒体机构或从业者不应仅关注其他社会现实问题，还应对与其相近的出版事业给予更多的关注。新闻媒体不能因属性和职能相近而放松其斗争精神，反而更应履行其文化引导者的角色职能，积极做好开展相应批判的思想准备。

（二）在批评中提出建设性意见

出版业的健康发展离不开新闻媒体的舆论监督，这种舆论监督需要新闻媒体充分发扬斗争精神，在批评报道中揭露出版业发展中的各种社会问题，从而使得相应的出版管理机构和出版企业认识到问题的严重性并进行整改。但需要注意的是，新闻媒体的舆论监督的斗争精神并非只是一味地揭露问题，停留在指责和问责的阶段，而应在揭露问题的“斗争”的基础上争取提出切实可行的解决方案。因此，新闻媒体在进行出版社会监督时不仅要充当“文化斗士”，还要以建设性新闻为导向，以积极负责和敢于担当的姿态针对出版业存在的问题提出建设性的意见和解决方案，从而为实现人民群众的文化福祉做出贡献。

四、建设出版社会监督经验交流平台

出版社会监督是一项复杂而长期的出版管理举措，在面对各种多元化和碎片化的出版问题和监督方式时，一个能够整合多种情境及其管理方式的经验交流平台就显得十分重要。所以，为保障出版社会监督的高效执行，出版社会监督经验交流平台的建设从长期发展来看是必不可少的。

（一）媒介平台的搭建

出版社会监督经验交流平台，既可以是正式的印刷媒体（如专业的出版社会监督经验交流的报刊）和网站（如出版社会监督经验交流的官方网站），也可以是非正式的新媒体平台（如由个人或出版企业/行业协会牵头的微信公众号或网络论坛）。目前，此类经验交流平台还相对较少。虽然中国扫黄打非网在其“工作专题”下有“经验交流”栏目，但其内容还是以发布信息为主，并且是以发布出版管理机构的监督经验为主。虽然其中相应的工作经验具有较好的借鉴价值，但社会主体的出版监督经验分享较少，且经验交流的互动性不足，属于典型的单向大众传播。此外，无论是正式的还是非正式的出版社会监督经验交流平台的建设，都需要注意保障其内容的多元化，从而满足大多数人的监督需求。同时，平台建设还需要注重提升平台的知名度，从而吸引更多的用户群体参与其中，分享和讨论相应的出版社会监督经验。交流平台知名度的提升，既可通过出版管理机构、行业协会以及出版企业在不同场合的宣传推广来实现，也可通过用户群体的人际传播来实现。

（二）出版社会监督经验的及时分享和互动讨论

出版社会监督经验交流平台在运营过程中需要采取多种方式吸引用户

积极开展交流与互动。运营者可在平台中策划诸如出版物质量监督经验分享会、著作权权益维护经验研讨会、出版乱象治理专题会等众多选题，组织平台用户进行线上或线下的讨论，从而达到出版社会监督经验分享和知识传播的效果。出版社会监督经验交流平台的建设还可参照“知乎”一类网络社群中的知识问答形式，以推动对出版进行社会监督的知识普及和对相应注意事项的深度互动讨论。

（三）出版社会监督经验交流平台的维护

出版社会监督是一项长期的出版管理举措，相应地，对社会监督经验交流平台也须进行长期维护，方能更好地为出版社会监督提供服务。在进行出版社会监督经验交流平台的维护时，议题设置的连续性与可持续性十分重要。可持续的社会监督经验议题能够使得用户群体围绕某一具体出版社会监督方式或者注意事项进行持久讨论，进而形成相应的阐释共同体，增加平台的用户黏性，从而推动社会监督的进一步发展。另外，在平台维护方面也离不开相应的政策扶持与管理。一方面，出版管理机构在平台维护过程中可以给予相应的资金资助或者提供一些出版社会监督的经典案例材料来抛砖引玉，增强用户群体经验交流的话题性。另一方面，出版管理机构也应及时对平台内容中的出版社会监督经验进行引导与管理，保障平台内容的公共性和公益性，避免走向商业化和庸俗化。

五、打造常规化的出版社会监督网络体系

出版社会监督作为一种辅助性的管理举措，因缺乏行政监管的强制性，仅依靠自觉性而实行，所以在很大程度上有一定随意性，弹性也较大。这也使得出版社会监督有明显的波动性，即当相应的管理政策推出或

受到重点宣扬时，出版社会监督就会受到刺激，相应地，监督效果在短期内会得到迅速提升。因此，为推进出版社会监督的效果，我们需要打造一个常规化的出版社会监督网络体系。

（一）从宏观规划上健全出版社会监督的主体网络

目前，出版社会监督的行为主体主要是公民、社会团体以及新闻媒体机构，这些行为主体以及监督方式基本能够满足对各种出版问题的监督。2019 年 10 月 31 日，《中共中央关于坚持和完善中国特色社会主义制度 推进国家治理体系和治理能力现代化若干重大问题的决定》发布，其中社会主义文化建设或社会主义先进文化制度对国家治理体系和治理能力现代化有着特殊意义。出版是文化的核心部分，是文化自信的拱心石，对国家治理体系和治理能力现代化的作用不可或缺，国家治理体系和治理能力现代化离不开出版。[①] 为了更好地适应国家治理能力现代化，在社会主义文化建设中应进一步健全出版社会监督网络体系，可将人工智能和区块链等技术作为开展社会监督的主体，而非仅局限于公民、社会团体和新闻媒体机构这三类行为主体。同时，出版社会监督的具体实践方式除申诉、控告或者检举等外，还可积极探索其他补充方式，用以满足多元监督行为主体的特性。

（二）在中观制度上推进出版社会监督的常规化

出版社会监督之所以具有明显的波动性和随意性，是因为其缺乏强有力的制度保障。这是因为“《出版管理条例》《音像制品管理条例》《印刷业管理条例》《图书出版管理规定》《电子出版物出版管理规定》《期刊出版管理规定》《出版物市场管理规定》《复制管理办法》等法规和部门规章

---

① 周蔚华，杨石华．出版与国家治理体系和治理能力现代化［J］．中国出版，2020，21（8）：27－33.

未对公民和社会组织监督做出规定，使‘外部监管’乏力”①。为推进国家出版治理能力现代化，在出版社会监督方面，理应在管理制度上给予重视并使之合法化，出版管理机构应将行为主体、监督方式以及权益保障等内容纳入各项政策法规，以制度推进出版社会监督的常规化。

（三）在微观上深化各类别出版社会监督内容

出版社会监督网络体系的建设不仅需要宏观规划和中观制度保障，还需要直接在出版物的价格、质量以及出版人的行为规范等具体的监督类别上进行深化。对出版物质量的社会监督相较于其他具体的监督类别得到了较为深入的展开，但对出版物价格、出版人行为规范特别是企业管理人员的社会监督仍有待优化。出版企业管理人员可能由于思想松懈以及利益诱导，借助职务影响力谋取私利，损害出版企业利益，乃至使公共利益遭受重大损失。因此，在出版社会监督体系网络建设中，理应在微观层面深化诸如出版人行为等各类别的社会监督。

① 胡伟，程亚萍．我国出版监管制度之反思与完善［J］．出版科学，2013，21（2）：57－63.

第七章　出版行业从他律到自律

如果说党的领导、行政管理、社会监督等是来自外在的约束和管理，那么行业自律则是来自行业内部的自律管理。在我国出版管理体制中，强化出版行业自律机制，既是出版体制改革的必然，也是出版事业发展的保障。

第一节　出版行业自律的意义与地位

一、出版行业自律的内涵

（一）行业自律的内涵及其演变过程

不同行业由于其自身的特殊性，对自律管理的定义各有侧重。我们认为，行业自律是为了规范行业行为，协调同行利益关系，维护行业间的公平竞争和正当利益，促进行业发展而进行的自我约束。行业自律要求一个行业内部的单位及个人在遵守国家法律、法规政策的基础上，还要服从本行业内的行规行约，依据行规行约约束自己的行为。行业自律意味着一个行业内的机构单位及个体成员接受相应的监督，同时得到相应的保护，避免无序竞争和过度竞争，维护本行业成员的长远顺畅发展。

行业自律并不是从业人员对自我的约束，而是行业自律组织对其成员的组织、管理和教育等。对内部成员而言，这一管束不是自发的，但对一个行业而言，行业自律的约束来自内部的行业协会组织，仍然是一种内部约束。所以，行业自律是中观层面的一种团体自律。

在我国，行业自律的功能主要是通过行业协会来实现的。行业协会是介于政府与企业之间、商品与经营者之间，并为其提供服务、咨询、沟通、监督、公正、自律、协调的社会中介组织。行业协会是我国民法体系规定的社会团体范畴的法人之一，属于非营利性的中国民间组织社会团体，不属于政府的管理机构，而是政府与企业之间的桥梁和纽带。我国有一些行业协会由政府机构改制而来，比如国务院国有资产监督管理委员会代管的中国纺织工业联合会、中国轻工业联合会等九大行业协会，过去就是政府机构，有的甚至曾经是正部级政府部门。目前，我国几乎每个行业都有全国性和地区性的行业协会。

行业自律是市场经济发展和社会分工的必然产物。一个行业只有通过行业自律实现本行业的健康发展，才能在竞争激烈的市场中长期生存下去，整个社会也才能有一个健康有序的市场。

行业自律最初来自行会。行会是旧时城市商品经济中的工商业组织。当商品经济有了一定发展时，城市就成了各行各业聚集的所在，人群的聚集增加了行业恶性竞争的风险。为了调整同业关系，解决同业矛盾，保护同行利益，协调与政府的关系，同业或相关行业联合起来组成了行会。这种行会普遍带有地域和行业两重性，一般常见的有手工业行会、商业行会。

我国早在隋唐时期就已产生了行会。唐代的工商业组织大都称“行”，源于街巷上的贩卖摊商，往往一条街上开设的都是同类的店铺，故称“行”，如“织锦行”“金银行”等，行会组织就此产生。到了宋代，行会组织蓬勃发展。北宋汴京、南宋临安行会多达数十家，入行者成百上千人。明清以后，行会进一步发展成为会馆、公所，组织也更为严密，订有行规、业规、帮规等制度，形成了一种垄断势力。

同行业的“公所”，突出了保护同行业利益的一面，而削弱了保护地域性利益的一面。为此，各公所经本行同业商议，都制定了相当严格的行规。这些行规是本行业各商户必须共同遵守的条款，如有违反，轻则罚以唱戏、办酒席或罚款，重则“禀官究办”“革出本行”。具体的行规内容各行各业有所不同，其相同的地方大致包括四个方面：一是开业的规定，要求本行商号开业必须具备一定的条件，履行一定的手续，缴纳一定的牌费。二是限制不正当竞争的规定，如不准互相抢生意，限制随意扩大销售市场。这与今天的行业自律内容相似，主要是对同行业不正当竞争的限制。三是对违反行规进行处罚的规定，如同行间有纠纷，大都由本行会评断曲直，仲裁是非。虽然行规并非法律，但当事人必须服从，否则会受到同业的排斥。四是对招收徒弟的规定，各个行规不但规定了学徒投师、上会、待遇、学习、出师等方面的手续与要求，还对招收徒弟的数量限制极严，不许多收。古代这种自治性的行会很好地发挥了行业自律的作用，因而能随着商品经济的发展而不断扩张。现代行业协会就是在古代行会的基础上发展起来的，其对行业自律的推动作用是不言而喻的。

行业自律与市场经济密不可分。随着市场经济的发展，行会发展为行业协会，功能不断完善，在各发达国家市场经济的发展中充分发挥了行业自律的作用。

（二）出版行业自律的内涵

出版自律在实践层面包括三个层次：第一个层次是从业人员的自律，即从业人员贯彻国家路线方针政策，自觉遵守法律法规、职业道德和职业操守。第二个层次是出版企业的自律，即出版企业健全内部管理体制，以规范其出版行为。第三个层次就是上面所说的出版行业自律。出版行业自律能有效弥补前两个层次自律失效的状况。①

出版行业自律一般通过制定自律规则或自律公约，约束和监督出版企业行为，防范和惩戒会员违规行为②。其作为一种中观管理手段，对行政管理和社会监督起到重要的补充作用，三者共同构成出版行业综合管理体系。新中国成立以后，出版事业具有鲜明的政治属性和意识形态属性，出版管理的计划色彩较浓，主要采取行政手段，无须通过行业协会进行行业自律。改革开放以后，出版改革走向深化，出版事业的管理走向行政管理、社会监督、行业自律相结合，以同市场经济和国际社会接轨。

出版行业协会是按照出版业公认的原则，由出版行业从业人员自愿组织起来，进行自我调节、自我服务的群众团体性机构③。出版行业协会是出版企业之间、出版企业与政府之间、出版行业与其他行业之间协调、联系和沟通的桥梁。

在我国，出版行业协会工作是整个出版管理体系中的一个重要环节。从专业角度划分，出版行业协会可以被划分为出版商协会（在我国称中国出版协会）、发行商协会（在我国称中国书刊发行业协会）、杂志协会（在

① 唐学荣．出版体制改革与行业自律机制［J］．中国出版，1998（6）：19.

② 李霄．论我国出版行业自律管理制度建设［J］．出版发行研究，2012（1）：23－26.

③ 朱静雯．现代书业企业管理学［M］．苏州：苏州大学出版社，2003：33.

我国称中国期刊协会）、报纸协会（在我国称中国报业协会）、著作权协会（在我国称中国版权协会）和其他更具体的行业协会（如中国印刷技术协会、中国音像与数字出版协会等），还有些协会学术色彩较浓，注册为学会，比如中国编辑学会等。不同的专业出版协会对应着不同的具体的、细化的出版领域。① 进入 21 世纪以后，随着数字出版的兴起与发展，还出现了数字出版协会以及形式多样的出版协会类组织（如各种数字阅读联盟、数字出版维权联盟等），它们与原有的各出版专业协会共同推进出版行业自律，成为出版行业自律的重要一环。

二、出版行业协会的地位与作用

（一）出版行业协会在我国出版管理体制中的地位

出版行业协会具有独立社会团体的法人资格，其独立性体现在与政府和出版企业的关系上。相对政府而言，出版行业协会属于被管理者，同时是政府管理出版行业的辅助力量；相对出版企业而言，出版行业协会既负责组织行业内的自律活动，也受政府管理部门委托负责管理行业的某些内容。

1. 出版行业协会与政府的关系

政府是许多社会问题得以解决的最后一道屏障，而出版行业协会存在于政府与市场之间，对政府正常行使其职权起着非常重要的作用，主要表现在：

（1）出版行业协会依托其灵活性，通过挖掘、筛选和整合信息为政府决策提供参考与根据，以避免政府信息采集行为的滞后性。

---

① 张世兰．我国出版行业协会的建设与发展［J］．中国出版，2010（11）：38－39.

（2）在某些情况下，国家出版行政管理部门依托出版行业协会的管理经验和信息资源，允许其直接参与政府决策以适应出版产业的发展需要。

（3）出版行业协会对政府决策、政府行为、行政立法等环节采取参与听证、行政诉讼、行政复议、提出异议等措施以监督和制约政府，从而促进政府有效地管理公共事务。

2. 出版行业协会与出版企业的关系

出版行业协会作为出版行业自律的组织者和管理者，与出版企业之间形成了复杂的管理、监督与服务的关系。

（1）管理关系。管理关系主要表现为出版行业协会作为独立的社会团体法人，在其章程规定的范围内，约束相关出版企业的行为。如中国出版协会实行单位会员制，加入中国出版协会的各级各类出版企业，都要遵守中国出版协会章程，服从中国出版协会管理。

（2）监督关系。出版行业协会对出版企业的经营活动加以监督，使其能够合法经营和正常运作以适应经济发展的需要。如中国出版协会要求加强行业自律，增强法制观念，提高出版单位和从业者遵纪守法、恪守职业道德的自觉性。

（3）服务关系。出版行业协会的服务职能主要表现在：提供信息咨询，发布统计资料；培养相应专业人才；协助并保护出版企业进行经济活动。如中国出版协会参与制定行业标准和行业发展规划、开展出版从业人员的业务培训和道德教育、推进出版理论研究、开展业务交流活动等。

总之，出版行业协会具有法人主体地位，是其在政府与市场之间构建起和谐互动的机制的法律前提。

（二）出版行业协会的作用

基于出版行业协会的行业自律是一种自组织管理，从自组织管理的角度来看，其对于我国出版产业的健康发展具有重要作用和意义。

1. 连接政府与出版产业的桥梁和纽带

出版行业协会在政府与出版产业之间起到了桥梁和纽带作用。出版行业协会通过承担不适宜由政府和出版企业直接承担的职能，既有效地推动政府政策方针的贯彻执行，也有效地维护公平竞争的市场秩序和企业合法权益，从而成为出版管理体制不可或缺的组成部分，在某种程度上也是政府出版主管部门管理的助手。

2. 协调出版企业成员的中介

出版行业协会既是企业与政府间联系的纽带，又是出版企业成员之间协调的中介。出版行业协会在协调成员利益关系、解决企业间经济纠纷、处罚违反行业规范的成员、建立良好的市场秩序、维护企业合法权益等方面发挥监督、仲裁和服务属性的功能①，这些功能是出版行政管理部门所不能替代的。

3. 为行业发展提供多方面的服务

具体而言，我国基于出版行业协会的出版行业自律的作用可以概括为以下几点。

（1）通过基于出版行业协会的出版行业自律，贯彻执行政府相关政策法规，收集、整理、研究行业信息以发挥智库作用，协助政府制定方针、政策、法令、法规，提出产业发展建议，向政府反映会员的意愿和诉求。

（2）通过出版行业协会制定的行业自律规则，维护企业成员的共同利益，保护企业合法权益，防止不正当竞争，协调行业经济效益与社会效益，坚持把社会效益放在第一位，并在此基础上争取经济效益。

（3）通过出版行业协会的行业自律机制，指导成员的业务活动、规范

---

① 杨闯，谭婷．我国出版行业协会的现状及发展对策［J］．大学出版，2005（2）：27-30.

成员的经营行为、组织成员沟通交流、推动行业技术进步、发布行业信息资讯等。

（4）通过基于出版行业协会的出版行业自律，加强国际贸易合作以及与国外行业组织间的联系以开拓国外市场，同时保护国内出版企业，并协助提高国内出版企业的国际影响力。

（5）出版行业协会组织开展业务培训工作和职业道德教育，以指导企业提高经营管理能力和员工的职业道德素质。

（6）发展出版行业的公益事业，并开展其他有利于该行业的活动。

（7）就企业合法权益的痛点和难点与政府相关部门展开对话和交流。

第二节　我国出版行业协会的成立与发展

一、我国出版行业协会的发展历程

1949 年 10 月，中华人民共和国刚刚成立，在中共中央宣传部出版委员会召开全国新华书店出版会议期间，会议代表发起成立“中华全国出版工作者协会”筹委会，希望建立全国性的出版工作者协会，以建立强固的出版业的统一战线，黄洛峰以出版委员会名义向中共中央宣传部陆定一部长专门写一报告，汇报提案、办法、筹备工作要点及发起人、筹备委员、常务委员等事项，但这一计划未能实现①。20 世纪 60 年代初，胡愈之等曾再次倡议酝酿成立出版工作者协会，但由于当时“以阶级斗争为纲”，这件事情被视为成立“资产阶级俱乐部”而遭到批判。直到 1979 年，经过中共中央宣传部批准，中国出版工作者协会成立，从此拉开了通过行业

① 中国出版科学研究所，中央档案馆．中华人民共和国出版史料：1［M］．北京：中国书籍出版社，1995：455－461.

协会加强出版自律的序幕。

改革开放以后，随着社会主义市场经济体系的建立与完善，政府职能从以指令性计划和行政手段为主向宏观调控和公共服务转变，政府把替市场掌控的权力还给了市场，专注于为市场主体营造统一开放、竞争有序的市场环境。伴随着改革开放，我国出版业开始进入以提高生产能力和扩大出版规模为主线的改革与发展阶段。首先，提出“一主三多一少”的图书发行格局；其次，出版系统开启内部体制改革，从单纯的生产型向生产经营型转变。在这一背景下，一方面，图书市场走向复苏与繁荣，图书需求急剧增加，出版事业面临巨大机遇和挑战；另一方面，随着市场因素的加强，长期在计划经济体制下生存的出版单位面临市场带来的冲击和压力，急需培训、管理和技术等方面的支持。因此，国家通过建立各级各类出版行业协会，将部分职能从政府部门中分离出来，由出版行业协会承担。①

我国出版行业首先建立的是全国性的全行业协会。在诸多出版行业协会中，中国出版协会（前身是中国出版工作者协会）不仅是我国最早成立的出版行业协会，也是出版行业最大的社会组织。中国出版协会是中国出版界自愿结成的全国行业性社会组织，是为出版行业服务的非营利性社团法人。1979 年 12 月 20 日，中国出版工作者协会在长沙正式成立；2011 年 4 月 18 日，经中华人民共和国民政部批准，中国出版工作者协会更名为中国出版协会。

在中国出版协会成立后，1980 年 3 月，全国印刷及相关企业、印刷工作者的群众性社会团体中国印刷技术协会正式成立，接受中国科学技术协会和中华人民共和国民政部的业务指导和监督管理。

---

① 周霞，徐强平．中外出版行业协会发展比较研究［J］．大学出版，2005（2）：23－26．

1986 年 9 月，韬奋基金会成立。韬奋基金会作为全国性社会团体，是我国新闻出版界唯一的公益性基金会。该基金会是在胡愈之、夏衍、叶圣陶、陆定一、巴金等新闻出版界、文化教育界人士的倡议下成立的，主要承担研究和继承韬奋思想文化遗产、评选先进新闻出版人物、开展专项资助和业务培训等工作。

20 世纪 90 年代之后，社会主义市场经济体系的建立对我国的出版行业协会提出了新的要求。首先，政企分开成为经济体制改革的核心环节，政府与企业之间需要建立沟通桥梁；其次，当转企改制成为国有企业的改革方向后，出版行业的整体发展需要相适应的管理与服务体系。在这一过程中，我国不断成立各类专业出版协会，同时各级各类出版行业协会的职能不断扩充，成为沟通政府与企业的桥梁和纽带。

随着音像出版与数字出版的发展，中国音像与数字出版协会（原名中国音像协会）成立并不断发展壮大。该协会是由全国从事音像与数字出版行业生产经营的企事业单位自愿结成的、具有独立法人资格的非营利社会团体，是中华人民共和国唯一的全国性音像与数字出版行业组织。中国音像协会于 1994 年 4 月 29 日，经新闻出版署和民政部批准成立；2013 年 3 月，经国家新闻出版广电总局和民政部批准更名为中国音像与数字出版协会；2018 年年底，转隶中共中央宣传部。

为了适应我国出版业版权保护、版权交易和国际交往的需求，我国还建立了中国版权协会。中国版权协会由中国版权研究会更名而来。中国版权研究会成立于 1990 年 3 月 9 日，是从事版权理论研究的全国性学术团体。在版权法实施和我国加入《世界版权公约》后，面对国内外版权保护发展状况的变化，仅组织学术研究与交流已经不能适应我国不断加强版权保护工作的要求。在 2001 年修订版权法后，我国的版权保护体系进一步完备。为了组织、协调版权界，尤其是版权产业界，支持、配合司法机关和版权行政管理机关保护权利人的合法权益，打击侵权盗版，宣传普及版权知识，开展专业培训，社会团体的职能亦应做相应调整。特别是加入WTO后，国际版权关系和大量版权事务急需通过社会团体来处理。中国版权研究会常务理事会经研究决定，向新闻出版总署并民政部申请将中国版权研究会更名为中国版权协会，民政部于2002年4月19日予以批准。2002年5月27日，中国版权协会在北京召开全国会员代表大会。大会通过了《中国版权协会章程》，选举产生了中国版权协会新一届理事会。

与中国出版协会和中国印刷技术协会的建立不同，中国编辑学会的建立首先是从地方开始的，后来才建立了全国性的编辑学会。1986年，我国第一个编辑专业人员的群众组织——上海市编辑学会率先在上海成立。1987年3月，中国科学技术期刊编辑学会在北京成立。1989年3月，天津市书刊编辑学会成立。1990年4月，河北省图书编辑学会成立。1993年6月，湖北省编辑学会成立。此后，辽宁、江苏、湖南等地也成立了图书编辑学会。[①] 1992年10月，中国编辑学会在北京正式成立。作为一个全国性的、群众性的学术团体，中国编辑学会的主要任务是组织书刊编辑的理论和学术研究活动，开展学术交流，推荐编辑学、编辑业务、编辑史和编辑管理方面的著作，编辑出版学术刊物，举办书刊编辑人员培训班、进修班及有关业务咨询活动，与国外的编辑出版学会建立联系，开展国际学术和信息交流，等等。自1993年以来，中国编辑学会在推动中国的编辑学研究方面，进行了大量的工作，产生了广泛的影响。其多次单独或与其他科研团体联合组织编辑学理论研讨会、编辑史出版史研讨会和出版理论研讨会，对编辑出版学、编辑出版史等领域的重点和热点问题进行研究；举办各种编辑工作座谈会，对编辑业务和编辑工作的实际问题进行讨

---

① 中国出版年鉴社．中国出版年鉴（2001）[M]．北京：中国出版年鉴社，2001：742.

论；与中国出版工作者协会联合举办全国中青年优秀图书编辑评选活动，奖励做出突出贡献的中青年书刊编辑工作人员①。

中国期刊协会的建立也是首先从地方开始的。1990年，安徽省等地相继成立了期刊协会。1992年5月，经过有关部门的批准，中国期刊协会正式成立。其宗旨是团结期刊工作者，加强期刊界与社会各界及广大读者的联系，维护会员的合法权益；其主要工作是宣传贯彻党和政府关于期刊工作的方针政策，协助有关行政管理机关进行行业规划，协调行业内部关系，培养和训练期刊工作者，提高从业人员素质，编辑出版有关资料，等等。中国期刊协会自成立以后，组织多次期刊工作座谈会和研讨会，研究期刊发展中面临的重要问题；举办1978—1993中国报刊业发展成就博览会；承办第36届世界期刊大会；在海外举办中国期刊展，展示中国期刊发展的成就；组团到海外进行学术交流，加强与海外期刊界的合作与联系。中国期刊协会设有经常性的办事机构，如秘书处、业务部、财务部等。为便于开展活动，在中国期刊协会下还成立了冶金、建材、科普、文化、医药卫生等22个行业分会。中国期刊协会已接受中央和地方约4 000家期刊社为会员，出版有《中国期刊年鉴》等专业刊物，另外还办有《中外文摘》《商务旅行》两种面向市场的刊物。除中国期刊协会外，一些专业期刊也组织了期刊协会或研究会，如中国青年报刊协会、中国电力报刊协会、国家部委教育期刊研讨会等。许多地方也建立了期刊协会，如湖北省期刊协会、辽宁省期刊协会、浙江省期刊协会、云南省期刊协会、天津市期刊工作者协会、上海市期刊协会等②。

随着国家经济体制从计划经济向商品经济和市场经济逐步转轨，书刊

---

① 中国编辑学会秘书处．中国编辑学会活动纪事（1992—2002）［J］．出版科学，2002（4）：13-15.

② 据中国出版年鉴社编辑出版的《中国出版年鉴（1980—2000）》光盘有关资料。

发行在出版工作中的地位越来越突出，集体和个体书店数量大量增加。为推动书刊发行业发展，辽宁、吉林、黑龙江、四川、贵州、广东、山西7个省成立了书刊发行业协会。1991年3月，中国书刊发行业协会正式成立，并组建了社科发行委员会、科技发行委员会、美术发行专业委员会、古旧书业工作委员会、城市发行专业委员会、民营书业工作委员会、图书馆馆配工作委员会、进出口工作委员会等多个专业工作委员会。其基本任务是沟通会员与党和政府之间的联系，积极发挥行业协会的桥梁和纽带作用；组织会员进行自我教育、自我管理、自我协调；倡导会员单位积极发行有利于经济和社会发展的优秀书刊，拒绝发行非法出版物。中国书刊发行业协会制定《全国书刊发行公约》，承办全国书市（即全国图书交易博览会），承办每两年一次的"中国书刊发行奖"评选，奖励在书刊发行工作中做出突出贡献的人员。除此之外，中国书刊发行业协会还在国外举办中国图书文化展，组织会员到国外进行考察，等等。①

随着我国版权法制建设的日益完善，版权领域的协会也应运而生。1990年3月，经国家有关部门批准，中国版权研究会正式成立。其主要职责是举办版权学术活动和版权培训班，为版权制度的建立和完善提供意见和建议，开展国际学术交流活动，收集国内的版权研究文献，提供版权法律咨询，等等。2002年4月，经民政部批准，中国版权研究会更名为中国版权协会，由学术团体变为版权领域的专业团体，主要业务范围是学术交流、专业培训、反盗维权、社会服务、国际合作、书刊编辑等。中国版权协会发挥版权社会管理和社会服务的作用，协助版权管理机关推动著作权法的实施，打击侵权盗版，维护权利人的合法权益。

除此之外，作为全国出版的一支重要力量，中国大学出版社也于

① 据中国出版年鉴社编辑出版的《中国出版年鉴（1980—2000）》光盘有关资料。

1987年成立了自己的自律组织——中国大学出版社协会，这是中国大学出版社界的全国性、专业性、行业性和群众性的社会团体。中国大学出版社协会下设编辑工作委员会、发行工作委员会、经营管理工作委员会、电子出版工作委员会、音像出版工作委员会、装帧艺术工作委员会等二级分支机构。其主要业务是：组织和推动会员贯彻执行党的教育、出版方针、政策，坚持正确的政治方向，发扬理论联系实际的学风，不断提高政治理论水平；积极组织学术研讨活动，开展对大学出版社管理体制、改革发展、队伍建设、编辑出版发行、经营管理等问题的研究，总结推广先进经验；组织大学出版社各类人员的培训，不断提高队伍素质；组织出版社之间的协作，促进出版社之间的横向联合；开展出版物评优活动，表彰先进集体和个人；进行职业道德教育，加强行业自律，规范行业行为；按国家有关规定开展与行业有关的咨询服务和经营活动；开展国际交流；主办协会报刊；等等。

以上出版行业组织都由民政部批准成立，组织架构基本相同，由会员代表大会、理事会和常务理事会、各种专业委员会组成，经常性的办事机构是秘书处，内设相关工作部门。

二、我国出版行业协会的职能

我国出版行业协会的职能是多方面的，大体可以划分为管理职能、服务职能和自律职能三大模块。管理职能和服务职能往往不可截然分开。我国各级各类出版行业协会通过履行这些职能，从而实现自律管理，谋求行业发展。

（一）管理职能

相较于政府，出版行业协会行使管理职能具有较多的优势。首先，出版行业协会的管理职能来源于其成员的集体委托与授权，其管理职能的行使得到行业的认可。其次，出版行业协会较为深入地掌握着行业发展情况，便于了解成员的呼声和需求并寻求解决方案，其管理易于被行业内部接受，且相较于政府管理，出版行业协会的管理更为细致和到位。同时，出版行业协会参与市场管理，既可以缩减政府编制，又可以减轻政府负担，利于政府将精力放在宏观调控方面。总之，出版行业协会是其他出版管理方式的有益补充，推动出版管理体系日趋完善。①

我国出版行业协会的管理对象主要是出版企业，管理职能多来自政府部门的授权或认可，是政府部门管理职能的延伸和细化，目前主要采用柔性管理的方式，以促进出版业的健康发展。出版行业协会的管理职能具体包括以下几个方面：一是制定行业标准和发展规划。我国出版行业协会可以受政府有关部门委托，参与制定行业标准和行业发展规划。二是开展各类出版评奖活动，以建立良好的激励机制。如中国出版协会和韬奋基金会合作组织开展的“韬奋出版奖”和“中华优秀出版物奖”评奖活动，推出了大批优秀的出版人才和优秀的出版物；中国出版协会组织了“全国百佳出版工作者”和“中国图书奖”的评选，以及报纸、期刊、音像等方面的各种奖项的评选。② 三是维护著译者和出版者的合法权益。我国出版行业协会敦促企业成员遵守《中华人民共和国宪法》《出版管理条例》《中华人民共和国著作权法》及其他相关法律法规，维护出版者和著译者的合法权益。

（二）服务职能

出版行业协会作为出版企业的自组织联合，为会员企业服务是其基本

---

① 田杨．中外出版行业协会的比较分析［J］．发展，2011（3）：59－60.

② 王彤．新闻出版行业协会在新时期的发展和期待［J］．中国出版，2003（1）：24－26.

职能。通过发挥服务职能，我国各出版行业协会较好地服务于企业和行业的发展，为推动我国出版业健康发展提供了坚实保障。服务职能与管理职能往往密不可分。

1. 促销服务

我国出版行业协会通过多种途径提供促销服务。如定期或不定期举办图书展览会、图书订货会、期刊展览会、音乐音像博览会等，成为出版单位进行产品宣传促销和企业形象推广的重要展台。

2. 培训服务

我国各类出版行业协会自成立后，积极配合政府开展业务培训工作，其承担的培训工作，包括岗位培训、专业技能培训、专家讲座等，为我国出版专业人才队伍建设提供了强有力的支持①。如中国出版协会协助政府开展业务培训工作、职业道德教育、出版理论研究和业务交流活动。又如中国版权协会举办的音乐作品版权洽谈会暨音像和电子出版物版权合同培训班，有利于传播版权相关知识、探讨作品开发利用和促进版权贸易。②

3. 外事服务

出版行业协会作为民间组织，以其非官方的优势更利于进行国际合作与交流。如积极开展境外的民间交流与合作出版、组织成员赴国外考察、邀请外国同行来访等活动，对了解国外出版行业发展情况、借鉴经验以开拓发展思路起到了积极作用。③ 例如，中国出版协会积极参与国际出版组织的活动，以加强交流与合作，扩大中国出版业的国际影响；同时，本着平等互利和共同发展的原则，与出版行业的其他专业协会进行了多方面的合作。

① 王彤．新闻出版行业协会在新时期的发展和期待［J］．中国出版，2003（1）：24－26．
② 王彤．在新闻出版体制改革与创新中推进行业协会的发展［J］．中国出版，2004（10）：39－40．
③ 王彤．新闻出版行业协会在新时期的发展和期待［J］．中国出版，2003（1）：24－26．

4. 信息服务

出版行业协会是国内出版企业获取信息的重要渠道。出版行业协会通过定期召开会议、编印协会刊物、传达政策方针和法律法规等方式开展信息服务。同时，出版行业协会还积极开展理论研究和学术交流，以加强理论建设。如各协会下设的专业委员会定期就专业发展形势与问题展开调查研究和理论研讨，不仅仅有利于交流经验、拓展思路，更能为政府决策提供参考。①

5. 技术服务

我国各级各类出版行业协会都投入精力以提高行业技术水平，如中国书刊发行业协会编制了可供机读的“中国可供书目数据库”②。

6. 维权服务

行业协会作为自律性行业组织，维护行业利益特别是会员利益为其天然职责。对外而言，针对那些损害行业整体利益的行为，通过团体发声、与政府沟通协调、制定整体应对策略等维护行业利益；对内而言，要求会员遵守行业规范，对于破坏行业规则、进行不正当竞争的行为进行及时纠正和制止；等等。

（三）自律职能

我国出版行业协会的自律职能是指出版行业协会通过制定自律规范推进行业自律的职能。自律职能更像是出版业的“刹车”职能，保障我国出版业的健康平稳发展，避免出版业出现违规违纪现象。具体内容包括：

1. 规划并制定自律规范

出版行业协会制定和实施行业职业道德准则和其他行规、行约。如早

---

① 王彤．新闻出版行业协会在新时期的发展和期待［J］．中国出版，2003（1）：24－26.

② 周霞，徐强平．中外出版行业协会发展比较研究［J］．大学出版，2005（2）：23－26.

在1995年，中国出版工作者协会就公布了《中国出版工作者职业道德准则》，并在1997年和2004年进行了修订；2000年，中国音像协会光盘工作委员会组织制定了《中国光盘行业自律公约》；等等。

2. 对会员遵守行业职业道德规范和行规的行为进行监督

行业协会不仅仅是行业职业道德准则和其他行规、行约的制定者，更是其实施的监督者。目前，我国出版行业协会在组织会员学习政策法规、对会员进行培训、进行出版技术开发以及评选各类奖项等方面做了大量工作，但在中介职能和行业自律监督职能等职能的发挥上还有很大的改进空间。所以，我国出版行业协会还需要在以后的发展中更加强化中介职能和自律职能，不断推进行业自律和自我管理，并对那些违反职业道德及行规的单位和个人依规予以惩戒，强化监督责任。

三、我国出版行业协会的发展趋势

（一）加强自身建设

自20世纪80年代开始，我国出版行业协会逐步发展至出版领域的各个重要环节，且越来越凸显自身的专业优势。但是，我国出版行业协会的成立与发展不同于国外，国外出版行业协会是行业自发成立的纯民间性质的社会团体，而我国出版行业协会多由从政府分离出的职能和人员组建，具有较为浓厚的行政色彩，因而面临依赖政府管理、欠缺成熟的运作模式、功能发挥有限等问题，不同程度地制约着出版行业协会的发展。

我国出版行业协会一般由政府赋权，政府通过授权、委托等方式将部分带有执行性、技术性与操作性的职能交由出版行业协会去行使。如出版行业协会的奖励和自律职能，往往由政府授权和委托，某种意义上代表着政府的意志。例如，韬奋出版奖作为出版行业的个人荣誉最高奖，其设立、评选和颁发具有较重的官方属性。出版行业协会在接受政府的授权和委托后，应协助政府对出版行业进行管理。因此，出版行业协会的职能行使对象不限于协会内的会员企业，也包括未申请入会但是属于出版行业的企业。政府出版管理部门可以借助出版行业协会引导出版企业贯彻执行相关方针政策、指导和规范出版企业的相关实践，以此发挥宏观调控职能，这样，也便于政府从具体的行政管理中脱离出来，集中精力于重大事务。

由于我国的出版行业协会均有业务主管单位，接受业务主管单位的业务指导和监督管理，协会负责人大多由离职的政府官员担任，工作人员以照顾性安排为主，因此，我国现行的出版行业协会实际上是政府部门某种意义上的延续。作为政府部门的附属机构，政府将行业协会纳入管理，有利于确立行业协会的合法性和垄断性，行业协会在负责人选和协会经费等方面会受到政府的相对约束。①

出版行业协会应根据政府和社会组织改革发展要求以及行业发展的需要，从制定行业规范、规范市场秩序、维护企业合法权益等方面提供自律和维权服务。出版行业协会应抓好自身建设，加强自律性管理和自我约束机制，向民间性、民主性、公开性拓展，充分发挥自身的专长与功能，主动开展工作，积极承担管理任务，以取得政府信任、企业信赖和社会认可。

（二）服务多元主体

我国的出版行业协会应打破地方保护主义和条块约束，加强地区间的联系以促进协作发展。此外，在民营书业蓬勃发展的当下，在我国出版业

① 周霞，徐强平．中外出版行业协会发展比较研究［J］．大学出版，2005（2）：23-26.

多种所有制经济并存的当下，出版行业协会要想真正代表整体行业利益，在吸收会员方面就应突破所有制限制，将国有和民营企业联合起来，推进会员的多元构成。

（三）强化内部管理

我国出版行业协会应加强内部管理，以适应出版行业的发展趋势。首先，应调整人员结构，改变将协会视为安置退休和闲置人员的内部机构，精简人员并吸收具有管理能力和专业水平的人员。其次，应建立民主评议机制，完善民主决策相关制度。再次，应通过开展培训工作、进行咨询服务等有偿方式拓展经费来源。最后，应结合行业发展趋势，科学制定并发布行业规范、技术标准、执业规范等，以提高和规范行业发展水平。

（四）扩大对外交流

首先，我国出版行业协会应加强同国外出版行业协会的交流与合作，学习并吸收其先进的管理经验以提升自身的管理水平。其次，应积极参与国际或者地区同行业组织的相关活动，并随着出版企业“走出去”的步伐，参加由非政府单位组织的各种经济活动。①

第三节　我国出版行业自律的实施路径

与政府规制的强制性不同，行业协会的行业自律主要起引导作用，引导企业按照行业协会的统一要求承担相应的社会责任，履行相应的社会义

① 周霞，徐强平．中外出版行业协会发展比较研究［J］．大学出版，2005（2）：23-26.

务。但由于我国出版业长期以来政企不分，出版行业协会等行业组织的作用尚未全部发挥，在数字出版风起云涌的浪潮下，出版行业自律还有巨大的发展空间。我国的出版行业协会还要进一步履行行业自律责任，强化出版行业自律的引导、规制、服务和教育功能，搞好出版行业自律的机制建设，通过培训、咨询、沟通、评估、监督、反馈等形式推进出版行业自律。

我国出版行业协会等行业组织通过持续不断的机制建设，已通过制定发布出版行业自律规范、表彰奖励出版企业以及出版行业自律惩戒及争端解决等途径发挥出版行业自律职能，并不断进行机制优化，以实现更有效的行业自律，推进我国出版业的中观管理。

一、制定发布出版行业自律规范

行业自律规范作为业内成员共同遵守的行为规定，通常表现为规范性文件，如行业协会章程、行业道德规范和行业自律公约等，作为规范企业成员经营、约束从业人员行为的基本参照。出版行业自律规范作为出版行业自律的基础，在推进行业自律方面发挥着极其重要的作用。

具体来看，我国现有的出版行业自律规范文件可分为三种类型。

（一）行业协会章程

章程是出版行业协会召开会员大会或会员代表大会，经过表决同意形成的行业协会基本规范。章程一般规定协会的名称、性质、宗旨、业务主管单位、职责范围、成员权利义务、组织机构、经费来源、资产管理、入会退会程序、章程修改程序、协会终止程序等内容。章程作为出版行业自律规定文件，可对入会的企业成员的行为进行管理和监督，而对未入会企业则不具备效力。

(二) 行业道德规范

职业道德是指某种职业内的从业人员在职业活动中应该遵循的行为准则。如 1995 年公布的《中国出版工作者职业道德准则》(后于 1997 年和 2004 年先后进行修订),对出版工作者提出了八项道德规范,以加强从业人员的职业道德建设。类似的出版行业道德规定性文件经由出版行业协会的宣传教育以及同业者之间的监督,可以推动出版行业有力地贯彻党的方针政策和法律法规,提升出版行业的整体道德水准,推动出版行业的繁荣发展。

(三) 行业自律公约

在出版行业中,自律公约作为常见的自律规范方式,是企业在平等协商基础上,依据互惠合作原则自愿缔结的,用以维护市场秩序。出版自律公约通常由部分出版企业或出版行业协会为发起人,以倡议书形式向社会公布行为规范,企业自愿签署加入接受公约规范,主动接受同行和社会的监督。缔约内容通常涉及图书价格、促销行为、学术腐败等。[①] 此外,我国也有出版企业在出版行业协会的组织与倡导下缔结公约,如《中国报业自律公约》《中国光盘行业自律公约》。还有一些地方性的行业自律公约,如江苏 40 家医学期刊共同签订的自律公约等。

进入 21 世纪以后,伴随数字出版产业的发展,出版业的参与者日益扩展,行业自律公约的签署与发布也日益频繁。行业自律公约的倡议者、提出者、发布者也越来越多元化,从半官方的行业协会到企业联盟,乃至若干企业、作者协同发布具有行业自律公约性质的倡议书等,成为出版行

---

① 李霄. 出版行业自律管理研究 [D]. 武汉:武汉大学,2011.

业自律的重要形式。

我国互联网知识产权领域发布的第一个行业自律公约是《中国互联网网络版权自律公约》，该公约由国内主要内容服务提供商和网络服务提供商联合签署。其中规定了加强沟通与合作、共同研究互联网保护措施、提出政策与立法建议、采取相关措施保护权利人权利、支持保护公平有序的精神等自律条款。该公约的发布有利于维护网络知识产权，以及促进与保障互联网行业的健康发展。①

伴随着数字出版的迅猛发展，网络文学方面的行业自律不断推进。2014 年 12 月，国家新闻出版广电总局出台《关于推动网络文学健康发展的指导意见》。2016 年 7 月，中国作家协会网络文学委员会和中国音像与数字出版协会数字阅读工作委员会共同发起《网络文学行业自律倡议书》。这一倡议书包括坚持以人民为中心的创作导向、弘扬社会主义核心价值观、抵制侵权盗版、把好品质关、坚持依法经营等内容，标志着中国网络文学在主流化的道路上又迈出重要一步。倡议书从伦理道德层面呼吁网络文学行业和从业人员的社会责任感和自觉担当意识，是对《关于推动网络文学健康发展的指导意见》的有益补充。②

二、表彰奖励出版企业

我国各级各类行业协会积极设立出版奖励以推动和引导出版业的发展。出版奖励既是出版行业自律的重要形式，也是政府类出版奖项的重要补充。

---

① 40 家单位首批签署《中国互联网版权自律公约》[J]. 计算机安全，2005（10）：80.

② 张鹏禹．行业自律推动网络文学发展（文化只眼）[EB/OL].（2021-01-06）[2023-10-10]. http：//www. it. people. com. cn/nl/2021/0106/c1009－31990634. html.

20世纪80年代之后，我国出版行业协会陆续建立，出版行业协会在获得政府支持或授权后开始设立各种类型的出版奖励。据不完全统计，我国各级各类出版行业协会设立的各类出版奖励从无到有，数量不断增多，目前已超过50项。[①] 出版奖励在数量增多的同时，形式也日益丰富，包括图书、期刊、电子出版和数字出版等领域的优秀作品、先进单位与个人奖励。出版奖励基本涵盖了出版活动的各个环节，对于提高从业人员的积极性和创造性、促进出版产业繁荣发展发挥了重要作用。经过几十年的发展，我国出版行业协会设立的出版奖励标准日益明晰，评选程序日益规范，社会影响力不断增强。尤其是一些全国性行业协会设立的出版奖项，如“韬奋出版奖”“中华优秀出版物奖”等在全国、全出版行业都具有较大的影响力，成为出版行业协会正向引导和激励机制的重要组成部分。

以韬奋出版奖为例。韬奋出版奖是我国出版行业最高层次的奖项和荣誉，设立这一奖项的目的是鼓励广大出版工作者继承和发扬韬奋精神，以在本职岗位上创造优异成绩，多出精品，多出人才，使出版更好地为我国社会主义现代化建设服务。截至2019年年底，韬奋出版奖已评选13届，共有190多人获此殊荣。[②]

除韬奋出版奖之外，中国出版协会还设立了“中华优秀出版物奖”等全国性奖项，全国各地的出版行业协会也设立了若干级别层次、类型不等的出版奖项。这些出版奖项虽然由出版行业协会设立，但一般得到了政府出版行政管理部门的授权或认可，故具有较高的公信力和权威性。可以预见，随着我国出版业的发展和出版行业协会奖项评选的日益规范，出版行业协会设立的各级各类出版奖励将会发挥更大的引领示范作用，成为出版

① 刘芬，曾元祥．中美行业协会类出版奖励比较研究［J］．出版发行研究，2016（2）：96-99.

② 吴娉娉．中国当代优秀出版人群体特征实证研究：基于168位韬奋出版奖获得者的统计分析［J］．出版科学，2018，26（4）：57.

行业自律的重要体现。

三、出版行业自律惩戒及争端解决等措施

出版行业协会通过对违规企业实施惩戒以及解决成员之间的争端来实现行业自律。这一方式具有一定的权威性以及相应的执行机制，有利于将自律行为落到实处。

自律惩戒是行业自律的重要组成部分。行业协会可以基于自律规范对出现违规行为的企业成员实施处罚，出版行业协会也不例外。

出版企业自愿加入出版行业协会并签署自律规范，即表示同意接受规范的约束。行业协会所采取的警告、通报、公开谴责、罚款、集体抵制、开除会籍、市场禁入等手段属于非法律性惩罚，但是其相较于法律强制性惩处具有专业性、针对性和灵活性等优势，可以及时制止不导致法律惩戒的违规行为。

然而，我国的出版行业自律规范基本不涉及对于违规行为的处罚规定，通常采取倡导和呼吁形式界定企业成员的权利和义务。缺乏相关的惩戒规定自然难以取得较好的处理效果，自律规范自然欠缺权威性和制约性。因此，我国的出版行业自律规范通常流于形式，很难达到令人满意的效果。

我国的出版行业协会在奖励机制方面已经形成了比较完善的制度，但出版行业协会内部一般并没有监督和惩罚机制，这影响了出版行业自律的执行力。未来有必要在各级各类出版行业协会内部设立监督机构，负责监督各会员的执行情况和遵守行业自律规范的情况。此外，还要从对出版从业人员的惩罚和对出版机构的惩罚两方面着手，逐步建立出版行业协会内部的惩罚机制：针对出版从业人员，建立书面警告、责令改正、内部通报

批评、取消出版从业人员资格等惩戒制度；针对出版机构，建立名誉上的批评—处罚金—责令整改—开除会员资格的系列惩戒制度。

争端解决也是出版行业自律的重要组成部分，行业自律管理需要解决会员之间、会员与业外主体之间的争端，通常手段是仲裁和调解。但是在我国，出版行业协会并没有仲裁权力，只能对当事人之间的争端进行调解。调解与仲裁在解决争端方面具有极大的效力差距，调解是在第三方中立人的帮助下，矛盾双方寻求和解，而仲裁是第三方机构对争议做出裁决，具有法律效力。

因此，出版行业协会可以加强与仲裁机构的联系，在调解基础上，引导当事人借助国家仲裁机构对争议进行仲裁。这种方式不仅仅可以帮助当事人寻求解决争端的合法渠道，更有助于为之后的争议搭建示范性的仲裁途径，从而成为自律规范执行中解决争端的有效形式。[①]

---

① 李霄．出版行业自律管理研究［D］．武汉：武汉大学，2011.

第八章　出版单位的内部管理

宏观管理、中观管理基本上是从整个行业的角度对出版进行的管理，而这些管理规章制度、要求和办法要落到实处，还需要各个出版主体——出版单位在内部各个环节加以实施。因此，出版单位所进行的微观管理既是整个出版管理体制的重要组成部分，也是出版行业能够健康发展的关键。

第一节　出版单位管理体制的演进

新中国成立后，我国一直把出版作为意识形态的重要组成部分，但由于处在不同的历史时期，出版单位的性质及管理体制也经历了一个发展变化的过程。下面我们简要分析我国出版单位微观管理制度尤其是内部治理结构的演变。

一、企业单位事业化管理阶段（1949—1978）

在我国，企业单位是以营利为目的的独立核算的法人或非法人单位，而事业单位是以公益服务为主要宗旨的组织。事业单位一般是由政府利用国有资产设立的从事教育、文化、科技、卫生等活动的社会服务组织。事业单位接受政府领导，是表现形式为组织或机构的法人实体。所谓企业单位事业化管理，是指组织的根本属性是企业单位，但按照事业单位的规则进行管理。

目前学界对新中国成立后到改革开放前这段时间内的出版社性质的认识有一种误区，就是很多研究者认为这个时期的出版社都是事业单位，因此按照事业单位管理，从事的活动都是公共服务性质的宣传活动，这与实际情况不相符合。事实上，新中国成立初期，出版社是被定性为企业的。

新中国成立后，政府成立中央人民政府出版总署管理全国出版业，对出版业中的企事业单位进行了划分。当时，某一单位是事业单位还是企业单位，由其主管领导机关决定，有时还须与财政部门商定。从实际情况看，从事书刊出版工作的出版社和从事印刷工作的印刷厂是图书的生产企业，从事书刊发行的书店是书刊流通企业，因此出版、印刷、发行单位都是企业单位。当时，中央人民政府出版总署规定直属出版社等单位为企业，也得到了中央人民政府政务院的认可。1950 年 10 月 28 日，中央人民政府出版总署发布《关于国营书刊出版印刷发行企业分工专业化与调整公私关系的决定》，规定："为进一步发展国营出版事业，……全国各级新华书店兼营出版印刷业务者，从目前起应即着手分割为三个独立的企业单位。……人民出版社为直属出版总署的国营出版企业。……新华书店为直属出版总署的国营书刊发行企业。"① 1952 年 8 月 16 日公布的《管理书刊出版业印刷业发行业暂行条例》规定："本条例所称书刊出版业印刷业发行业系指有固定场所及设备，经营图书、期刊的出版、印刷、发行业务之企业。"② 凡

① 中国出版科学研究所，中央档案馆．中华人民共和国出版史料：2［M］．北京：中国书籍出版社，1996：653－659.

② 中国出版科学研究所，中央档案馆．中华人民共和国出版史料：3［M］．北京：中国书籍出版社，1996：433.

书刊之出版、印刷、发行企业，无论是公营、公私合营还是私营，无论是专营还是兼营，都应向当地出版行政机关申请核准营业，并向当地工商行政机关申请登记。

中央人民政府出版总署于1953年发布的《办理书刊出版业印刷业发行业核准营业工作报告》《规定书刊出版、印刷、发行业营业许可证及期刊登记证的编号办法》等文件中同样明确书刊出版、印刷、发行单位为企业单位。[①] 可以看出，当时绝大多数出版单位是企业性质，但也有个别出版社在批准成立时被确定为事业单位，如法律出版社在成立时因不具备企业条件而作为事业单位。而1955年5月文化部党组发布的《关于成立法律出版社及其方针、任务、领导关系、组织机构的请示》，明确了法律出版社在条件具备后，应逐步走向企业化。

但是，出版企业属于精神生产部门，当时对出版企业的管理，与对工业企业的管理是不一样的，具有浓厚的事业单位管理特色。出版社兼有意识形态与产业（或生产企业）双重属性。国家对出版社在体制上采取何种方式进行管理，是依据当时的历史条件确定的。我国私营出版业社会主义改造完成后，为避免出版企业盲目追求经济利益而忽视出版质量，出版社仿照事业单位进行管理，同时坚持原来的经济核算制。因此，我们将这一阶段的出版单位性质界定为企业单位事业化管理。之所以说这一阶段的出版单位是企业单位事业化管理，主要是因为：说它们是企业，是因为在这一阶段前期，私营出版单位占绝大多数，即使后来进行了公私合营或者全部转变为国营出版单位，在各种文件中仍然将包括人民出版社在内的绝大多数出版单位称为企业。20世纪60年代，文化部等曾考虑将人民出版社等作为事业单位，但被财政部否定，所以，这一

---

① 宋木文．出版单位转制问题的历史考察与现实思考［J］．传媒，2004（6）：14－22．

阶段的出版单位一直是“企业”身份。说它们是事业化管理，是因为它们承担的主要是意识形态工作、宣传等公益性任务，而且在高度集中的计划经济情况下，它们的各个要素无法自主确定——在生产资料方面，如生产什么、生产多少、怎样生产，原材料供应，价格等等都无法自主确定，没有按照供求等市场关系进行，在人员管理方面，人员也由国家从各单位抽调，按照事业单位的管理方式进行管理。

新中国成立之初，出版单位企业单位事业化管理方式的建立也经历了一个转变过程。

1949 年，新中国刚刚成立，经济发展速度慢，党和政府的主要任务就是探索创建一个社会主义新中国的经济体制。在当时，大多数旧出版物已经不再符合读者的需求，而新出版物又缺乏稿件，导致私营出版业经济不景气，经营困难。以上海为例，在新中国成立前夕，上海出版业发展旺盛，拥有全国数量最多的私营出版企业，但新中国成立后，由于教科书的出版发行工作由新成立的人民教育出版社承担，其他出版单位不得随意出版发行教科书，因此很多出版社在过去主要依靠印行教科书营利的模式已经行不通了，商务印书馆、中华书局、大东书局等几家大出版企业，不仅收缩或停止了新书出版业务，亏损很多，甚至通过变卖资产来获得资金。此外，这些大型出版企业，职工众多，人浮于事，导致很大一部分资金用来发放工资。因此，20 世纪 50 年代国家确立了对私营出版业进行社会主义改造工作。

根据当时中国共产党对资本主义工商业的利用、限制、改造政策，国家从 1950 年着手对私营出版业进行必要的调整和改造。新中国成立初期，我国社会发展环境混乱。在当时特定环境的影响下，我国为了进一步提高农业生产力，发展生产，从而实现社会主义，对农业、手工业和资本主义工商业实行了社会主义改造。1953 年，中共中央公布了我国过渡时期的总路线之后，国家加大了对私营出版业的改造力度，出版行业在当时同样经历了社会主义改造。社会主义改造期间，党和政府为发展出版事业采取了一系列重大措施：人民政府依法没收了国民党政府和官僚资本的出版业，废除了国民党政府钳制出版事业的一切反动法令，对属于民族资产阶级的私营出版业进行了调整，并有步骤地进行了公私合营的社会主义改造。到 1956 年，全国私营出版业的改造基本完成。[①]

我国私营出版业的社会主义改造完成后，所有图书出版社均成为国有出版单位。出版单位作为企业实行事业化管理的体制正式确立。但从根本上说，出版单位作为意识形态部门，承担着公共服务职能，将它作为企业管理会存在很多内在矛盾，有关管理部门也曾经试图对这种管理体制进行改革。比如在 20 世纪 50 年代末，由于财政部门提出了出版社应逐年递增利润的不合理要求，加之出版社为追求利润而忽视质量，1960 年 11 月 16 日，当时出版业的主管部门文化部党组发布《关于人民出版社等七个出版社整顿工作的报告》，其中强调“出版社是党的政治思想机关，是学术机关，是出版机关”，“为了从组织上保证克服盲目追求出版数字、追求利润而忽视提高出书质量的倾向，出版社应由企业单位改为事业单位”[②]。随后不久，文化部党组在一份请示报告中再次强调“出版社是党的政治思想工作机关，是学术机关，不是单纯的社会服务行业，更不是资产阶级的‘书贾’”，并提出“改企业为事业”[③]。但这一设想被财政部认为是“两头沾”。这里所说的“两头沾”，是指出版单位既得到事业单位的优势，又享受企业单位的福利。财政部认为出版社若改为事业单位，就必须放弃企业

① 中国出版科学研究所，中央档案馆．中华人民共和国出版史料：9 [M]．北京：中国书籍出版社，2004：290－298.

② 中国出版科学研究所，中央档案馆．中华人民共和国出版史料：10 [M]．北京：中国书籍出版社，2005：400，402.

③ 同②437，441.

享受的劳保福利待遇，这又是出版社所不愿意接受的。这件事情就这样被搁置下来，直至“文化大革命”结束，没有再做出改变出版社经营体制的决定，这种企业单位事业化管理的管理体制一直保持到改革开放初期。

二、事业单位企业化管理阶段（1978—2003）

企业化管理，是我国对一部分企业实行的管理方式，就是要将各类单位，包括以营利为目的的企业、非营利性的公益性企业，以及事业单位，在组织与运作上按照企业的模式，遵循企业发展规律，优化资源配置，实行自主经营、自负盈亏、自我约束、自我发展，从而提高效率。而我们这里所提到的事业单位企业化管理是指国家根据独立经济核算原则对部分事业单位实行的一种管理方法，一般适用于那些有经常、稳定的经营收入来源，其收入抵补支出后尚有盈利的事业单位。

事业单位实行企业化管理后，被要求按年编制财务收支计划、成本计划，以及固定资金、流动资金使用计划；进行成本核算，计提固定资产折旧和大修理基金；按照国家规定纳税；税后留利按规定建立事业（生产）发展基金、后备基金、职工福利基金、职工奖励基金；实行独立核算，盈余留用，亏损不补。

对新闻媒体采取事业单位企业化管理的模式探索起源于 1978 年年底。党的十一届三中全会闭幕不久，《人民日报》等首都 8 家报社给国家财政部递交联名报告，要求实行“事业单位企业化管理”的管理体制，希望通过一定的自主经营，以解决新闻单位运行中财政补助不足的问题，由此拉开了事业单位企业化管理的序幕。这一改革的基本出发点是将媒介组织作为事业单位性质看待，但在具体管理方式上按照企业进行管理。在政事（企）关系上，国家对事业单位“放权让利”，给媒介组织“松绑”，使其具有独立的经营自主权；在资源配置上，使媒介组织完全通过市场获取资源，各个生产要素通过市场进行配置，通过为社会提供媒介商品和服务获得经济收益，通过企业化管理实现自主经营、自我管理、自我约束、自我发展。这个报告很快获得批准，这一管理方式随后不久在整个媒介行业全面推开，从此进入了媒介组织“事业单位企业化管理阶段”。

出版业的情况与此有所不同。图书出版单位之前是企业，在管理方式上却实行事业单位管理的方式，在 20 世纪 80 年代市场化的大潮中，它们无法按照市场规律进行经营管理，因此，出版单位有了强烈的企业化管理的愿望和需求。而要从企业改为事业单位，却有另外的具体背景。据有关领导部门的人员回忆，图书出版单位改为事业单位源于 1983 年 2 月文化部出版事业管理局发出的将直属出版社等单位列入 1982 年调资范围的几项规定。其要点是：出版社的性质属于事业单位，仍实行企业化管理，出版社的奖金、福利按事业单位标准发放，劳保取消；出版社的奖金、福利与利润脱钩，即出版社不再按比例从利润留成中提取职工福利基金和职工奖励基金。该规定的直接初衷是解决出版社职工的待遇问题，因为按照国家规定，1982 年的调资范围不包括企业单位，而出版社之前是企业单位，因此无法被纳入这次调资，而出版社职工多年来未调整工资，待遇普遍偏低，强烈要求不能错过这次改善待遇的机会。这个文件后来得到了出版业各地主管部门的同意，各地均照此办理。① 这次出版单位属性的改变，体现了改革的精神，后来成为当时国家出版管理的基本原则。这样，《人民日报》等新闻单位原来是事业单位，希望转变为事业单位企业化管理，而出版单位原来是企业，希望将性质转为事业单位并进行企业化管理，两者

---

① 宋木文．亲历出版三十年：下卷［M］．北京：商务印书馆，2007：572－573.

在这里就变成殊途同归了。

1985年，中共中央宣传部转发文化部党组《关于全国出版局（社）长会议的报告》，提出："应当确定出版社为事业单位，其中大多数可以实行企业管理；少数难以经济自立、必须依靠国家事业费经营的，按事业单位管理。"[①] 1988年颁布的《出版社改革试行办法》进一步指出："在发展社会主义有计划的商品经济的条件下，出版社必须由生产型向生产经营型转变，使出版社既是图书的出版者，又是图书的经营者。"[②] 这样，从20世纪80年代到2005年后的新一轮改革这一阶段，出版单位持续实行了20多年"事业单位企业化管理"的微观出版管理体制。

长期以来，我国的事业单位一直采取由政府直接管理的方式，单位内部从小到大的各项事务，几乎全部依靠政府管理，单位内部自由度低。这种管理模式存在以下问题：首先，政事不分，政府与事业单位之间没有严格的界限，政府可以直接对事业单位实行管理，事业单位的依附性过强；其次，政府作为事业单位的出资人，无偿向事业单位提供建设资金和运营资金，政府与事业单位产权界限不明确，收入混为一谈，对事业单位的管理会产生不良影响；最后，事业单位内部管理体制机械死板，单位内部缺乏用人权和收入分配决定权，干与不干一个样，干多干少一个样，干部能上不能下，人员能进不能出，缺乏科学、严格的激励与约束机制。

出版单位的企业化管理使得事业单位能够参照企业的组织模式来管理。实行企业化管理后，出版单位能够通过出售自己的产品和服务来获得收入，可以利用市场的力量创造绩效。出版单位企业化管理的实质是按照企业管理的要求进行管理，干部能上能下，员工能进能出，绩效按照考核

---

① 新闻出版署图书司．图书出版管理手册［M］．沈阳：辽宁大学出版社，1991：36.

② 出版社改革试行办法［失效］［EB/OL］．［2024-01-30］．https：//code.fabao365.com/law_233249_1.htm.

结果而定，与效益直接挂钩，可高可低。通过企业化管理，出版单位可以提高工作效率，降低各项成本，减少人员冗杂、人浮于事的现象，取得更大的经济效益和社会效益。

总的看来，这一阶段的出版单位虽然还是事业单位，但更强调企业化运作，以市场化为导向，加大了经营力度，强化了经营管理的目标责任制，整个出版行业获得了快速发展，出版产业初具规模。但与此同时，也存在另外一些比较突出的问题，比如事业单位与企业化管理存在着先天性的矛盾，事业单位更强调其公益性和非营利性，而企业则强调经营性，强调利润等经济因素。在市场化改革过程中，尤其是在 20 世纪 80 年代，很多出版单位所推行的承包制、生产经营责任制等体制过分注重经济效益，忽视社会效益，出版物中出现了很多不符合国家主流意识形态及价值观导向的内容。此外，出版单位的事业单位性质，导致了产权关系模糊、无法进行资本运作等问题，由于出版社被推向市场，事业单位应该坚守的公共服务功能严重弱化，这些问题都需要在进一步改革中加以解决。

三、出版事业单位与出版企业按照不同方式进行管理的阶段（2003—　）

无论是企业单位事业化管理还是事业单位企业化管理，都没有按照产品性质确立单位性质。按照经济学基本理论，如果一个生产单位提供的主要是公共物品，它就应该是非营利的事业单位，而如果一个生产单位提供的主要是商品（哪怕是特殊商品），那它就要遵循市场规律的逻辑，它的生产主体就应该是企业。因此，根据生产的产品性质确定生产主体的性质应该是题中应有之义。党的十六大以后，党中央、国务院开始启动新一轮文化体制改革，所要解决的主要就是产品性质与单位性质之间扭曲的问题，将那些主要生产公共物品的公益性出版单位确定为事业单位，加大财政支持力度，将那些主要面向市场的出版单位转企改制。转企是指事业单位转变成企业单位，即不是按照企业化的模式进行内部管理，而是单位性质由事业单位转变成企业单位。改制是在转企的基础上通过重组、联合、兼并、公司制改造等方式，建立现代企业制度，甚至进行股份制改造。

2003 年 6 月，全国文化体制改革试点工作会议召开，出版体制改革是其中的重点。按照经营性出版企业与公益性出版事业单位分离的原则，中央确定了 35 家文化体制改革试点单位，其中 21 家为新闻出版企业“转企改制”试点单位，包括中国出版集团等 7 家出版集团和出版社，新华发行集团总公司等 6 家发行集团。2003 年 10 月，党的十六届三中全会通过《中共中央关于完善社会主义市场经济体制若干问题的决定》，明确深化文化体制改革，对公益性文化事业单位和经营性文化产业单位实行分类管理，要求“经营性文化产业单位要创新体制，转换机制，面向市场，壮大实力”[①]。由此，以企业化、市场化和产业化为重点的出版体制改革全面展开。在总结试点单位经验的基础上，2005 年 12 月，中共中央、国务院发布《关于深化文化体制改革的若干意见》，围绕转企改制、企事分开、职能转变、上市融资等重点难点寻找突破。该意见明确少数承担政治性、公益性出版任务的出版单位实行事业单位体制，由国家重点扶持；一般出版单位逐步转制为企业。[②] 上述规定使得出版事业、出版企业两种类型的分类改革有了明确目标和政策依准。

一方面，对于主要承担公益性服务的出版单位实行事业单位管理体制，政府按照公益性、基本性、均等性、便利性的要求，调整资源配置，加大对出版公共服务以及相关基础设施的投入，逐步构建公共文化

① 中共中央文献研究室．十六大以来重要文献选编：上［M］．北京：中央文献出版社，2005：478.

② 中共中央文献研究室．十六大以来重要文献选编：下［M］．北京：中央文献出版社，2008：130.

服务体系。在坚持正确的舆论导向的基础上，优化组织结构，推进内部改革。同时，遵循政事分开的原则，保留人民出版社、民族出版社、中国藏学出版社、中国盲文出版社四家公益性出版单位，并实行事业单位管理。

另一方面，对于主要面向市场的经营出版单位，政府将其定性为企业，深化企业改革，规范国有事业单位的转企改制。转企改制主要是在清产核资的基础上，明确产权归属，做好资产评估和产权登记工作，并按照现代企业制度的要求，初步建立法人治理结构，建立资产经营责任制。因此，除人民出版社、民族出版社、中国藏学出版社、中国盲文出版社四家出版单位外，其他的出版单位全部转企改制。各级出版行政部门实现了政事分开、政企分开、政资分开、管办分离，政府职能发生了根本转变。出版业改革经历了从事业单位企业化管理到公益性出版事业单位与经营性出版企业的分化。截至 2012 年 9 月，共有 580 家出版社、3 000 家新华书店、38 家党报党刊发行单位、3 041 种非时政类报刊完成转企，成为出版领域的战略投资者和出版市场的主导力量。

在转企改制的同时，有关部门鼓励出版企业通过跨媒体、跨地区、跨行业、跨所有制等手段进行兼并、重组，着力打造一批具有国际竞争力和影响力的出版传媒集团，并鼓励有条件的出版企业进入资本市场，通过上市融资进一步做大做强。2006 年，上海新华发行集团有限公司收购华联超市股份有限公司股份，并更名为上海新华传媒股份有限公司，成功实现上市。此后，新华文轩出版传媒股份有限公司、辽宁出版传媒、时代出版传媒股份有限公司等出版企业纷纷实现上市融资，开启了出版行业资本市场化的新篇章。2011 年，中国文化产业投资基金成立，作为首家国家级文化产业投资基金，其主要以股权投资方式投资新闻出版发行、广播电影电视、文化艺术等文化产业领域。

2012 年 2 月，新闻出版总署印发《关于加快出版传媒集团改革发展的指导意见》，这是新闻出版总署首次针对出版传媒集团改革发展所出台的专门性的指导意见，要求出版传媒集团对中央和地方出版企业实施兼并重组，实现跨媒体、跨地区、跨行业、跨所有制、跨国界发展，并提出到“十二五”期末，要做强做优国家层面的人文、教育和科技三大出版传媒集团，推动新华书店跨地区兼并重组等目标。2017 年，中央文化体制改革和发展工作领导小组印发《关于加快推进国有文化企业公司制股份制改革有关工作的通知》，要求各级国有文化资产监管机构监管的国有文化企业在 2018 年年底前基本完成公司制改制。2018 年 2 月，财政部和中共中央宣传部又联合印发《中央文化企业公司制改制工作实施方案》，要求在 2018 年年底前，由财政部代表国务院履行出资人职责的中央文化企业，全部改制为按照《中华人民共和国公司法》登记的有限责任公司。

这一时期，转企后的出版企业开展了多元化的改革与探索。例如，在坚持出版权特许经营这一前提下，北京、江苏等地开展了图书制作与出版分开的试点。比如，北京市在 2011 年 2 月将原京华出版社转企改制为北京联合出版公司，转制后公司在保持原有出版职能的同时，承担了中国北京出版创意产业园区出版服务平台的任务，为园区企业提供编辑出版服务，改变了民营企业长期游离于出版体制之外、资源分散、放任自由的出版合作方式，探索了民营资本参与出版活动的通道。部分出版物印刷发行类国有文化企业，引入其他领域的国有资本或非公有资本，开展混合所有制改革。2017 年，中国科技出版传媒股份有限公司、中国出版传媒股份有限公司两家出版“国家队”的上市，意味着出版行业体制改革取得了阶段性的成果。2018 年 11 月，人民交通出版社正式更名为人民交通出版传媒管理有限公司，由全民所有制企业改制为国有独资的中央文化企业，标志着中央深化文化体制改革工作取得了新成绩。

第二节　出版单位内部管理体制的演进

我国出版单位内部管理体制随着国家对出版业宏观管理体制的演变而不断变化。出版单位内部管理体制的演进，主要包括出版单位内部治理体制的演进和出版单位内部机构设置变革。

一、出版单位内部治理体制的演进

出版单位内部治理体制，微观上指的是确立具体责任制的治理体制。出版单位内部治理体制的演进总体上可分为四个阶段：1949—1978 年为第一阶段，在此阶段，出版社无统一模式的领导体制。1978—1988 年为党委领导下的社长、总编辑分工负责制。社长是法人代表，党组织起到监督保证的作用。[①] 第三阶段是 1988—2003 年，出版社全面实行社长负责制，保证出版社在市场经济竞争越发激烈的时期，得以适应市场规律，保持自身发展。第四阶段为 2003 年至今，出版社逐步形成现代企业的公司制内部治理结构。

（一）从多样走向统一的领导体制（1949—1978）

20 世纪 50 年代前期，我国对私营出版业（包括出版、印刷、发行业）进行了社会主义改造工作。中央人民政府出版总署自成立后，在加强和壮大国营出版业发展的同时，从 1950 年起即着手对私营出版业进行调整和改造，到 1956 年基本上完成了改造工作。通过这一改造，我国出版

---

① 王聪，石陇辉，王颖．浅析我国出版业行政管理［J］．职业，2011（2）：39－41．

事业经济成分中国营经济居于绝对的领导地位，对于我国社会主义出版事业的发展具有重要的意义。[①]

新中国成立之初，由于出版社中既有新成立的国有出版机构，也有原来遗留下来的私营出版机构，还有新中国成立前由中共中央及各地方党委组建并直接领导的出版机构，因此，新中国成立初期的出版社领导模式很不统一。有的出版社实行社长负责制，有的出版社实行总编辑负责制，有的出版社实行董事会负责制，五花八门，很不统一。比如，人民出版社实行的是社长领导下的编委会负责制，同时社长兼任总编辑。1953 年 4 月，人民出版社颁布了经中央人民政府出版总署批准试行的《人民出版社组织条例》，其中明确规定："本社设社长一人，副社长若干人。社长主持社务，并兼任总编辑职务；副社长协助社长工作。另设副总编辑若干人（或由副社长兼任之），协助总编辑工作。"[②] 而私营出版社由董事长领导的董事会负责，总经理承担实际上的领导责任。公私合营的出版单位则成立董事会，一般由控股方代表出任董事长，另一方出任副董事长，国有机构选派总经理或总编辑主持工作，实际决策权由总经理（一般兼任总编辑）把握。

1956 年以后，随着对私营出版业的社会主义改造的完成，出版社内部的管理体制逐步走向统一，基本上形成了一种统一模式，那就是由社长（或总经理）作为出版社的一把手，主持社务工作，社长一般兼任总编辑，其他副社长、副总编辑协助社长（或总编辑）开展工作。

1956 年，中国共产党第八次全国代表大会首次提出要在国营企业实行"党委领导下的厂长负责制"。根据这一要求，1960 年，文化部出版事

---

① 方厚枢. 对私营出版业的社会主义改造［J］. 出版史料，2006（2）：8-18.

② 中国出版科学研究所，中央档案馆. 中华人民共和国出版史料：5［M］. 北京：中国书籍出版社，1999：290.

业管理局起草《关于出版工作的若干规定（草案）》，提出在出版社“实行党委会领导下的社长（或总编辑）负责制”[①]。1963 年 4 月，中共中央宣传部召开全国出版工作座谈会，提出规模较大的出版社可以实行党委会制，党委会“是出版社的党的领导核心，决定出版社的出版方针和出书计划。它不同于机关党委（日常党务工作，仍由党总支或党支部负责）”[②]。但这些文件尚未来得及正式形成下发或相关精神刚刚开始试点就由于“文化大革命”的爆发而中断，并没有得到真正实施。大多数出版单位实行的还是出版社社长兼任总编辑，并兼任党的负责人，对出版社工作负总责的管理体制。

（二）党委领导下的社长、总编辑分工负责制（1978—1988）

1978 年党的十一届三中全会以后，我国出版社迎来了迅速恢复和发展的时期。1980 年，中共中央宣传部批准发布《出版社工作暂行条例》，该条例明确提出“出版社实行党委领导下的社长、总编辑分工负责制”，“出版社的重大问题，应经过党委讨论作出决定。在社长和总编辑的领导下，定期召开社务会议、总编辑办公会议，讨论工作”[③]。1983 年，中共中央、国务院在《关于加强出版工作的决定》中提出：“编辑部门的改革，一项重要的内容是抓责任制。要根据编辑工作的特点，健全和完善各项制度，以利于发挥编辑人员的积极性和主动性，达到提高工作效率和提高书稿质量的目的。”[④]

---

① 中国出版科学研究所，中央档案馆．中华人民共和国出版史料：10 [M]．北京：中国书籍出版社，2005：296.

② 中国出版科学研究所，中央档案馆．中华人民共和国出版史料：12 [M]．北京：中国书籍出版社，2009：283－284.

③ 出版社工作暂行条例 [J]．出版工作，1980 (6)：44－52.

④ 中国出版工作者协会．中国出版年鉴：1983 [M]．北京：商务印书馆，1983.

这一时期，出版社所实行的党委领导下的社长、总编辑分工负责制，契合了产品经济条件下出版社按计划供给产品并由新华书店包销的形式。出版社的重大问题经由常委讨论，并按民主集中制选择表决形成决议，后由社长和总编辑分别执行。执行中如遇特殊情况，可由常委协调或讨论。这种方式由于效率相对较低且反应较慢，无法应对市场经济下的种种竞争与风险。① 因此，实行社长负责制成为适应中国特色社会主义市场经济的必然。

（三）社长负责制（1988—2003）

1988 年 5 月，中共中央宣传部和新闻出版署联合发布《关于当前出版社改革的若干意见》。意见明确指出，党委领导下的社长、总编辑分工负责制已无法适应当前出版改革的要求，应逐步实行社长负责制，社长作为法人代表，全面领导出版社的编辑和经营管理工作，党组织起监督保证作用。② 在这一模式下，社长充分行使权力，对其所负责工作做最终决断。因此，要有相应的有效配套措施选拔任用并监督社长及其工作，以防因为用人不当及社长的个人行为导致出版社出现管理混乱、效益低下、偏离方向、滋生腐败等问题。③

改革开放特别是实行市场经济体制以来，各出版社普遍实行了社长负责制。以大学出版社为例，它们大多在 1995 年后实行了社长负责制④，由社长统领全局，对各项工作实行统一领导和全面负责，总编辑、副社长在

---

① 陈焕仁．关于社长负责制［J］．出版工作，1988（11）：17－22.

② 中国出版工作者协会，中国出版发行科学研究所．中国出版年鉴：1988［M］．北京：中国书籍出版社，1989：36－38.

③ 胡磊．实施社长负责制的关键：选好社长并实行有效监督［J］．出版科学，1999（1）：31－32.

④ 蔡鸿程，焦金生．优化出版物结构，实施精品工程：谈总编辑岗位的职责［A］．多出精品多出人才：中国编辑学会第八届年会论文集，2003.

社长领导下负责并开展工作。其中，社长和总编辑的分工大致是：社长抓全面管理，侧重于经营、发展、规模和效益等出版社的发展规划；总编辑负责在选题规划、编辑等环节落实出版社发展规划，并具体领导编辑部门的工作。

2002年新闻出版总署印发的《关于贯彻落实〈关于深化新闻出版广播影视业改革的若干意见〉的实施细则》提出："出版集团属事业性质，实行党委（党组）领导下的管委会负责制，党委（党组）书记兼管委会主任。"① 2002年4月，中国出版集团成立。按照国务院批复的《中国出版集团公司章程》，中国出版集团实行总裁负责制。它是指出版集团总裁在组织中处于中心地位，对出版集团的经营管理负全面责任，出版集团必须建立以总裁为首的业务指挥系统。总裁是组织经营管理和行政工作的组织者和领导者，拥有出版集团企业经营自主权、业务工作指挥权、企业内部人事任免权和对员工的奖惩权。随后，我国成立了一系列大型的出版集团，各出版集团都实行了总裁负责制。总裁负责制可以被视为社长负责制的进一步延伸。

（四）现代企业治理结构阶段（2003— ）

2003年7月，中共中央办公厅、国务院办公厅转发《中共中央宣传部、文化部、国家广电总局、新闻出版总署关于文化体制改革试点工作的意见》，确定文化体制改革的试点工作全面启动。2005年12月，中共中央、国务院在总结前段时间试点经验的基础上下发了《关于深化文化体制改革的若干意见》，明确了深化文化体制改革的指导思想、原则要求、目标任务。根据意见要求，绝大多数面向市场的出版社要走上转企改制的道

① 李治堂，张志成，等. 中国出版业创新与发展［M］. 北京：印刷工业出版社，2009：91.

路，参照现代企业制度设计治理结构，但要在党委领导与法人治理结构相结合这一原则性框架内进行。于是，转企改制的出版企业（或者出版企业集团）都设立了党委会与董事会、监事会、经理层结合的治理结构。具体而言，对于出版集团，重大事项的决定权、宣传工作的审核权和主要领导干部的任免权由党委行使；涉及重大问题的决策与经营由董事会负责；决策与经营的具体执行由经理层（编委会、经委会）负责；总编辑负责集团出版单位的内容管理；监事会履行监督职能。领导人员采用“双向进入、交叉任职”方式，即党委书记和董事长由一人兼任，以明确党委对出版企业的控制权。对于出版社，一般社长兼任董事长，另设立总经理负责经营管理、总编辑负责内容管理，党委书记由社长兼任。有的出版单位董事长兼任党委书记，是出版社法人代表，社长相当于总经理，负责经营管理工作，总编辑负责内容管理工作。也有出版社实行“三驾马车”式的管理，即社长、党委书记、总编辑分别由三人担任，仍然实行社长负责制，但社长兼任党委副书记，党委书记兼任副社长。社委会是日常决策机构，党委会起到监督保障作用，编委会负责内容规划、选题、编校等内容管理工作。

二、出版单位内部机构设置变革

我国出版单位内部机构的设置延续、借鉴并革新了新中国成立前的旧出版机构的内部机构设置。新中国成立初期，我国对私营出版业（包括出版、印刷、发行业）进行了社会主义改造，同时中央人民政府确定了“出版与发行、印刷分工”及“出版专业化”的原则，建立起新中国的人民出版事业，这不但改造了旧中国遗留下来的出版机构，改变了它们的内部机构设置，也为新建立的出版机构内部设置打下了基础。比如，新中国成立前的商务印书馆等大型出版社机构健全，设有印刷所、编译所、各地分馆，附设东方图书馆、尚公学校等，按照编、印、发三位一体的组织模式进行经营管理。社会主义改造完成后，商务印书馆按国营出版社的组织模式，在社长下设编辑、经理、出版三部，以编辑部为中心，设立编辑行政室和五个专业编辑室。这时的商务印书馆只专注于编辑出版工作，发行由新华书店负责，印刷则由专业书刊印刷厂负责。① 这样，我国出版社建立了以编辑部（室）为中心的内部机构框架。

（一）以编辑部（室）为中心的出版社内部机构设置

1. 编辑部（室）中心制的形成

新中国成立后，伴随着私营出版业的社会主义改造和新中国出版业的发展，我国新成立的出版社均以编辑部（室）为中心设立了内部机构，出版社主要承担编辑工作，编辑、印刷、发行由不同的机构（企业）完成。这种以编辑部（室）为中心的出版社内部机构设置一直延续下来。

以人民教育出版社内部机构设置为例。1950 年 12 月 1 日，人民教育出版社正式成立，其内部机构设置就是以编辑部（室）为中心的。当时的人民教育出版社由社务委员会领导，下设编审部（包括总编室、语文组、历史组、地理组、自然组和教育组）和经理部（包括生产处和经理室），而原上海联合出版社改组为人民教育出版社上海办事处，在天津设造货站（1954 年撤销）。1962 年，人民教育出版社增设外语编辑室，包括英语、俄语两个组。改革开放后，人民教育出版社开始编辑出版期刊。1981 年，《课程·教材·教法》正式创刊，为此人民教育出版社建立了相应的期刊

---

① 杨凤城，张春燕．商务印书馆与私营出版业的社会主义改造［J］．中共党史研究，2010（10）：34－43．

编辑部。1981 年 2 月，人民教育出版社成立发行服务部，后改为读者服务部。1987 年，人民教育出版社成立编审委员会，同年成立上海发行分部。1990 年，人民教育出版社增设对外合作处，读物编辑室改为成人、职业、特殊教育编辑室，出版部材料组改为印刷物资管理处，恢复政治编辑室，原总编室音乐组改为音乐编辑室。1999 年，人民教育电子音像出版社成立，负责音像出版业务。目前，在人民教育出版社的 55 个二级机构中，以编辑室命名的机构达 30 个，而负责编辑的二级部门接近 40 个。

其他出版社的情况也与此类似。比如，根据《人民出版社组织条例》，人民出版社在初建时共 12 个二级部门，其中编辑部门就占了 7 个。目前，人民出版社的内部组织机构包括：书刊编辑部门下设马列、政治、哲学与社会、历史与文化、经济与管理、法律、公共事业等图书编辑部门，《新华文摘》等期刊编辑部门。出版发行部门下设出版部、发行部。行政服务部门下设办公室、总编室以及宣传推广、对外合作、党办、人力资源、财务等保障服务部门。此外，还有通识分社等内设机构。这种以编辑部（室）为中心的内部机构设置，反映了编辑工作在出版社工作中居于中心地位。

新中国成立 70 年来，各出版社内部机构设置始终是以编辑部（室）为中心的。但自 20 世纪 80 年代以来，各出版单位的内部机构设置强化了以下三方面的机构建设：（1）发行部门的设立与功能强化；（2）经营机构的设立与跨界发展；（3）数字出版部门的设立与发展。

2. 发行部门的设立与功能强化

新中国成立初期，按照“出版与发行、印刷分工”的原则，图书发行工作由新华书店负责，各出版单位不承担图书发行任务。改革开放后，各出版单位开始设立发行部门，开展本单位图书的发行工作。最初，出版社发行部门是作为新华书店图书发行工作的补充，但随着市场经济的发展，各出版单位的图书发行业务不断扩展，于是各出版单位纷纷扩展发行部门职责范围，强化发行部门功能，发行部门的地位相对上升，尤其是在20世纪90年代，出版界甚至出现了编辑是龙头还是发行是龙头的争论，这场争论本身就说明了发行在出版社功能的强化和地位的提升。在很多出版社，发行部门是仅次于编辑部门的第二大部门，一般下设市场部、销售部、储运部、结算部等二级部门。

3. 经营机构的设立与跨界发展

随着我国社会主义市场经济体制的建立与发展，各出版单位纷纷设立相关的经营机构，有的甚至实现了跨界发展。比如，人民出版社就设立了人民东方出版传媒有限公司、人民出版社教育出版中心两家具有独立法人资格的一级社属企业。而知识产权出版社由编辑部、文献出版部、专利信息部、北京中献拓方科技发展有限公司等4个主要实体及社机关职能处室等28个部门组成。其中，专利信息部是知识产权出版社对外专利信息服务和产品销售的具体实施部门，下设技术处、信息服务处、研发中心、数据管理处、网络管理处、数据加工处。专利信息部在信息采集、产品研发、综合服务等方面进行大量研发，形成了专利数据加工、专利信息产品、专利信息分析、专利技术开发和战略咨询、应用培训等综合服务平台，并仍在不断地探索和完善专利信息服务内容和模式，全面满足社会各界在知识产权领域内的各种需求。这些经营机构作为出版单位下属实体机构，在实现出版单位的经济效益方面具有重要的地位和作用。

4. 数字出版部门的设立与发展

随着数字出版产业的发展，各出版单位也设立了相应的数字出版部门。这些数字出版部门一般被称为“数字出版部”，其利用本出版单位的内容资源优势、特色品牌优势和行业市场优势，运用先进的计算机、网络、大数据、云媒体等技术，开发出一系列电子图书、网络数据库、远程教育培训平台及教学录像等产品，成为出版企业发展的新趋势。以人民交通出版社的数字出版部门为例。2009 年，人民交通出版社成立数字出版中心，从一开始从事简单的数字化加工等工作，逐步发展为开展关于数字出版的人才培养、技术开发、平台建设、资源积累等业务，再进一步发展为进行数字产品的开发和经营。经过对数字出版的开发与探索，该社的数字化转型在资源开发、软硬件配备、产品和平台建设、人才队伍培养、管理机制和规范等方面取得了较大成果。此外，人民卫生出版社等科技类出版社也积极探索数字化转型，如人民卫生出版社的"中国临床决策辅助系统"，人民邮电出版社的"人邮融智知识服务平台""异步社区"，电子工业出版社的"'悦'系列知识服务产品"，中国建筑工业出版社的"中国建筑出版在线"，中国农业出版社的"智汇三农"农业专业知识服务平台，中国水利水电出版社的"数字水"知识服务平台，等等，都为科技类出版社的数字出版发展做了很好的指引。[①] 但是，就出版界目前的融合发展的状况而言，出版业的数字出版部门的设立只是出版融合发展迈开的第一步，出版融合本质上是产品研发、流程再造、传播渠道、组织建构的一体化发展，单独的数字出版部门只能是出版深度融合的初级阶段，即"你是你，我是我"的阶段，顶多进入"你中有我，我中有你"的阶段，而出版业真正的深度融合应该是"你就是我，我就是你"的阶段，就是说必须打破数字出版部门与其他部门的界限，每个部门都是数字产品的研发、流程再造和传播推广的部门，而没有所谓单独的"数字出版中心"之类的部门。

（二）分社制的建立与发展

进入 21 世纪以后，为了强化二级部门的责任，同时增加其自主权，

---

① 郑蕉林．人民交通出版社数字出版业务发展实践与经验［J］．出版参考，2020（5）：53－55.

很多出版社探索进行事业部制改革，并在此基础上进一步实行分社体制改革。

分社改革的实质是给分社较大的权限。大多数分社脱胎于编辑室、事业部等。分社发展成熟时，经营自主性逐渐强化。分社制是出版社通过下放权限（主要是人事权、财权及分配权等）和灵活的运营机制来调动分社的积极性，促进出版社更快地发展。决策层主要侧重于对战略思考、研究和决策的投入；在选题策划与决策方面，将权力大部分下放到分社。因此在一定范围内，分社社长有签字权。分社制改革，一方面给予分社较大权限，使之在市场规律下争取做大做强，另一方面也赋予分社较大的管理难度和较多的考核指标。①

以华中科技大学出版社的北京分社为例。该分社属于异地办分社，在成立之初，采用以编辑为中心的运营机制，而忽视发行方面的建设，导致编辑与发行脱节。该社进而总结出其市场运营不适合零售市场的规律、优质出版资源和产品较为缺乏、发行渠道建设较为欠缺等不足。②在产品开发层面，该社在装帧设计和印装工艺等方面提升产品品相，在不长的时间内将该领域的图书选题、营销等都提升了一个层次，取得了不俗的业绩。

出版分社的发展，都经历了相似的发展历程。首先，离不开专业的编辑队伍，以及符合读者和市场需求的策划；其次，离不开发行队伍的营销和推广。出版分社所采取的都是所谓的“U形”组织结构——两端分别是策划和发行，出版分社的规划重点和发展重心还是在于招聘和培养高水平专业人才。在此基础上，分社形成成熟的商业模式和系统化、规范化的管理模式，最终实现社会效益和经济效益双丰收。

---

① 彭宁，曾令维．出版社分社制运行实践初探［J］．科技与出版，2010（10）：19－20.

② 蓝有林．分社卡谈分社制运营［N］．中国图书商报，2013－01－22（8）.

（三）集团化条件下的出版组织设置

21世纪初，我国开始组建出版集团。国内出版集团大多依托行政手段组建，在融合发展的趋势下，通过兼并重组实现编印发的重新一体化。如中国出版集团成立后，成为集出版物生产销售、印刷复制、版权贸易、信息技术服务、金融融资等于一体的经营多元化的大型企业集团。作为中国最有影响力的综合性出版集团，中国出版集团拥有商务印书馆、中华书局、人民文学出版社、新华书店总店等40家出版发行或出版服务机构，并拥有198家各级子公司和控股公司等法人企业，因而集团总体上采取的是控股公司制的组织结构（见图8-1)。集团旗下的出版社则根据各社的具体情况，采取不同的组织结构。例如，集团旗下的全资子公司——生活·读书·新知三联书店有限公司，在主体上，采用直线职能制结构，设有职能部门和各个编辑部门；除此之外，还实行分社制，相当于事业部制，设立了学术出版分社、文化出版分社和综合出版分社，在公司统一管理下，拥有独立的人事权、财务权、选题决策权。此外，生活书店出版有限公司、生活·读书·新知三联书店（上海）有限公司、北京三联韬奋书店有限公司等子公司，局部实行控股公司型（H形）组织结构。

第三节　出版单位内容管理制度的演进

我国出版单位的内容管理制度主要包括选题策划与选题论证制度、三审制和“三校一读”的校对工作制度等。它们共同构成了我国出版单位内容管理制度体系，有效保证了出版物的内容质量，为我国出版业的健康发展奠定了坚实的基础。

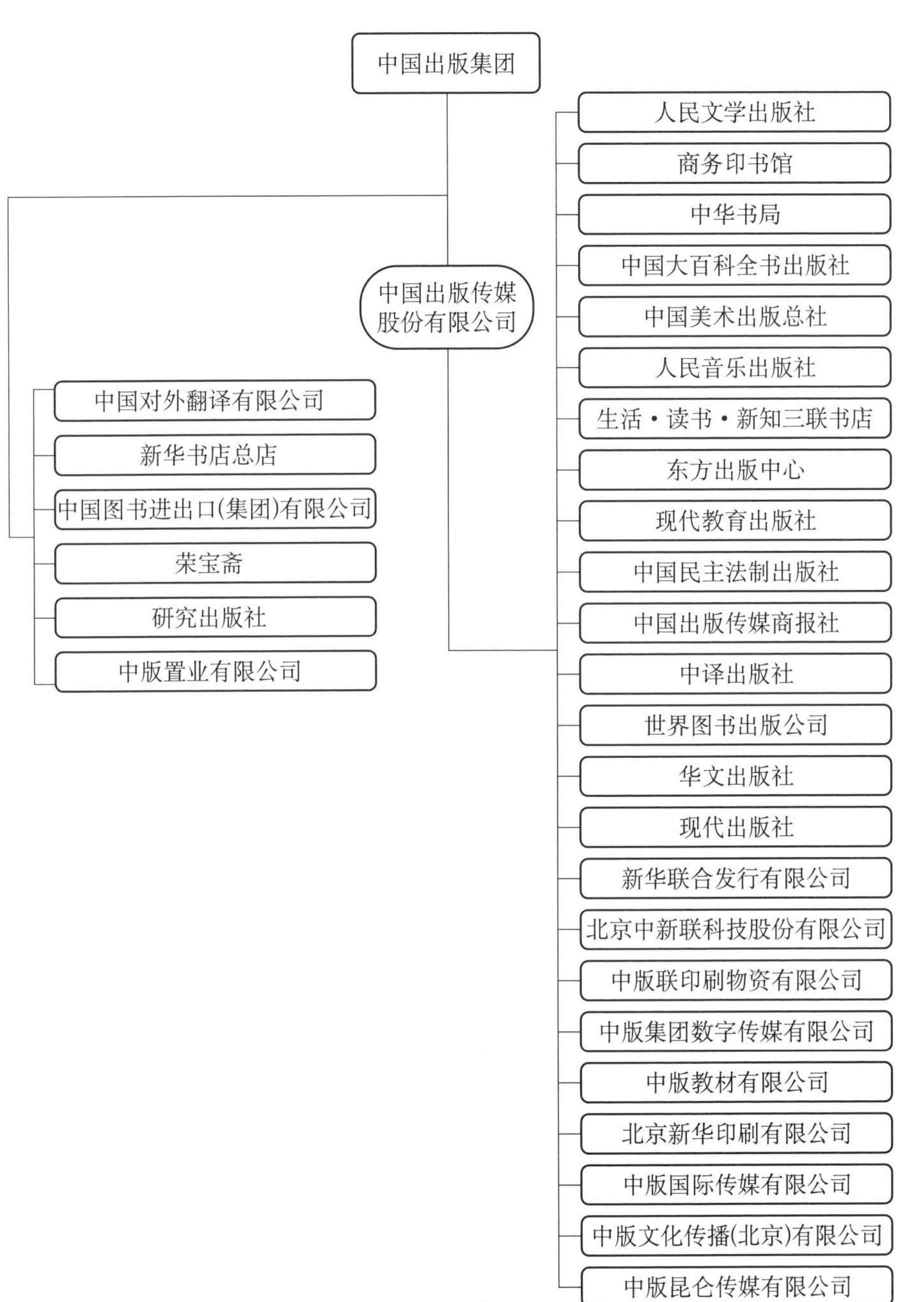

图 8－1　2019 年中国出版集团组织结构图

一、出版单位生产流程和内容管理制度变革

出版单位生产流程主要受技术与政策两方面影响，进而发生演变。在中华人民共和国成立以后，国家设立出版行政机关，制定相关出版规章制度，大力发展国营出版事业，改造民营出版事业。1949年10月，第一届全国新华书店出版工作会议在北京召开，这次会议讨论了《关于统一全国新华书店的决定》及其附件《关于统一全国新华书店各部门业务的决定》，该决定于1950年3月正式颁发实施。决定的内容对出版单位的生产流程产生了较大的影响。首先，决定明确提出新华书店总管理处设出版、厂务、发行三个部分，为三个专业化单元。[①] 出版社只负责图书的编辑加工和内容审核把关，图书印刷交给专门的印刷厂负责，发行则由新华书店承担。其次，对中央与地方的出版任务做了明确的划分。最后，决定明确了图书发行工作的办法，新华书店各级分支店成为国家的统一发行机构，初步探索了图书发行网点建设。因此，在一段时间内，图书的发行工作都由新华书店负责，印刷厂对图书成品进行质量检验，合格后就会将图书送至新华书店，向全国发行。这时，一般图书完整的生产流程是制定选题、组稿、审提纲或试稿、编辑加工、整体设计、审批发稿、技术设计、发排、拣字拼版、印刷厂毛校改样、出版社三校改样、制型浇版、印刷、装订、成品检验、交书店发行。这几个步骤依次进行至图书出版，其中排字、印刷、装订由印刷厂负责，发行则由新华书店负责。出版单位的生产任务主要集中在制定选题到审批发稿这一阶段，后续还有三校改样及成品检验。受技术影响，这时编辑需要将原稿交给印刷厂排字。这里的原稿指的是纸

① 章宏伟．雪泥几鸿爪 苔庭留履痕：新中国60年出版大事记［J］．编辑之友，2009（9）：137-176.

质稿。若原稿有一点不明晰，则后续排字印刷工作都可能会出现问题。因此，编辑需要保证原稿字迹清晰，对于排版的要求，如字号、版式、空格等也都需逐一写明，同时附上排印说明，这样，后续工作才能顺利进行。

在 20 世纪 80 年代，王选研制出汉字激光照排系统，实现了高倍率汉字信息压缩、高速度还原与不失真文字变倍，使得印刷行业摆脱“铅与火”，走向“光与电”。计算机排版系统改变了出版工作原有的形式和流程，排版逐渐脱离印刷企业，成为印前工作的一部分，从劳力工作逐步变为智力工作。这一时期，出版工作流程发生了较大变化：制定选题、组稿、审稿、编辑加工、整体设计、排版、校对定稿、印刷、装订、成书质检、发行。我们可以看到，计算机排版系统的引入使出版工作流程发生了巨大的改变，传统的活字排版工艺需要作者和编辑反复多次审校，费时费力，而激光照排的新工艺，则可以方便地删改稿件，并且减少了删改稿件时可能出现的差错。

当前，出版单位中传统出版物的生产流程是信息采集、选题策划、组稿、审稿、编辑加工、整体设计、发稿、排版、校对、印前质检、付印、成书质检、成书入库、销售、图书宣传评价。信息采集是选题策划工作的开端，在进行选题策划前需要对包括出版物市场、读者、作者等在内的信息有充分的了解。在互联网、大数据的支持下，出版者在开展这一工作时更加便捷。出版者在获得全面的信息后，通过分析信息了解读者的需求，从而制作出满足读者与市场需要的图书。

数字化时代的到来使人工智能技术开始应用于出版领域，助力出版流程再造，有效提升出版工作效率。《2018—2019 中国数字出版产业年度报告》指出，人工智能技术在优化出版工作流程方面起到巨大作用，在出版行业的应用已经取得初步成效。例如，2018 年出版的《极简区块链》就是由网易有道 AI 翻译机器翻译、人工审校的图书，这也是人工智能对出版流程优化改造的一次成功尝试。除此之外，人工智能在编写创作、编辑校对、印刷、营销等方面也有应用。人工智能对于出版流程的重塑已成为必然的趋势。

二、选题策划制度的发展与完善

在出版领域，选题是指经多方面分析、考量而选中主题后拟实施的出版项目[①]。而选题策划是编辑人员按照一定的方针和客观条件，开发出版资源，设计选题、落实选题出版及行销方案的创造性活动。

选题策划的内容涉及编辑、复制、发行的全过程，包括出版内容与形式的设计，营销方案的设计，资本投入产出预测，等等。随着中国特色社会主义市场经济的发展，“全程策划”这一概念脱颖而出，指的是编辑应掌握出版生产全流程，做到全程策划、协同配合和整体推进。选题策划作为出版中心环节之一，对于保证出版质量、避免资源浪费具有重要作用。

（一）策划编辑制

改革开放以前，与国家整体的计划经济体制相适应，国家会下达一些大型出版项目交由特定出版单位编辑出版，出版单位内部的选题申报、立项都实行计划审批制，编辑个人的选题策划较少。当时的出版单位一般实行编辑室制，编辑室按照一定的专业方向分工，着重策划某一领域的图书，选题策划任务主要集中于编辑室主任等领导。在这一体制

① 国家新闻出版署出版专业资格考试办公室．出版专业实务·中级（2020 年版）[M]．北京：商务印书馆，2020：1.

下，出版流程分为编辑、印刷、发行三大环节，其中编辑的职能是组稿和编辑加工，书稿发稿后的排、校、印直至销售是出版和发行人员的工作。当然，普通编辑也承担有限的选题策划工作，但在编辑工作中不占重要地位。

改革开放以后，选题策划的重要性大大提升。1997 年 6 月，国家新闻出版署发布《图书质量保障体系》，明确规定应“加强选题策划工作”，“出版社的全体编辑人员应认真履行编辑职责，积极参与选题的策划工作”，并提出“策划选题时，要注意广泛收集、积累、研究与本社出书范围有关的信息，注意加强与有关学术、科研、教学、创作等部门和专家、学者的联系，倾听他们的意见，提高策划水平”①。

为顺利开展选题策划，各出版单位纷纷建立策划编辑制。出版单位根据编辑个人的职业素养和能力结构的差异，将策划和组稿能力较强的编辑定为专职的策划编辑，开展策划、组稿的任务，而不承担或较少承担文字加工的任务；其他编辑则作为文字编辑，主要承担文字加工工作。策划编辑起初归属于某一编辑室或作为独立策划人，之后，部分出版单位组成选题策划部，由策划编辑负责收集信息、进行选题调研、协助制订年度选题计划和中长期选题计划、组织实施重大或重点选题等。还有部分出版单位以工作室形式开展选题策划工作，工作室以策划编辑为中心并配备一定的文字编辑组建而成。这一模式拥有较为紧密的内部结构、专一的选题方向和灵活的运行方式。②

策划编辑制的推行，减少了出版资源的浪费和重复低效的出版选题，对于出版单位适应市场需求开展出版活动具有重要的意义和作用。

---

① 图书质量保障体系［EB/OL］(2017-09-20)［2023-10-10］. http://www.wenku.so.com/d/c76d06ebfeebb5907df74b86f271714e.

② 孙成林．选题策划机制的不同形式及其政策［J］．出版发行研究，2002 (6)：29-30.

(二) 选题策划制度

伴随着改革开放的不断深入，我国出版单位的选题策划制度不断发展。目前，我国出版单位已形成较为完善的选题策划制度，选题策划工作大体上包括信息采集、信息梳理、选题设计、选题论证与立项、选题优化、选题实施等步骤。

其中，选题设计指编辑人员在信息整合的基础上设计出具体出版项目方案的工作。编辑依据收集和梳理的各类信息，凭借其职业素养和创新思维，将捕捉的新点子形成选题，拟定出版项目方案并撰写选题报告。

选题论证是选题策划能否成功的关键环节。我国出版单位均建立了选题论证制度，对选题进行集体论证，选题通过后才可立项实施。在集体论证中，论证人员从各自的角度对编辑提出的选题加以分析并提出意见，如选题成立则予以通过，如选题基本成立但存在一些问题，则予以进一步改进和完善，如选题存在较大问题，则予以否定。

选题论证通过后，即可按照选题论证方案对选题进行实施，包括及时与作者沟通以保证作者按照选题论证的要求撰写，签订合同，确定交稿进度和质量，交稿后的审稿、编辑加工、装帧设计、营销推广等，以确保选题能够按照预定的方案顺利实施。

出版单位的选题策划制度与我国出版行政管理部门确立的重大选题备案制度的结合，保证了出版物在政治性、思想性、科学性、规范性等方面不出差错和纰漏，保证了我国出版业的健康发展和两个效益的实现。

(三) 选题管理制度

选题策划是图书出版工作的开端和重点，选题策划工作既需要构思选题，也需要对选题进行管理。选题管理需要对名称、内容、作者、读者、印数等予以准确把握。图书选题管理是图书出版工作过程中的重要一环，对出版图书的质量有着重要影响。

加强对选题的管理工作既可以有效遏制图书同质化、低质化的发生，同时也是出版社树立出版品牌的关键工作。选题管理工作的核心在于选题管理制度，完善的制度保证了对选题的有效管理，当前的选题管理制度主要分为以下三项。

1. 年度出版计划备案制度

年度出版计划也被称为年度选题计划，是出版单位对下一年度准备出版图书的安排计划。早在1952年，当时的中央人民政府出版总署发布的《实行出版计划初步办法》就提出，各个出版单位需要分别制订年度和季度出版计划（计划内包括初版、重版的图书），并将计划报请当地出版行政机关批准，按照计划出版书刊。后来，出版管理部门对该办法进行了多次修改和完善，但基本的要求被一直坚持了下来。2008年，新闻出版总署发布《图书出版管理规定》，明确图书出版实行年度出版计划备案制度，年度出版计划经地方出版管理行政部门审核后上报备案。实行年度出版计划备案制度，明确了出版单位下一年度的选题，指出了出版工作的方向与目标，使得出版单位可以更好地把握出版工作的进度与动向。

2. 重大选题备案制度

《出版管理条例》规定，图书出版社、音像出版社和电子出版物出版社的涉及国家安全和社会稳定等方面的重大选题，应由所在地的地方出版行政部门审核并报国家出版行政部门备案，重大选题未在出版前审核报备则不得出版。重大选题备案制度作为出版管理制度的核心之一，对加强出版工作管理、保证高质量出版工作起到了重要作用。

3. 特殊选题专项报批制度

某些特殊选题除被列入年度出版计划备案外，还需要向出版行政部门单独报批，获准后方可出版。比如，新闻出版署曾经要求对出版有关性知识、性科学、人体美术的图书，新武侠小说，古旧小说等严格把关，将选题和书稿专项报上级主管部门审核、批准后才能出版。对这类选题在不同时期有不同的规定和要求，出版社要遵照执行。

三、三审制和责任编辑制度的发展与完善

三审制和责任编辑制度是我国出版物的内容把关制度，是我国出版单位内容管理制度的中心环节。

（一）三审制的发展与完善

三审制是我国出版单位长期以来一直实行的审稿制度。它明确规定出版物的审读由初审、复审和终审三个审级组成，故被称为“三级审稿责任制度”或“三审责任制度”，简称“三审制”。对于参加三审的编辑人员资格也有明确的规定，形成了一个执行严格的制度体系，有效保证了出版物的内容质量。

我国出版单位内部的三审制是根据国家出版行政管理部门的要求建立并不断发展的。1952 年 9 月，中央人民政府出版总署发布《关于公营出版社编辑机构及工作制度的规定》，明确“一切采用的书稿应实行编辑初审、编辑主任复审、总编辑终审和社长批准的编审制度”[①]。1955 年 4 月，人民出版社对书稿编辑、出版工作基本程序进行了若干修改和完善，规定书稿须经过三次审查，提请总编辑终审决定。之后，其他各出版社也取消了社长批准这一道程序，改为直接由总编辑终审决定了。1997 年 6 月新

① 中国出版科学研究所，中央档案馆．中华人民共和国出版史料：4 [M]．北京：中国书籍出版社，1998：201.

闻出版署发布的《图书质量保障体系》第八条再一次规定："坚持稿件三审责任制度"，"初审，应由具有编辑职称或具备一定条件的助理编辑人员担任"，"复审，应由具有正、副编审职称的编辑室主任一级的人员担任"，"终审，应由具有正、副编审职称的社长、总编辑（副社长、副总编辑）或由社长、总编辑指定的具有正、副编审职称的人员担任（非社长、总编辑终审的书稿意见，要经过社长、总编辑审核）"。它同时还规定："三个环节缺一不可。三审环节中，任何两个环节的审稿工作不能同时由一人担任。"①

三审制是出版单位必须严格遵守的一项基本制度，在任何情况下都不能减少审级，各个审级责任也不允许相互替代。特别是针对重点稿件等，同一审级可安排多人开展多个审次，同时吸收有关专家意见。对于专业性较强的稿件，如缺少相应专业的编辑，还需要提交外审。虽然外审并不属于三审制的基本组成，但是出版单位以外的专家或部门审核，是对审稿工作的重要补充。

负责三级审稿的人员各自具有不同的特点和不同的优势。责任编辑有一定专业特长，且对书稿负有直接责任，需要从宏观到微观认真细致地审核；编辑室主任一级的人员一般有比较丰富的审稿经验，熟悉各种相关专业书稿容易存在的共性问题；总编辑一般具有比较高的政策水平和大局观。这样，有不同侧重的三级审稿合起来，形成了一种比较完善的审稿程序，可以最大限度地避免由于某级审稿者的知识不足、责任心不强或工作疏漏而导致的偏差、失误。

因此，就程序而言，三审制具有自下而上的递进特点，这种递进具有前一审级服从后一审级、后一审级制约前一审级的特点。由于每一审级的工作重点有所不同，因此这种递进也具备后一审级督察前一审级以及相互补充的特点。

---

① 图书质量保障体系 [J]. 山东政报，1997 (11)：5－10.

三审制作为出版管理的一种制度，在具体的审稿环节也是实用的审稿方法。这一方法有利于把关书稿质量，避免编辑由于知识欠缺和工作疏忽引起的失误，从而实现对书稿进行客观公正的评价。

(二) 责任编辑制度的发展与完善

责任编辑制度是与三审制密切相关的编辑制度。图书的责任编辑一般由初审者担任，在审读全部内容的基础上，主要负责从社会价值、文艺价值、学术价值等方面进行审查，把好政治关、知识关、文字关，并撰写初审报告，提出取舍意见、修改建议以及下一步解决的问题。对图书出版而言，责任编辑有三大责任：其一是政治责任，即思想层面上的观点把握；其二是业务责任，即技术层面上的观点把握；其三是经济责任，即如果出版物属于面向市场的选题，那么责任编辑还应该具有经济责任，即利润层面上的创收指标。此外，如果是学术图书，那么责任编辑还要承担对图书的学术价值进行判断的责任。

20 世纪 50 年代初，出版领域借鉴苏联，开始建立责任编辑制度。《关于公营出版社编辑机构及工作制度的规定》规定了书稿从采用到印制成书的基本程序，要求“编辑过程中的每一工作步骤完成时，所有有关负责人员都须签字，以明责任”“每种书籍版权页上必须注明该书的著作人、编辑、美术编辑、技术编辑、出版者和印刷者，以明责任”“编辑部对每一书稿都应负政治上与技术上的责任”①，这是新中国成立以来，第一次明确要求出版社应建立个人工作责任制度，自此，责任编辑制度开始实施。

改革开放以后，出版机构的各个环节的个人责任制日趋完善。1997

---

① 中国出版科学研究所，中央档案馆．中华人民共和国出版史料：4 [M]. 北京：中国书籍出版社，1998：200 - 201.

年 1 月 2 日国务院颁布的《出版管理条例》规定，“出版单位实行编辑责任制度”；国家新闻出版署于 1997 年 6 月发布《图书质量保障体系》，明确“中期保障机制”包括稿件三审责任制度、责任编辑制度、责任设计编辑制度、设计方案三级审核制度、责任校对制度、“三校一读”制度、印刷质量标准和《委托书》制度等。现如今，责任编辑制度已成为出版行业的行业惯例，除图书外，期刊、报纸、影视、音像等也有责任编辑。①

四、责任校对和“三校一读”制度的发展

责任校对和“三校一读”制度是我国出版业校对工作的基本制度，按照国家出版行政管理部门的要求，各出版单位必须严格执行。

（一）责任校对制度的建立与发展

责任校对是负责对全部稿件的校对工作进行统一指导和最后整理的校对人员。责任校对的工作是保证出版物内容质量的关键。因此，要提高校对的质量和效率，责任校对以及校对人员应具有良好的素质。按照要求，校对人员应具有高中以上的文化水平，有较高的语文水平，能正确、熟练地运用标点符号，还要掌握一定的科技知识；校对人员除校正原稿中的明显差错外，还要就有疑问之处与编辑联系，予以核对校正。

1997 年国家新闻出版署颁布的《图书质量保障体系》明确规定应坚持责任校对制度和“三校一读”制度，要求出版社配备足够的具有专业技术职称的校对人员负责专业校对工作，每出一种书，均应指定一名专职校

① 杨中岳．责任编辑制度五题［J］．出版科学，2000（3）：13－16.

对人员作为责任校对，负责校样的文字技术整理、监督检查各校次质量、通读付印样等工作。[①] 由此，责任校对制度和“三校一读”制度成为图书校对工作的基本制度。

责任校对制度在实施过程中，一般采用责任校对与集体交叉相结合的形式，在保证每一书稿都由一名专职校对人员作为责任校对的情况下，不同校次分别安排专业技术职称不同、专业特长不同的人员交叉承担。这样，整个校对过程由多人集体完成，责任校对担负主导作用。责任校对制度和“三校一读”制度一起，从后期内容把关方面尽最大可能避免了出版物内容的错误与失当之处，保证了出版物的内容质量。

（二）“三校一读”制度的建立与发展

1997 年，国家新闻出版署颁布的《图书质量保障体系》确立了“三校一读”制度。作为部门规章，《图书质量保障体系》明确要求：“一般图书的专业校对应不低于三个校次，重点图书、工具书等，应相应增加校次。终校必须由本社有中级以上专业技术职称的专职校对人员担任。聘请的社外校对人员，必须具有相应的专业技术职称和丰富的校对经验。对采用现代排版技术的图书，还要通读付印软片或软片样。”[②]

“三校一读”制度的切实执行，要靠一定的操作工序来保证，每一道工序都有其明确的工作要求，而各工序采用不同的组合方式，可组合成多种校对操作模式。目前我国图书校对工作的基本操作，包括初校、二校、三校、誊样、核红、通读、技术整理、对片/对蓝样八个工序。

通读是“三校一读”的组成部分，主要承担校是非的职责。供通读的

① 图书质量保障体系［EB/OL］(2017-09-20)［2023-10-10］. http://www.wenku.so.com/d/c76d06ebfeebb5907df74b86f271714e.

② 同①.

校样是经过必要的折校、已经消灭了绝大部分异同差错的校样。如果是改版后输出的新校样，那么应先核红再通读。在通读过程中应脱离原稿阅读、检查校样。当怀疑校样上存在差错时，一般应核对原稿。如果推断是原稿差错，则通读起到校是非的作用；如果确认是排版差错，则通读起到校异同的作用。通读时，要消灭校样上遗留的各种差错。有些专业性强的书刊，如工具书、古籍、科技书刊、外文书等，除责任校对通读外，还应请具有相应专业知识的编辑、资深校对或相关专家帮助通读，以确保书刊的编校质量。重点书可安排多次通读，每次通读可由多人承担（各人多次通读的内容不重复），但责任校对应通读大部分校样。

“三校一读”制度有效保障了图书出版物的内容质量。通过深入细致的校对工作，能有效降低图书出版物的内容差错率，使编校质量大为提升。

上述选题策划制度、三审制和责任编辑制度、责任校对制度和“三校一读”制度是一个有机整体，需要在出版实践中全面履行。为了保障内容管理制度的有效实施，出版单位都建立了有效的保障体系，通过合理奖惩，调动编辑的积极性，同时通过形式多样的业务培训，保证编辑执行相关的内容管理制度。只有始终坚持“质量第一”的观念，严格遵循内容管理制度开展出版工作，保证图书出版物品质不断提升，才能实现出版单位的社会效益和经济效益双丰收。

五、出版单位印刷流程管理制度演进

20 世纪 80 年代之前，我国纸质出版物主要通过铅字排版印刷成品。铅字排版相较于之前的胶泥、木铜活字排版，虽然也是手工活字排版，但是增加了机器，这使得生产更加专业化。同时，铅字排版作为一种活字排版技术，可在排版打样后校对勘正书稿，及时解决书稿中的问题。在这种印刷技术下，责任编辑审定书稿发稿后，需要经过技术设计，将正文插图制版打样并粘贴在书稿相应的位置；设计完成后将书稿送至印刷单位，同时需要提供发排通知单。印刷单位的排字车间根据书稿和发排通知单拣字并拼成活字版。印刷单位根据拼好的活字版先行校对一次，书稿改正后打初校样，送出版社由责任编辑进行校对。书稿经校对后再返回印刷单位逐字改正，这个校对改正的过程可能会出现多次。校对完成后，出版社签字付型，印刷单位改正无误后，将活字版打成纸型、浇铸成铅版，之后，将铅版拼装在印刷机上进行印刷。

如前所述，王选研制的汉字激光照排系统推广开来后，我国印刷行业逐步从使用铅字排版工艺转变为使用激光照排新工艺。这种新技术的产生使得印刷行业开始步入电子化，同时激光照排极大简化了原本的印刷工序。利用这种新技术，在编辑将书稿发给印刷单位后，印刷单位可以直接照相排字、显像、复印、校对，然后便可制印版、印刷。随着计算机技术的发展，1993 年出现了数字印刷机，之后又出现了计算机直接制版（CTP）技术。利用计算机排版系统，除了书稿文字的字体、字号等参数可任意调整，版式设计也更加多元。而且，通过计算机排版系统，在完成书稿的排版工作后可以直接输出用于印刷的四色分色软片。这大大减少了人力操作，不需要人工进行分色制版工作。同时，经过组版的版面可在各种输出设备上输出校样来校对。书稿校对改正无误后，后面的工序也可直接在计算机上添加指令操作，之后便可印刷了。

除技术上的转变外，1997 年新闻出版署正式发布《出版物印刷管理规定》，以便加强对出版物印刷工作流程的管理。规定分为总则、出版物印刷企业的设立、出版物的印刷管理、罚则、附则五个模块。在“出版物的印刷管理”模块，规定了印刷出版物实行印刷合同制度、不同印刷企业可承接印刷的出版物范围以及印刷出版物必须遵守的规定等。2001 年 7

月，国务院第43次常务会议通过修改后的《印刷业管理条例》，并于同年8月2日起实施，《印刷业管理条例》的发布切实加强了对印刷业的管理。

六、出版单位发行管理制度演进

图书发行是出版流程中的最后一环，却是实现把书传递到有需要的读者手里的重要一步。1950年，中央人民政府出版总署发布《关于统一全国新华书店的决定》，提出全国新华书店要逐步走向统一经营，各个总分店要将出版、厂务、发行三个部门划分为三个独立的经济单元，最终要成为全国规模的国营出版企业[①]。同年，中央人民政府出版总署还发布《关于国营书刊出版印刷发行企业分工专业化与调整公私关系的决定》，提出全国各级新华书店兼营出版印刷业务者应着手划分为出版企业、印刷企业和发行企业这三个独立的企业单位[②]。根据这一决定，新华书店成为直属中央人民政府出版总署的，全国统一经营与统一管理的书刊发行机关。1955年《文化部关于文化行政部门所属文化事业领导关系的规定》指出："新华书店各省、市分店和它们所属的支店、门市部，交由地方文化行政机关领导和管理，所有购销业务、干部人事、计划财务、基本建设、发行网的扩充和调整，私营图书发行业的安排和改造，以及店内政治工作和日常行政，都由地方文化行政机关领导和管理。"[③] 1958年，文化部发布《关于改变新华书店体制的通知》，规定全省、市新华书店管理体制下放，各店由当地文化局领导管理。这次体制改革使新华书店总店不再对各地的

---

① 中国出版科学研究所，中央档案馆．中华人民共和国出版史料：2［M］．北京：中国书籍出版社，1996：107－109.

② 同①653－659.

③ 中国出版科学研究所，中央档案馆．中华人民共和国出版史料：7［M］．北京：中国书籍出版社，2001：371－375.

新华书店有管理权限。

1983 年，中共中央、国务院颁发《关于加强出版工作的决定》，提出要改变印刷、发行的落后现状，改革新华书店的经营管理体制，部分新华书店的人事管理权又回到省级书店手中。目前，出版物发行的方式主要有批发和零售两种。批发是指出版物所有者向经营者批量销售出版物的发行方式；零售是指出版物经营者直接向消费者销售出版物的方式。

出版物发行的流程主要分为四步：第一，出版物销售方和购货方要先进行有关出版物的信息交换；第二，双方确定购销关系；第三，销售方要将出版物完整地送交给购货方，完成出版物的实物交割；第四，购货方给销售方结算货款。

第四节　出版单位人事及社会保障等管理制度的演进

一、出版单位劳动人事制度的沿革与演进

在出版单位的人事制度改革中，不论是出版单位内部的用人制度还是分配制度，都随着出版体制改革而不断变化，构成了出版体制改革的一个重要组成部分。

（一）我国出版单位用人机制的演变

1. 编制化和终身制

在计划经济时代，出版单位的用人并不取决于单位自身，而是取决于上级的决定，如人员缺乏，则上级采取调拨形式，即“服从组织调动和安排”。在出版社转企改制前，由于出版社的机构性质虽然是企业，但实行的是事业单位管理的方式，因此在用人和分配上基本上采取的是高度行政

化的管理模式，即编制化和终身制。出版单位内部员工的人事调配沿用组织人事部门的“行政分配”制度。在用人方面，出版单位按照核定的编制数确定岗位数和人员规模，同时人员的调配也受身份的限制，即非干部编制和机关事业身份人员一般不能调入或录用。除升迁、调动或退休等途径外，没有其他的合理退出机制；出版单位职工缺乏流动性，不需要的人出不去，需要的人进不来，形成了一种“能进不能出，能上不能下”的局面。

大学出版社也是如此。从大学出版社人员聘用情况来看，学校是出版社的出资方、主办单位，在转企改制前，大学出版社社领导的任命是按照级别来衡量的。出版社用人不仅要有编制，还要经学校人事部门批准。大学出版社的社领导几乎都来自所在的母体大学。此外，大学出版社还有一批事业编制的员工。大学出版社的社领导由学校组织部门考察、任免，大学出版社员工的录用与辞退都要按照事业单位的程序，经过学校人事部门的审核同意。

2. 聘用制和竞争上岗制

20 世纪 90 年代，借鉴其他企业劳动、人事和分配三项制度的改革经验，出版行业的改革先行者逐步取消终身制，在劳动用工方面实行全员竞聘上岗，在干部人事方面实行中层干部竞聘上岗，从因人设岗转变为因岗设人、因需设岗①。

1999 年，国家人事部召开事业单位人事制度改革会议，并于 2000 年出台《深化干部人事制度改革纲要》，明确聘用制成为事业单位的基本用人制度，人事制度的改革核心从身份管理转变为岗位管理。图书出版单位在专业技术人员中开始推行聘用制，后又在其他各级职务人员中推广。如

---

① 程美华．新时期（1978—2008）出版史概论［M］．上海：学林出版社，2012.

在干部人事制度上，采取竞聘上岗、能上能下的机制。很多出版社推动人事制度改革，部门负责人全部竞聘上岗，对竞聘上岗者实行聘任制，并签订岗位责任书，通过年度考核过关续聘的机制打破了干部终身制，疏通了干部上下的通道。同时，在用工管理上，制定目标责任，明晰岗位职责，打破部门间岗位、职称界线。个人重新按社里的岗位设置，申请岗位和职称，根据个人特长自由择岗，双向选择。还有一些出版集团在用人机制上进行了突破创新，上至总经理，下至区域经理、客服人员，全部面向社会进行公开招聘，打破了身份界限，为公司的高效运作打下了良好的基础。①

2001 年，我国针对出版专业技术人员实行职业资格制度，将之纳入全国专业技术人员职业资格制度的统一规划。出版专业职业资格是指国家对出版业从业人员从事出版专业技术工作所必备的素质和能力的认定。初级资格和中级资格可通过全国统一举行的考试获得，高级资格的认定则逐步实行考试与评审相结合的制度。

我国出版专业职业资格制度与聘用制相结合，保障了我国出版单位的人才队伍建设，为我国出版单位的转企改制和进一步深化改革奠定了坚实的人才基础。

（二）我国出版单位薪酬分配制度的演变

1. “大锅饭”和平均主义的分配制度

在高度集中的计划经济体制下，出版单位的分配存在严重的平均主义和“大锅饭”现象，干和不干、干多干少与收入没有多大关系，员工的积极性很难发挥②。

---

① 郝振省．中国新闻出版业改革开放 30 年［M］．北京：人民出版社，2008.

② 俞贺楠．我国事业单位人事制度相关改革发展历程［J］．人事天地，2015（4）：19－23.

在出版体制改革以前，出版社在薪资发放上采用国家的行业职级工资制度。1993年国务院下发《国务院关于机关和事业单位工作人员工资制度改革问题的通知》，明确规定出版等事业单位实行专业技术职务等级工资制，将出版专业人员的工资分为助理编辑、编辑、副编审、编审四等。之后，除调整薪资水平、增加年终奖外，这一基本工资制度一直未有大的变动。

2. 收入分配制度改革

20世纪80年代起，出版单位开始对薪资分配体制进行改革。在分配制度上，采取各尽所能、多劳多得的原则，根据贡献大小实行不同层次、不同程度的奖励，通过目标管理考核等办法，使收入与其工作业绩挂钩。一些出版单位在收入分配上打破原来的工资收入体系，实现个人收入靠贡献，在什么岗拿什么钱。职工收入由三部分构成，即基本工资、岗位工资和奖励绩效。其中，基本工资由国家根据职称、学历、工龄等确定，岗位工资根据承担的职务等岗位情况而定，奖励绩效依个人或部门完成目标责任考核情况及公司效益而定。这种工资制度极大地激发了出版单位人员的工作积极性，逐渐成为我国出版单位的主要收入分配制度。

二、出版单位社会保障管理制度的沿革与演进

出版单位的社会保障管理制度是在中国社会保障制度这一大背景下诞生、发展和演变的，中国社会保障制度的改革深刻影响着出版单位的社会保障管理制度。

（一）历史潮流中的社会保障制度

我国社会保障制度的建立经历了三个历史时期，即1949年至1979年

高度集中的计划经济时期、1979年至1992年的改革开放初期、1992年以后向社会主义市场经济体制转轨的时期。

1. 计划经济时期的社会保障制度

在新中国成立初期，我国推行三类社会保障制度，包括国家干部公费福利制度、城市职工劳动保险制度和农村保障制度。1951年，政务院颁布了《中华人民共和国劳动保险条例》，随后国务院于1955年发布了国家机关工作人员退休、退职、病假期间待遇等三个暂行办法。到1956年"三大改造"完成后，国家又对社会保障制度进行了不断完善，逐步建立起了适应计划经济体制要求的社会保障制度。在计划经济时期，我国出版单位的主要领导及管理层大多为上级任命或调拨的干部人员，他们适用公费福利制度，即公费医疗、公费养老等，由国家财政直接开支。而出版单位中的一般职工则享受相应的城市职工劳动保险制度，职工的劳动保险由企业按照国家的规定开支，并报账给国家。

2. 改革开放初期的社会保障制度

改革开放初期，国家干部主体和机关事业单位保障制度基本没有变动，主要的变动在企业社会保障制度方面。1984年党的十二届三中全会以后，围绕搞活国有企业这一中心环节，国家进行了社会保障制度的配套改革。企业改革使企业制度发生根本改变，从利润上交国家到企业利润留成再到企业成为独立法人，自主运营自负盈亏，逐渐形成了企业退休金社会统筹制度这一企业社会养老保险制度的雏形。在这一时期，我国各出版发行企业通过落实"老人老办法，新人新办法"、补交社保和企业年金等人事保障政策，缓冲了转制过程必然涉及的人事阻力，规范了企业的人事制度，提高了员工的积极性。

3. 向社会主义市场经济体制转轨时期的社会保障制度

党的十四届三中全会明确提出"建立多层次的社会保障体系"的改革

目标。根据这一目标，一系列社会保障方面的法律法规出台，并确立社会统筹与个人账户相结合的养老保险制度改革方案和医疗保险制度改革试点工作。社会养老保险制度利用社会保险将社会统筹资金集中到一起，按照统一的标准进行支付或者发放，避免了计划经济体制下职工的退休福利和其他福利因单位的规模大小不同而不同的不公平现象。[①] 出版单位在转企改制后，自工商注册登记的次月起按照企业办法参加社会保险，并将在职人员按国家规定计算的连续工龄视为缴费年限，无须补缴基本养老保险费用。国家还对转制前离退休的人员，转制前参加工作、转制后退休的人员的养老金、医疗保险等做出详细规定，并提出具备条件的企业可按照有关规定为职工建立企业年金和补充医疗保险，以妥善解决转制后退休人员的养老待遇问题。

（二）转企改制过程中的人员安置问题

出版单位在社会保障方面的改革主要体现为转企改制过程中的人员安置问题。一方面是转企改制过程中的离退休人员的剥离，由政府设立保障部门来对其进行管理。另一方面，已接近 50 岁或 55 岁，在 5 年内可能离休或退休的人员，国家基于一定的特殊政策，使其能够按照事业体制享受离退休保障。除上面两种情况外的其他人员在转企后，应依靠自身的专业能力在企业中竞争相适宜的岗位，创造经济利益并创造自己的社会保障。

在出版社的人员安置问题上，有两类出版社略为不同，即大学出版社和部委出版社。在大学出版社中，转企改制按照“老人老办法，新人新办法”的原则，原属学校事业编制的人员在退休后，由学校承担其各种保

① 朱伟峰．新闻出版体制改革40年［J］．中国出版，2018（20）：12－18.

障，从而大大减轻了出版社在转企改制过程中所需承担的经济压力。如清华出版社的部分高管保留学校事业单位编制，而“新人”则按企业编制同社会保障机制衔接。[①]

对部委出版社而言，其人员安置问题主要是45岁以上人员的社会保障问题，且主要表现在养老保险方面（一般的事业单位都有医疗和失业保险方面的保障）。对于这部分人员的处理，部委出版社采用的办法是继续保留这部分人的事业身份。由于企业身份转换后，归属于养老保险金的基础养老金和过渡性养老金视同个人的缴费金额；个人账户没有积累下来的钱，各种补贴也不同，加之企业和事业单位养老金的算法不同，导致个人收入下降，继而导致退休金减少。而且这些部委出版社也无法像一些出版集团一样由当地政府买单或采用买断工龄的办法来处理补足转制后退休金减少的差额，故而保留这些“老人”的事业身份，让转岗的人员有事可做，这样既降低了企业的改革成本，也维护了社会稳定。

（三）出版单位社会保障案例

下面以浙江的出版社在转企改制过程中的社会保障方面的衔接措施为例进行说明。浙江的出版社在转企改制过程中社会保障方面的具体措施安排包括七个方面。

一是对于已退休（含提前退休）的人员，按国家和省规定的事业单位退休费标准不变，今后若社保机构按企业标准增加的养老金低于按事业标准增加的退休费标准，则在原资产提留中予以补足。

二是在改制前参加工作，在改制后转换身份的正式职工，今后退休时按照企业的办法计发基本养老金；同时，根据其所在事业单位的工龄给予

---

① 蔡翔，陆颖．我们出版的方向：深化出版体制改革问题研究［M］．北京：中国传媒大学出版社，2014.

一次性补贴，转入本人的基本养老保险账户。

三是原劳动合同制职工和改制后参加工作（调入）的职工，执行企业职工基本养老、医疗保险制度。

四是改制前已退休的人员享受省退休人员的基本医疗保险待遇，并按政策提取补充医疗费。

五是在本次改制过程中转换身份的职工，改制后参加省企业职工基本医疗保险，统一执行省企业职工基本医疗保险政策。

六是离退休人员按省里的规定提取离退休费、医疗保障费等费用。

七是离退休人员的抚恤金、丧葬费，精简退休职工、计划外长期临时工、供养直系亲属生活补贴等，按照规定和标准提取。

总体而言，出版单位的社会保障制度主要集中体现在转企改制过程中的人员安置问题上，主要包括提前退休、提前离岗、内部退养、身份转换等。

就提前退休而言，成本由地方政府和提前退休人员共同承担，地方政府所承担的成本在于社会保障基金收入的减少和养老及医疗基金支出的增加，提前退休人员则失去在职的工资外收入，包括奖金和补贴等。

就提前离岗和内部退养人员而言，大部分成本由转企改制的企业负担，如应继续缴纳的社会保险费和继续发放的生活费等；内部退养人员则需负担与在职收入所得的差额以及正式退休时养老金待遇差额等。

就身份转换而言，将多余的人员推向社会，出版单位需要支付巨额赔偿金，但是其未来的人工成本将大幅压缩，留聘人员的劳动合同转变为有限期限，便于人员管理。[①]

到目前为止，我国实行的社会保障制度形式包括社会保险、社会救

① 管士光．出版事业单位人事制度改革中遇到的六个难点［J］．中国出版，2019（7）：24－26．

济、社会福利、优抚安置和社会互助五种模式。在转企改制后，出版单位执行企业社会保障制度，参加社会保险。按照我国劳动法的规定，社会保险项目分为养老保险、失业保险、医疗保险、工伤保险和生育保险。按照《关于中央各部门各单位出版社转制后参加北京市养老保险有关问题的通知》，转制单位及其职工，从 2010 年 7 月 1 日起，依照属地管理的原则，参加属地企业职工基本养老保险，按照当地标准缴纳基本养老保险费，建立职工基本养老保险个人账户。在职职工 2010 年 7 月 1 日前按国家规定计算的连续工龄，视同缴费年限，不再补缴基本养老保险费。转制前已经参加企业职工基本养老保险的出版社，继续按原办法执行。转制前已经离退休的人员，即 2010 年 7 月 1 日以前达到国家规定的退休年龄并正式办理手续，执行事业单位计发办法按月领取退休费的人员，原国家规定的离退休费待遇标准不变。转制单位参加基本养老保险后，统筹基金支付的基本养老金低于事业单位待遇标准时，差额部分由转制单位按照有关规定予以解决。为使转制单位参加基本养老保险后，保证退休人员待遇水平平稳衔接，基本养老金计发办法实行 5 年过渡期。在转企改制过渡期内达到国家规定的退休年龄并办理退休手续的人员，按照企业办法计发的养老金，如低于按原事业单位计发办法计发的退休费（纳入统筹基金支付项目的水平），其差额部分采用加发补贴的办法解决，加发比例逐年递减，所需费用从基本养老保险统筹基金中支付。过渡期结束后不再发给该项补贴。① 但就改革过程中的实际情况来看，事业单位转制而成的企业是不宜被纳入社会保险体系的。主要存在的问题是：社会保险的费率较高，导致事业单位转制而成的企业容易被压垮。而事业单位转制而成的企业被纳入社会保险体系，由于其离退休人员的数量不少，因而会加剧社会保险资金的收支

---

① 中央各部门各单位出版社体制改革工作政策解读．中国新闻出版报，2010－06－28.

不平衡，且在改革中会出现大批提前退休的人员。

因而，为了建立多层次的保障体系，打破发展不平衡的局面，就要将改革从局限于养老保险和医疗保险的基本保障制度方面向企业补充养老保险覆盖面上拓展，同时要考虑社会保障机制在转换过程中的问题，处理好因制度转变导致个人账户为“空账”的隐性债务问题，将个人账户与社会统筹结合起来，更好地促进我国基本养老保险机制的转化。

第九章　世界主要发达国家的出版管理体制

知己知彼，百战不殆。由于我国积极参与国际出版市场的竞争，积极推动出版“走出去”战略，对外传播中国声音，因此了解世界主要发达国家的出版管理体制，对于我国出版管理体制的改革与发展也有较强的现实意义。当然，由于社会制度不同，世界主要发达国家与中国的出版管理体制有很大的差异，这里主要通过介绍和分析世界主要发达国家的出版管理体制，帮助我们有针对性地进行出版管理体制的改革。

第一节　世界主要发达国家传统的出版管理体制

一、英国的出版管理体制

英国的出版从许可制到登记制经历了一个漫长的过程。目前，英国实行以登记制为基础的出版管理体制，这是由英国出版业创立和发展的历史沿革所决定的。作为出版大国之一的英国，其现代印刷出版业于 15 世纪形成[①]，出版体制在四百年间不断调整和完善，逐渐形成了鲜明的特质和独有的文化。

英国皇室和贵族阶级，一向将出版印刷视为皇室和贵族的特权，“为了保障这种特权，王室利用出版特许和出版物检查，直接管理和严格控制着出版行业，这样就形成了最初的管理体系”[②]。另外，随着活字印刷技术在英国的广泛应用，图书报刊不仅仅成为重要的流通商品，更成为具有政治和文化影响力的宣传工具，英国皇室进一步加强了对印刷出版的管制。从亨利八世开始，英国禁止国外出版商在英出版，任命皇家出版官员监管出版，以授予特权的方式进一步管理出版业，并以授予独占专利的方式严控出版内容。玛丽女王时期，女王特许设立皇家特许出版公司，规定除公司会员及女王特许者外，不允许从事出版印刷。英国出版业的许可制一直到1695年才彻底废止，英国出版管理从“预审制”转变成了“追惩制”。

目前，英国现行的出版管理体制整体上是宽松准入的，任何个人和公司，无论国籍为何，都可以在英国注册图书出版公司。但出版行为和内容并非不受监管的，相反，英国政府通过立法、财政等手段，并且发挥市场的功能，对出版行业各环节进行引导和管控。

（一）行政管理

英国政府并未设置专门的出版管理机构或部门，出版业的运行和发展被认为是市场行为，不受政府直接指导。但从登记、经营、税收、扶持、审查等与出版相关的各个环节来看，政府职能无处不在，间接发挥着重要的引导、规范和监管作用。

---

① 魏玉山，杨贵山．西方六国出版管理研究［M］．北京：中国书籍出版社，1995：1.

② 余敏．国外出版业宏观管理体系研究［M］．北京：中国书籍出版社，2004：67.

伦敦设有全国性的出版登记机构——出版社登记所（Companies House）。它是英国财政部的一个下属机构，所有出版公司都必须登记注册，并提供相应的出版计划、出版规模、经营方式和注册资金等，还要定期向出版社登记所上报实际的经营状况和出版情况，否则会面临重罚。①

英国政府虽不直接控制和干预出版业，但通过经济手段和事后审查制度实现对出版内容、出版行为的引导和管理：一方面要促成有利于国家和社会稳定发展的出版物出版，另一方面要预防和禁止涉及危害社会和威胁国家安全等内容的出版物出版。

经济手段是英国政府间接管理出版业的重要方式，长期以来被证明是有效且可行的。税收和财政拨款是英国政府管理出版业的两个最重要的手段。英国对出版物实行零增值税政策已经有百余年之久，尤其是英国针对其他商品一直征收较高的增值税（目前基本税率为15%），却对图书（包括纸质出版物和电子出版物）免征增值税。税收上的减免促使英国不仅在出版业规模上不断增长，长期位列世界出版大国之列，而且在图书品质和出版文化上也成为世界出版领域的典范。即使面对欧盟国家的质疑和不满，英国政府也依然坚持对出版物实行免税政策，不仅免征增值税，同时还免征进口税。另外，英国还利用税收政策鼓励与出版相关的版权开发、高新技术开发，以及鼓励学术出版，保护和优待大学出版社，等等。

源于重视图书和出版物的传统，英国政府每年都会以财政拨款的形式，通过各种途径、以各种名目资助出版项目。其中一部分用于国家目标或公益方向的宣传和推广，另一部分用于推动文化、教育、科研等领域的发展。对出版业来说，建立基金项目或出版项目，获得政府支持或补贴，已经成为获取资金的常见及必然方式②。也有一些政府部门，如英国贸易

① 余敏．国外出版业宏观管理体系研究［M］．北京：中国书籍出版社，2004：69.

② 同①73.

工业部，通过资助出版公司参加法兰克福书展、博洛尼亚国际儿童书展等国际书展的方式，来支持和促进出版贸易的出口和发展；再如英国教育与技能部，通过调拨教育经费来购买教科书，免费发放给学生以及供应图书馆，这笔固定拨款对教育和学术类图书出版而言至关重要①；还有英国文化、媒体和体育部，英国文化委员会等与文化相关的政府机构，也会少量拨款以补贴与文化发展和输出有关的出版项目或出版公司。

英国对于出版物内容的审查属于事后审查，即出版物已经出版发行后，其内容才会被列入审查和追责范围。并且，英国政府并不直接出面采取行政手段予以干预和禁止。一方面是通过法律手段，按照现行法律规定和要求，对出版物和出版商的违法行为予以禁止和处罚；另一方面是通过半政府职能机构予以审查和筛选，如英国图书馆协会制定了严格的审查制度，未获许可的书刊不得进入图书馆馆藏目录，英国工会也会监督书刊的出版发行，内容不被认可的书刊将会被拒绝印制②。

英国对出版业的行政管理看似松散，其实已经形成了特有的管理模式和体系，环环相扣地有效指引和监督着英国出版业的良性发展。

（二）法律规范

英国的出版管理体制中最为重要的部分就是以法律为基础的约束和规范。英国的出版业起步发展早，出版规模数百年来一直不断扩展。并且英国始终重视图书出版这一领域，因而英国虽然没有专门的出版法，但各项专门法已囊括了出版业的方方面面，依法治理和依法管理已经成为英国出版业的显著特征③。

---

① 余敏．国外出版业宏观管理体系研究［M］．北京：中国书籍出版社，2004：70.

② 同①72.

③ 魏玉山，杨贵山．西方六国出版管理研究［M］．北京：中国书籍出版社，1995：3.

首先，英国的《大宪章》《权利请愿书》《权利法案》等宪法性质的文件中都明确规定了公民享有出版言论自由，也规定了公民相应的义务，这是英国各项出版相关法案的基础。

英国从 1610 年立法正式确认出版物缴存制度到现在已有 400 余年历史，是全世界最早建立该制度的国家之一[①]。2003 年英国还专门颁布了《法定缴存图书馆法》，它是针对图书馆与出版物法定缴存的专门性法规；2013 年，英国文化、媒体和体育部又制定了《法定缴存图书馆（非印刷型出版物）规定》，以补充法案来适应数字出版物的发展。这两部法规的主要内容包括：规定英国的出版商必须将已出版的各种图书样本缴存于不列颠图书馆、苏格兰国家图书馆、威尔士国家图书馆，以及牛津大学图书馆和剑桥大学图书馆；而地图出版商则需要向政府地图服务机构支付版税。

早在 18 世纪初，英国就颁布了世界上最早的版权法——《为鼓励知识创作而授予作者及购买者就其已印刷成册的图书在一定时期内之权利的法》(1709 年颁布，史称“安娜法”)，它废除了由皇家颁发许可证的制度，首次承认了作者是版权保护的主体，可谓版权史上的“革命”，对后来其他国家的版权立法有重大影响[②]。英国还始终保持着良好的版权制度更新机制，相关的版权法案一直在出台、补充和调整[③]，除 1814 年、1842 年、1911 年及 1956 年的《版权法》外，还有针对专门出版物的版权法案。英国现行的《版权法》，是在 1956 年《版权法》的基础上修订的。目前英国对版权的保护期为原创者去世后 70 年，同时赋予原创者开发版权的商业权利和精神权利，并且版权可被授权、出售、继承和放弃。在英国，版权保护力度大，对市场盗版行为惩治严厉，但随着数字技术的出

---

① 欧阳爱辉，闫玉冰．英国主要图书馆法述评［J］．高校图书馆工作，2020，40（1）：38－41．

② 郑成思．谈谈英国版权法［J］．法学研究，1982（1）：61－64．

③ 朱娅蕾．英国版权制度对我国版权制度改革的启示与借鉴［J］．甘肃高师学报，2020，25（1）：139－142．

现，在打击盗版和保护版权方面也存在与世界其他国家一样的困难。

尽管英国对出版物没有预先的审查和控制，但是出版物所刊载发行的内容不能违反任何法律条款，否则将面临民事甚至刑事诉讼。例如，《诽谤法》规定，任何出版物都不能有引起他人厌恶的、猥亵的或诽谤他人的内容；《淫秽出版物法》规定，出版使读者腐化堕落的内容是一种犯罪行为，尤其是涉及青少年性行为的内容更被严格控制，但整体上该法没有确定明确的标准；还有一些针对泄露国家机密、种族歧视、煽动暴力犯罪等内容进行出版限制和惩治的法律。简而言之，英国通过法律规范实现了对出版内容的管理，较为有效地控制了违法出版物的不良影响。

此外，英国还通过《合同法》《消费者保护法》《反垄断法》等法案来规范出版业的各个环节，约束出版商的出版和经营行为。

（三）行业自律

英国出版业的行业工会和协会在出版管理体系中占有举足轻重的地位，行业自律也是最直接有效的管理方式。英国出版商协会于1896年成立，是英国最权威的出版行业组织，有超过200个会员企业，通常被认为是英国出版行业的代言人，向政府、社会和世界发出英国出版业的声音，维护出版业利益，为会员企业在技术变革、改善贸易环境等方面提供信息服务和业务指导[①]。英国书商协会于1895年成立，目的是维护图书销售商的利益，基本任务是代表书商与政府及其他组织就图书发行相关问题进行协商。目前，英国政府制定有关图书销售政策需听取英国书商协会的意见，英国书商协会也会协调内部成员的利益，防止恶性竞争等。此外，英国书商协会还为会员提供信息、咨询和培训等相关服务。[②]

---

① 李霄．论出版行业协会职能建设［J］．科技与出版，2014（12）：137－140.

② 尹科强．英国书商协会［J］．出版参考，2001（12）：26.

行业自律相较于行政管理和法律规范更具有灵活性，更贴近出版业自身的发展规律，更利于出版业自身与外部的关系建设。首先，英国的行业协会建立内部的约束机制，通过建立利益及目标共同体的方式来达成共识，在此基础上形成共同认同并遵守的规则和秩序，从而向外界展示一个良好的整体行业形象，一方面为出版业赢得更多的政府支持和更好的民众口碑，另一方面也创造更多的国内外商机。

其次，各类学会、协会等组织也积极建立与外界对话、协商及合作的通道，向政府传递准确的动态和趋势，以获得更适合的政策支持和法律保障；在市场中树立一定的威望，展现自身的优势和潜力，与其他行业和平台达成更多的合作；积极获取社会公众的反馈和期望，从而更明确行业的发展规划和目标。

最后，英国出版相关协会和学会还不断检视自身的问题和预判行业的发展趋势，从而更有效地进行内部约束和内部管理，以期为出版创造更多的机遇，发现更多的可能，以水涨船高式的发展带动英国出版业蒸蒸日上。

二、美国的出版管理体制

相较大多数欧洲国家而言，美国的出版业并没有太长的历史，并且一诞生就是资本主义市场经济的一部分，在很长一段时间内，出版业都是美国最为重要的产业部门之一。美国对于出版的管理一直呈现以法律为基础的产业管理特征。有学者认为美国的出版管理体制是“以法律管理为主，经济手段与协会管理为辅，政府干预、社会监督并举的出版管理体制”①。

① 魏玉山，杨贵山．西方六国出版管理研究［M］．北京：中国书籍出版社，1995：33.

（一）行政管理

美国政府对于出版的行政管理权限是非常有限的，主要是各职责部门依据相关的法律法规进行管理。美国没有专门的出版管理部门，对出版商的要求与对其他产业的要求并无区别，出版商仅需要到经济管理部门登记，遵守税务、工商等相关规定，无须获准也无须申报，但政府各相关部门形成了在自己职责范围内对出版业“齐抓共管”的局面①。

第一是对出版业起到直接推动和促进作用的政府机构，如美国新闻署、美国版权局和版税裁判所。美国新闻署的宗旨是宣传美国，开展对外文化交流，促进美国国际形象的塑造。美国新闻署通过开展各项新闻、教育和文化活动来宣传美国的对外政策和文化，出版是其中很重要的一项内容。美国新闻署有一个常规的项目，即“出版物翻译计划”，通过资助图书出口项目和计划，帮助国外的独立出版商翻译出版美国作品，包括文学作品和学术成果等②，将美国本土的文化、理念、价值观和政策等通过翻译成多国语言出版的方式向全世界呈现。美国新闻署还为美国出版商参加世界性的图书博览会提供资金支持，从对外宣传的角度推动出版的发展。

美国版权局和版税裁判所都是为了保护版权和解决版权相关问题而设立的部门。对出版业而言，版权问题至关重要，从版权入手进行规范和管制是推动出版业发展的基础和关键。美国版权局从 1897 年起成为美国国会图书馆的独立机构，也是重要的服务部门，版权局局长、下属官员以及专员都由国会图书馆馆长任命。美国版权局下设审查处、编目处、信件处理处、信息处、样本缴存处、许可证处等③。美国版权局首先是版权登记

---

① 余敏. 国外出版业宏观管理体系研究［M］. 北京：中国书籍出版社，2004：33.

② 同①35.

③ 同①37.

机构，接受版权注册并记录，签发注册登记证，并建立版权账户，等等。其次，美国版权局为国会图书馆提供各类版权作品的样本，同时建立版权信息库为公众提供相关服务。最后，美国版权局向国会提出制定和修改版权政策的建议，并且负责美国作品国外版权的保护，与美国国务院和出版企业在国际版权关系、宣言和公约等问题上进行合作，还与美国商业部、美国贸易代表办公室等合作为美国版权保护进行双边或多边谈判。此外，国会在美国版权局还特别设立了国际版权研究所。[①] 版税裁判所，是美国国会专门解决版权纠纷问题的独立机构，对版税调整、交付版税的合理条件以及相关比例问题做出裁决，版税裁判所法庭由总统任命的 5 名成员组成，任期 7 年。

第二，还有其他各类政府机构用以解决出版各个环节中可能出现的问题。税收部门负责根据出版物的税收政策向出版企业或个人征税；警察机关负责查处涉及色情淫秽等违法内容的出版物，并打击盗版出版物；邮政和海关相关机构负责对出版物的邮寄和出口进行管理和审查；情报和国防部门严格审查涉及泄露国家机密的出版物；教育部门、卫生部门等对专门的出版物进行相应的监管。

另外，美国的出版业是资本主义发展鼎盛时期的产物，出版市场经过激烈竞争和密切合作已经高度成熟，政府行为与市场行为的严格区别使得政府出版物与非政府出版物间界限清晰。非政府出版物实行非定价销售，市场决定其价值。对于政府出版物，美国政府也有一套规范、系统的管理办法。美国政府出版物的印刷出版是为了保障公众自由获取政府信息的权利，政府信息的出版和公开，是一种完全的政府行为。根据美国法律，政府出资出版发行的出版物就是政府出版物，其不以营利为目的，不具有版

① 余敏．国外出版业宏观管理体系研究［M］．北京：中国书籍出版社，2004：38.

权，对公众基本免费。[①] 美国的政府出版物主要有两个运营渠道：一是隶属美国商务部的政府印刷局（GPO）；二是国家技术情报服务局（NTIS）。前者负责编辑、出版、发行政府部门需要出版的信息资料；后者作为美国最大的科技情报源和科技信息发布中心，出版发行美国 200 多个政府部门、非政府部门、名牌大学和公司的研究成果报告。[②]

（二）法律规范

美国宪法第一修正案规定国会不得制定法律剥夺公民的出版自由，从根本上保证了出版业不受政府的直接干预和限制。法律手段也是美国出版管理中最为基础和核心的手段，它“既能在政治上维护其‘自由’‘民主’的思想，又能在出版管理中有效地对出版业进行调控”[③]。

美国涉及出版各个方面的法律比较全面和规范，并且由于属于英美法系，美国的版权司法受判例制约。首先是版权方面，美国在 1790 年就通过了第一部联邦《版权法》，并几经修改。美国《版权法》的典型特征是保护版权人的利益，而非保护作者权，不强调精神权利。

其次是对涉及淫秽、色情等的出版内容的管理。1842 年美国政府首次通过立法审查和限制淫秽、色情出版物。1857 年，当时淫秽出版物较为泛滥，美国联邦最高法院借助判例宣布“淫秽出版物不在受宪法保护的言论和新闻自由之列”。1873 年，美国国会通过《康斯托克法》，禁止邮寄猥亵印刷品。

再次，进入 20 世纪后，美国对于国家安全和机密更为重视，对相关出版物也有明确的法律规定。美国还有《间谍法》和《史密斯法》，它们

---

① 王自强，袁亚平，李英，叶新．美国政府出版物管理制度研究［J］．出版参考，2016（2）：16－18.

② 同①.

③ 余敏．国外出版业宏观管理体系研究［M］．北京：中国书籍出版社，2004：38.

规定严禁煽动暴力、推翻合法政府。

最后，对出版市场的管理最主要的是防止垄断，保证公平自由的行业竞争。1890 年，美国颁布《谢尔曼反托拉斯法》以促进自由竞争，1914 年，美国通过《克莱顿法》和《联邦贸易委员会法》等，限制企业垄断。以上法律都适用于出版业，以保障市场自由和出版自由。

在美国，对出版物的内容管理实行追惩制，凡是涉及违反上述法律规定的出版物，都会受到相关政府部门的严格审查和严厉追责，尤其是涉及淫秽色情、诋毁宗教、妨害国家安全，以及影响青少年成长等方面的内容的出版物。

（三）行业自律

美国出版业的行业协会的规模和影响力，不像欧洲国家的那样在某种程度上能起到统领和协调整个出版行业的作用。美国的出版行业协会主要是较为弱势的出版社或出版商、书商等联合起来，抗衡大型出版集团、连锁销售商等出版行业内的巨头的结果。美国的出版行业协会数量多且名目多，但各自独立，互相之间无紧密联系，所以未形成行业合力，无论是从权威性、协调性还是统领性来说，美国的出版行业协会能够发挥的作用都是非常有限的。但是，出版行业协会在促进行业发展、内部管理和秩序维护方面还是起到了相当大的作用。

美国主要的出版行业协会有美国出版商协会、美国书商协会、美国大学出版社协会、美国杂志出版商协会、美国报纸出版商协会、美国音乐出版商协会、美国音频出版商协会等，起到了一定程度的代表、协调和自律作用①。

---

① 余敏．国外出版业宏观管理体系研究［M］．北京：中国书籍出版社，2004：48.

美国出版行业协会的作用在于：首先，部分出版协会每年都会派人参与国会立法过程，充分反映出版方的愿望和要求，尽力参与与出版相关的法律、条例的通过或修改过程。其次，提供各种信息服务，介绍政府政策和立法，指导会员企业调整经营战略和计划，以把握机遇和应对挑战。再次，开展协会内部的专业培训，既解决技术问题和专业问题，也提高管理能力，开拓行业视野。最后，组织参加国际活动，以协会为代表参加国际举办的各种行业活动，加入相应的国际协会组织，以维护本国利益，加强国际地位。

出版行业协会最为重要的功能是制定行业规范和标准，从而通过自律的方式对整个出版业进行正面积极的管理。出版行业协会通过建立自己的规章制度，形成自身的协会文化，来约束行业内的会员企业遵守和执行规定，巩固和传承文化，从而从内而外地推动出版业的发展。

三、德国的出版管理体制

德国一直保持着出版大国的地位，也有极为悠久的出版历史和传统。德国经历了一段较为特殊的民主德国、联邦德国分离时期，由于政治体制不同，过去民主德国、联邦德国之间对于出版业的管理存在较大的差异，目前德国的出版管理体制是在联邦德国的出版管理体制的基础上改进和发展的。1945 年之后，联邦德国实行的是联邦制，根据联邦基本法的规定，文化教育的主管权在各州，联邦政府只负责出台法律和社会规定[①]。德国统一后，出版管理体制也在此基础上不断完善和调整，目前形成了具有鲜明特色的管理体制，即：行政管理力度大，联邦政府和州政府各司其职；行业协会的自我管理和调整能力强，权威性强；涉及出版的法律细致，法

① 魏玉山，杨贵山．西方六国出版管理研究［M］．北京：中国书籍出版社，1995：47.

律的颁布受其他管理领域的影响大。

（一）行政管理

德国出版社的成立采取登记制。但与英国和美国不同的是，德国政府在登记的基础上还要进行部分的行政审批，并监管部分出版内容（主要是教材和涉及青少年成长的内容）。

德国联邦政府文化与媒体事务专员和各州文化部是主要负责出版业管理的政府机构。联邦政府文化与媒体事务专员一般由总理直接任命，主管文化事务，负责制定与文化媒体相关的政策，主要是税收政策。而各州文化部具体监管图书的出版和发行，尤其是负责严格禁止危害国家和宣扬色情暴力的出版物的出版，还要审核批准教材的出版，并公布教材目录以供学校和教师选择。

各州教育部与文化部一起管理中小学教材的出版，直接或间接参与出版业的职业培训。德国各州通过州学校法及相关法规来规范本州的教材审定，有的州由文教部负责教材审定，有的州由下属的专门教育研究机构负责教材审定，也有的州不进行州层面的集中审定。[①] 每个州政府的教育或者文化部门都设立培训联合会，定期举办各种规模和层次的培训班[②]。有些州会深度干预教育体系内部的出版活动。

除了对教材出版严加控制，德国政府对与政治相关的出版物也有直接且严格的管控。德国联邦和州政府都设有政治进修中心，负责政治教育工作。联邦政治进修中心为内政部下属机构，其设置了出版物监察中心，负责审核出版物的政治倾向问题。联邦政治进修中心还深度参与政治教育类

---

① 孙进，张蒙蕊．德国基础教育教材管理：编写·审定·选用［J］．外国教育研究，2020，47（8）：3-16.

② 余敏．国外出版业宏观管理体系研究［M］．北京：中国书籍出版社，2004：112.

出版物的出版工作，针对不同群体编辑出版政治教育图书、期刊等出版物。此外，内政部下的科学咨询委员会，负责确立政治教育的内容；由各党派组成的联邦议院的管理委员会，负责防止政治教育有党派倾向。

影响青少年身心发展的出版物，也是德国政府重点监管的对象。德国联邦家庭、老人、妇女和青年部专门设立了联邦青少年媒体审定处，受理授权组织对给青少年产生不良甚至恶劣影响的出版物进行审查的申请。该审定处主要发挥的是一种追惩功能，针对暴力、性误导、纳粹倾向等不当内容进行审查，并按照相关程序进行审核和禁止，只有授权组织能够提出申请，个人无权申请和建议。然而，即使被认定对青少年有害的图书，也不能因为不同的政治立场、宗教观和世界观而被列为禁书，措施只针对限制和防止青少年接触和获得。

德国的联邦政府和各州政府除深度参与管理和控制出版业外，还通过财政补贴和扶持出版业的发展，主要是鼓励出版企业走出国门，参展参会，增强国际影响力。

（二）法律规范

1952 年，德国联邦政府曾制定《出版法》草案，规定政府可以禁止损害国家名誉的出版物出版，但这一规定遭到新闻出版界的一致反对，最终这一草案未获通过。所以，目前德国依然没有专门的出版法。然而，德国与出版相关的法律很多而且规定细致，从联邦到州都对出版各环节的问题有较为严格的规定，从出版自由、出版内容、市场竞争和版权保护等方面约束和规范着出版业的运作方式和范畴[①]。

《德意志联邦共和国基本法》对出版自由做出了特别的规定，明确提

---

① 余敏．国外出版业宏观管理体系研究［M］．北京：中国书籍出版社，2004：118.

出德国保护公民的各项自由权利，但也规定滥用自由权利以攻击基本秩序的人将丧失基本权利。《德意志联邦共和国基本法》是出版相关法律的基础，从根本上保证了德国从法律角度对出版的管理和控制。德国《刑法》规定："凡发行描述以恐怖或其他野蛮方式对人采取暴力的文字作品，并对此类暴行表示赞扬，或者煽动种族仇视者，会受到起诉。"由于具有完备的《著作权法》，德国的盗版问题管控得很好。1965 年德国制定了《德国著作权与邻接权法》，并于 1966 年起实施。该法规定：凡是具备一定的创造性和物质表达形式的作品，不管其思想、内容是否与已有作品相同，都获得法律保护，拥有相应的著作权。著作权相关法律保护的作品内容广泛，形式多样，包括文学、音乐、美术、戏剧、摄影、电影、录音和录像、广播电视、计算机程序等，其中对文学等作品的保护期是作者在世及死后 70 年，对摄影作品的保护期是 25 年①。德国著作权保护的原则是强调经济权利与精神权利的一致性，注重著作报酬标准的合理性。《出版社权利法》作为《著作权法》的一部分，主要用于协调出版商与作者签订出版合同而产生的法律关系。② 2001 年后，德国开始根据欧盟的要求和版权框架对《著作权法》进行修改，以适应信息社会的需求。

德国对出版物内容的法律规定是从保护青少年健康成长的角度出发的。1985 年，德国修订了联邦德国制定的《禁止传播危害青少年作品法》，规定由政府、教育界、报界、宗教界代表组成出版管理委员会来审定出版物是否与法律相抵触，禁止下流或淫秽出版物的出版和传播，违反此项规定的印制、贩运、储存或引进者均构成犯罪③。

德国的《反不诚实竞争法》针对图书出版做出了明确规定，《反对限

① 傅志耕．德国对知识产权的法律保护 [J]．国际经济合作，1992 (5)：46－47.

② 余敏．国外出版业宏观管理体系研究 [M]．北京：中国书籍出版社，2004：118.

③ 魏玉山，杨贵山．德国的出版管理体制 [J]．出版发行研究，1995 (5)：42－47.

制竞争法》也对出版物价格进行了约束，以维持市场秩序，推动市场的自由公平竞争。此外，德国的图书增值税低于其他商品，按照贸易法和税法的基本估价原则，要对图书等出版物库存征税，还要限制出版行业中生产费用的概念范围，以及按照最低价值标准评估出版效益。

德国对于政府出版物的管理有专门的《出版法》，该法针对政府出版物的管理而提出，用于管理和规范政府联邦法律和公告等内容的公布出版。

（三）行业自律

德国的出版行业协会具有相当大的权威，可以说德国出版业的方方面面都与出版行业协会密不可分，甚至政府政策制定、行政干预以及针对出版相关问题的立法和司法都要受到出版行业协会的影响。

德国书业协会成立于 1825 年。协会刚成立时叫作“书籍交易会”，音译为布尔森协会。作为德国出版发行业唯一的行业协会，这一组织将出版社、书商和书店等出版全部环节的企业团结在一起，为内部协调一致和外部生存发展创造前提。① 德国书业协会建立了全国统一售价的图书定价制度。此外，德国书业协会积极与政府机构沟通和谈判以维护企业成员利益，并开展法律咨询、市场调查、数据出具等工作；致力于提供职业双元制和继续教育等职业教育和培训；每年举办世界最大规模的书展——法兰克福书展，并组织评审多种著名的出版奖项，如创办于 1950 年的德国书业和平奖和创办于 2015 年的德国书店奖等②。

德国保持着行业自律的传统，也赋予了行业协会更高的地位和权力。目前出版领域的诸多政策都是由德国书业协会率先提出并推行的，后经政府部门的确立和批准，成为行业的规范和标准，甚至被采纳上升为法律条

① 魏玉山，杨贵山．德国的出版管理体制［J］．出版发行研究，1995（5）：42－47.
② 黄延红．德国出版业发展现状和启示［J］．科技与出版，2019（12）：11－18.

文。还有更多细致的行业规范也由德国书业协会制定，无论是出版社、中间商还是零售商，乃至与出版社合作的作者，都受到德国书业协会规范的约束和保护。行业协会不仅仅要保证行业的切实利益，更要推动行业合理化竞争和发展。德国书业协会还会为行业利益质疑不合理的政策和法律，为保护出版业发声和交涉，与政府和公众充分沟通和协商。

协会还会出版《德国国家书目》和《德国书籍目录》，以及出版《德国图书商报》，向全社会提供全面且准确的图书相关信息。德国书业协会帮助各出版社进行国际推介，组织参加各种国际书展。可以说，德国书业协会是德国出版业最重要的监管机构，全面规范和促进出版业的发展。

四、法国的出版管理体制

法国也是出版业发达且历史悠久的国家。16 世纪初期，法国就开始实行出版物的检查制度。17 世纪中叶，法国政府开始对书籍、报刊等实行更为严格的审查制度和出版特许制度。法国在中央政府专门成立了“书业总局”，严格审查出版原稿，原稿若有颠覆之嫌就会一律被禁止出版。直到法国大革命爆发，才根本动摇了法国政府对出版业的控制和审查。但拿破仑执政后，原稿审查等控制手段又被恢复。在波旁王朝、七月王朝和法兰西第二帝国时期，政府对出版业的管理都更加严格，政府甚至有权不依据任何法律禁止和取缔出版物。直到法兰西第三共和国成立后，才正式结束了法国的出版特许制度，开启了出版登记制度，任何公民只要在内务部注册后均可从事出版活动[①]。然而，由于政府强管理的传统，法国政府依然对出版业非常重视，持久有力的政府管理，以及完善有效的法律规范是法国

① 魏玉山，杨贵山．西方六国出版管理研究［M］．北京：中国书籍出版社，1995：20.

出版管理体制的显著特点。并且，法国非常注重对本国出版的支持和保护，鼓励和扶持本土出版企业的发展。

（一）行政管理

法国是西方发达国家中少数设有主管出版工作的政府机构的国家之一。法国文化与交流部于 1982 年成立图书与阅览司，专门负责出版相关工作。其工作具体包括：一是与出版相关行业组织保持紧密联系，听取建议和呼声，传达决议，并制定相关政策和具体办法；二是根据法律法规，寻求专业帮助，全面分析和考虑出版业发展，推动改革实施和方案制定；三是资助各类国际书展活动，促进法国的图书出口和文化输出；四是进行出版和图书的相关调查研究和统计，向文化与交流部提供政策制定的数据及信息支撑。

图书与阅览司还掌管着法国“图书文化基金”，为此还成立了专门的董事会——成员大多为出版商、作家、销售商和图书馆代表——来完成基金的相关工作；此外还专门设立了 12 个专业委员会，来确定该基金的分配和发放。

之后，法国根据社会发展阶段和行业管理需要进行了机构调整，文化与交流部下属司局从之前的 10 个调整为 3 个，对公共文化领域、文化产业领域和综合性文化领域进行分别管理，其中媒体和文化产业总局负责协调和评估法国媒体多元化发展政策，促进图书和阅读、广告业、唱片业以及文化经济发展，其下属图书和阅读司负责图书行业的政策制定、行业发展评估和监管，维护图书出版业领域各参与者的公平竞争环境，确保法国国内外图书经济发展，联系全法各大区文化事务局及其图书和阅读委员会。①

为了鼓励和支持出版活动，法国政府一方面对出版业降低和减少税费，通过税费的优惠来促进出版业的发展，另一方面给予出版业一定的财

① 王珺．法国图书业现状及行业政策研究［J］．出版发行研究，2020（9）：80－89.

政补贴，直接援助部分经营困难的中小型出版商或销售商，为文化意义突出却受众较少或成本较高的出版物提供资金补贴，还为各种出版和创作活动提供经费，等等。

对出版企业进行资助的工作主要由法国国家出版中心来负责，资助与出版相关的个人、团体和活动。要获得国家出版中心的资助，需要首先向专门委员会提出申请，由委员会认可后进行推荐并提出金额建议。国家出版中心不仅对国内出版业予以资助，同时也对外国出版商或书商在出版法国图书方面提供资助。[①] 如对外翻译法国作品，或者在外发行法国图书，都能申请国家出版中心的相应资助。

（二）法律规范

出版法制化也是法国出版业的主要特征[②]。法国于 1789 年通过的《人权宣言》和于 1791 年通过的《1791 年宪法》以法律的形式确定了新闻出版自由、舆论自由和言论自由。1958 年通过的《宪法》，也将《人权宣言》放在前言中，从根本上在法国法律体系中实现了对出版自由的保证。

1881 年颁布的《新闻出版自由法》第一章第一条就规定印刷和出版都是自由的，并且对出版商和印刷商的自由和义务都有较为明确的规定，还明确规定了违法出版物的责任人应受到的惩罚。根据《新闻出版自由法》，任何个人或组织都可申请从事出版活动，无须进行行政审批。

1793 年法国颁布了第一部《版权法》。1992 年法国将当时已有的与知识产权有关的单行立法系统整理成统一的《知识产权法典》法律部分，从而形成了世界上知识产权保护领域中的第一个法典。法国的版权制度既保障经济上的权利，也保障精神上的权利。

---

① 余敏．国外出版业宏观管理体系研究［M］．北京：中国书籍出版社，2004：90.

② 同①91.

法国颁布了详细的法律条款，对涉及危害国家安全、泄露国家机密、扰乱公共秩序，以及诽谤、侵犯隐私等的出版内容进行明确的禁止，同时设立追惩制对出版物内容进行管理。如《刑法》规定禁止出版和传播未公开的军事情报及各种关乎国家安全的文件资料①。

法国专门面向保护青少年颁布了出版法规，1949 年 7 月 16 日《关于面向青少年的出版物法》规定，禁止在青少年读物上刊登抢劫、谎言、强奸、懒惰、仇恨、荒淫行为和可能诱使青少年道德败坏的各种内容。

法国关于防止不正当市场竞争和垄断的法律也同样适用于出版行业，如《保护工业产权巴黎公约》《经济现代化法》。此外，专门针对新闻出版业的《报业反托拉斯法案》（又称反埃尔桑法）也对报业集团的日发行量等做出了限制和规定。

（三）行业自律

法国的出版业协会数量多且具有较为明晰的分类，既有半官方色彩的协会，也有纯民间的协会，既有覆盖全法的协会，也有地方色彩鲜明的协会，它们都在出版业自律方面发挥着重要的作用。

法国的出版业协会主要有法国出版业联合会、法国书商联合会、法国出版业国际署、新闻出版机构对等人数委员会、法国杂志和信息公会、全法报刊联合会、法国报业联盟、法国唱片业出版公会等等，包含出版的各个环节，涉及出版的各种方向和内容。可以说，完备细致的出版业协会是促进法国出版业市场健康发展、推动法国出版业整体向上发展的重要力量。

出版业协会对于出版业自律的作用体现在几个方面：首先，法国的出版业协会具有较强的权威性，部分具有半官方的背景，得到了政府的授

① 余敏．国外出版业宏观管理体系研究［M］．北京：中国书籍出版社，2004：92.

权，可以行使一定的行政职能。同时，各专门协会之间会组成联合会，各地方协会还会组成全国协会，统一行动，统一立场，力量强大。其次，出版业协会制定规则和标准，一方面对出版机构进行经营上的规范和指导，保证出版经营的有序进行和良性发展，另一方面对出版从业人员进行出版伦理方面的约束和教育，从而更好地实现自我管理和内部调控。

出版业协会还承担着协调各方关系、提供各类信息和服务、组织参加书展等活动，以及主办出版物评选活动等相关工作，正面推动出版业的发展。

五、日本的出版管理体制

日本的出版管理体制在二战前、二战中以及二战后经历了较大的变动。二战前，日本的出版是以行政管理为主的，内务省承担了最主要的管理职责。一是成立出版企业或机构等要向内务省申请；二是要在出版物正式出版发行前向内务省递交出版物的样本，经审查部门审查通过后方可正式出版发行；三是内务大臣有权禁止出版物的出版。

二战期间，日本的出版管理更为严格，还特别成立统治对外言论和出版的内阁情报委员会，颁布具有战争特色的法律法规，以及设置对出版进行严格控制的机关，即日本出版物协会，并用行政力量整合各出版和销售企业。

二战以后，随着日本战败及被美军托管占领，日本废除了原有的出版法律法规和相关制度，并按照西方模式建立了新的出版管理制度。日本现行的出版管理制度是在法律规范基础上，行政管理与行业自律并行。

（一）行政管理

二战后，日本政府没有设立管理出版的专门机构或部门，只将出版各环节交由相关部门负责管理。

文部科学省是主管教育与文化事业的政府机构，其职责包括：一是负责出版机构的登记，登记制让日本的出版门槛大大降低，只要符合法律所规定的最低资产等要求，并向税务部门纳税，即可注册从事出版活动和经营。然而，虽然登记程序简单，但登记制度必须被严格遵守，且行业规范极为严格，违反者不仅会被取消经营资格，还会面临非常严厉的处罚。

二是主管出版资助政策的制定。二战后，文部科学省制订了科研资助计划，随后就开始了对学术期刊出版的资助。其资助条件严格，受资助的图书必须满足长时间销售这一特征，且第一版的发行量不得高于 1 000 册，还需要著作者放弃第一版版税。

三是对中小学教材进行审定。目前，日本的出版物基本都实行追惩制，唯有教材实行预审制，在出版发行前，必须将定稿交由文部科学省审查合格批准后才能出版发行。审定主要是遵照文部科学省颁布的《教科用图书审定规则》，经由“教科用图书审定调查审议会”讨论后，由文部大臣决定并批复。

大藏省是日本的财政机构，关于出版业的税收政策制定以及税金的征收等都由其管理和负责。目前日本没有实行特殊的出版税费政策，政府曾实行过力度较大的优惠政策，但随着出版业的发展成型和实力强劲都逐渐取消了。但日本政府会充分考虑出版现状，予以税收方面的调整，实行一些特殊优惠和政策，因此在经济下滑、出版市场不景气的情况下，出版市场仍较为平稳，未出现市场崩溃的情况。

总的来说，日本的政府管理是服务性的，一方面进行较为严格的规定和管理，另一方面更多的是调整政策和结构，协调各方利益，并且管理部门多且配合紧密。

（二）法律规范

日本的基本法律一般由法务省制定，再由各负责部门根据法律制定相应法规。《宪法》作为基本大法，规定了集会、结社、言论、出版及一切表现之自由，均予以保障，不得实施检查。

日本重视随国内的发展和各类情况的变化修订法律，涉及出版的各法律法规也都经过了数次修订。

日本法律明确禁止出版有损国家形象和安全的出版物，但是并不限制暴力和色情出版物的出版，而是对包含此类内容的出版物进行分级管理，在显著位置以统一标识标明允许阅读和收看的年龄。适用法律有《青少年保护条例》《关税法》等。

在著作权保护方面，日本共有 14 部法律规范，以《著作权法》为核心，相关实施细则为辅，是日本出版相关法律的核心。

在维护市场秩序方面，为维护竞争秩序，限制垄断行为，保证出版自由，日本政府颁布《关于禁止私人垄断和确保公平交易的法律》，通过法律约束和维持文化产品的价格，避免恶性竞争；颁布《大规模零售店铺立地法》《再贩卖价格维持契约》等，维护零售店铺的合法利益，统一图书售价，有效控制市场的无序竞争；此外，还颁布《日本保护消费者基本法》，以保护出版市场中消费者的合法权益。

（三）行业自律

日本的出版行业协会按照主体可分为官民联办的协会和民办协会两种，民办协会占绝大多数，极少数具有半官方的性质。日本最有影响力的出版行业协会有日本书籍出版协会、日本大学出版部协会和日本全国出版协会等。

日本书籍出版协会的建立目的是联络政府及相关团体，调查研究出版行业的各种问题，并促进出版社之间的合作，以及促进出版文化的国际交流[①]。这种纯民间协会没有职能上的监管功能。

---

① 余敏．国外出版业宏观管理体系研究［M］．北京：中国书籍出版社，2004：92.

日本全国出版协会作为政府授权的协会，在著作权纠纷的仲裁方面具有一定影响力，协会可以组织业内专业人士进行仲裁工作。

出版行业协会最为重要的功能还是进行出版业内部的自我约束。首先是制定了如《再贩卖价格维持契约》《关于限制出版物零售业提供赠品、公平竞争的规定》《新书统一销售日制度》等经营规定，维持市场秩序，约束经营行为。其次是制定了出版伦理纲领，如《出版伦理纲领》《出版物批发伦理纲领》等，从思想和行动上保持行业的高质量发展。

第二节　数字传播环境下西方发达国家出版管理体制的新变化

随着数字技术的飞速发展，传统出版业内部的结构和外部的环境都发生了巨大的变化，原有的出版管理模式和理念并不能适应数字出版的新特征，新的问题和困难不断涌现，各国都需要根据数字技术的特点、影响及趋势，改变传统的管理方式，进行多方面的出版管理体制改革。“由于各国文化传统、政治法律体系、经济发展水平等方面的差异，不同国家的数字出版产业政策有着各自的特点。”①

一、行政管理：加强对本国出版业的扶持

伴随着数字技术发展以及文化产业数字化转型的迅猛趋势，世界各国尤其是发达国家进一步强调了数字出版产业作为新兴技术性产业的本质，都制定了比较明确的适应数字技术的文化产业战略发展规划，出版是其中非常重要的一部分。

---

① 周艳敏．国外数字出版产业政策比较研究［J］．出版发行研究，2014（11）：89－92．

1997 年，美国、加拿大和墨西哥联合颁布北美产业分类体系，将出版、录音和电信从文化产业中独立出来作为全新的信息与文化产业，同时剥离了文化产业的软硬件配置，着重发展以“内容创新”为特征的文化产业[①]。面对近年来数字化发展的机遇和挑战，美国政府积极采取有效的措施以保证其出版业在世界上的地位。如奥巴马政府颁布《大数据研究和发展倡议》以提升社会运用大数据获取知识的能力，促成美国在大数据应用和发展方面形成共识。[②]

英国于 1997 年首次提出“创意产业”计划，并颁布实施推动创意产业发展的一系列政策，以将英国建设成为世界创意中心。1998 年，英国政府出台《英国创意产业路径文件》，扶持包括数字出版在内的 13 个门类的产业，推动创意产业的数字化走在世界前列。在政府的推动下，创意产业成为推动英国经济发展的新动力，英国实现了由世界制造业中心向世界创意中心的转型。同时，英国政府在知识产权制度、网络监管等方面加强顶层设计和基层管理，为数字产业发展提供良好和适宜的市场环境。[③] 2009 年，英国商业、创新和技能部联合英国文化、媒体和体育部发布《数字英国报告》，启动了“数字英国”计划，提出要让英国所有人都享受到数字英国的好处。

法国一直遵循着“文化是立国之本”的基本国策。在文化全球化和数字化的趋势下，法国提出“文化数字化”策略，将数字化对传统文化的冲击转变为文化保护的动力。依据欧盟出台的《欧洲 2020 战略》，法国于 2010 年 9 月发布“数字化法国”这一国家战略，启动“文化数字化工程”。这一战略坚守传统文化根基，运用数字技术创新传统文化的表现形

① 周艳敏．国外数字出版产业政策比较研究［J］．出版发行研究，2014（11）：89－92.

② 杨晓琼，杨国庆．美国数字出版业崛起的原因及其借鉴意义［J］．科技与出版，2017（9）：97－100.

③ 同①.

式，图书、影视、视频和数字报刊是最早实施数字化的四个领域。①

2014年，德国联邦政府发布《数字化行动议程（2014—2017年）》，明确应以数字化推动社会经济发展，以数字化改造媒体产业，实现出版等内容产业同数字技术的融合。2016年，德国政府发布“数字化战略2025”，推进数字技术与各个产业的融合，其中图书、报纸、电视、广播、广告、互联网等产业成为数字内容产业的主要组成。②

韩国政府颁布《出版文化产业振兴法》，规定韩国文化体育观光部每五年要制定出版文化产业发展的相关政策和计划，并支援出版文化产业相关领域的发展，培植、支援数字出版产业③。

从整体上来看，面对数字技术对出版业的冲击，各国政府纷纷针对本国实际情况出台各项文化政策，从战略上指引出版业的数字化发展，以保护和发扬本国出版业为出发点进行顶层设计，促使传统出版向数字融合出版方向发展。

二、法律管理：加强数字版权保护

发达国家在出版业发展的过程中对于版权保护都进行了多年的摸索和调整，并构建了相对完备的用以保护版权的法律体系，对传统出版而言，只要机制健全，法律完善，管理到位，就能够基本上保障版权得到应有的保护和合理的应用。然而，随着数字技术的飞速发展，一方面数字传输使得侵权成本降低且难以控制，另一方面版权保护超出了传统的法律范畴。

---

① 唐姝菲，孙万军．数字时代法国出版的文化保护与传播［J］．北京印刷学院学报，2021，29(5)：1-4.

② 林环．欧美国家数字内容产业发展政策模式比较［J］．中国出版，2018(6)：63-66.

③ 刘忠波，李贞玉．韩国数字出版产业发展的战略布局与实施方式［J］．出版科学，2017，25(5)：109-113.

所以，近年来各国都在不断完善版权制度以保证其市场适应性，并推动数字出版的健康发展。

美国是世界上最早在数字版权领域制定专门法的国家。作为以判例法为主的国家，针对复杂的数字版权保护问题，美国也制定了较为细致的成文法律为数字出版产业提供保障[①]，至今已颁布了《千禧年数字版权法》《数字贸易在线保护和实施法案》等近 20 部专门针对数字版权保护的法律。美国现行的版权法《千禧年数字版权法》于 1998 年 10 月 28 日生效，以确保互联网环境中数字出版的健康运转。其主要特点是从刑法方面保护了数字产品的著作权，且加强了刑事处罚力度和对网络服务提供商责任的限制，以充分保障著作人及其权益。当《千禧年数字版权法》不能完全满足现有数字版权保护的需要时，从 2003 年开始，美国国会通过了《数字媒体消费者权利保护法》《数字消费者知情权法》等。这些法律主要规定了以下两方面的内容：首先，扩大数字作品的合理使用范围，消费者可以出于非侵权性使用目的而破解技术措施；其次，规定生产者和发行者负有披露数字作品所采用的技术措施的义务，保障消费的自由选择权和知情权，以平衡社会公众同数字版权者间的利益关系。[②] 然而，数字版权立法近年遇到了相当大的阻碍，导致美国的数字版权立法从 2012 年开始陷入停滞。2011 年年底，美国国会意图出台《禁止网络盗版法》以进一步约束和解决数字出版中的侵权问题。然而，草案公布后却引起了出版界及社会各界的质疑和争论，尤其是互联网公司大多强烈反对该草案，认为草案条款对互联网行业不公，且会极大地阻碍行业发展，也有一些创作群体、普通民众表达了对草案的不满。由于反对声音过于强烈，各方一直未能就法案达成一致，立法因此一直被推迟且搁置。

---

① 詹鹏玮．美国数字版权法律保护的经验及启示［J］．青年记者，2019（29）：86－87.

② 黄先蓉．中外数字出版法律制度研究［M］．武汉：武汉大学出版社，2017：157.

英国对数字出版内容的管理秉承着"监督而非监控"的理念，并未出台针对数字出版内容的法律，而是将网络媒体视为出版物的一种，从而沿用现有的相关法律规定管理数字出版内容①。直到"数字英国"计划（其特别强调，需要在立法层面寻求突破以实现数字英国，尤其是针对知识产权保护，阻止互联网盗版侵权）提出，英国开始通过立法来解决数字出版中的版权问题。为落实这一计划，2010 年英国议会通过《数字经济法》并经女王签署正式发布。然而，《数字经济法》本质上只是为在线版权侵权问题的解决提供了一个指导性的框架，并不是一项技术法规，还有很多问题亟待解决。

在欧洲共同体时代，欧洲委员会通过构建统一的版权制度，试图消除成员国间在版权保护方面的立法差异。20 世纪 90 年代，欧盟制定了与版权有关的数个政策，以通过集中授权、协调监管机制实现版权制度一体化，但这一策略距离统一欧盟知识产权市场的愿景仍有极大差距。② 近年来，欧盟愈发明确改革版权制度，以适应数字化发展的需要。2015 年，欧盟委员会提出《数字化单一市场战略》，明确建立适应数字时代的版权规则。同年，欧盟委员会又发布了《面向现代欧洲的版权框架》，明确数字环境下版权制度改革的目标、举措和时间规划。2019 年 3 月，经历近三年磋商和修改的《数字化单一市场版权指令》由欧洲议会全体会议表决通过，并在 4 月的投票中得到大部分欧盟成员的支持，这一法案俗称欧盟的"新版权法"。③

2010 年之后，日本在数字出版呈现繁荣发展态势的同时，也同西方国家一样面临着一系列的版权问题，既包括传统出版物的盗版猖獗，也包

① 黄先蓉，冯博．英国数字出版法律制度的现状与趋势［J］．出版科学，2013，21（1）：81－85．

② 王进．欧盟《数字化单一市场版权指令》的例外与限制制度解读及对我国的启示［J］．科技与出版，2019（10）：70－75．

③ 周冲．欧盟新版权法争议条款的启示［J］．青年记者，2019（16）：19－20．

括数字出版应有的版权保护缺乏。当时，日本的《著作权法》的权利界定范围仅局限于传统出版物，而保障出版物的著作权、有效打击盗版侵权行为，是业界、学界以及整个社会关心的重点[①]。2014 年，《著作权法修正法案》通过日本内阁决议并被提交至国会，于 2015 年 1 月正式生效。根据修正法案，出版社对所发行作品出版权的维权范围由纸质出版物扩大到数字出版物，明确了电子出版权，最大限度地保障了电子出版物著作者的权利，并且能够在侵权行为、纠纷出现之时，有法可依。

数字技术给出版业带来了新的机遇和发展空间，同时也带来了诸多问题和困难，尤其是版权问题成为阻碍出版业在数字环境中健康有序发展的桎梏，修订版权相关法律以适应数字化进程，形成数字版权保护的法律体系，是发达国家在出版管理改革中努力的方向和解决问题的方式。

三、行业管理：加强出版内容自省与监督

在互联网时代，信息技术革命带来了信息传输、获取的便捷、快速，同时也使得各类不实、有害信息的传输更为快速，且产生的负面影响范围更大、程度更深。所以，对违法、违禁或会产生社会消极影响的出版物进行相应的出版监督和管理显得至关重要。而比起政府进行强效治理，行业内自我规范和约束，形成数字出版的规则和标准，发布相应的倡议和倡导，对于指导数字出版有序、健康发展更加直接和有效。

美国对言论和出版自由的强调也延续到了数字时代，美国政府不能对数字出版内容进行强制性审查和控制，各项法律也必须依据宪法充分保障出版自由。然而，随着数字出版的发展，人们逐渐认识到规制数字出版的

① 高昊，陈佳沁，金莲姬．基于版权保护的日本著作权法修正案的出台 [J]．编辑之友，2016 (11)：104－108.

内容的必要性，互联网中的言论自由也应该受到一定的限制。

因此，美国传统出版行业协会开始制定规则以约束数字出版行为，如美国报纸编辑协会的《原则声明》、美国广播电视数字新闻协会的《广播新闻道德准则》、美国职业记者协会的《道德准则》等；同时，采取技术手段规范数字出版行为，如 Snopes 网站提供了各种帮助甄别谣言的参考资料[①]。

英国政府更多地借助行业自律来实现对数字出版业的监管。代表英国数字出版公司的在线出版商协会的工作是开展行业调研并出版相关读物，举办研讨、论坛和评奖等活动，推动会员之间的交流与互动，维护数字出版公司的利益，等等。此外，在政府的鼓励下，1996 年，英国网络服务商自发成立了半官方性质的互联网监看基金会。这一行业自律组织负责搜寻非法网络信息内容，并向网络服务商通报以便采取措施阻止网民访问。该组织在打击网络色情行为方面具有重要作用。[②]

1996 年英国政府与多个互联网行业组织共同签署了《R3 安全网络协议》。“R3”分别代表分级（rating）、检举（report）和责任（responsibility），它很好地概括了控制网上不良信息的三种基本方法：第一，数字内容提供者必须对所提供信息进行审查，并对不适合青少年的色情等内容根据相应法规进行分级标注；第二，用户如发现违法或不适内容可向互联网监看基金会网站举报或投诉；第三，互联网监看基金会应对举报内容进行调查评估，如评估为非法内容，应通知内容提供者予以删除，如不配合则移交司法部门处理。互联网监看基金会发布《从业人员行为守则》，在鼓励使用数字技术的同时，要求网络内容提供者承担确保内容合法的责任。这也体现了两个基本的管理指导原则：一是适用于其他媒介的法律，同样适

① 饶世权．论美国对互联网出版业规制的探索［J］．中国编辑，2019（2）：76－82．

② 黄先蓉，冯博．英国数字出版法律制度的现状与趋势［J］．出版科学，2013，21（1）：81－85．

用于互联网；二是对虽不违法但对某些用户来说不适宜的内容进行分级标注，由用户自愿选择。[①]

第三节　西方发达国家出版管理体制对我国出版管理体制的启示

一、对政府管理层面的启示

发达国家尤其是西方发达国家由于较早进入市场经济体制，因此也较早对出版管理体制进行了初步性的探索，其出版管理体制经历了一个较长的演变过程。大多数发达国家的出版管理体制由预防制演变为追惩制，在出版业的管理历史上，发达国家也大都实施过多种管理制度，如审查制度、特别许可证制度及保证金制度等。综合梳理可见，在出版管理体制中，宏观层面的政策指引和立法监督起到的是最核心的驱动作用，具有最全面的监管效力。

各国都根据自己的国情对出版进行规划和顶层设计。目前，我国整体上针对出版业，尤其是数字出版产业的宏观调控的推动力和整合力是显而易见的，但是，仍存在重复建设、产业结构和地区分布不均衡、投融资渠道未畅通等问题。政府管理最为重要的问题是，在发挥政府主导作用的同时，如何恰当处理政府与市场的关系。要充分发挥政府引导市场、激励市场的职能，进而创造统一开放、公平有序的市场环境，从而推动出版行业转型升级，提升其国际市场竞争力。

我国政府在数字出版发展中应发挥重要的主导作用：首先，要加强宏观政策调控，把握出版业发展的规律和趋势，做出准确且及时的判断和决

---

① 黄先蓉，冯博．英国数字出版法律制度的现状与趋势［J］．出版科学，2013，21（1）：81－85.

策，对出版业的发展做出合理规划；其次，要发挥政府在市场调控中的作用，既要充分尊重市场规律，也要主动为出版主体创造合适的市场机遇和竞争空间，激励出版企业高水平、高质量发展，推动出版物和出版企业走出去。

通过梳理各国政府在数字时代进行的出版管理可以看出，国际上对出版产业的规制正面临从“结构调控”向“行为调控”的转变，以及从纵向分业规制向横向分层规制的转变[①]。我国要根据自身情况，使对出版业的管理从主要依靠行政直接干预向倚重经济引导和法律规范过渡，从限制性约束向激励性改善过渡，还要通过政策调控与市场主导双管齐下，促进不同媒介产业间的融合，来实现出版业供应式的发展。

为了使政策得到更好的贯彻执行，还要完善出版相关法律体系的建设。从发达国家的经验可以看出，首先，要注重出版立法的时效性，不断更新和完善现有的法律。尤其是数字技术日新月异，在为出版业带来更多新的可能的同时，也不断产生新的问题和漏洞，现有法律的适用性跟不上技术和产业的发展，所以要通过不断研究来及时更新相关法律，适应出版业的发展和社会的需要。

其次，出版相关立法要扩大立法的参与主体，提供广泛的知悉和参与渠道，尤其是要充分听取出版行业的专业意见。从欧美等国的立法过程可见，其行业协会在立法和法律修订过程中占有举足轻重的地位，其意见和建议直接影响立法的方向和进程。立法不仅仅要充分考虑出版业的实际情况和出版企业的利益，更要听取社会民众的意见和建议，保障其权益。

最后，出版领域的立法要科学地构建数字版权法律体系。尤其是在数

① 朱春阳．传媒产业规制：背景演变、国际经验与中国现实［J］．西南民族大学学报（人文社科版），2008（3）：170－175.

字时代，涉及互联网、信息技术等专业技术领域，立法者的知识储备和思维方式具有一定的局限性，因而立法过程更要充分听取专家意见，还要谨慎考虑法律可能带来的影响。

二、对出版产业层面的启示

数字环境下的出版产业是技术、内容与服务的全新结合，出版产业的发展需要各个环节的管理配套。除了强有力的政策指引和全面有效的法律保护，我国出版业的发展还需要在信息安全、产业升级等方面的管理上不断完善和突破。

从发达国家的管理经验可以看出，危及国家安全、泄露个人隐私等问题一直是出版管理的重点，进入数字时代后，网络信息安全问题更成为出版业难以解决和管控的要点。发达国家已经做出各种尝试，包括行政管控和法律规制等，然而从技术角度出发对相关企业数据中心进行信息安全管理体系的建设，才是切实可行且直接有效的手段。想要建设系统化、程序化和文件化的信息安全管理体系，需要进行系统、全面且科学的安全风险评估。目前，国际标准化组织发布了与信息安全有关的国际标准及技术报告，英国、美国、挪威等国也制定了本国标准。其中，英国标准 ISO27001：2005 已经成为世界上应用最广泛的信息安全管理国际标准。①

我国信息安全领域的标准制定工作起步晚，但随着 2002 年全国信息安全标准化技术委员会的成立，信息安全相关标准的建设工作开始走向规范化管理和发展的快车道②。近年来，我国引进国际著名的信息安全管理

---

① 胡海波．国外 IDC 信息安全管理形成标准我国相关技术评测手段已不断完善［J］．世界电信，2013，26（4）：57－60．

② 同①．

标准，在信息安全管理体系建设方面以控制费用和平衡风险为原则，主张以预防控制为主，强调遵守相关法律法规以及全过程和动态控制，确保信息的完整、可用和保密。这一体系的建设，有利于出版产业健康、有序、规范地运行与发展。

目前，为了推进出版产业的转型升级，我国采取项目资助和税收优惠等方式扶持产业发展。但是，项目资助的方式往往容易滋生腐败，难以形成长效的激励机制。[①] 所以，我国有必要更多地采取经济手段，通过市场调节引导出版企业吸收多方资金投资数字技术开发，在税收优惠、开放费用和投融资渠道方面做出具体规定，推动企业自愿参与数字出版并在公平有序的条件下竞争。此外，应对在技术研发和内容创新等方面具有突出贡献的企业和人才给予奖励鼓励。

无论是传统出版还是数字出版都必然依赖网络、计算机创新技术与大数据等，这既意味着挑战，也意味着机遇。我国须总结国际上的管理经验，并结合本国实际和未来计划，从市场和技术的角度更好地管理出版行业。

三、对出版企业层面的启示

对国内的出版企业而言，它们面临的是全面国际化的出版格局，以及数字化的技术背景和发展趋势，所以企业内传统的出版管理方式必须进行改革，适应发展和面向技术的制度改革和流程建设是保障出版企业生存、发展的重要因素。

在企业的战略规划上，要更加重视技术融合和产业融合。如美国形成

① 周艳敏．国外数字出版产业政策比较研究［J］．出版发行研究，2014（11）：89－92．

了由数字内容提供商、终端阅读器生产商、数字图书销售商、数字化服务商、技术提供商等组成的数字图书出版产业链。由于产业链各环节分工定位明确，各环节的正当利益得以维护，数字出版发展呈现出良性循环。[①] 因此，政府应鼓励和支持企业间的合作与融合，而企业也应掌握大数据、云计算、人工智能等技术，整合自身资源、发挥自身优势，努力成为成熟产业链的关键环节。

在出版质量管理方面，英国大致从内容、技术和用户体验层面进行网络出版物质量管理。中国出版企业在数字化转型过程中，可以有选择地借鉴英国等发达国家的模式，不断提升数字产品的内容质量，在此基础上加强关注产品的创新和用户的体验，以加快出版企业数字化发展的步伐。

① 杨晓琼，杨国庆．美国数字出版业崛起的原因及其借鉴意义［J］．科技与出版，2017（9）：97－100.

第十章　构建中国特色社会主义出版管理新体制

2022 年 4 月 23 日，习近平总书记在给首届全民阅读大会的贺信中指出："阅读是人类获取知识、启智增慧、培养道德的重要途径，可以让人得到思想启发，树立崇高理想，涵养浩然之气。"[①] 出版业是阅读内容的主要供给者，"一直坚持为人民出好书，以精品阅读引领时代风尚"[②]，为书香中国建设做出了重要贡献。数字技术、网络技术、移动技术与智能技术的日新月异，大大改变了信息生产、传播与接受方式，网络化生存已成为人们的一种基本生存方式，人们的生活与生产活动须臾不能离开网络，全媒体出版也必然成为一种新的生产活动。出版新态势与管理体系的新变化，要求我们构建相应的中国特色社会主义出版管理新体制，确保出版业健康有序生产，提供高质量产品，满足人们日益增长的美好精神文化需要。

---

① 习近平致首届全民阅读大会举办的贺信［EB/OL］.（2022-04-23）［2023-10-10］. https：//www. news. cn/politics/leaders/2022－04－23/c＿1128588166. htm.

② 张君成，李婧璇，田野，等. 以高质量文化供给服务全民阅读［N］. 中国新闻出版广电报，2021－04－27（1）.

第一节 我国出版业发展的新态势

出版业是我党宣传思想系统的重要组成部分，在文化传播与主流价值观塑造方面发挥着不可替代的作用，是文化产业领域改革发展的试验田，一直坚持社会效益占首位、两个效益兼顾的指导思想，全行业蓬勃发展。党的十八大以来，我国出版业获得新的历史机遇，呈现以下发展态势。

一、全面加强党的领导

中国共产党是我国社会主义建设的领导力量。党的新闻出版事业是党和政府的宣传阵地，是党进行政策宣传的重要工具，对社会大众具有非常深刻的影响。新闻出版要讲党性，坚持党性，就是要坚持党对新闻出版工作的领导。党管媒体既是党的领导的重要体现，也是引导舆论的重要环节，在社会主义现代化建设的关键时期，坚持党的领导是我们做好一切工作必然要遵循的重要方面。“坚持党对意识形态工作的领导权”是习近平总书记关于宣传思想工作论述的重要理论创新。在新媒体迅速发展的时代背景下，新媒体在舆论场中的地位愈加显著，坚持党的领导，强化主流媒体阵地意识，坚持正确的政治方向和舆论导向便显得更加重要。

在 2013 年 8 月全国宣传思想工作会议上，习近平总书记强调：“坚持党性，核心就是坚持正确政治方向，站稳政治立场，坚定宣传党的理论和路线方针政策，坚定宣传中央重大工作部署，坚定宣传中央关于形势的重大分析判断，坚决同党中央保持高度一致，坚决维护中央权威。”[①] 在 2016 年 2 月党的新闻舆论工作座谈会上，习近平总书记指出：“党和政府主办的

---

① 习近平．习近平谈治国理政［M］．北京：外文出版社，2014：154.

媒体是党和政府的宣传阵地，必须姓党。党的新闻舆论媒体的所有工作，都要体现党的意志、反映党的主张，维护党中央权威、维护党的团结，做到爱党、护党、为党。”① 在2018年8月全国宣传思想工作会议上，习近平总书记再次强调：“要加强党对宣传思想工作的全面领导，旗帜鲜明坚持党管宣传、党管意识形态。”② 在党性原则的指引下，习近平总书记一再强调新闻媒体的一切工作一定要符合党的要求。新闻工作者在政治立场和政治方向上尤其要保持清醒的头脑，对党的服从和坚定应当是无条件的，对党的主张更是要无条件地进行宣传，只有时刻保证在思想上、政治上与党中央严格一致，我们的广大新闻出版工作者才能在面对纷繁复杂的社会思潮和现象时保持清醒的头脑，从而达到辨明是非，坚定方向，在说话做事上都能符合党的要求。

习近平总书记对党管宣传、党管意识形态工作高度重视，要求在思想上解决党领导的各种传播形态如何真正姓党的问题，在宣传工作中体现和反映党的意志与主张，自觉维护党中央的权威，深刻把握与理解习近平总书记关于加强党对新闻出版工作全面领导的思想的深刻内涵，增强遵循新闻出版工作规律的自觉性，大力提高宣传思想工作的质量和水平。新闻出版宣传工作涉及国家稳定、意识形态安全等多方面、多层次的要素，对社会的影响极大，因此，新闻出版工作必须被牢牢把握在党的手里，才能保证舆论引导的正确政治方向，提高党的舆论引导效率，保证社会的良性运行。

二、强化以人民为中心的出版导向

2021年2月20日，习近平总书记在党史学习教育动员大会的讲话中

① 习近平．习近平谈治国理政：第2卷［M］．北京：外文出版社，2017：332.
② 习近平．习近平谈治国理政：第3卷［M］．北京：外文出版社，2020：314.

指出："我们党来自于人民，党的根基和血脉在人民。为人民而生，因人民而兴，始终同人民在一起，为人民利益而奋斗，是我们党立党兴党强党的根本出发点和落脚点。……我们党的百年历史，就是一部践行党的初心使命的历史，就是一部党与人民心连心、同呼吸、共命运的历史。历史充分证明，江山就是人民，人民就是江山，人心向背关系党的生死存亡。赢得人民信任，得到人民支持，党就能够克服任何困难，就能够无往而不胜。反之，我们将一事无成，甚至走向衰败。"① 有学者指出："以人民为中心的工作导向是中国特色社会主义新闻出版业存在发展的定海针与压舱石，规定了我国新闻出版业的生命 ID 与根本属性，解决了新闻出版业的本体问题。"②

"新闻出版的本体一旦确定，围绕新闻出版的所有争议也就有了明确方向与标准答案"③，诸如真实性、客观性、公正性、时效、新闻出版双重属性、新闻出版功能与效果、新闻出版法规、新闻出版教育与职业道德等认识性的问题，都可以迎刃而解，"尤其对当下那些'你是替党讲话，还是替老百姓讲话''你是站在党的一边，还是站在群众一边'的错误论调，更是致命一击。进一步而言，不仅仅党办媒体，在中国特色社会主义国家管理下的所有媒体，都应具备以人民为中心的工作导向这一根本属性"④。

当前，新闻出版行业应当在给人民提供喜闻乐见的内容的同时，借助新技术逐渐扩宽出版渠道，提高传播力与影响力。以人民为中心的新闻出

---

① 习近平．在党史学习教育动员大会上的讲话［M］．北京：人民出版社，2021：15.

② 魏玉山，黄晓新，刘建华，等．十八大以来党的新闻出版理论十大创新成果［J］．传媒，2017（19）：20-25.

③ 同②.

④ 刘建华，李文竹．新时代我国新闻出版业的理论创新与战略选择［J］．出版科学，2021，29（2）：14-22.

版属性要求我们，出版内容要为人民群众负责，要符合人民群众的需求，即内容要丰富多样，能够满足不同群众的阅读需求。在强调内容的丰富多样性的同时，新闻出版编辑应当提高自己的专业素养，避免那些充满低俗趣味的新闻产品流入人民群众的视野，做好新闻出版行业的舆论引导。新闻出版的本质是提供内容，只有优质的内容才能吸引用户，提高用户黏性，从而提高新闻出版行业的影响力与话语权。有了优质的内容，就要把它传递给用户，所以要拓宽新闻出版的渠道，让更多的人民群众能够接触到内容，真正做到“内容为王，渠道制胜”。

三、公共服务体系不断完善

党中央、国务院长期以来都高度重视新闻出版公共服务体系建设，“一个以政府为主导，以公共财政为支撑，以公益性出版单位、城乡基层服务网络为骨干，以重大新闻出版工程和活动为载体的新闻出版服务体系已经形成”[①]，并不断完善。党的十八大以来，我国新闻出版公共服务体系的建设在提高新闻出版公共产品和服务供给的能力、健全建设新闻出版公共服务网、不断丰富和完善新闻出版公共服务方式等方面取得了崭新的成绩。

第一，打造优秀文化作品，突出主题出版。近年来，出版业加快推进高质量发展战略，深化供给侧结构性改革，不断推出有重要社会影响力的精品佳作。通过政策和资金引导，全行业实施产品质量提升工程，策划出许多反映重大现实、重大革命、重大历史，以及农村、少儿等题材的图书。主题出版正引领时代潮流，《习近平总书记系列重要讲话读本》《习近

① 刘建华，李文竹．新时代我国新闻出版业的理论创新与战略选择［J］．出版科学，2021，29（2）：14－22.

平谈治国理政》《习近平关于协调推进“四个全面”战略布局论述摘编》《“四个全面”学习读本》等主题图书成为最热门的畅销书。“主题出版是新闻出版公共服务功能的重要体现，在新媒体技术的有力推动下，在全媒体出版的发展趋势下，以主题出版为代表的公共服务战略已经成为新闻出版业结构优化、经济增长方式转变、不断提高自身的整体实力和竞争力的重要方略。”①

第二，持续推进全民阅读，建设书香中国。自2006年全民阅读活动开展以来，全民阅读活动在全国各地蓬勃发展。2012年党的十八大报告提出“开展全民阅读活动”，为了贯彻和落实中央要求，2016年国家新闻出版广电总局面向社会大众公开征求《全民阅读促进条例》意见。全民阅读活动深入人心，大众阅读率不断提升。2020年10月，中共中央宣传部印发的《关于促进全民阅读工作的意见》明确：“到2025年，通过大力推动全民阅读工作，基本形成覆盖城乡的全民阅读推广服务体系，全民阅读理念更加深入人心……国民综合阅读率显著提升。”“全民阅读工作的重点任务，包括加大阅读内容引领、组织开展重点阅读活动、加强优质阅读内容供给、完善全民阅读基础设施和服务体系、积极推动青少年阅读和家庭亲子阅读、保障特殊群体基本阅读权益、提高数字化阅读质量和水平、组织引导社会各方力量共同参与和加强全民阅读宣传推广等。”② 中国新闻出版研究院发布的第十九次全国国民阅读调查报告显示：“2021年，我国成年国民包括书报刊和数字出版物在内的各种媒介的综合阅读率为81.6%。图书阅读率为59.7%，数字化阅读方式接触率为79.6%，报纸阅读率为24.6%，期刊阅读率为18.4%。2021年，我国成年国民人均纸

① 刘建华，李文竹．新时代我国新闻出版业的理论创新与战略选择［J］．出版科学，2021，29（2）：14-22.

② 中宣部印发《关于促进全民阅读工作的意见》深入推进全民阅读［EB/OL］.（2020-10-22）［2023-12-10］. http://www.xinhuanet.com/politics/2020-10/22/c_1126643844.htm.

质图书阅读量为 4.76 本，人均每天读书时间为 21.05 分钟。我国城镇居民的图书阅读率为 68.5%，农村居民的图书阅读率为 50.0%。77.4%的成年国民进行过手机阅读，人均每天接触手机时长为 101.12 分钟。32.7%的成年国民养成了'听书'的习惯。人均电子书阅读量为 3.30 本。"[①] 至 2022 年"两会"，全民阅读已经被第九次写进政府工作报告，足见党和政府深入开展全民阅读、建设书香中国、不断提高国民文化素质的决心和信心。2022 年 4 月 23 日，由中共中央宣传部主办的首届全民阅读大会在北京召开，习近平总书记专门给大会写了贺信，掀起了书香中国建设的新高潮。

第三，农家书屋成效不断提升。"农家书屋"工程于 2007 年全面推开，它由政府主导建设，是公共文化惠民工程。直至 2012 年，全国建成农家书屋 60 多万家，覆盖了全国具备基本条件的行政村。2017 年，全国有农家书屋 58.7 万家。10 年来向广大农村配送图书突破 11 亿册。农民人均图书拥有量从工程实施前的 0.13 册增长到现在的 1.63 册，增长了 10 余倍。农家书屋建设 10 年来，在增强农民文化自信、保障农民基本文化权益、加强农村公共文化服务体系和农村精神文明建设等方面做出了重要贡献。[②] "2019 年，全国各地通过运用宽带互联网、移动互联网、广播电视网、卫星网络等技术手段，建设数字化农家书屋 12.5 万家。"[③] 目前，农家书屋的建设质量和效率大大提升，各个地方依托农家书屋开展农村农民读书月、主题阅读等活动，既保障了农民的基本文化权益，也在丰富农

---

① 第十九次全国国民阅读调查发布 | 2021 年我国成年国民各媒介综合阅读率持续稳定增长 [EB/OL]. (2022-04-23) [2023-10-10]. http://news.cnr.cn/native/gd/20220423/t20220423_525804004.shtml.

② 向农村配送图书逾 11 亿册 农家书屋让农民告别"读书难"[EB/OL]. (2017-12-18)[2023-10-10]. http://www.gov.cn/xinwen/2017-12/18/content_5248238.htm.

③ 全国数字化农家书屋达到 12.5 万家 [EB/OL]. (2019-06-30)[2023-10-10]. http://m.xinhuanet.com/zj/2019-06/30/c_1124690076.htm.

民群众文化生活内容和提高农民科学文化素质方面发挥了积极的作用。

第四，城乡阅报屏的建设稳步推进和发展。各级党报作为阅报屏建设的主体，保障了报纸内容的导向性和信息传输的快捷性，为完善公共文化设施、提高信息传播能力和提升公共阅读服务水平发挥了重要的作用。

第五，盲人出版服务水平有大幅度的提升。“在相关各方的积极努力和配合下，我国盲人出版服务的水平不断提升。目前形成了盲文读物、有声读物、数字出版物、大字读物和盲用信息化产品等多形态盲人文化产品系统”①，并且形成了公益助盲、文化科技研究和读物借阅等综合性的公共文化服务，也为全国盲人提供了精神食粮，为各级盲校和盲文阅览室提供了有效的资源资金支持。

第六，加大出版基金资助力度，提升中华文化影响力。党的十八大以来，以习近平为总书记的新一届中央领导集体提出了实现中华民族伟大复兴的“中国梦”，对外合作交往和宣传要“讲好中国故事、传播好中国声音”，推动出版传媒文化产品“走出去”。近年来，新闻出版业版权、数字出版产品、实物产品、印刷服务以及企业资本等“走出去”均取得了不同程度的突破。为了推动出版文化“走出去”，国家设立了经典中国国际出版工程、中国图书对外推广计划、丝路书香出版工程、亚洲经典著作互译计划、中国当代作品翻译工程等国际出版工程，资助了大量图书成功“走出去”，取得了很好的传播效果。一是推出了一批高质量的外向型理论读物和通俗读物，二是翻译出版了一批宣介十九大精神的精品图书，三是翻译出版了讲好中国故事的图书。出版“走出去”战略实施 10 多年以来，我国图书“走出去”的品种和数量已有一定规模。当然，我国也急需一套科学的效果评估指标体系，对“走出去”的效果进行评估，实现出版的有

---

① 刘建华，李文竹．新时代我国新闻出版业的理论创新与战略选择［J］．出版科学，2021，29（2）：14－22.

效传播，使中华文化真正走出去，提升中华文化的影响力。

文化是民族凝聚力和民族创造力的重要源泉，是国力竞争的重要因素，也是经济社会发展的重要支撑。提供公共文化服务，保障公民的基本文化生活权利，是政府公共服务的重要内容。这既是一个合法政府的基本义务，也是其合法性存在的必要前提。自新中国成立以来，我党就极为重视人民的基本文化生活权利，致力于教育全民化，尽力提供文化产品，以满足人民的精神生活需求。改革开放以来，我国的文化产业不断发展，近年来通过各项举措，在文化产品的丰富性、多样性方面更是达到了一个新阶段。就图书出版业而言，相继实施的东风工程、“农家书屋”工程、国家盲文出版基地等，为全民阅读和书香中国打下了良好的社会基础。

四、媒体深度融合发展引领风潮

习近平总书记指出，对新媒体，我们不能停留在管控上，必须参与进去、深入进去、运用起来。2019 年 1 月 25 日，习近平总书记在中共中央政治局第十二次集体学习时强调，推动媒体融合发展、建设全媒体成为我们面临的一项紧迫课题。媒体融合的终极目标就是全媒体，传统媒体要加快采编流程再造和融媒体中心建设，实现一次信息采集、多种形态发布，打通报、网、端、微、屏各种资源，进行全媒体传播。2020 年 6 月，中央全面深化改革委员会第十四次会议审议通过《关于加快推进媒体深度融合发展的指导意见》，强调要推动媒体融合向纵深发展，要深化体制机制改革，加大全媒体人才培养力度，打造一批具有强大影响力和竞争力的新型主流媒体。[①] 2022 年 4 月 18 日，中共中央宣传部印发的《关于推动出

---

① 刘建华，李文竹．新时代我国新闻出版业的理论创新与战略选择［J］．出版科学，2021，29（2）：14－22.

版深度融合发展的实施意见》指出："到'十四五'时期末，出版深度融合发展取得明显成效，传统出版与新兴出版'融为一体、合而为一'的体制机制更加健全，以内容建设为根本、先进技术为支撑、创新管理为保障的新型出版传播体系更加完善。推动主力军进入主战场，打造一批竞争力强、优势突出的出版融合发展示范企业，有效巩固数字时代出版发展主阵地，始终用主流价值引领网上出版舆论，进一步扩大主流价值影响力版图。"①

在智能化、数字化、网络化、移动化技术促动的数字阅读背景下，出版业应积极利用新技术，加快融合发展建设全媒体。图书内容除以纸质产品传播外，还应根据不同消费者的特征与偏好生产出不同样式的产品，在互联网、手机、微博微信、App 等不同形态的媒介终端进行传播，努力建设全媒体。"实力雄厚的出版集团如凤凰出版传媒集团、江西出版集团、中南出版传媒集团等，积极布局全媒体发展，经过多年实践，已成为拥有出版社、期刊社、报纸、动漫游戏、新媒体等多种媒体形态的有强大影响力的大型出版传媒集团。"②

在全媒体的发展战略下，打通出版业全产业链，编印发一体化，实现规模化集约化发展，已成为出版业全行业抱团发展的重要路径。对发行业而言，应进一步深化发行领域体制改革，推动图书零售网点建设。近年来，实体书店的危机日益加大，不论是新华书店还是民营书店，都在积极转型，拓展书店功能，由单纯的卖书场所逐渐变成市民活动的公共文化生活空间。在新技术的推动下，智能型文化书店将会呈现多个空间、发挥多种功能。未来，智能型文化书店将发挥后发优势，高起点迈入实体书与新

① 中共中央宣传部印发《关于推动出版深度融合发展的实施意见》的通知［EB/OL］.（2022-04-25）［2023-10-10］. http://www.casx.gov.cn/content/2022-04/25/content_12741904.htm.

② 刘建华，李文竹. 新时代我国新闻出版业的理论创新与战略选择［J］. 出版科学，2021，29（2）：14-22.

媒体融合发展阶段，打造线上线下融会贯通的新型环保生态书店。新技术给予印刷业巨大的发展机遇，《印刷业“十三五”时期发展规划》指出，要实施印刷跨界融合和新兴业态培育工程，推进印刷业融合发展。《印刷业“十四五”时期发展专项规划》强调，要坚持绿色化、数字化、智能化、融合化方向，构建产业发展新格局。印刷业是技术主导型产业，对新技术的敏感度与接受度比其他许多行业高得多。大数据、云计算、VR/AR、人工智能等技术，使印刷业的发展日新月异。在印刷方式、印刷工艺、印刷管理、印刷经营方式、印刷业务模式等环节，在网络化、数字化、智能化技术的推动下，产品形态得以不断创新，印刷成本得以大幅降低。将来，随着对人工智能、激光全息、VR/AR 等技术的深入应用，出版物智慧印厂会成为建设重点，在充分满足读者、作者、出版企业等的多元化需求的同时，实现规模经济生产，通过互联网平台实现规模化、个性化定制。

传统媒体与新兴媒体融合发展已不足以应对当下如此复杂背景下新闻出版业日新月异的发展态势，融合发展遭遇了四大结构性瓶颈：融合创新目的模糊纷乱，融合创新主体动力不足，融合创新资本支持乏力，融合创新消费习惯畸变。这些结构性瓶颈的存在，使得出版企业不论在融合发展进程中做得如何精细与极致，都无法达到既定目标，这难免会使从业者产生极大的挫败感，最终陷入迷茫与自我放弃。未来，新闻出版业的融合发展，必然会从传统媒体与新兴媒体融合发展走向产业链的融合发展与产业间的融合发展，最终建成全媒体出版。为此，企业之间的融合、企业内部业态的融合、渠道的融合、各种技术的融合、市场的融合等等，应该多管齐下，并行不悖，在大数据技术、智能化加工技术、图书传播技术、阅读技术的推动下，实现新闻出版业与新兴媒体、上下游产业、相关产业之间的大融合与全媒体发展。

第二节　融合发展背景下出版管理体制的新变化

在新的历史机遇与挑战下，我国出版管理体制也在不断做出选择与调整，为出版业的健康有序发展保驾护航，当下主要有以下新变化。

一、党对出版业要求的新变化

2013 年 12 月，习近平总书记在十八届中央政治局第十二次集体学习时强调："提高国家文化软实力，关系'两个一百年'奋斗目标和中华民族伟大复兴中国梦的实现。"[①] 2016 年 12 月，习近平总书记在致《大辞海》出版暨《辞海》第一版面世 80 周年的贺信中强调："为培育和践行社会主义核心价值观、增强国家文化软实力、建设社会主义文化强国作出新的更大的贡献!"[②] 2021 年 3 月发布的《中华人民共和国国民经济和社会发展第十四个五年规划和 2035 年远景目标纲要》提出，"促进满足人民文化需求和增强人民精神力量相统一，推进社会主义文化强国建设"[③]。出版业是建设文化强国的重要力量，在新征程、新理念、新格局的下一个百年目标发展阶段，党赋予了出版业"举旗帜、聚民心、育新人、兴文化、展形象"的使命任务，在这个使命任务下，党对出版业的新要求是出版强国、文化惠民。如此，出版业就要有明确的责任意识和使命担当。首先是把社会效益放在首位，实现社会效益和经济效益相统一；其次是做创新型

① 习近平．习近平谈治国理政［M］．北京：外文出版社，2014：160.

② 习近平致《大辞海》出版暨《辞海》第一版面世 80 周年的贺信［EB/OL］.(2016-12-29)[2023-10-10]. http://www.xinhuanet.com/politics/2016-12/29/c_1120215884.htm.

③ (两会受权发布）中华人民共和国国民经济和社会发展第十四个五年规划和 2035 年远景目标纲要［EB/OL］.(2021-03-13)[2023-10-10]. http://www.xinhuanet.com/2021-03/13/c_1127205564.htm.

企业，在改革发展的所有环节推动内容创新、科技创新、渠道创新、营销创新和服务创新；最后是在供给侧改革与需求侧调适的基础上，加强出版人才队伍建设，进行高质量发展。

二、宏观管理职能的新变化

改革开放以来的出版管理体制改革大致可分为四个阶段：以放权让利为主要特征的改革探索阶段，以治理整顿和强化管理为主要特征的“阶段性转移”阶段，以转企改制和集团化为主要内容的体制转型阶段，以及以融合发展和加强公共服务建设为主要内容的业态转型阶段[①]。新时代以来，党和政府关于出版物属性的认知非常明晰，出版物首先具有意识形态属性，当然也具有商品属性。不论是纯公益性的出版机构还是产业性的出版企业，其出版物无一例外都兼具这两个属性，这就决定了出版业必须把社会效益放在首位，实现社会效益和经济效益相统一。新时代媒体融合背景下的出版管理体制改革在处理好政府、市场、企业三者的关系，打破束缚出版生产力发展的生产关系和资源配置方式的过程中，宏观管理职能也出现了新变化。一是全国新闻出版业直接由中共中央宣传部管理，各级新闻出版也由相应宣传部门管理，强化了出版物的意识形态属性。二是着力朝服务职能转变，通过创新、政策、奖励、资助等方式营造较好的出版环境，拉动出版业的整体发展。三是强化政策和法律手段，通过各种要素管理，实现政府和市场这两只“手”的协调。四是担负引导出版全行业产业链重塑职能，积极培育市场、渠道和新兴出版业态，着力推动出版业向全媒体出版转型。

① 周蔚华．中国出版体制改革40年：历程、主要任务和启示［J］．出版发行研究，2018（8）：5-14.

三、公共服务职能的新变化

政府在出版业的公共服务职能主要是制定合理的政策制度、保证较为充足的投入、维护正当的市场竞争等。《中华人民共和国国民经济和社会发展第十四个五年规划和 2035 年远景目标纲要》强调，应加强公共文化服务体系建设和体制机制创新。公共服务职能的新变化主要表现为：第一，以高质量统摄公共文化服务。在《中华人民共和国国民经济和社会发展第十四个五年规划和 2035 年远景目标纲要》中，党和政府拓展了公共文化服务职能范围，提出不仅要提供一般意义上的公共文化产品，而且要加强优秀文化作品创作生产传播，要把提高质量作为文艺作品的生命线，不断提升原创能力。在强调创作生产的同时，公共文化产品的有效传播也是重中之重。第二，要在完善公共文化服务体系上下功夫，尤其要在城乡公共文化服务建设一体化、全民阅读和书香中国、全媒体出版及鼓励社会力量参与公共服务等方面做好工作。第三，公共文化服务职能的变化还体现在对外文化传播上，要加强对外文化交流和多层次文明对话，积极开展“感知中国”“走读中国”“视听中国”活动，提升中华文化的影响力。

四、社会监督方式的新变化

社会力量对出版业的监督是中国特色社会主义出版管理体制的重要内容。从理念上来看，社会监督是出版企业履行社会责任的助推器。通过社会监督，出版企业生产出反映时代新气象、讴歌人民新创造的高质量产品，有利于主流价值观传播和正面舆论引导，更好地考虑利益相关方的福利，注重生态环保，提升履行社会责任的能力。很多出版企业已经切实加强了与政府部门、社会组织、科研院所和第三方评估机构等组织机构的合作，旨在共同提升我国出版企业的社会责任执行能力。公众批评在推动出版企业履行社会责任方面也发挥了重要作用。社会公众是具有批判意识和主动参与意愿的多元群体，社会公众会对产品进行审查，并以其特有的方式发表意见、建议或批评，尤其会对“黄非”产品予以举报和舆论谴责，迫使出版企业更好地履行社会责任。在国家治理体系与治理能力现代化的大背景下，出版业的行业自律及自我管理不断加强，自我管理、自我服务、自我发展的社会化治理体系正逐渐形成。全媒体背景下的网络舆论监督将是出版业社会监督的主要方式。智能技术、大数据与算法等新技术会给公众带来更多利好，有利于激发公民意识，开展成熟有效的科学监督。

五、出版行业自律的新变化

中国出版业的行业协会对出版业的健康有序发展起到了巨大促进作用。出版行业协会非常重要的一个业务是“加强行业自律，增强法制观念，提高出版单位和从业者遵纪守法、恪守职业道德的自觉性”。2019 年 12 月，中华全国新闻工作者协会公布了新修订的《中国新闻工作者职业道德准则》。该准则自 1991 年颁布以来，历经三次修订，在加强新闻队伍建设、提升新闻工作者职业素养方面发挥了积极作用。[①] 2015 年，50 家行业社团联合签署的《新闻出版广播影视从业人员职业道德自律公约》，突出自律，促进自律与他律相结合、道德坚守与法律治理相结合[②]。为促进出版企业社会责任的有效履行，应从以下方面着力。首先，在行业层

---

① 新修订的《中国新闻工作者职业道德准则》公布［N］. 光明日报，2019－12－16（1）.

② 以行业自律促文化发展（新语）［N］. 人民日报，2015－11－09（14）.

面，各行业协会要主导建立被普遍认可的价值、行为和道德规范，并使之成为从业者和机构的基本工作原则。其次，设立由出版业业内外相关人士组成的图书评议机构，对整个行业社会责任的履行情况进行管理和监督，接受社会对行业的投诉。再次，加强和规范出版企业社会责任报告制度，为出版企业履行社会责任提供制度保障。最后，利用新媒体技术精准评估个体和机构的自律行为与结果，使全行业在法律和职业道德的框架内更加规范地运行，为社会提供高质量的图书产品。

六、出版单位内部管理的新变化

出版单位内部管理正日益体系化。在从业者层面，内部管理主要呈现为对从业者职业道德的强化，从业者在出版活动中要自觉地通过信息的收集、生产与传播来对他人和社会负责任。职业道德是人们在从事职业活动的过程中形成的一种内在的、非强制性的约束机制，它的贯彻执行主要依赖于从业者本人的内心制约机制，是一种软性的约束。同时，出版企业在组织文化、规章制度和治理结构等方面不断探索改进，构建科学的内部管理体系，进行科学生产，提供社会效益与经济效益相统一的图书产品。在政府的主导下，出版业较早完成了转企改制，“出版单位按照现代企业制度的要求对企业内部用工、干部、收入分配、社会保障等制度进行了大力度的改革，建立了符合现代企业制度要求、体现文化企业特点的经营管理模式。而对于保留事业性质的出版单位，则提出了‘明确服务规范，加强绩效评估考核’的要求”①。近年来，出版业治理结构和组织机构的改革和发展有两个趋势：一是将党的领导贯彻到出版各个环节和出版机构各个

① 周蔚华．改革开放40年来出版体制改革着力解决的四大问题［J］．中国人民大学学报，2018，32（6）：22-32．

层级；二是改制后的出版企业重点进行公司化改革，按照公司法的有关规定，改变股权结构，成为有多个投资主体的股份有限公司或者有限责任公司，当然也包括国有独资公司，出版企业的内部管理将在公司法和其他法律的规制下得以进行。

第三节　构建新时代中国特色社会主义出版管理新体制

在习近平新时代中国特色社会主义思想的指导下，按照《中华人民共和国国民经济和社会发展第十四个五年规划和2035年远景目标纲要》的谋划，新时代中国特色社会主义出版管理新体制正在建成并不断完善。下面从管理主体、管理客体、管理方式和管理职能四个维度对出版管理体制构建做一简要分析。

一、出版管理主体问题

进入新时代以来，党和政府对出版物的意识形态属性与经济属性及其相互关系有了新的科学认识与界定，进一步明确了出版业把社会效益放在首位、实现社会效益和经济效益相统一的要求，充分保证了出版业传播真理、塑造信仰等功能的发挥。2018年，全国新闻出版管理职责被划入中共中央宣传部。作为管理主体，党直接领导管理出版业的各项工作，体现了出版业在党的意识形态工作中的重要性，这是新时代中国特色社会主义出版管理新体制的根本基石。与此同时，要充分发挥行业协会、媒体、社会以及出版机构的内部管理及社会监督作用，形成以党的一元化领导为基石，以党政宏观一体化管理为主导，社会多元主体参与、共管共治共享的管理新格局。

二、出版管理客体问题

出版管理客体是新时代中国特色社会主义出版管理新体制的对象，即出版管理内容问题，也就是党和政府应该管什么的问题。对出版的管理首先是加强对出版内容的管理，与此同时，也要加强对平台、机构、资产、人员等的综合性管理。2013 年 11 月，党的十八届三中全会通过的《中共中央关于全面深化改革若干重大问题的决定》指出："按照政企分开、政事分开原则，推动政府部门由办文化向管文化转变，推动党政部门与其所属的文化企事业单位进一步理顺关系。建立党委和政府监管国有文化资产的管理机构，实行管人管事管资产管导向相统一。"[①] 从办文化到管文化，从操盘手到服务者，管理主体必将始终紧紧抓住把社会效益放在首位、实现社会效益和经济效益相统一这个主线，以政策和法律为准绳，以科学有效的监管评估指标体系为手段，借助新媒体技术，即时掌握出版物的生产与传播情况，运用各种奖惩机制，确保出版管理客体多出精品佳作。

三、出版管理方式问题

不断革新的系统性的管理方式是新时代中国特色社会主义出版管理新体制的基本法宝。当前，我国出版业逐渐从以直接管理为主过渡到以间接管理为主。在融合发展背景下，数字技术、网络技术、移动技术与智能技术的不断革新，使得管理方式也日益灵活和丰富。从宏观层面来看，基于法治的间接管理将会带来全过程民主的参与型管理方式。新媒体技术尤其

---

① 中共中央关于全面深化改革若干重大问题的决定［M］. 北京：人民出版社，2013.

是大数据、算法和智能技术，可以使出版全行业在纵向与横向上较好地实现信息公开透明。同时，围绕管理客体的党委领导、政府管理、行业自律、社会监督、生产主体运营等要素产生合力，使出版生产在坚持社会效益优先的前提下，实现社会效益与经济效益最大限度的有机结合。从微观层面来看，新媒体技术使得管理方法和管理程序日益灵活多样且科学有效：未来应该呈现行政、法律、经济、思想、人本、目标、系统等方法融合发力的态势，由于信息技术在各个管理层次的广泛运用，技术对管理的准确性和提升效率的作用将越来越明显，管理程序将日益简洁有效，管理客体将充分发挥生产主动性、自觉性、能动性和创新性，从而使出版生产力不断提高。

四、出版管理职能问题

在融合发展背景下，出版管理主体的职能也有了相应变化，这是新时代中国特色社会主义出版管理新体制的基本保障。新时代出版管理职能的核心要义是加强导向管理、进行正面引导、强化公共服务、培育健康市场和维护公平竞争。2018 年新闻出版管理职责被划入中共中央宣传部后，全国“扫黄打非”工作小组办公室并入中共中央宣传部反非法反违禁局，各项行政命令也大多以反非法反违禁局的名义发布，体现了出版管理职能的新变化。未来，出版管理职能将始终聚焦这一核心，在出版融合发展战略中发挥灵魂作用，助力全媒体出版目标的实现。

在新时代，我国出版管理体制将形成“党的领导-行政管理-行业自律-出版单位内部管理-社会监督”的纵向管理层级，以及建立在社会主义法治国家条件下的“行政手段-法律手段-经济手段-技术手段”相配合的横向管理方式，这两个方面相互交叉和协调，将共同构成具有中国特色的出版管理体制和管理体系，既能够保障我国出版业坚持正确的政治方向和正确的舆论导向，又能够激发出版业的活力和创造力，提升其生产效率，从而确保中国出版业能够健康可持续发展。

总之，在媒体融合成为国家战略的背景下，中国特色社会主义出版管理体制的改革逐渐向纵深推进，以坚持党的领导，坚持为人民服务、为社会主义服务，坚持把社会效益放在首位、实现社会效益和经济效益相统一为基本遵循，以融合发展和转型升级为出版改革的主题，进一步强化党对出版工作的集中统一领导，强化主流价值引领，保障国家意识形态安全；进一步拓展出版领域公共服务职能，促进城乡公共服务一体化，扩大对公共文化服务的支持；进一步推进治理体系和治理能力的现代化，积极构建系统完备、科学规范、运行高效的出版治理结构；通过出版管理体制的深化改革以形成新型出版业态、建立全媒体出版传播体系，推进中国特色社会主义出版事业大发展大繁荣，朝着建设社会主义文化强国和出版强国的目标不断前进。

参考文献

1. 巴斯卡尔．内容之王：出版业的颠覆与重生［M］．赵丹，梁嘉馨，译．北京：机械工业出版社，2017.

2. 本刊编辑部．避免出版物中的重复浪费读者来信述评［J］．读书月报，1956（5）.

3. 本书编写组．《中共中央关于制定国民经济和社会发展第十四个五年规划和二〇三五年远景目标的建议》辅导读本［M］．北京：人民出版社，2020.

4. 本书编写组．习近平新闻思想讲义［M］．北京：人民出版社，学习出版社，2018.

5. 博玫．中国出版体制创新［M］．广州：南方日报出版社，2007.

6. 蔡鸿程，等．作者编辑实用手册［M］．北京：中国标准出版社，2004.

7. 蔡鸿程，焦金生．优化出版物结构，实施精品工程：谈总编辑岗位的职责［A］．多出精品 多出人才：中国编辑学会第八届年会论文集，2003.

8. 蔡翔，陆颖．我们出版的方向：深化出版体制改革问题研究［M］．北京：中国传媒大学出版社，2014.

9. 蔡玉卿．大数据驱动式社会监督：内涵、机制与路径［J］．河南社会科学，2019，27（8）.

10. 陈翰伯 . 陈翰伯出版文集 [M]. 北京：中国书籍出版社，1995.

11. 陈焕仁 . 关于社长负责制 [J]. 出版工作，1988 (11).

12. 陈文超 . 一封值得重视的读者来信 [J]. 出版工作，1978 (16).

13. 程美华 . 新时期（1978—2008）出版史概论 [M]. 上海：学林出版社，2012.

14. 出版社工作暂行条例 [J]. 出版工作，1980 (6).

15. 出版史研究（第 3 辑）[M] //方厚枢 . 当代中国出版史上特殊的一页："文化大革命"期间"毛主席著作出版办公室"始末记略 . 北京：中国书籍出版社，1995.

16. 崔青峰 . 基于提高质量和效率的出版社图书生产管理制度创新 [J]. 新闻传播，2014 (9).

17.《当代军官百科辞典》编辑会 . 当代军官百科辞典 [M]. 北京：解放军出版社，1997：829.

18.《当代中国》丛书编辑部 . 当代中国的出版事业 [M]. 北京：当代中国出版社，1993.

19. 当代中国研究所 . 中华人民共和国史稿：第 1 卷 [M]. 北京：人民出版社，当代中国出版社，2012.

20. 邓步城 . 回忆在人民出版社工作的日子//黄书元，张小平 . 人民出版社往事真情 [M]. 北京：人民出版社，2011.

21. 邓小平 . 邓小平文选 [M]. 北京：人民出版社，1994.

22. 邓小平 . 建设有中国特色的社会主义（增订本）[M]. 北京：人民出版社，1987.

23. 地质矿产部科学技术司 . 科技法律法规文件选编 [M]. 北京：地质出版社，1998.

24. 杜大力 . 中国新闻出版体制改革的政治学分析 [J]. 新闻与传播研究，2011，18 (4).

25. 恩格斯 . 共产主义者和卡尔·海因岑//本书编委会 . 马克思主义新闻出版观重要文献选编 [M]. 北京：人民出版社，2014.

26. 范军 . 新中国新闻出版业 70 年 [M]. 北京：中国书籍出版社，2019.

27. 方厚枢，魏玉山 . 中国出版通史：中华人民共和国卷 [M]. 北京：中国书籍出版社，2008.

28. 方厚枢．出版工作七十年［M］．北京：商务印书馆，2015.

29. 方厚枢．对私营出版业的社会主义改造［J］．出版史料，2006（2）.

30. 方厚枢．中国出版史话［M］．北京：东方出版社，1996.

31. 傅志耕．德国对知识产权的法律保护［J］．国际经济合作，1992（5）.

32. 改革开放以来历届三中全会文件汇编［M］．北京：人民出版社，2013.

33. 高昊，陈佳沁，金莲姬．基于版权保护的日本著作权法修正案的出台［J］．编辑之友，2016（11）.

34. 高新民．中国共产党治党理政历史经验［M］．北京：中共中央党校出版社，2014.

35. 更加关注打击图书盗版行为 从一封读者来信谈起［N］．光明日报，2001－04－19（C1）.

36. 顾永才，刘军．转企改制后出版企业的管理创新［J］．编辑之友，2008（6）.

37. 关于加快构建现代公共文化服务体系的意见［M］．北京：人民出版社，2015.

38. 管士光．出版事业单位人事制度改革中遇到的六个难点［J］．中国出版，2019（7）.

39. 国家出版局办公室．出版工作文件选编（1976.10—1980.12）［M］．北京：中国ISBN中心，1981.

40. 国家出版局办公室．出版工作文件选编（1981—1983）［M］．北京：中国ISBN中心，1984.

41. 国家出版局办公室．出版工作文件选编（1984—1985）［M］．北京：中国ISBN中心，1986.

42. 国家科委办公厅．国家科委文件汇编：3［M］．北京：科学技术文献出版社，1987.

43. 国家新闻出版署出版专业资格考试办公室．出版专业实务·中级（2020年版）［M］．北京：商务印书馆，2020.

44. 国务院法制局，中华人民共和国法规汇编编辑委员会．中华人民共和国法规汇编（1955年7月－12月）［M］．北京：法律出版社，1956.

45. 果阳．读者来信：不可忽视的图书质量窗口［J］．大学出版，2003（1）．

46. 韩晋芳．近代出版管理制度与科技社团出版及发展［J］．中国科技期刊研究，2013，24（3）．

47. 郝振省．报刊出版管理手册［M］．北京：中国书籍出版社，2007．

48. 郝振省．出版改革的本质论与方法论［J］．出版发行研究，2019（1）．

49. 郝振省．中国新闻出版业改革开放30年［M］．北京：人民出版社，2008．

50. 侯惠勤．中国共产党在意识形态建设理论上的创新［J］．新视野，2010（2）．

51. 侯天保．政府与市场的博弈：当代中国图书出版管理体制变迁研究（1949—2012）［D］．北京：中国人民大学，2018．

52. 侯天保．中国共产党指令型出版管理体制的起源与成长（1921—1949）：基因·萌芽·雏形［J］．出版科学，2018，26（4）．

53.《胡乔木传》编写组．胡乔木谈新闻出版（修订本）［M］．北京：人民出版社，2015．

54. 胡海波．国外IDC信息安全管理形成标准我国相关技术评测手段已不断完善［J］．世界电信，2013，26（4）．

55. 胡锦涛．胡锦涛文选：第1-3卷［M］．北京：人民出版社，2016．

56. 胡磊．实施社长负责制的关键：选好社长并实行有效监督［J］．出版科学，1999（1）．

57. 胡伟，程亚萍．我国出版监管制度之反思与完善［J］．出版科学，2013，21（2）．

58. 胡选宏．出版“双重属性”如何“一起摇摆”？［J］．出版发行研究，2016（12）．

59. 胡愈之．胡愈之出版文集［M］．北京：中国书籍出版社，1998．

60. 黄先蓉，冯博．英国数字出版法律制度的现状与趋势［J］．出版科学，2013，21（1）．

61. 黄先蓉．我国出版宏观管理的现状、问题及对策研究［J］．出版科学，2008（3）．

62. 黄先蓉．中外数字出版法律制度研究［M］．武汉：武汉大学出版社，2017．

63. 黄延红．德国出版业发展现状和启示［J］．科技与出版，2019（12）．

64. 江西省文联文艺理论研究室．报刊及读者关于《文艺研究新方法论系列丛书》的评论报道与来信［M］．南昌：江西人民出版社，1987.

65. 江泽民．江泽民文选：第 1－3 卷［M］．北京：人民出版社，2006.

66. 蒋宏，戴永明．平民舆论：一种基于网络技术的社会监督［J］．新闻界，2006（1）.

67.《经济理论与经济管理》编辑部．第三产业政策法律全书［M］．北京：中国统计出版社，1993.

68. 蒯大申，饶先来．新中国文化管理体制研究［M］．上海：上海人民出版社，2015.

69. 赖政兵．中国出版业制度创新研究［D］．南昌：江西财经大学，2012.

70. 蓝有林．分社卡谈分社制运营［N］．中国图书商报，2013－01－22（8）.

71. 李景端．图书内部发行制度的演变［J］．中国出版史研究，2016（4）.

72. 李少军．“党是最高政治领导力量”的由来［N］．北京日报，2020－01－13.

73. 李树军．社会监督［M］．北京：当代世界出版社，1999.

74. 李霄．出版行业自律管理研究［D］．武汉：武汉大学，2011.

75. 李霄．论出版行业协会职能建设［J］．科技与出版，2014（12）.

76. 李霄．论我国出版行业自律管理制度建设［J］．出版发行研究，2012（1）.

77. 李正华．党的领导制度体系不断完善［N］．人民日报，2022－05－13.

78. 李治堂，张志成．中国出版业创新与发展［M］．北京：印刷工业出版社，2009.

79. 廖小刚，陈琳．高校出版社数字化发展模式研究［M］．长沙：湖南师范大学出版社，2018.

80. 廖由信．九首诗二十五处错误　一读者致函本刊忧心图书质量［N］．光明日报，2001－03－22（C1）.

81. 列宁．列宁全集：第 12 卷［M］．北京：人民出版社，2017.

82. 列宁．列宁全集：第 34 卷［M］．北京：人民出版社，2017.

83. 列宁．列宁全集：第 43 卷［M］．北京：人民出版社，2017.

84. 列宁．列宁全集：第 5 卷［M］．北京：人民出版社，2013.

85. 林环．欧美国家数字内容产业发展政策模式比较［J］．中国出版，2018（6）.

86. 林林．出版发行企业供给侧改革路径初探［J］．出版参考，2017（7）．

87. 刘大年．新中国出版产业政策演变的逻辑特点［J］．现代出版，2015（2）．

88. 刘芬，曾元祥．中美行业协会类出版奖励比较研究［J］．出版发行研究，2016（2）．

89. 刘杲，石峰．新中国出版五十年纪事［M］．北京：新华出版社，1999．

90. 刘苏华．试论延安时期中共出版工作的历史作用与贡献［J］．中共党史研究，2013（11）．

91. 刘苏华．四大至五大时期中共中央出版组织机构考察［J］．长沙理工大学学报（社会科学版），2012，27（5）．

92. 刘苏华．中共一大至三大时期中央出版组织机构考释［J］．湖南师范大学社会科学学报，2008（3）．

93. 柳斌杰．中国新闻出版业改革创新40年［J］．中国出版，2018（20）．

94. 龙一春．日本出版业的规制方式及行业自律［J］．出版发行研究，2006（2）．

95. 罗紫初．出版学导论［M］．武汉：武汉大学出版社，2014．

96. 马克思，恩格斯．马克思恩格斯全集：第34卷［M］．北京：人民出版社，1972．

97. 马克思，恩格斯．马克思恩格斯全集：第39卷［M］．北京：人民出版社，1974．

98. 马克思，恩格斯．马克思恩格斯全集：第6卷［M］．北京：人民出版社，1961．

99. 马克思，恩格斯．马克思恩格斯文集：第2卷［M］．北京：人民出版社，2009．

100. 毛泽东．毛泽东选集：第1－4卷［M］．北京：人民出版社，1991．

101. 莫林虎．新中国成立70周年中国出版经济体制建立与改革、成就与展望［J］．编辑之友，2019（9）．

102. 欧阳爱辉，闫玉冰．英国主要图书馆法述评［J］．高校图书馆工作，2020（1）．

103. 潘祥辉．媒介演化论：历史制度主义视野下的中国媒介制度变迁研究［M］．北京：中国传媒大学出版社，2009．

104. 庞松，韩钢．党和国家领导体制的历史考察与改革展望［J］．中国社会科学，1987（6）．

105. 逄先知，金冲及．毛泽东传（1949—1976）[M]. 北京：中央文献出版社，2003.

106. 彭宁，曾令维．出版社分社制运行实践初探 [J]. 科技与出版，2010（10）.

107. 秦宣．改革开放以来我们党意识形态建设的基本经验 [J]. 中国特色社会主义研究，2009（5）.

108. 全国出版专业职业资格考试办公室．有关出版的法律法规选编 [M]. 郑州：大象出版社，2012.

109. 全国人大常委会办公厅，中共中央文献研究室．人民代表大会制度重要文献选编（一）[M]. 北京：中国民主法制出版社，2015.

110. 全国人大常委会法制工作委员会研究室．中华人民共和国行政法律法规全书：第 4 卷 [M]. 北京：中国民主法制出版社，2000.

111. 全国人大常委会法制工作委员会研究室．中华人民共和国经济法律法规全书：第 8 卷 [M]. 北京：中国民主法制出版社，2000.

112. 阙道隆．实用编辑学 [M]. 北京：中国书籍出版社，1986：17.

113. 饶世权．论美国对互联网出版业规制的探索 [J]. 中国编辑，2019（2）.

114. 帅雨发．中央苏区新闻出版工作的启示与思考 [J]. 出版发行研究，1999（10）.

115. 宋木文．八十后出版文存 [M]. 北京：商务印书馆，2013.

116. 宋木文．出版单位转制问题的历史考察与现实思考 [J]. 传媒，2004（6）.

117. 宋木文．亲历出版三十年：上卷 [M]. 北京：商务印书馆，2007.

118. 宋木文．亲历出版三十年：下卷 [M]. 北京：商务印书馆，2007.

119. 宋木文．宋木文出版文集 [M]. 北京：中国书籍出版社，1996.

120. 宋应离，刘小敏．亲历新中国出版六十年 [M]. 开封：河南大学出版社，2009.

121. 宋应离，袁喜生，刘小敏．中国当代出版史料：第 7 卷 [M]. 郑州：大象出版社，1999.

122. 宋应离．新中国成立初期的图书评论 [J]. 中国出版，2010（5）.

123. 苏磊，钱飒飒，张昕，等．出版社经营管理谈 [J]. 科技与出版，2010（8）.

124. 苏咏喜．马克思主义从政党意识形态上升为国家意识形态：1949—1956 年间的

历史考察 [J]. 湖北行政学院学报，2018 (4).

125. 孙成林 . 选题策划机制的不同形式及其政策 [J]. 出版发行研究，2002 (6).

126. 孙进，张蒙蕊 . 德国基础教育教材管理：编写 · 审定 · 选用 [J]. 外国教育研究，2020，47 (8).

127. 孙俊青，刘永俊 . 新中国 70 年出版管理体制的演进与改革启示 [J]. 北京联合大学学报 (人文社会科学版)，2019，17 (3).

128. 孙利军 . 现代出版业应重视出版评论工作 [J]. 国际新闻界，2006 (11).

129. 唐德华，王永成 . 中华人民共和国法律规范性解释集成增编本 (1991—1992) [M]. 长春：吉林人民出版社，1993.

130. 唐姝菲，孙万军 . 数字时代法国出版的文化保护与传播 [J]. 北京印刷学院学报，2021，29 (5).

131. 唐学荣 . 出版体制改革与行业自律机制 [J]. 中国出版，1998 (6).

132. 田海明，范伟军 . 关于出版企业实行特殊管理股制度的思考 [J]. 出版广角，2014 (6).

133. 田杨 . 中外出版行业协会的比较分析 [J]. 发展，2011 (3).

134. 图书质量保障体系 [J]. 山东政报，1997 (11).

135. 王聪，石陇辉，王颖 . 浅析我国出版业行政管理 [J]. 职业，2011 (2).

136. 王关义，等 . 出版管理概论 [M]. 北京：高等教育出版社，2019.

137. 王欢妮 . 新中国成立 70 年来我国出版产业政策的发展与变迁 [J]. 编辑之友，2019 (9).

138. 王欢妮 . 有限放权让利：改革初期中国出版制度变迁研究 [J]. 现代出版，2018 (4).

139. 王欢喜 . 典范借鉴：出版社经营管理新模式 [J]. 出版发行研究，2004 (1).

140. 王建辉 . 加深对现阶段出版事业基本属性的认识 [J]. 中国编辑，2003 (3).

141. 王进 . 欧盟《数字化单一市场版权指令》的例外与限制制度解读及对我国的启示 [J]. 科技与出版，2019 (10).

142. 王凌云 . 数字印刷的核心：数字化管理 [J]. 印刷技术，2019 (7).

143. 王巧林 . 我国出版体制 60 年嬗变轨迹 [J]. 科技与出版，2009 (6).

144. 王彤．新闻出版行业协会在新时期的发展和期待［J］．中国出版，2003（1）．

145. 王彤．在新闻出版体制改革与创新中推进行业协会的发展［J］．中国出版，2004（10）．

146. 王欣．不怕打击报复对印制淫秽图书进行举报 李锦州旷爱日夫妇受到中宣部等表彰［N］．人民日报，1993-06-17（4）．

147. 王一木．论“双效统一”的本质、问题及其对策：以出版行业为例［J］．井冈山大学学报（社会科学版），2018，39（6）．

148. 王勇安，成云．融合出版环境下对“出版”概念表述的再思考［J］．出版发行研究，2017（1）．

149. 王自强，袁亚平，李英，叶新．美国政府出版物管理制度研究［J］．出版参考，2016（2）．

150. 魏玉山，杨贵山．西方六国出版管理研究［M］．北京：中国书籍出版社，1995．

151. 魏玉山．出版单位主管主办制度的历史发展和现实思考［J］．编辑学刊，2013（4）．

152. 吴飞，林心婕．网络社会背景下的新闻出版体制改革［J］．中国出版，2018（7）．

153. 吴江江，石峰，邬书林，等．中国出版业的发展与经济政策研究［M］．武汉：湖北人民出版社，1994．

154. 吴娉娉．中国当代优秀出版人群体特征实证研究：基于168位韬奋出版奖获得者的统计分析［J］．出版科学，2018（4）．

155. 武斌．建国前后党的出版管理机构：出版委员会：上［J］．出版发行研究，2012（12）．

156. 习近平．论党的宣传思想工作［M］．北京：中央文献出版社，2020．

157. 习近平．习近平谈治国理政［M］．北京：外文出版社，2014．

158. 习近平．习近平谈治国理政：第2卷［M］．北京：外文出版社，2017．

159. 习近平．习近平谈治国理政：第3卷［M］．北京：外文出版社，2020．

160. 习近平．习近平著作选读：第1卷［M］．北京：人民出版社，2023．

161. 习近平．习近平著作选读：第 2 卷［M］. 北京：人民出版社，2023.

162. 习近平．在纪念红军长征胜利 80 周年大会上的讲话［M］. 北京：人民出版社，2016.

163. 肖东发，等．中国出版通史：先秦两汉卷［M］. 北京：中国书籍出版社，2008.

164. 新闻出版署办公室．新闻出版工作文件选编（1986—1987）［M］. 北京：中国 ISBN 中心，1988.

165. 新闻出版署办公室．新闻出版工作文件选编（1988—1989）［M］. 北京：中国 ISBN 中心，1990.

166. 新闻出版署办公室．新闻出版工作文件选编（1990—1991）［M］. 北京：知识出版社，1992.

167. 新闻出版署办公室．新闻出版工作文件选编（1993）［M］. 北京：中国 ISBN 中心，1994.

168. 新闻出版署办公室．新闻出版工作文件选编（1995）［M］. 北京：中国 ISBN 中心，1996.

169. 新闻出版署办公室．新闻出版工作文件选编（1996）［M］. 北京：中国 ISBN 中心，1997.

170. 新闻出版署办公室．新闻出版工作文件选编（1998）［M］. 北京：中国 ISBN 中心，1999.

171. 新闻出版署发行管理司．新编图书发行实用手册［M］. 沈阳：辽宁人民出版社，1998.

172. 新闻出版署图书司．图书出版管理手册［M］. 沈阳：辽宁大学出版社，1991.

173. 新闻出版总署，图书出版管理司．图书出版管理手册［M］. 北京：中国法制出版社，2006.

174. 新闻出版总署出版管理司．图书 音像 电子出版物出版管理手册［M］. 北京：中国法制出版社，2013.

175. 新闻出版总署关于印发《新闻出版总署关于深化出版发行体制改革工作实施方案》的通知［J］. 中国财经审计法规选编，2006（18）.

176. 新闻出版总署教育培训中心．报纸出版工作法律法规选编［M］. 北京：中国大百科全书出版社，2003.

177. 徐杉．出版产业实施特殊管理股制度的缘起、困境及建议［J］. 编辑之友，2016（11）.

178. 杨闯，谭婷．我国出版行业协会的现状及发展对策［J］. 大学出版，2005（2）.

179. 杨凤城，张春燕．商务印书馆与私营出版业的社会主义改造［J］. 中共党史研究，2010（10）.

180. 杨海平，杨晓新，白雪．出版概念与媒介嬗变研究［J］. 中国出版，2021（18）.

181. 杨军．试论延安时期中国共产党的出版体制［J］. 现代传播（中国传媒大学学报），2011（11）.

182. 杨苗．中国出版行政管理法制化研究［D］. 武汉：武汉大学，2005.

183. 杨晓琼，杨国庆．美国数字出版业崛起的原因及其借鉴意义［J］. 科技与出版，2017（9）.

184. 杨中岳．责任编辑制度五题［J］. 出版科学，2000（3）.

185. 殷琦．1978 年以来中国传媒体制改革观念演进的过程与机制：以“市场化”为中心的考察［J］. 新闻与传播研究，2017，24（2）.

186. 尹科强．英国书商协会［J］. 出版参考，2001（12）.

187. 尹章池．中国出版体制改革研究［D］. 武汉：武汉大学，2005.

188. 于友先．论出版产业的两重属性与宏观管理［J］. 编辑之友，2003（4）.

189. 余敏．国外出版业宏观管理体系研究［M］. 北京：中国书籍出版社，2004.

190. 俞贺楠．我国事业单位人事制度相关改革发展历程［J］. 人事天地，2015（4）.

191. 袁亮．出版学概论［M］. 沈阳：辽宁教育出版社，1997：103.

192. 袁亮．新时期指导出版工作的重要纲领：《中共中央、国务院关于加强出版工作的决定》出台前后［J］. 出版广角，1999（10）.

193. 詹鹏玮．美国数字版权法律保护的经验及启示［J］. 青年记者，2019（29）.

194. 曾辉．中国书号管理制度与出版管理创新［J］. 全国新书目，2017（4）.

195. 曾小波．论社会监督的制度化规范化［J］. 党政研究，2020（1）.

196. 张光璐．编辑工作札记//黄书元，张小平．人民出版社往事真情［M］. 北京：人民出版社，2011.

197. 张静，李岱岩．重大选题备案制度：构建在出版自由理论框架内的出版管理制度［J］．中国出版，2010（17）．

198. 张丽．新中国的出版政策研究［D］．湛江：广东海洋大学，2013．

199. 张美娟，黄靖，李孟．壮丽 70 年：中国出版经济体制改革及其政策研究［J］．出版科学，2019，27（6）．

200. 张世兰．我国出版行业协会的建设与发展［J］．中国出版，2010（11）．

201. 张志刚，左太行．深化国有企业改革研究：社会主义市场经济与国有企业改革［M］．北京：人民出版社，2002．

202. 章百家，朱丹．新中国缘何搞计划经济［J］．党史文苑，2016（11）．

203. 章宏伟．雪泥几鸿爪 苔庭留履痕：新中国 60 年出版大事记［J］．编辑之友，2009（9）．

204. 赵生明．新中国出版发行事业的摇篮：延安时期新华书店史略［M］．西安：太白文艺出版社，2017．

205. 赵书雷．我国出版行业行政管理体制改革的对策研究［D］．上海：华东师范大学，2007．

206. 赵玉山．改革开放以来我国出版业体制改革的路径与经验［J］．出版广角，2018（17）．

207. 郑成思．谈谈英国版权法［J］．法学研究，1982（1）．

208. 郑蕉林．人民交通出版社数字出版业务发展实践与经验［J］．出版参考，2020（5）．

209. 郑士德．中国图书发行史［M］．北京：高等教育出版社，2000．

210.《中共中央关于深化党和国家机构改革的决定》《深化党和国家机构改革方案》辅导读本［M］．北京：人民出版社，2018．

211. 中共中央、国务院关于加强出版工作的决定［J］．出版工作，1983（6）．

212. 中共中央办公厅国务院办公厅印发关于推动国有文化企业把社会效益放在首位、实现社会效益和经济效益相统一的指导意见［N］．人民日报，2015－09－15（6）．

213. 中共中央党史和文献研究院．十九大以来重要文献选编：上［M］．北京：中央文献出版社，2019．

214. 中共中央党史研究室．中国共产党历史：第 2 卷：上册 [M]. 北京：中共党史出版社，2011.

215. 中共中央关于坚持和完善中国特色社会主义制度 推进国家治理体系和治理能力现代化若干重大问题的决定 [N]. 人民日报，2019-11-06 (1).

216. 中共中央关于全面深化改革若干重大问题的决定 [M]. 北京：人民出版社，2013.

217. 中共中央文献研究室，中央档案馆．建党以来重要文献选编（一九二一——一九四九）：第 19 册 [M]. 北京：中央文献出版社，2011.

218. 中共中央文献研究室，中央档案馆．建党以来重要文献选编（一九二一——一九四九）：第 5 册 [M]. 北京：中央文献出版社，2011.

219. 中共中央文献研究室．改革开放三十年重要文献选编：下 [M]. 北京：中央文献出版社，2008.

220. 中共中央文献研究室．建国以来重要文献选编：第 1 册 [M]. 北京：中央文献出版社，1992.

221. 中共中央文献研究室．建国以来重要文献选编：第 2 册 [M]. 北京：中央文献出版社，1992.

222. 中共中央文献研究室．建国以来重要文献选编：第 3 册 [M]. 北京：中央文献出版社，1993.

223. 中共中央文献研究室．建国以来重要文献选编：第 4 册 [M]. 北京：中央文献出版社，1993.

224. 中共中央文献研究室．建国以来重要文献选编：第 5 册 [M]. 北京：中央文献出版社，1993.

225. 中共中央文献研究室．建国以来重要文献选编：第 9 册 [M]. 北京：中央文献出版社，1994.

226. 中共中央文献研究室．毛泽东文集：第 2 卷 [M]. 北京：人民出版社，1993.

227. 中共中央文献研究室．毛泽东文集：第 3 卷 [M]. 北京：人民出版社，1996.

228. 中共中央文献研究室．毛泽东文集：第 7 卷 [M]. 北京：人民出版社，1999.

229. 中共中央文献研究室．毛泽东文集：第 8 卷 [M]. 北京：人民出版社，1999.

230. 中共中央文献研究室．十八大以来重要文献选编：中［M］. 北京：中央文献出版社，2016.

231. 中共中央文献研究室．十六大以来重要文献选编：上［M］. 北京：中央文献出版社，2005.

232. 中共中央文献研究室．十六大以来重要文献选编：下［M］. 北京：中央文献出版社，2008.

233. 中共中央文献研究室．十六大以来重要文献选编：中［M］. 北京：中央文献出版社，2006.

234. 中共中央文献研究室．十三大以来重要文献选编：中［M］. 北京：人民出版社，1991.

235. 中共中央文献研究室．十四大以来重要文献选编：上［M］. 北京：人民出版社，1996.

236. 中共中央文献研究室．十四大以来重要文献选编：下［M］. 北京：人民出版社，1999.

237. 中共中央文献研究室．十四大以来重要文献选编：中［M］. 北京：人民出版社，1997.

238. 中共中央文献研究室．十一届三中全会以来重要文献选读：上册［M］. 北京：人民出版社，1987.

239. 中共中央文献研究室．习近平关于社会主义文化建设论述摘编［M］. 北京：中央文献出版社，2017.

240. 中共中央文献研究室．习近平关于社会主义政治建设论述摘编［M］. 北京：中央文献出版社，2017.

241. 中共中央文献研究室．周恩来年谱（一九四九—一九七六）：上卷［M］. 北京：中央文献出版社，1997.

242. 中共中央宣传部．中国共产党宣传工作简史：上卷［M］. 北京：人民出版社，2022.

243. 中共中央宣传部．中国共产党宣传工作简史：下卷［M］. 北京：人民出版社，2022.

244. 中共中央宣传部办公厅，中央档案馆编研部．中国共产党宣传工作文献选编（1915—1937）[M]. 北京：学习出版社，1996.

245. 中共中央宣传部办公厅，中央档案馆编研部．中国共产党宣传工作文献选编（1949—1956）[M]. 北京：学习出版社，1996.

246. 中共中央宣传部新闻局．中国共产党新闻工作文献选编（1938—1989）[M]. 北京：学习出版社，1990.

247. 中共中央宣传部政策法规研究室，国务院法制办公室教科文卫司．与宣传文化相关的法律法规条文汇编 [M]. 北京：学习出版社，2013.

248. 中共中央印发《深化党和国家机构改革方案》[N]. 人民日报，2018-03-22(6).

249. 中共中央组织部，中共中央党史研究室，中央档案馆．中国共产党组织史资料：第 2 卷上 [M]. 北京：中共党史出版社，2000.

250. 中共中央组织部党建研究所．中国特色社会主义与中国共产党（修订本）[M]. 北京：党建读物出版社，2011.

251. 中国出版工作者协会，中国出版科学研究所．中国出版年鉴（1990—1991）[M]. 北京：中国书籍出版社，1993.

252. 中国出版工作者协会，中国出版科学研究所．中国出版年鉴：1989 [M]. 北京：中国书籍出版社，1991.

253. 中国出版工作者协会．中国出版年鉴：1985 [M]. 北京：商务印书馆，1985.

254. 中国出版科学研究所，中央档案馆．中华人民共和国出版史料：1 [M]. 北京：中国书籍出版社，1995.

255. 中国出版科学研究所，中央档案馆．中华人民共和国出版史料：10 [M]. 北京：中国书籍出版社，2005.

256. 中国出版科学研究所，中央档案馆．中华人民共和国出版史料：11 [M]. 北京：中国书籍出版社，2007.

257. 中国出版科学研究所，中央档案馆．中华人民共和国出版史料：12 [M]. 北京：中国书籍出版社，2009.

258. 中国出版科学研究所，中央档案馆．中华人民共和国出版史料：13 [M]. 北京：中国书籍出版社，2009.

259. 中国出版科学研究所，中央档案馆 . 中华人民共和国出版史料：2 [M]. 北京：中国书籍出版社，1996.

260. 中国出版科学研究所，中央档案馆 . 中华人民共和国出版史料：3 [M]. 北京：中国书籍出版社，1996.

261. 中国出版科学研究所，中央档案馆 . 中华人民共和国出版史料：4 [M]. 北京：中国书籍出版社，1998.

262. 中国出版科学研究所，中央档案馆 . 中华人民共和国出版史料：5 [M]. 北京：中国书籍出版社，1999.

263. 中国出版科学研究所，中央档案馆 . 中华人民共和国出版史料：6 [M]. 北京：中国书籍出版社，1999.

264. 中国出版科学研究所，中央档案馆 . 中华人民共和国出版史料：7 [M]. 北京：中国书籍出版社，2001.

265. 中国出版科学研究所，中央档案馆 . 中华人民共和国出版史料：8 [M]. 北京：中国书籍出版社，2001.

266. 中国出版科学研究所，中央档案馆 . 中华人民共和国出版史料：9 [M]. 北京：中国书籍出版社，2004.

267. 中国出版科学研究所 . 出版阶段转移和出版体制研究 [M]. 石家庄：河北教育出版社，1997.

268. 中国出版年鉴社 . 中国出版年鉴（1992）[M]. 北京：中国出版年鉴社，1993.

269. 中国出版年鉴社 . 中国出版年鉴（1996）[M]. 北京：中国出版年鉴社，1996.

270. 中国出版年鉴社 . 中国出版年鉴（1998）[M]. 北京：中国出版年鉴社，1998.

271. 中国出版年鉴社 . 中国出版年鉴（2000）[M]. 北京：中国出版年鉴社，2000.

272. 中国共产党第十九次全国代表大会文件汇编 [M]. 北京：人民出版社，2017.

273. 中国共产党第十九届中央委员会第三次全体会议文件汇编 [M]. 北京：人民出版社，2018.

274. 中国共产党第十三次全国代表大会文件汇编 [M]. 北京：人民出版社，1987.

275. 中国共产党章程 [M]. 北京：人民出版社，2012.

276. 中国社会科学院新闻研究所．中国共产党新闻工作文件汇编：上［M］．北京：新华出版社，1980.

277. 中国新闻出版研究院．出版词典［M］．北京：中国书籍出版社，2014.

278. 中国新闻出版研究院．中华人民共和国出版史料：14［M］．北京：中国书籍出版社，2013.

279. 中国新闻出版研究院．中华人民共和国出版史料：15［M］．北京：中国书籍出版社，2013.

280. 中国印刷及设备器材工业协会，中国印刷年鉴社．中国印刷年鉴（2010）［M］．北京：中国印刷年鉴社，2010.

281. 中华人民共和国第一届全国人民代表大会第一次会议文件［M］．北京：人民出版社，1955.

282. 中华人民共和国法律法规及司法解释分类汇编：增补卷（一）［M］．北京：中国民主法制出版社，2002.

283. 中华人民共和国新闻出版署发行管理司．出版物市场管理文件选编（1981—1989）［M］．北京：新闻出版署，1989.

284. 中华人民共和国新闻出版署发行管理司．中华人民共和国现行新闻出版法规汇编（1949—1990）［M］．北京：人民出版社，1991.

285. 中宣部出版局《出版工作文献选编》编辑组．出版工作文献选编［M］．沈阳：辽宁教育出版社，1991.

286. 中央档案馆，中共中央文献研究室．中共中央文件选集（1949 年 10 月—1966 年 5 月）［M］．北京：人民出版社，2013.

287. 中央档案馆．中共中央文件选集（1929）：第 5 册［M］．北京：中共中央党校出版社，1990.

288. 中央档案馆．中共中央文件选集（一九二七）：第 3 册［M］．北京：中共中央党校出版社，1983.

289. 中央档案馆．中共中央文件选集（一九二一——一九二五）：第 1 册［M］．北京：中共中央党校出版社，1989.

290. 中央档案馆．中共中央文件选集（一九四一——一九四二）：第 13 册．北京：中共中央党校出版社，1991.

291. 钟言 . 发展社会监督 保证图书质量 [J]. 编辑学刊，1994 (4).

292. 周炳然 . 试论出版管理制度与图书编校质量 [J]. 今传媒，2014，22 (6).

293. 周冲 . 欧盟新版权法争议条款的启示 [J]. 青年记者，2019 (16).

294. 周丽，谢婷婷，刘建华 . 以人民为中心：论新时代新闻出版工作的根本原则 [J]. 传媒，2020 (6).

295. 周蔚华，杨石华 . 出版与国家治理体系和治理能力现代化 [J]. 中国出版，2020 (8).

296. 周蔚华 . 出版：文化自信的拱心石：一个出版史的视角 [J]. 出版发行研究，2018 (1).

297. 周蔚华 . 改革开放 40 年来出版体制改革着力解决的四大问题 [J]. 中国人民大学学报，2018，32 (6).

298. 周蔚华 . 中国出版体制改革 40 年：历程、主要任务和启示 [J]. 出版发行研究，2018 (8).

299. 周蔚华 . 重新理解当代中国出版业 [J]. 出版发行研究，2020 (1).

300. 周霞，徐强平 . 中外出版行业协会发展比较研究 [J]. 大学出版，2005 (2).

301. 周艳敏 . 国外数字出版产业政策比较研究 [J]. 出版发行研究，2014 (11).

302. 朱春阳 . 传媒产业规制：背景演变、国际经验与中国现实 [J]. 西南民族大学学报（人文社科版），2008 (3).

303. 朱静雯，孙珏 . 出版发行集团体制改革与微观运行机制研究综述 [J]. 出版科学，2006 (6).

304. 朱伟峰 . 新闻出版体制改革 40 年 [J]. 中国出版，2018 (20).

305. 朱娅蕾 . 英国版权制度对我国版权制度改革的启示与借鉴 [J]. 甘肃高师学报，2020，25 (1).

306. 祝灵君 . 党领导国家体制研究 [J]. 当代世界与社会主义，2020 (1).

307. 邹韬奋 . 韬奋 我的出版主张 [M]. 南宁：广西教育出版社，1999.

308.《最新法律文件解读》编辑委员会 . 刑事法官必备法律司法解释解读：中册 [M]. 北京：人民法院出版社，2019.

309. FENG X. Cultural system reform and publishing industry transformation in China [J]. Publishing Research Quarterly，2004，20 (3).

310. JIANHUA YAO. Knowledge workers in contemporary China：reform and resistance in the publishing industry [M]. Lanham：Lexington Books，2014.

311. LIFANG XU，QING FANG. Publishing in China post-WTO：a scorecard of the five-year transitional period，2002—2006 [J]. Logos journal of the world book community，2008，19 (1).

312. PIERSON P，SKOCPOL T. Historical institutionalism in contemporary political science//KATZNELSON I，MILNER H V. Political science：the state of the discipline. [M]. New York：Norton，2002.

313. YUN Q. China's publishing industry：from Mao to the market [M]. Cambridge：Chandos Publishing，2018.

314. YUN Q. From communization to commercialization：a brief history of China's publishing，1949—1992 [J]. Journal of scholarly publishing，2014，45 (2).

后　记

新中国成立70多年来，我国的出版事业获得飞速发展，中国出版行业规模从小到大，从新中国成立初期的年出版图书1.2万余种，年图书印数1.2亿册，增长到2019年的年出版图书50多万种，年图书印数近90亿册，我国已经成为名副其实的出版大国，正在昂首迈步走向出版强国。

中国出版业能够取得这些突出成就，首先归功于新中国成立以来中国共产党的领导、优越的社会主义制度等大的宏观因素，但不可否认出版管理体制的不断改革和完善也起到了重要的作用。经过70多年的不断探索，我国走出了一条适合中国国情的出版管理之路，找到了具有中国特色的出版管理体制。因此，对这种管理体制的发展历程、典型特点、内在逻辑、发展趋势等进行深入总结，就成为出版理论和实践研究的重大课题，也是中国特色出版学所必须面对的重大问题。

正是基于这样的背景，我们课题组的全体成员经过三年多的合力攻关、研究和分析，形成了一些研究成果。本书就是这一成果的结晶，它是我们课题组承担的国家社会科学基金重点项目“新中国70年来我国出版业管理体制改革的演进研究”（项目编号：19AXW002）的最终成果。

本书由课题组负责人周蔚华教授进行总体设计和组织，并对各章稿件内容进行统改、定稿。各章的具体分工如下。第一章：周蔚华、杨春兰；第二章、第三章：刘兰肖；第四章：王志、周蔚华；第五章：周蔚华；第六章：杨石华；第七章、第八章：王京山、周蔚华；第九章：张旸；第十章：刘建华。

在国家社会科学基金申报和评审过程中，我们得到了业内一些匿名评审专家的关心和帮助。在初稿完成后，我们又根据结项评审专家的意见对稿件内容进行了较大修改。在本项目申报过程中，中国人民大学科研处李厚时先生给予了我们很多帮助。本项目的部分前期成果曾在《中国出版》《编辑之友》《出版发行研究》《现代出版》《科技与出版》《出版科学》《华中师范大学学报（人文社会科学版）》《出版广角》《印刷文化》等期刊上发表，感谢这些期刊的编辑们。本书的出版得到了中国人民大学新闻学院周勇教授、王润泽教授等的支持和帮助，中国人民大学出版社李永强董事长、徐莉副总编辑，人文分社的杨宗元、翟江虹等也对该书出版给予了大力支持，责任编辑黄超、赵海迪等为该书出版做了大量认真细致的工作。在出版过程中，中国社会科学出版社副总编辑王茵、江西人民出版社总编辑张芝雄曾经给予了热情的关注和帮助，在此一并感谢！

周蔚华

图书在版编目（CIP）数据

中国特色出版管理体制研究/周蔚华等著. -- 北京：中国人民大学出版社，2024.3

中国新闻传播学自主知识体系建设工程

ISBN 978-7-300-32593-4

Ⅰ.①中… Ⅱ.①周… Ⅲ.①出版工作-管理-研究-中国 Ⅳ.①G239.21

中国国家版本馆 CIP 数据核字（2024）第 045977 号

中国新闻传播学自主知识体系建设工程

中国特色出版管理体制研究

周蔚华 等 著

Zhongguo Tese Chuban Guanli Tizhi Yanjiu

出版发行	中国人民大学出版社		
社　　址	北京中关村大街 31 号	**邮政编码**	100080
电　　话	010－62511242（总编室）		010－62511770（质管部）
	010－82501766（邮购部）		010－62514148（门市部）
	010－62515195（发行公司）		010－62515275（盗版举报）
网　　址	http://www.crup.com.cn		
经　　销	新华书店		
印　　刷	中煤（北京）印务有限公司		
开　　本	720 mm×1000 mm　1/16	**版　　次**	2024 年 3 月第 1 版
印　　张	29.25 插页 3	**印　　次**	2024 年 8 月第 2 次印刷
字　　数	369 000	**定　　价**	129.00 元